A promessa cultural do estético

A promessa cultural do estético

Monique Roelofs

Tradução de Carla Milani Damião

Título original: *The Cultural Promise of the Aesthetic* (Bloomsbury, 2014)

© Monique Roelofs, 2014

© Editora PUC-Rio
Rua Marquês de S. Vicente, 225, casa Editora PUC-Rio
Rio de Janeiro, RJ – 22451-900
Tel.: (21) 3527-1760/1838
www.editora.puc-rio.br | edpucrio@puc-rio.br

© Relicário Edições
Rua Machado, 155, casa 1, Colégio Batista
Belo Horizonte, MG – 31110-080
www.relicarioedicoes.com | contato@relicarioedicoes.com

Coordenação editorial: Maíra Nassif

Conselho editorial: Eduardo Horta Nassif Veras (UFTM), Ernani Chaves (UFPA), Guilherme Paoliello (UFOP), Gustavo Silveira Ribeiro (UFMG), Luiz Rohden (Unisinos), Marco Aurélio Werle (USP), Markus Schäffauer (Universität Hamburg), Patrícia Lavelle (PUC-Rio), Pedro Süssekind (UFF), Ricardo Barbosa (Uerj), Romero Freitas (UFOP), Virginia Figueiredo (UFMG)

Tradução: Carla Milani Damião
Preparação de originais: André Luiz Costa
Revisão tipográfica: Cristina da Costa Pereira
Projeto gráfico de miolo: Flávia da Matta Design
Editoração de miolo: SBNigri Artes e Textos Ltda.
Projeto gráfico de capa: Relicário Edições

Todos os direitos reservados. Nenhuma parte desta obra pode ser reproduzida, transmitida ou arquivada por qualquer forma e/ou em quaisquer meios sem permissão escrita das Editoras.

Dados Internacionais de Catalogação na Publicação (CIP)
(Câmara Brasileira do Livro, SP, Brasil)

Roelofs, Monique
    A promessa cultural do estético / Monique Roelofs ; tradução de Carla Milani Damião. – Rio de Janeiro: Ed. PUC-Rio; Belo Horizonte, MG: Relicário, 2023.

380 p.: il.; 15,5 x 22,5 cm
Título original: The cultural promise of the aesthetic
Inclui bibliografia
ISBN (PUC-Rio): 978-85-8006-289-2
ISBN Relicário: 978-65-89889-72-4

    1. Estética. 2. Cultura. I. Damião, Carla Milani. II. Título.

CDD: 111.85

Elaborado por Sabrina Dias do Couto – CRB-7/6138
Divisão de Bibliotecas e Documentação – PUC-Rio

Sumário

Prefácio   VII
Denise Ferreira da Silva

Lista de figuras   XIII
Agradecimentos   XV

Introdução   1
1. O estético, o público e a promessa cultural   5
2. Branquitude e negritude como produções estéticas   41
3. O detalhe estético generificado   83
4. O trabalho moral, político e econômico da beleza   131
5. A estética da ignorância   155
6. Um confronto estético   187
7. Nacionalismo estético racializado   217
8. Promessas e ameaças estéticas   257
Posfácio   301

Notas   305
Bibliografia   337
Índice geral   359

Prefácio

Denise Ferreira da Silva

Embora eu tenha tomado conhecimento recentemente de várias traduções para o português da expressão inglesa "*The Devil is in the Details*", nenhuma se apresenta como a versão mais apropriada, pelo menos na variante da língua portuguesa que prevalece no Brasil. O mais próximo que encontro em termos do meu *feeling* a respeito dessa expressão é o seguinte verso de *Vaca Profana*, de Caetano Veloso: "de perto ninguém é normal". É claro que "normal", aqui, não se refere a tipicidade corporal ou mental, mas, precisamente, relaciona-se a uma certa suposição de que há um modo de existir – neste caso, como ser humano, como pessoa particular – que é a norma ou, como Kant diria, que prevalece naquilo que ele chama de "*sensus communis*". E aquilo que a letra de Caetano sugere diz respeito ao que fica explícito, ou mesmo, eu diria, ao que se torna sensível quando você olha bem de perto e atende aos detalhes de uma pessoa, seu corpo e rosto, mas também suas expressões, sejam intelectuais, emocionais etc. Aquilo que se torna perceptível quando você olha de perto, ou seja, quando atende aos detalhes, será visto como algo que está além da norma, que não se encaixa no modo abstrato. Então, o que estou destacando aqui é justamente a complexidade tornada imperdível, o diabo, o demoníaco que nos espera nos detalhes. Ainda mais porque, como "diabolismo" também significa "esperteza", a complexidade que os detalhes expõem pode apenas manter a chave do quebra-cabeça ou o fio que mantém o todo, e sua normalidade, juntos.

O que isso tem a ver com o livro *A promessa cultural do estético*, de Monique Roelofs? Tem tanto, que é muito difícil transmitir extensão e alcance em uma, mesmo que longa, sentença. Permitam-me, então, que diga apenas que o detalhe mantém o livro unido, numa coerência que se expressa tanto na forma quanto no conteúdo. E devo acrescentar, também, que este trabalho é feito tanto na própria apresentação da intervenção crítica à estética oferecida por Roelofs quanto no próprio trabalho que a estética tem realizado no e para o pensamento e a existência modernos, como argumenta a autora. Porque não quero entregar tudo aqui, fazer uma resenha do livro, mas também porque acho importante que qualquer pessoa que venha a ler este texto possa compartilhar daquilo que o prefácio toma como oferta mais generosa de uma obra, vou usar esta pequena apresentação para dividir com vocês o que pude considerar, uma vez guiada pela proposição desse dito popular que identifica, no detalhe, um potencial diabólico, isto é, uma ameaça radical, demoníaca. Lendo as palavras que compõem o texto de Roelofs, fiquei pensando, refletindo, sobre as implicações que a tarefa generosa e generativa do atender aos detalhes reserva para o pensamento experimental. Claro que o que se segue não é uma elaboração dessa reflexão. Eu o menciono porque espero que esse gesto bastante tendencioso e interesseiro encontre ressonância em outros leitores e leitoras, a fim de que acolham este livro como um colaborador em suas próprias atividades intelectuais, no que diz respeito à estética ou não.

Talvez, a constatação mais surpreendente ao ler a exposição do argumento de maneira cuidadosa e também criativa, bem como a escolha dos "objetos estéticos" – um enunciado que eu estou impondo aqui –, tenha sido a de que poderíamos tomar o detalhe como o fio que conecta as leituras críticas das principais afirmações filosóficas sobre a estética (as de Hume, Kant, Adorno, para citar três óbvias). Uma constatação de que o estético abrange todo o amplo espectro da existência social, mas que se apresenta expressivamente no mais imediato, cotidiano, senão mundano. Três conceitos são centrais para conduzir as análises de Roelofs – "promessas e ameaças", "endereçamento" e "relacionalidade". Eles são mais do que fundamentais para o argumento de como o estético opera quando classe, gênero, raça ou cultura são selecionados como as principais categorias no mapeamento de uma determinada situação ou contexto social.

À medida que fazem o trabalho crítico nas leituras detalhadas que compõem cada capítulo do livro, esses conceitos tecem o filosófico e o mundano: as odes de Neruda e uma história sobre uma corrida de táxi, um programa de televisão e o belo, o sublime, o ordinário, dissolvendo qualquer suposta separação e/ou hierarquia entre eles. Roelofs nos ensina, consistentemente, como tais conceitos capturam as operações que o estético realiza em todas as várias circunstâncias sociais, tanto nas descrições em que aprendemos que o endereçamento, a relacionalidade e as promessas e ameaças estão em jogo, quanto quando o estético, de fato, desempenha o papel principal.

Prefácio

Como alguém que está na mesma posição que eu, lendo um texto composto por outra pessoa, sei que você pode apreciar o esforço que estou fazendo para não desistir e, me valendo de outro ditado, não totalmente apropriado, mas que comunica bem o meu *feeling*, para não "entregar o ouro ao bandido". Como não escolher um capítulo ou um subcapítulo e dizer exatamente como vejo cada detalhe realizar esse trabalho? Muito difícil. Por quê? Aqui vão algumas razões. A primeira e a mais óbvia é o fato de que fazê-lo, "entregar o ouro", me permitiria elaborar alguns dos ganhos, em termos de *insights* ao redor do estético, que as análises de Roelofs fornecem. No entanto, se o fizesse, também cometeria, talvez, aquilo a que se poderia chamar a maior trapaça que um texto como este pode fazer, dada a tarefa que tem. Isso seria tentar aliciar vocês, leitores e leitoras, desde o início, e levá-los a ler o livro como eu o li, e também seria impor, como uma dádiva generosa, aquilo que guiou minha leitura. A segunda razão tem a ver com o procedimento, mais precisamente, o procedimento de leitura que encontro mobilizado no texto. Eu gostaria de parar e comentar longamente sobre o método escolhido para a apresentação de um argumento crítico que liga o objeto estético analisado – o poema, a pintura, a pérola na pintura, a história trágica ou de caráter trágico, o programa de televisão, a crônica de uma corrida de táxi – com as afirmações filosóficas fundantes da estética e as operações do capital, bem como com a subjugação racial e cis-heteropatriarcal. Uma terceira razão pela qual evito um comentário mais profundo e ampliado do argumento de Roelofs aqui, cujo significado estou trazendo sob o termo "detalhe", é que essa escolha me levantou questões sobre a leitura de aspectos de classe, gênero e raça no "objeto" e sobre como essa leitura se relaciona com a distinção de Kant entre juízo determinante e reflexivo, que é central na delimitação da estética. A questão, obviamente, não deveria nos levar de volta a Kant, mas me leva a uma consideração acerca da própria criticidade, bem como à distinção entre crítica *teórica* e crítica *estética*. Isso é importante, porque o que acho que está sendo oferecido neste livro é algo que contribui muito para uma reflexão em torno dessas distinções, bem como exige uma atenção ao modo como lhes damos sentido quando elas se unem.

Uma quarta razão que me faz expor o argumento e sua apresentação mais diretamente se refere a como se pode situar a abordagem de Roelofs sobre a estética em meio a outras que também atendem ao seu significado social. Estou a pensar, obviamente, em Theodor Adorno (com quem o livro se relaciona extensivamente), mas também em Jacques Rancière e Gayatri C. Spivak, que aparecem nas notas de rodapé, e em Alain Badiou e David Lloyd, que não aparecem no texto. Atenção! Este comentário não é sobre a falta de citação nem sobre a falta de um engajamento mais profundo ou mais extenso. Na verdade, estou chamando a atenção para um detalhe que me ajudou muito durante a leitura, porque ao me perguntar sobre como estes autores tratariam o mesmo material, aprendi como Roelofs o fez. Pode-se dizer que este é um exercício que fazemos sempre que lemos um texto acadêmico. Ainda assim, eu sempre me surpreendo quando me dou conta do processo.

Deixe-me elaborar um pouco mais este detalhe, que para mim indica o quão generativo foi ler o presente livro e o quanto ele manteve minha mente ativa e excitada. De imediato, eu percebi por que os dois últimos autores, Badiou e Lloyd, não viriam imediatamente à mente como parte da biblioteca de estética na qual este livro estaria incluído. Da mesma forma, percebi (ao ler as notas de rodapé) por que Rancière e Spivak não precisariam de um engajamento mais extenso ou profundo. Reiterando, este não é um comentário crucial sobre o texto. Em vez disso, estou curiosa – e provavelmente isso também é algo que pertenceria a um livro diferente – sobre como o trio conceitual aqui oferecido ("promessas e ameaças", "endereçamento" e "relacionalidade") se vincula a outros conceitos que foram introduzidos por esses pensadores contemporâneos e que também foram criados para capturar e expor o papel que a estética desempenha no contexto político mais amplo e na existência cotidiana. Aqui vão três exemplos. Em primeiro lugar, e você se lembrará disso quando chegar ao capítulo sobre a corrida de táxi, fico imaginando como a distribuição do sensível de Rancière guiaria uma leitura dos aspectos raciais e culturais que Roelofs tão habilmente expõe e examina através do/com seu trio. Em segundo lugar, seria interessante considerar como a noção de "inestética" de Badiou teria guiado as leituras cuidadosamente feitas e apresentadas das odes de Neruda e a forma como elas apresentavam as promessas do estético ao mesmo tempo que encenavam seus aspectos menos desejáveis. Em particular, pergunto-me se o conceito de Badiou seria obrigado a voltar ao social e à sua bagunça, ou seja, se devolveria a sua apresentação formal do sujeito precisamente

Prefácio

àquilo que sua intervenção filosófica espera exorcizar do pensamento contemporâneo. Em terceiro lugar, e por fim, eu estava pensando no romance sobre a jovem feia, sobre se o argumento de Roelofs em torno dele nada mais faz do que expor as operações do regime racial da estética (um conceito de David Lloyd) ou se de fato há alguns outros aspectos desse regime que poderiam operar no romance, mas desde fora. Como disse previamente, essas são elucubrações que me acompanharam ao ler o livro, cada capítulo em que Roelofs desdobra uma leitura afiada do palco da estética como local de operação de tudo aquilo que torna vazias as últimas promessas, que são, por sua vez, seus fios coloniais, raciais, cis-heteropatriarcais.

Já caminhando para a conclusão, busquei trazer tópicos que, como o diabo, não apenas estão, mas realmente são os detalhes. Pois é a leitura cuidadosa, detalhada e perspicaz de Roelofs acerca da crônica da corrida de táxi, baseando-se na tríade conceitual já apresentada, que nos permite considerar que o racial e o colonial estão em jogo na sensibilidade reativa – que ocorre discursivamente e pode até se considerar reflexiva –, e não apenas nas expressões mais ultrajantes e vociferantes da supremacia branca ou das reivindicações autoritárias e declarações fascistas. Não tenho certeza se um conceito que presuma hierarquia e exclusão como seu oposto, e não trate diretamente da violência – tal distribuição do sensível de Rancière –, teria sequer a cena e a crônica como objetos estéticos próprios para consideração. A inestética, ao captar a visão de Badiou sobre a relação entre arte e filosofia, guiada por um pressuposto de uma configuração hierárquica condenada, que na maioria das vezes ele considera formalmente, seria um guia inadequado para uma leitura de poemas que reúne um tipo particular de posicionamento e a apresentação no/a partir de seu conteúdo. Da mesma forma, o regime racial da estética de Lloyd, como conceito-frase, capta belamente a participação da estética no contexto político pós-iluminista. No entanto, um relato de como justamente o racial passa a desempenhar esse papel, como ele governa na cena estética, é algo que pede atenção aos detalhes. Para concluir, repito que oferecer detalhes *a mim* como chave para a leitura deste livro foi um presente muito generoso de *A promessa cultural do estético*, presente que tenho o prazer de compartilhar com vocês como um incentivo para ler a obra e encontrar o seu próprio.

Lista de figuras

3.1 Johannes Vermeer, *A senhora e a criada* (*Mistress and Maid*), c. 1665-70 — 105
3.2 Johannes Vermeer, *A senhora e a criada* (*Mistress and Maid*), detalhe. c. 1665-70 — 110
5.1 Remedios Varo, *Trânsito em espiral* (*Spiral Transit*), 1962 — 163
5.2 Martin Puryear, *CFAO*, 2006-7 — 182
5.3 Martin Puryear, *CFAO*, 2006-7 — 183
7.1 Fernando Botero, *A praia* (*The Beach*), 2006 — 243
7.2 Fernando Botero, *Abu Ghraib 53*, 2005 — 244
7.3 Fernando Botero, *Abu Ghraib 77*, 2005 — 246
8.1 Gabriel Orozco, *La DS*, 1993 — 276
8.2 Gordon Matta-Clark, *Separando* (*Splitting*), 1974 — 277
8.3 Gordon Matta-Clark, *Oficina barroca* (*Office Baroque*), 1977 — 278
8.4 Damián Ortega, *Coisa cósmica* (*Cosmic Thing*), 2002 — 278
8.5 Constant Nieuwenhuys, *Representação Simbólica da Nova Babilônia* (*Symbolische voorstelling van New Babylon*), 1969 — 290

Agradecimentos

A visão deste livro é muito antiga. No final do último milênio, tive a sorte de ingressar nesse notável espaço intelectual que é o Centro de Pembroke para Ensino e Pesquisa sobre Mulheres, na Universidade Brown, nos Estados Unidos. Agradeço a Ellen Rooney e Elizabeth Weed por organizarem o seminário de pesquisa "Estética, política e diferenças". Ao longo de um ano, as reuniões semanais do seminário provocaram décadas de perguntas e continuam a ressoar como um modelo excepcionalmente vibrante de intercâmbio interdisciplinar. Os comentários incisivos de Ellen e Elizabeth sobre as formulações iniciais dos conceitos-chave do livro influenciaram notavelmente os rumos que o projeto tomaria.

Aos membros e palestrantes convidados do seminário Pembroke sobre estética, bem como aos participantes dos seminários seguintes sobre "A cultura do mercado" e "A questão da emoção", agradeço os debates acalorados e os pontos fundamentais de crítica.

Alunos e colegas da Faculdade Hampshire (Hampshire College, Amherst, Massachusetts) trazem para o nosso trabalho um gosto pela experimentação que enche o ar de surpresa e de uma sensação de risco intelectual. Nenhum dia de trabalho é previsível. A faculdade concedeu apoio e tempo para minha pesquisa. A natureza interdisciplinar do programa educacional de Hampshire cria uma atmosfera que conduz à investigação estética de modo distinto. Agradeço aos alunos dos cursos, assistentes de trabalho/estudo, coconspiradores, cujas concentrações elaboradas e projetos orientei, e aos colegas que colaboraram nesses empreendimentos, por sua energia e curiosidade.

Inúmeros diálogos marcam presença neste livro. Agradecimentos calorosos a Linda Martín Alcoff, Suzanne Barnard, Nalini Bhushan, Janet Borgerson, Leslie Bostrom, Peg Brand, Teresa Chandler, David G. Cory, Christoph Cox, Stephen Davies, Denise Davis, Alex DesForges, Fred Evans, Rob van Gerwen, Lewis R. Gordon, Baba Hillman, Katrien Jacobs, Carolyn Korsmeyer, Jerrold Levinson, Brian Locke, María Lugones, Kevin Meehan, Mariana Ortega, Carmen Pont, Camiel Roelofs, Jan Roelofs,

Karin Roelofs, Lex Roelofs, Sjoerd Roelofs, Loes Roelofs-Vennekens, Mary Russo, Yuriko Saito, Anna Schrade, Daniel Kojo Schrade, Falguni Sheth, Ruth Solie, Mariángeles Soto-Díaz, Jutta Sperling, Robert Stecker, Ronald Sundstrom, Gregory Velazco y Trianosky, Peter Vennekens, Bonnie Vigeland, Hent de Vries, Lingzhen Wang, Henk Willems, George Yancy e Manon van Zuijlen. Suas observações continuam ecoando em mim.

Eu me beneficiei de observações do público nas seguintes universidades: Universidade de Binghamton (Binghamton University), Universidade Brown (Brown University), Universidade Duquesne (Duquesne University), Universidade Católica de Leuven (Katholieke Universiteit Leuven), Universidade Estadual da Pensilvânia (Penn State University), Universidade de Amsterdã (University of Amsterdam), Universidade da Carolina do Norte em Charlotte (University of North Carolina at Charlotte), Universidade de Utrecht (University of Utrecht) e Faculdade de Artes Liberais em Amherst, Massachusetts (Hampshire College). Também colaboraram para esclarecer meu pensamento os debates nas seguintes associações: Sociedade Filosófica Americana (American Philosophical Association), Sociedade Americana de Estética (American Society for Aesthetics), GT da Califórnia sobre Filosofia e Raça (California Roundtable on Philosophy and Race), Associação Holandesa de Estética (Dutch Association for Aesthetics), Sociedade Europeia de Estética (European Society for Aesthetics), GT sobre Feminismo Latino (Roundtable on Latina Feminism), Sociedade de Literatura, Ciências e Artes (Society for Literature, Science and the Arts) e a Conferência sobre Política, Crítica e Artes (Conference on Politics, Criticism, and the Arts).

Agradeço a Colleen Coalter por seu animado incentivo e apoio editorial. Pelas leituras rigorosas de uma versão anterior do manuscrito, estou em débito com Michael Kelly e revisores anônimos. Seus comentários fortaleceram substancialmente o livro. No penúltimo trecho, o infinitamente sábio Andy Park recomendou que eu usasse uma tesoura, o que me deixou pontos a serem explorados em outro momento.

A emoção de um próximo projeto de estética que está em construção com Norman S. Holland me influenciou muito, assim como o prazer de nossas conversas. Elizabeth V. Spelman, sobretudo, não apenas analisou generosamente os textos como forneceu um fluxo consistente de

Agradecimentos

intuições improvisadas que me levam a imaginar livros dentro de livros. Este atual, dedico a ela.

Vários capítulos apareceram pela primeira vez em outras formas e lugares, e agradeço a seus organizadores e editores pela permissão para reimprimir essas fontes. Uma versão do Capítulo 2 veio à luz sob o título "Racialização como uma produção estética: o que o estético faz pela branquitude e negritude e vice-versa?" em *Branco no branco/Preto no preto (White on White/Black on Black)*, editado por George Yancy (Lanham: Rowman e Littlefield, 2005). O Capítulo 3 é uma versão revisada e ampliada de "Os perigos e prazeres de uma pérola: os detalhes na base do gosto". Este ensaio foi inicialmente escrito para uma conferência em homenagem a Naomi Schor e apareceu em um dossiê da revista *differences* publicado no outono de 2003, intitulado "A sedução do detalhe: uma leitura crítica atual" ("The Lure of the Detail: Critical Reading Today"), uma edição especial dedicada ao trabalho de Schor. O Capítulo 4 foi publicado pela primeira vez de uma forma diferente como "O trabalho relacional da beleza" ("Beauty´s Relational Labor"), em *Beauty Unlimited*, organizado por Peg Zeglin Brand (Bloomington: Indiana University Press, 2012). Sob o título "Teorizando a pátria estética: nacionalismo estético racializado na vida cotidiana e no mundo da arte" ("Theorizing the Aesthetic Homeland: Racialized Aesthetic Nationalism in Daily Life and the Art World"), uma versão do Capítulo 6 foi incluída em *Construindo a nação: um leitor racial e nacionalista (Constructing the Nation: A Race and Nationalism Reader)*, organizado por Mariana Ortega e Linda Martín Alcoff (Albany: SUNY Press, 2009). Finalmente, uma versão do Capítulo 7 apareceu sob o título "Sensação como civilização: interpretando e andando de táxi" ("Sensation as Civilization: Reading/Riding the Taxi Cab") no dossiê da revista *Contemporary Aesthetics* intitulado "Estética e raça: novas perspectivas filosóficas" ("Aesthetics and Race: New Philosophical Perspectives"), Special Volume 2, 2009, que editei como convidada (disponível em http://contempaesthetics.org).

Introdução

O estético é um fenômeno generalizado. Ele se encontra não apenas nas artes, mas também em nossos esforços como atores do cotidiano, que comem, bebem, tocam, movem-se, veem, ouvem, leem ou não, que se dirigem ou não uns aos outros, ocupam ou não alguns lugares. Desde Platão, passando pelo Iluminismo e chegando até o presente, as teorias e práticas da estética realizaram promessas, bem como ameaças, enredadas no estético.

Essas promessas e ameaças estão entre as formas corporificadas e multimodais de endereçamento que dirigimos uns aos outros, aos objetos e aos nossos ambientes. Elas ajudam a moldar as ligações e desconexões sociais e materiais em que vivemos, impregnam o desejo da experiência estética, bem como a turbulência que essa experiência provoca nos planos ético, ecológico, epistêmico e político. Este livro localiza o estético em uma sequência de promessas e de ameaças em constante evolução que fabricamos como participantes em redes de relacionamentos e endereçamentos.

Após um período de descrédito, o estético atualmente desfruta de maior proeminência. Artistas, teóricos e ativistas encontram um novo uso para ele como uma categoria de experiência, um modelo para a crítica, uma dimensão de agência, um motor de coletividade e um marcador de valor. A ascensão do estético anima uma ampla gama de projetos, capacidades e agendas culturais. Ao contemplar as direções que desejamos que essa recuperação tome, no entanto, precisamos nos envolver em enigmas filosóficos que continuam a perturbar seus fundamentos.

Estudiosos e artistas do século XX colocaram-nos frente a frente com o passado agitado e o presente conturbado do estético. Os pilares culturais e teóricos tradicionais da noção parecem naufragar. Entre os anos 1960 e 1980, floresceram críticas de longa data aos paradigmas estéticos, precipitando modos de análise e produção que transformaram as artes e as humanidades.[1] Enquanto esses desenvolvimentos persistiram, o final da década de 1990 deu início a uma corrente compensatória. Estratégias estéticas de criação, esquemas de leitura, planos de colaboração e projetos de ação começaram a surgir com vitalidade renovada em todos os campos culturais. Na segunda década do terceiro milênio, posturas céticas coexistiram com abraços comemorativos de vocabulários tradicionais,[2] "ao lado de investimentos mais qualificados em questões estéticas".[3] Forças institucionais se solidificaram em torno desses pontos de vista, contribuindo para uma plataforma produzida coletivamente, na qual operações do estético e do antiestético convergiram e desviaram em direções separadas. Conjuntos conflituosos e misturados de tendências estéticas e impulsos antiestéticos são sentidos em disciplinas acadêmicas, regimes corporais, projetos comemorativos, coleções de arquivos, métodos de investigação histórica, sistemas de transporte, táticas de renovação urbana e práticas em torno da produção, preparação e ingestão de alimentos. Surgem em espaços de exposição, locais e órgãos de atuação, planos de austeridade, rotinas sexuais, prazeres do turismo, conglomerados de mídia e planejamento de processamento de dados. Essas estruturas incorporam propensões de endossar e rejeitar possibilidades estéticas de vários tipos. No turbulento campo da produção e absorção cultural, a intuição flui abundantemente em ângulos refratários.

Esta situação clama pela construção de um conceito. As dificuldades que se materializaram requerem mais escavações e, quando descobertas, apontam linhas de defesa inesperadas. Modos contrastantes de leitura e formas divergentes de participação cultural não apenas reconhecem, mas também instituem e desafiam tipos díspares de fenômenos estéticos. As controvérsias existentes persistem, surgindo em arenas alternativas. Nossa polêmica exige uma mudança de terreno. As principais lacunas filosóficas da noção do estético permanecem. Elas ainda precisam ser superadas. As páginas a seguir exploram essas lacunas em um esforço para alcançar uma compreensão sustentável da consciência irresistível para a qual os recuperadores se voltam corretamente: um sentido das atrações teimosas e possibilidades oferecidas pelas formas estéticas, pela experiência e pela interação. Mas como podemos afirmar a conveniência do estético sem minimizar o caos que ele produz nas vidas individuais e nas trajetórias culturais que as envolvem? Esse dilema exige uma mudança conceitual. Este livro defende a centralidade das noções de promessas e ameaças, de relacionalidade e de endereçamento. Esses conceitos postos em jogo na arte e na teoria, moldando a prática cotidiana e outros domí-

Introdução

nios da cultura, reequipados e reunidos, fornecem a estrutura para uma abertura mais ampla de questões que nos assombram há algum tempo.

Nos capítulos seguintes, encontra-se a investigação sobre o elo fluido entre o estético e o político, um laço que forjamos e reforjamos à medida que damos forma ao cotidiano. O vínculo mutante entre estética e política reflete maneiras imprevistas pelas quais o estético prepara nossa existência e nossas atividades diárias por ele marcadas. Entre as histórias detalhadas que contarei, surge uma narrativa que entende o estético como um conjunto de práticas conceitualmente flexionadas, socialmente situadas, multimodais e corporificadas. Ao abrigar antagonismos e reorientações, esse amplo campo não admite distinções nítidas de empreendimentos que poderíamos chamar de *não*, *anti-*, *a-*, *pré-* ou *pós*-estéticos. Mergulhos recorrentes na história da teoria estética destacam o amplo escopo de estratégias estéticas e políticas, ao mesmo tempo que sustentam ordens sociais diferencialmente habitáveis e as embutem em níveis de significado nos quais paixão, percepção, racionalidade e imaginação não apenas andam juntas, mas também se encontram em conflito. Modos de interpretação surgem neste território. Examinando visões de beleza, feiura, detalhes, nação, ignorância e fronteira cultural, os capítulos seguintes exploram a rede interpretativa que fornece ao estético seu vasto alcance.

Fatia temporal

Trazer à tona a intrincada presença de significados estéticos em nossa vida cotidiana exige uma série de métodos. Consequentemente, meu argumento desenvolve-se em conversas com perspectivas divergentes. Surgem correntes cruzadas entre estética analítica, filosofia continental, pensamento decolonial, estudos sobre negros e latino-americanos. Estratégias de análise cultural tomam forma ao lado de abordagens na história da arte e na teoria literária. Temas do feminismo racial crítico falam de pontos de vista da filosofia social e política. Como a investigação prossegue em diálogo com um grupo de campos, um bom número de notas de rodapé ao lado de vinhetas ocasionais, chamadas *fatias temporais (Time Slices)*, apoiam nossa discussão. Leitores curiosos são convidados a visitar essas áreas do livro se quiserem mergulhar em histórias complementares ou demorar-se mais nos assuntos.

Esses segmentos fornecem uma sensação de debates relevantes que ocorreram em vários quadrantes e sugerem tópicos para reflexão posterior. Uma vez que aludem a uma ampla gama de histórias e interesses disciplinares, peço ao leitor que use essas seções de modo a criar um ritmo de leitura agradável, de interrupções e continuidades, entre formas e questões passadas, presentes e futuras.

1
O estético, o público e a promessa cultural

Os filósofos do século XVIII associam o conceito do estético com o de público. David Hume e Immanuel Kant são representantes proeminentes dessa interconexão. Suas teorias do gosto estabelecem a base da maior parte da reflexão contemporânea sobre o estético na tradição ocidental. Ambos os pensadores invocam operações de capacidades de apreciação humanas comuns. Partindo do pressuposto de que os observadores compartilham essas faculdades que lhes permitem governar suas percepções de obras de arte e de outros objetos, os juízos de gosto resultantes atingem uma validade intersubjetiva.[1] O marco desta proposta reúne o estético e o público: compreensível para qualquer observador capacitado, o valor artístico adquire uma dimensão pública. As experiências estéticas às quais somos submetidos registram significados geralmente acessíveis. O exercício da percepção estética compreende um bem público, no sentido de que, em princípio, este está disponível para todos, independentemente das características particulares de alguém. O prazer que a prática estética potencialmente fornece a todos e os juízos que ela é capaz de legitimar para cada pessoa nos ancoram em um mundo humano comum. As atividades estéticas determinam um registro coletivo de subjetividade. O status público da experiência estética encontra maior elaboração na visão de Hume, segundo a qual o gosto, o refinamento e as artes contribuem para o avanço da esfera pública.[2]

As explicações universalistas de Hume e Kant sobre percepção estética e valor foram objeto de crítica.[3] A noção de público que emerge da hipótese do compartilhamento de capacidades apreciativas e dos juízos estéticos considerados pelos autores como universalmente válidos é frágil. A suposição de uma mentalidade comum e a universalidade proporcionada por nossas propensões compartilhadas nos dizem pouco sobre as condições empíricas sob as quais as experiências e juízos estéticos tomam forma. Não nos dizem quase nada sobre a influência que matrizes institucionais de observação, sentimento e desejo, e também de poder e linguagem exercem sobre os significados com os quais investimos formas estéticas nas comunidades humanas reais.

Questões fortemente críticas foram levantadas contra Hume e Kant. No entanto, suas noções de publicidade estética cumprem a promessa de uma cultura compartilhada, incluindo aquela de que nossas atividades estéticas conectam pessoas, bem como pessoas e objetos, em florescente vínculo coletivo e material.[4] Esse projeto estético seria uma versão do tipo de obra pública realizada pelo estético.[5] Claramente não é o que Hume e Kant disseram explicitamente sobre o que o estético causa. No entanto, o destaque que suas teorias mantêm até hoje se deve em parte ao desejo que atribuímos ao que foi prometido.

Podemos distinguir as fronteiras dessa promessa em *Odes elementares*, de Pablo Neruda.* O poeta atribui uma promessa cultural ao estético que ilumina a promessa transmitida por Hume e Kant, mesmo que a versão de Neruda sobre a promessa do estético acabe excedendo em muito o que esses filósofos tinham em mente. As odes de Neruda colocam em jogo mecanismos que possibilitam a promessa do estético e que permanecem em seu caminho. O poeta assumiu a promessa cultural da publicidade estética a fim de torná-la amplamente disponível. Suas odes nos permitem ver como o estético pode ser promissor diante de sua capacidade comprometida em realizar projetos culturais de que o incumbimos.

A promessa estética de uma cultura harmoniosa e igualitária

Os três livros de odes de Neruda, *Odas elementales* (*Odes elementares*), *Nuevas odas elementales* (*Novas odes elementares*) e *Tercer libro de las odas* (*Terceiro livro das odes*), publicados entre 1954 e 1957, postulam o ideal

---

* N.T.: Todas as odes de Pablo Neruda, mencionadas sob a forma de título ou citadas sob a forma de versos, são apresentadas neste capítulo em sua língua original, o espanhol, e foram extraídas da edição espanhola *Pablo Neruda – Obras completas, v. 2*, organizada por Hernán Loyola e Saúl Yurkievich (Barcelona: Galaxia Gutenberg; Círculo de Lectores, 1999). A "Oda al libro I" e a "Oda al pan" pertencem originalmente ao livro *Odas elementales*. Já "Oda a la caja de té", "Oda a la cuchara", "Oda a la manzana", "Oda a la naranja" e "Oda a las tijeras", ao *Tercer libro de las odas*. Por fim, "Oda a las cosas", "Oda a la mesa" e "Oda a la silla" pertencem originalmente ao livro *Navegaciones y regresos*.

da coexistência harmoniosa de pessoas, animais, objetos, lugares e plantas, em uma comunidade humana e não humana igualitária.[6] Numerosas odes nessas coletâneas, bem como muitos poemas em *Navegaciones y regresos* (*Navegações e regressos*) (1959), obra considerada pelo poeta como seu quarto livro de odes elementares, tentam envolver o leitor em um ciclo de interação material, desejo e amor que, Neruda sugere, pode ser realizado com o necessário esforço coletivo.[7] Os poemas articulam a promessa de uma sociedade estética, ética e politicamente baseada em ideais de igualdade e harmonia.

As odes incorporam essa promessa em objetos e eventos cotidianos. Isso é evidente na estrofe final de "Oda a la silla": "La guerra es ancha como selva oscura. / La paz / comienza / en / una sola / silla."[8] Em "Oda a la naranja", da mesma forma, a unicidade da laranja anuncia a do mundo: "En tu piel se reúnen / los países / unidos / como sectores de una sola fruta". Em louvor às abundantes possibilidades do pão, a "Oda al pan" atesta: "llegará porque fuimos / a sembrarlo / y a hacerlo, / no para un hombre sino / para todos los pueblos".

Em "Oda a las cosas", o poeta ilumina a estrutura estética que em todas as odes exala: a promessa de uma comunidade igualitária e harmoniosa, e esclarece por que essa promessa deve ser vista como uma promessa da cultura. Neste poema, Neruda prevê um padrão de afiliações de sujeitos entre si, de objetos entre si e de sujeitos e objetos, que permite uma existência social e material comum. Ao prender o leitor em relações que conectam intérpretes, criadores e coisas, a ode mantém a promessa da copresença intersubjetiva dos seres humanos em um mundo que compartilham entre si e com o ambiente. Atos de criação e recepção sustentam os laços de convívio que devem reunir indivíduos, bem como indivíduos e coisas. Tais atos criam os laços subjacentes à coesão da comunidade prometida. Os livros de odes entendem o estético como um tecido conectivo que pode atualizar as possibilidades inerentes à vida pública. O estético promete cumprir as aspirações que podem ser associadas à ideia de publicidade através da instituição de uma cultura de e para pessoas.

O gesto organizador de "Oda a las cosas" que dá origem a essa imagem da cultura estética é o endereçamento de quem fala aos objetos:

Oh río
irrevocable
de las cosas,
no se dirá
que sólo
amé
lo que salta, sube, sobrevive, suspira.
No es verdad:
muchas cosas
me lo dijeron todo.
No sólo me tocaron
o las tocó mi mano,
sino que acompañaron
de tal modo
mi existencia
que conmigo existieron
y fueron para mí tan existentes
que vivieron conmigo media vida
y morirán conmigo media muerte.

Ao endereçar-se aos objetos por meio da forma vocativa ("Oh río de las cosas"), o narrador os interpreta de forma fictícia como digno de ser chamado.[9] Ele lhes empresta qualidades de ação corporal e experiência vivida: os objetos adquirem a capacidade de tocar e serem tocados. Animados pelo orador, ganham poder narrativo e agência subjetiva. Um tropo de inseparabilidade amorosa entrelaça a existência do narrador e dos objetos: eles compartilham narratividade e experiência como questões de vida e morte. O apóstrofo da ode ("Oh rio") realiza essa simbiose. Voltando-se diretamente para os objetos, o narrador instila neles vida subjetiva e os envolve em um estado de intimidade. Esse gesto sustenta uma mutualidade de interação. À medida que a voz do interlocutor projeta capacidade de resposta nos objetos, eles respondem ao endereçamento com suas histórias e seu toque. A percepção captada pelo endereçamento do narrador torna o amor deles ficcionalmente recíproco. A "Oda a la caja de té" ilustra isso: Caja de Té, / como mi / corazón / trajiste / letras, / escalofríos, / ojos / que contemplaron / pé-

Capítulo 1 • O estético, o público e a promessa cultural

talos fabulosos / y también ay! / aquel / olor perdido / a té, a jazmín, a sueños, / a primavera errante". Os poderes de endereçamento e narração do narrador encontram confirmação na subjetividade dos objetos. O mesmo ocorre com sua aptidão para viver, sua capacidade de estar vivo para e com os objetos.

Nas orientações duplas da animação da ode (de e para os objetos), a "Oda a las cosas" de Neruda se assemelha à famosa "Ode ao vento ocidental" de Shelley, na qual o orador, como Barbara Johnson observou, chama o vento para regenerar sua diminuta vitalidade (1987a, 188). No entanto, enquanto Shelley coloca em primeiro plano a animação do falante, o poema de Neruda se distingue do lirismo apostrófico da obra anterior, centralizando as relações do narrador e, por extensão, as relações entre o leitor e o público em geral com as coisas e outras pessoas. Além disso, na visão de Neruda sobre a troca estética, as relações com as pessoas mediam as relações com as coisas, e as relações com as coisas mediam as relações com as pessoas. Chamo o tecido resultante das relações esteticamente flexionadas de "relacionalidade estética".[10]

Os versos seguintes explicam o ciclo de conexões materiais e intersubjetivas previsto por Neruda:

> Ay cuántas
> cosas
> puras
> ha construido
> ...
> Amo
> todas
> las cosas,
> no porque sean
> ardientes
> o fragantes,
> sino porque
> no sé,
> porque
> este océano es el tuyo,

es el mío:
los botones,
las ruedas,
los pequeños
tesoros
olvidados,
los abanicos en
cuyos plumajes
desvaneció el amor
sus azahares
las copas, los cuchillos,
las tijeras,
todo tiene
en el mango, en el contorno,
la huella
de unos dedos, de una remota mano
perdida
en lo más olvidado del olvido.

O amor do narrador pelos objetos é uma resposta às marcas da presença corporal e da ausência de outros criadores e usuários, sinais que ele encontra nesses objetos. A animação das coisas coincide com a animação dos indivíduos que as criaram e as manipularam. A ode suspende o esquecimento que havia caído sobre os fabricantes e proprietários. O amor que as pessoas sentem é decifrável – suas "flores de laranjeira" podem ser descobertas nas "penas" dos "leques" –, e as atividades materiais das pessoas tornam-se evidentes. O narrador e os objetos desafiam colaborativamente a distância que separa produtores e consumidores anteriores ao narrador.[11]

A ode de Neruda imagina um coletivo temporalmente contínuo que se reúne em padrões de endereçamento direcionados e provenientes de objetos. Através de um endereçamento direto ao leitor ("este océano es el tuyo, / es el mío"), o poema inclui seu público nessa comunidade. Os objetos animados se unem em um fluxo de endereçamento que permanece indiferente aos limites entre o "seu" e o "meu". O narrador se co-

Capítulo 1 • O estético, o público e a promessa cultural

loca em uma linhagem de mediadores das histórias dos objetos, as quais transmite ao seu público. O texto posiciona o leitor como participante de uma cadeia intersubjetiva (dotada de suporte material e comunitário) de transações interpretáveis e interpretativas. Desejando uma conexão estreita e fisicamente materializada com os criadores e usuários prévios dos objetos, e a imersão do leitor na textura desdobrável das relações, o narrador convida as pessoas que podem encontrar os objetos para aproveitar ao máximo um campo de possibilidades relacionais, do qual esses indivíduos já fizeram parte, embora de modo limitado.

Quando, na passagem final da ode (citada na p. 8), o narrador aborda diretamente as coisas, a intimidade do narrador com elas representa a da humanidade em geral, que seu apóstrofo aborda indiretamente. O circuito de animação recíproca em que a relação do narrador com as coisas capta sua relação com as pessoas, somado à sua própria relação com as pessoas, encontra sustento em sua relação com as coisas, espalha-se do indivíduo para o universal. Humanos, animais e objetos unem-se em redes de modos de endereçamento interconectados que, em princípio, podem abranger todos, tudo.

Na imagem da relacionalidade estética do poema, o significado dos objetos está vinculado à existência de um coletivo de sujeitos amorosos e trabalhadores, que mantêm relações de endereçamento com esses objetos e entre si. Os modos de endereçamento comprometem-se e recebem uns dos outros; dessa forma, respondem aos modos de endereçamento adotados e registrados a partir dos objetos e vice-versa. Uma capacidade de resposta recíproca proliferativa entre os modos de endereçamento, cada um incitando e informando outros, permite que pessoas, coisas, animais, plantas, ambientes e nações habitem conexões entre si em uma constelação de fios de endereçamentos interligados. Os modos de endereçamento se unem para criar cadeias e redes de endereçamento maiores que os abrigam.

A "Oda a las cosas" sugere implicitamente que é através dos modos de endereçamento dirigidos e recebidos de nosso entorno que podemos perceber nossa subjetividade interativamente, em um mundo material potencialmente compartilhado e estendido no espaço e no tempo. Isso envolve a criação de interpretações e condições de interpretabilidade. Pois em relação às leituras e aos termos de legibilidade, de acordo com a poética da ode, é permitido testemunhar nos objetos os sinais e efeitos dos estados e orientações emocionais de outras pessoas (como as "flores de laranjeira" do amor, mencionadas anteriormente) e das ações corporais e do trabalho que outras pessoas realizaram em relação às coisas (como a ação refletida, por exemplo, pelas impressões feitas pelas mãos). Testemunhando que "este oceano é seu, e meu", Neruda atribui aos objetos um lar, em uma cena coletiva de endereçamento. Ao aproximar os sujeitos de si mesmos por conta da propriedade cultural compartilhada dos objetos, as ações e os sentimentos desses indivíduos se tornam legíveis.[12] Ao interpretar suas atividades e afetos, o poeta aproxima as pessoas, permitindo que elas falem através dos objetos. A visão de relacionalidade estética que ele projeta pressupõe e anuncia a presença de um fórum comum de discussão – uma estrutura de publicidade, uma cultura comum – que se estende ao passado e ao futuro e pode abranger qualquer pessoa e qualquer coisa. O poema articula a promessa de construção da cultura das possibilidades coletivas para leitura, produção e legibilidade que podemos associar à ideia de publicidade estética.

Compreendida como uma alegoria da promessa cultural do estético, "Oda a las cosas" cria ligações entre as noções de endereçamento, de relacionalidade e da promessa de cultura.[13] Este livro entende esses conceitos como constituintes estruturais da ideia do estético na filosofia ocidental. A tríade – endereçamento, relacionalidade e promessa – desempenha um papel central na organização da agência e da experiência estéticas. Mostro como essa montagem tríplice empresta seus poderes às capacidades humanas vitais que produzimos por meios estéticos e, ao mesmo tempo, toca em problemas nos quais o estético está envolvido. Surpreendentemente, as odes elementares não apenas descobrem componentes fundamentais da noção do estético, mas também expõem uma lacuna nesse conceito.[14] Os poemas nos notificam implicitamente de enigmas que sinalizam um buraco na teorização estética. Essa lacuna guiará o presente estudo.

Falhas na promessa

A visão de Neruda sobre a vida comunitária interpretativa e interpretável repousa sobre uma idealização. Descritos de maneira relativamente abstrata, para muitos leitores, os objetos celebrados nas odes, como placas e laranjas, exalam a aparência de objetos comuns. Tais coisas ostensivamente cotidianas prontamente se absorvem em um nexo estreito e aparentemente generalizável de sujeitos e objetos. No entanto, esse pode não ser o caso, com tanta certeza, de passaportes, carteiras de identidade, armas de fogo, véus, burcas, cadeiras elétricas, pílulas para aborto, políticas de imunização, manifestos políticos, produtos da maconha, medicamentos para eutanásia, *gluinos*, câmeras de vigilância ou um gole de água potável em um momento de emergência e destruição. Essas entidades são mais difíceis de incorporar-se em uma visão de convívio estético. O ciclo de filiação próximo e expansivo previsto por Neruda se desenrolaria em confronto com esses elementos, que têm seu lugar em polêmicas que revelam instantaneamente a posicionalidade do narrador e dos leitores.

Isso resulta em um escopo rigorosamente reduzido de sujeitos e objetos assimiláveis pela rede de endereçamentos imaginada em "Oda a las cosas". A comunidade de produtores e consumidores de objetos e formas simbólicas exibe lágrimas e fraturas mais profundas do que admite a imagem de Neruda do coletivo interpretativo. Isso causa um colapso da promessa dos poemas? As odes realmente cumprem uma promessa de cultura? Se sim, podemos dar crédito à promessa que lá vemos? Podemos ter depositado nossas esperanças em uma promessa que realmente não existe e/ou pode não se tornar realidade.

Algumas características bastante comuns de nossa relação com as promessas apontam para outras possibilidades. Por sabermos que somos falíveis, limitados, conscientes de nossa situação corporificada, dependentes do desejo, normalmente não abandonamos promessas que nos comovem ou que estamos elaborando apenas porque nos deparamos com obstáculos ou experimentamos motivos de dúvida – razões legítimas para isso. Nossa crença nas promessas evidencia uma certa flexibilidade. Em vez de desistirmos da confiança que depositamos em promessas que reconhecemos, impedimentos e motivos de ceticismo muitas vezes nos levam a supor que o cumprimento dessas promessas exige algo mais complexo do que imaginávamos até então: um arranjo diferente, outro ângulo, uma espécie de mudança. A crença mantém alguma resistência a obstáculos práticos e evidências compensatórias. Presumivelmente, esse também é o caso de situações nas quais apreendemos as obras de arte que fazem promessas, promessas que, engajadas nessas obras, poderíamos estar ajudando a fabricar e a realizar.

Assim, a promessa acompanha, de forma plausível, as lacunas que Neruda incorpora em sua visão da relacionalidade estética. Essas exclusões suscitam perguntas: quais assuntos e objetos a poética de Neruda torna legíveis e admissíveis, e quais são impedidos desse estatuto ou ganham um papel menor? Como as estruturas de produção, interpretação e troca para as quais o escritor convoca criam um cobiçado conjunto de relações estéticas com a normatividade, com potencial de construção da comunidade acessível ao público? Será que certas omissões na rede de relações estéticas tecidas pelas odes são inevitáveis, justificadas ou até desejáveis? Se sim, para quem? Por que motivos? Que lugar devemos dar a ausências e mecanismos de exclusão que sejam ética ou politicamente inaceitáveis? Como esses hiatos devem refletir sobre a natureza da promessa estética? E o que esses fenômenos nos dizem sobre a noção do estético? Essas questões convergem para uma conjuntura filosófica crucial que se torna visível nas odes elementares.

Propus que considerássemos os poemas de Neruda emblemáticos da promessa cultural do estético. Essa leitura produz uma hipótese: além da promessa da cultura, as odes resumem o dilema filosófico do que, diante da diferença social, deve ser feito com essa promessa. Agora, examinarei mais detalhadamente a interpretação das obras de publicidade e comunidade. As odes exemplificam um modo de significação que constitui uma operação fundamental do estético como concebido no Ocidente. Os compromissos e limites da visão dos poemas acerca da produção de significado estético ajudam a trazer à tona o terreno conceitual que este livro percorrerá.

À primeira vista, os códigos de Neruda podem parecer insuficientes por causa de suas temáticas. Indiscutivelmente, o assunto cotidiano dos poemas lança a relacionalidade estética em uma perspectiva idealizadora. Pode-se afirmar que maçãs, cadeiras, flores e outros itens prosaicos que o poeta descreve dificilmente podem ser considerados representativos do mundo interminavelmente antagônico e intensamente debatido dos objetos estéticos. A escolha dos elementos pelo autor parece ter em comum a concessão de regras nas quais a disparidade governa. Isso, no entanto, não é exatamente o que está acontecendo. É necessário um diagnóstico mais qualificado. O que parecem coisas comuns são bastante controversas, como ilustra a "Oda a las tijeras". Neruda lista muitos

Capítulo 1 • O estético, o público e a promessa cultural

propósitos e ações para os quais usamos tesouras, incluindo o corte de "banderas / que luego / fuego y sangre / mancharon y horadaron". De modo mais geral, ele documenta maneiras pelas quais os agentes estéticos mobilizam objetos cotidianos em atos de oposição. As odes colocam artefatos cotidianos em circunstâncias nas quais a implantação dessas ferramentas pelas pessoas está sujeita à repressão.

A consciência da condição de contestação dos objetos que as odes celebram, isto é, da presença deles em um espaço de interesses, persuasões e poderes conflitantes, permeia a poética de Neruda. As odes exploram como os objetos podem promover a emancipação dos trabalhadores e camponeses. As coisas funcionam nos poemas como elementos que estão sendo chamados a atender às necessidades dos agentes empregados em setores marginalizados e, no entanto, vitais da economia. As odes desistem de tomar como garantida a disponibilidade ou a satisfação dos objetos. Neruda transforma as capacidades das coisas para satisfazer as necessidades dos trabalhadores e camponeses dependentes de uma luta política que ele próprio abraça. Como indica a "Oda a las tijeras", ele imagina um lugar na vida do leitor para os poemas, assim como ele o faz para os objetos: "Y aquí con las tijeras / de la razón / corto mi oda, / para que no se alargue y no se encrespe / para que / pueda / caber en tu bolsillo / plegada y preparada / como / un par / de tijeras". Adaptados às ocupações que podem assumir na vida de um trabalhador, os poemas de Neruda participam da reorganização da existência social e material prevista pelos movimentos de esquerda no Chile do século XX e no exterior, e também nas redes socialistas internacionais com as quais os grupos comunistas nacionais se alinharam. Sua interpretação dos objetos como sujeitos à contestação é inseparável dessa agenda. Divisão e desarmonia são supostos motivos de significação nas odes.

Apesar do teor prosaico dos poemas, a voz de Neruda capitaliza a controvérsia da vida material e do ser social. Se os humanos fossem capazes de ler inquestionavelmente o significado dos objetos a partir deles próprios, o projeto estético dos "nós" não se sustentaria. É porque pessoas e coisas estão sujeitas à força estruturante de práticas narrativas, simbólicas, sociais, econômicas, políticas, pessoais, públicas e íntimas que a participação do escritor na formação das relações de seus leitores com objetos adquire urgência estética e política. Tais práticas são uma fonte de formas de diferenciação e afiliação. Neruda se envolve em um projeto de criação de pontos em comum e diferenças dentro de padrões de pontos em comum e diferenças já dados. As odes estabelecem um campo de disposições preexistentes em relação a entendimentos conflitantes e compartilhados nos quais pretendem intervir. A competição e o sustento se misturam, como atesta a "Oda a la mesa": "El mundo / es una mesa / rodeada por la miel y por el humo, / cubierta de manzanas o de sangre". Claramente os poemas não assumem apenas termos de acordo e discórdia, mas, além disso, dão origem a tais formas.

Criando a promessa

Ao considerar o funcionamento generativo das odes, podemos examinar mais de perto os vazios no trabalho de Neruda e os procedimentos que os originam. O aspecto produtivo de seus poemas se destaca nas linhas de abertura de "Oda a la mesa". Colocado pelo narrador dentro de um tecido de relações culturais, o objeto homônimo incorpora uma visão existencial em sua forma e função:

> Sobre las cuatro patas de la mesa
> desarrollo mis odas,
> despliego el pan, el vino
> y el asado
> (la nave negra
> de los sueños),
> o dispongo tijeras, tazas, clavos,
> claveles y martillos.
>
> La mesa fiel
> sostiene
> sueño y vida,
> titánico cuadrúpedo.

Nesta passagem, a anatomia da mesa e seu trabalho de sustentação de peso coincidem perfeitamente com o significado corporal e afetivo do objeto. Experimentando o artefato de uma maneira que seja receptiva às suas capacidades materiais, os indivíduos podem participar de rituais cotidianos que estabelecem um senso de comunidade. Eles encontram apoio para "[suas] esperanças e [sua] vida cotidiana", isto é, desejos e atividades que potencialmente compartilham com outras pessoas. Ao envolver funções prontamente apreensíveis das coisas cotidianas (como a tarefa da mesa de sustentar as coisas), o narrador identifica papéis alternativos que elas podem cumprir (destacando, por exemplo, as propensões da mesa para reforçar formas reais e desejadas de vida individual e comunitária). O artefato que presumivelmente sustenta os membros e instrumentos de escrita do poeta também carrega a montagem de objetos que, somos convidados a imaginar, inspiram suas odes e nos dirigem através delas. Além disso, após o reconhecimento do narrador dessa função de apoio, a mesa passa a incorporar desejos coletivos para o futuro. Iniciada por uma capacidade antecedente de significado por parte dos objetos (sua capacidade de "tocar" o narrador em virtude de suas histórias humanas, sua composição física sensorial e o sentimento de seus significados funcionais), a orientação do narrador em relação aos objetos (que em muitas odes encontra expressão em um endereçamento direto para eles) atualiza um potencial para significação adicional que é incipiente nos objetos (emitindo seus novos significados) e, assim, dá-lhes sua significância atual (suas partes da "história", que incluem contribuições feitas às vidas entrelaçadas do narrador e dos objetos). Ao se prender a esse processo de criação de significado de animação recíproca entre sujeitos e entre sujeitos e objetos, Neruda coloca em primeiro plano uma dinâmica significativa que está no cerne da ideia ocidental do estético e que sustenta as promessas culturais associadas a ela.

O amor que Neruda declara em "Oda a las cosas" constitui uma dimensão estrutural do projeto progressivo de produção de sentido empreendido pelas *Odes elementares*. Como Stendhal, Freud e Roland Barthes, entre outros, observaram, as características experimentadas de um amado não são simplesmente fundamentos para o amor do amante, mas não devem ser menos relevantes se consideradas como consequências dele. Investimentos psíquicos em pessoas e objetos ajudam a tornar possível nossa apreciação de suas qualidades.[15] Nosso compromisso com o significado das pessoas e das coisas tem uma certa independência da garantia que seus atributos específicos parecem prover a esse significado.

Em resumo, nosso amor desperta amabilidade, e mais amor se derrama da amabilidade que surge. Essa é uma das dinâmicas da sedução. Em virtude dessa operação, o amor promove caminhos de devir intersubjetivo e intercorpóreo.

Mais conhecido por seus poemas de amor, Neruda continua suas façanhas neste gênero ao longo dos livros das odes. A relacionalidade estética, como os poemas imaginam, prospera nos movimentos de um tipo generativo de amor. Em vez de *refletir os significados já dados* de pessoas e coisas, a posição amatória do narrador *traz à tona* as propriedades e impressões estimadas que pessoas e objetos transmitem a ele. A "Oda al tomate", a "Oda al jabón" e a "Oda al alhelí" deliciam-se com uma infinidade de aromas, paisagens, gostos e movimentos com os quais objetos homônimos presenteiam nosso corpo. Ao honrar esses "presentes", como a "Oda al tomate" os descreve, Neruda também nos sensibiliza para outros desejos que os objetos possam criar e satisfazer. Consequentemente, os objetos e nossas relações assumem com eles um novo significado. Os atos amorosos de animação, que, para Neruda, unem pessoas e vinculam pessoas às coisas, incitam desejos alterados e forjam a expansão de afiliações intersubjetivas e orientadas a objetos. Tais mudanças podem então transpor nossos laços para as províncias mutáveis. Simultaneamente atraindo e atraídos por pessoas e coisas, somos capazes de esticar e modificar os laços que incorporamos, ao encontrarmos pessoas, situações e coisas diferentes, precipitando ciclos evolutivos de conexão recíproca.

O amor inclui objetos nas espirais transmutantes de conexão que, segundo os poemas, anunciam desenvolvimentos sociais emancipatórios. A "Oda a la cuchara" ressalta os alinhamentos democráticos que Neruda incorpora em nossas relações intercorpóreas com pessoas e coisas. Depois de elogiar a colher pelas viagens no tempo e por diferentes locais, Neruda lhe define uma tarefa: "el difícil camino / de tu vida / es juntarte / con el plato del pobre / y con su boca". A esse desafio, a colher encontra uma ambição adicional:

...Por eso el tiempo
de la nueva vida
que
luchando y cantando

proponemos
será un advenimiento de soperas,
una panoplia pura
de cucharas,
y en un mundo
sin hambre
iluminando todos los rincones,
todos los platos puestos en la mesa,
felices flores,
un vapor oceánico de sopa
y un total movimiento de cucharas.

Tendo passado por mãos e bocas de comedores nos versos anteriores, que são separados por intervalos de espaço e tempo (bebês, homens famintos, ocupantes de navios, cidades, castelos e cozinhas), as colheres são capazes de fazer uma promessa. Neruda transpõe a história desses artefatos para possibilidades utópicas que os objetos nos oferecem – comida para todos; o acalmar a fome; uma sensação radiante de saciedade que abrange objetos, comestíveis e corpos, em que estômagos costumavam se contrair, revestindo criptas vazias. As ferramentas ficam sujeitas a aspirações e apegos renovados e subentendem novas relações entre as pessoas que interagem com esses objetos, como pratos, entre outras coisas, e, mais uma vez, mesas. A base para esse circuito transformador de relacionamentos é estabelecida pelo endereçamento direto do narrador para as coisas, que simultaneamente constituem um endereçamento apostrófico para o leitor.

Esse modo de endereçamento se repete nos poemas elementares. Institui uma estrutura de animação amorosa que promete trazer mudanças indispensáveis nos papéis das pessoas e das coisas. Incentivando os leitores a se unirem a uma rede de modos públicos e individualizados que ele lança em um brilho utópico, Neruda convida seu público a absorver e levar adiante a rede de relacionamentos que os poemas transmitem. Esse gesto autoral fala com a transmissibilidade e a sedução do amor. A leitora que se deixa seduzir pelas solicitações dos poemas, assim proclama a promessa, participa da realização de uma constelação alternativa de relações estéticas, a que inaugura uma cultura material igualitária e harmoniosa.

A estrutura de endereçamento das odes gera uma dinâmica generativa de desejo e significado que desembolsa uma promessa de cultura. Inserida nesse quadro de endereçamento, a promessa da cultura se alimenta de um princípio recorrente de diferenciação e generalização. Essa lógica, atestada por muitos dos títulos dos poemas, permite que Neruda incorpore a particularidade em conjuntos maiores. O artigo definido nos títulos de várias odes elementares postula um tipo de coisa. Antes de chegar à linha de abertura, o leitor é informado de um objeto genérico representativo de todas as instâncias de sua categoria: "a cebola" representa todas as cebolas, "a cadeira" representa todas as cadeiras. As odes geralmente passam a tratar de diferentes símbolos do tipo em questão, símbolos que são caracterizados em termos de suas qualidades específicas. Por exemplo, a "Oda a la mesa" justapõe "a mesa do homem rico", que leva frutas, e "uma mesa humilde", que leva uma coroa de flores para um mineiro morto. Esse gesto particularizador sinaliza diversidade dentro da categoria abrangente. No entanto, a visão geral de vários objetos de símbolo (*token objects*) não põe em questão o convencimento do conceito do tipo, ou a possibilidade de uma explicação do significado genérico do objeto. Em vez disso, a perspectiva sinóptica das odes afirma a presença do geral no particular, e do particular no geral, bem como a capacidade do leitor e do interlocutor de se moverem entre esses níveis de significado. A tematização da diferença empreendida por Neruda se abre para uma imagem inclusiva do objeto genérico, que engloba todos os significados específicos do objeto.

O par subjetivo dessa lógica é uma imagem da humanidade que alcança a unidade em relação aos objetos, como Neruda insiste em seu endereçamento à maçã: "Yo quiero / una abundancia / total, la multiplicación / de tu familia, / quiero / una ciudad, / una república / un río Mississippi / de manzanas, / y en sus orillas / quiero ver / a toda / la población / del mundo / unida, reunida, / en el acto más simple de la tierra: / mordiendo una manzana". A agregação ideal de objetos situados de maneira idêntica nesta ode corresponde à união desejada de todas as pessoas, que promete seguir a disponibilidade abundante dos objetos. A humanidade alcança a integração, pois todos, independentemente de sua situação particular, adotam uma relação idêntica a um objeto especificado genericamente.

Capítulo 1 • O estético, o público e a promessa cultural

O paralelismo entre o objeto genérico e uma humanidade unida pode ser visto como o provocar da promessa na "Oda a la naranja". Neruda aborda a laranja como uma promessa cultural do objeto estético no qual podemos ler o conjunto do texto, e o sustenta como modelo para o povo: "A semejanza tuya, / a tu imagen, / naranja, / se hizo el mundo: / ... / planeta anarajando / Somos los rayos de una sola rueda / divididos / como lingotes de oro / y alcanzando con trenes y con ríos / la insólita unidad de la naranja". Incorporando objetos em um contexto humano idealizado e inalienado que eles refletem, o poeta os define em termos de seu papel na comunidade. Assim, ele delineia uma posição para os membros desse coletivo, que, auxiliados pelos modos necessários de interpretar pessoas e coisas, são responsivos e produtivos ao funcionamento comunitário dos objetos. Comendo maçãs, descansando em cadeiras e lendo poemas, os sujeitos percebem o potencial desses objetos enquanto substanciam seu próprio ser e promovem sua união uns com os outros e com outras coisas. Proclamando a estrutura resultante das relações sociais e materiais como um estado iminente de prazer sensual, justiça e florescimento humano, Neruda estende a promessa desse bem-estar a seus leitores e os convida a entrar na dinâmica relacional que, segundo os poemas, pode trazer essas conquistas.

Em suma, o problema com as odes de Neruda não é um arredondamento dos objetos do cotidiano em sua facticidade evidente e indiscutível. Algo mais complexo está à mão, algo que atinge mais profundamente a estrutura da significação estética. À luz do que aprendemos sobre a anatomia estética das odes, qual é exatamente a situação de Neruda?

A promessa é uma ameaça?

As unidades correspondentes estabelecidas pelas odes suscitam a questão do que autoriza o poeta a falar pelo todo. Em sua história da literatura latino-americana da era da Guerra Fria, Jean Franco situa o discurso de Neruda dentro de uma matriz nacional e transnacional que os partidos comunistas e organizações trabalhistas haviam estabelecido no século XX (2002, 57-85). Referindo-se ao seu *Canto geral*, ele menciona o prazer que Neruda encontrou ao ler seu trabalho para públicos compostos por sindicalistas e membros do partido, e reconhece maneiras pelas quais essas apresentações afetaram a retórica de seus textos (66-7, 74-6).

Sua tentativa de prevalecer sobre os obstáculos de classe e as lacunas na alfabetização, somada a seu esforço para alcançar um público composto por trabalhadores e camponeses, confrontaram o orador com uma tarefa de endereçamento. Franco observa que ele respondeu a esse desafio em parte recorrendo a formas arraigadas da poesia popular e a modelos familiares orais. Esse movimento, a seu ver, permitiu-lhe criar "um terreno comum contra-hegemônico entre escritor e público" (74). A autoinvenção foi outra estratégia que moldou seu endereçamento. O político e o diplomata experiente criaram a persona de "um homem simples e ingênuo do povo, um poeta do povo".[16] Por mais bem-sucedida que possa ter sido essa fantasia nas mãos do escritor, Franco observa que, com Neruda, o mito do poeta como figura pública "não poderia mais ser levado adiante", colocando-o no ponto final de uma "narrativa total de libertação do Iluminismo" na América Latina (72, 84). Cita como "narrativas e representações universalizantes" tornaram-se suspeitas para os leitores contemporâneos, registrando uma condição importante: "Mas o 'eu' heroico da tradição romântica que representava sem problemas os sem voz não parecia de forma alguma inapropriado na década de 1950. No caso de Neruda, era um aspecto essencial de sua poética e de seu contato com o público nas leituras, nas campanhas políticas e nas reuniões de greve, em que as barreiras de classe eram superadas" (75).

Ao transpor essa análise para um vocabulário de endereçamento, podemos inferir que a política e a estética de classe que a obra de Neruda realiza nesse período envolvem centralmente o público e o poeta em um padrão de normas, formas e roteiros de endereçamentos que investem o escritor, entendido em termos de sua persona artística de homem comum adotada publicamente, com autoridade para falar por pessoas que carecem de capacidades indispensáveis para representação política.[17] Os modos de endereçamento de Neruda funcionam como elementos e intervenções nas estruturas de endereçamento (incluindo reuniões de greve, reuniões do Partido Comunista, socialismo internacional, entre outras constelações de relações estéticas) que emprestam uma eficácia distinta a seus estratagemas formais e sua postura autoral.

Esse esquema de endereçamento, no entanto, parecerá ser traiçoeiro ao poeta que, de maneira tão engenhosa, aumenta sua produtividade. Os modos de endereçar a lenda da posição de celebridade do poeta minam a pose do escritor que formula sua visão do mundo em nome do povo. As próprias formas que sustentam suas conexões com seus diversos públicos limitam simultaneamente o leque de alianças intersubjetivas que seu endereçamento reconhece. Além disso, essas formas impõem restrições ao escopo dos objetos que entram nos vínculos simbólicos corporificados que os agentes mantêm com o mundo. Assim, a estrutura de endereçamento de Neruda esconde sua profecia de uma totalidade consolidada que abrange a todos e a tudo.[18] A "Oda a la mesa" confirma isso.

A prefiguração dos poemas de florescimento comunitário, argumentei, depende de um modelo sinóptico de diferença. Mas essa estratégia exibe uma transparência enganosa. Neruda pressupõe o espelhamento recíproco do particular no geral que identificamos nos níveis de sujeito e objeto, sobre um princípio seletivo de diferenciação e integração. Esse plano reconhece as posições subjugadas e os objetos que afirmam a possibilidade e a conveniência do ideal de uma associação internacional de trabalhadores. No entanto, contorna elementos fragmentados. A visão de Neruda da relacionalidade estética expulsa particularidades que contestam a harmonia projetada da sociedade vindoura. Isso desvia sua visão da totalidade de pessoas e coisas. A "Oda a la mesa" ilustra como um apagamento de perturbação alimenta o movimento entre o particular e o geral que ondula através das odes, antecipando o vínculo desejado do poeta com o público universal.

Na estrofe final dessa ode, a metáfora da mesa passa a circunscrever um lugar geralmente acessível para a declaração de posicionalidade. A atividade de sentar-se para compartilhar uma refeição significa um momento para explicar a própria política: "La mesa preparada / y ya sabemos cuando / nos llamaron: / si nos llaman a guerra o a comida / y hay que elegir campana, / hay que saber ahora / cómo nos vestiremos / para sentarnos / en la larga mesa, / si nos pondremos pantalones de odio / o camisa de amor recién lavada". A mesa simboliza uma plataforma onde a diferenciação política deve ser revelada. Representa um lugar de encontro para o qual podemos levar mesas particulares para tomar decisões. Os versos finais, "pero hay que hacerlo pronto, / están llamando: / muchachas y muchachos, / a la mesa!", convocam o leitor a proclamar sua afiliação. Essas linhas enfatizam a imanência da politização em uma forma social habitual incorporada. Invocando íntimas necessidades por alimento em conjunto com anseios de união corporal com outros, esses versos aumentam a importância política do que, para muitos, compreende um registro prosaico da existência cotidiana.

A ideia de um fórum no qual todos assumem e pronunciam uma postura partidária coloca os indivíduos em uma relação idêntica à da mesa. Mas, de acordo com essa metáfora, quem pôs a mesa, cultivou, vendeu, conseguiu a comida e cozinhou a refeição? Quem vai limpar a farinha de rosca e jogar fora as sementes de maçã? Quem lavou a camisa e a lavará novamente? O poema de Neruda tem como certo esse trabalho. Como ele não menciona essas tarefas ou as pessoas responsáveis por elas, e porque suas representações de trabalho tendem a privilegiar tipos laborais masculinizados,[19] não é óbvio que essas pessoas desfrutem da posição necessária que lhes permita sentar-se para comer à mesa, prontas para fazer soar suas vozes, como todo mundo. Surgem lacunas quando perguntamos o quão amplamente representativa seria a reunião à mesa. Se nos perguntamos como poderia surgir um local comunitário para a autorrepresentação do tipo que o poema nos convida a imaginar, um posicionamento diferencial de assuntos que precede a realização do fórum parece ter sido escolhido.[20] Desigualdades entre os membros dos círculos doméstico e público que chamam e são chamados, que proveem e são providos, apanhados em uma temporalidade repetitiva de atividades mercantilizadas, parcialmente mecanizadas e capazes de projetar episódios de subjetividade e intersubjetividade transcendentes a essas ocupações prejudicam a imagem de uma humanidade diversificada, unida em relações equivalentes ou uniformes à mesa, ao compartilhamento de alimentos e à materialização corporal de vozes, opiniões e estratégias.

Ao alertar-nos acerca das brechas sociais, simbólicas e corporais que adotamos como participantes em formações de endereçamento, essas assimetrias sugerem perguntas céticas sobre a estabilidade e a conveniência ética da visão de Neruda a respeito dos bens comuns. Qual status político Neruda empresta às disparidades entre aqueles que lavam camisas e aqueles que as vestem recém-lavadas? Como a mesa pode dar lugar ao antigo grupo de trabalhadores? De que maneira os abismos entre tipos de trabalho e classes de trabalhadores entram na formulação de posições? Como essas divisões afetam as demandas do partidarismo? Por quais meios e de que forma esses abismos se baseiam na disponibilidade de alternativas e escolhas políticas pelas quais os indivíduos podem se defender? A cena comunal do relato representado pelo poema deve-se a indivíduos cujo trabalho está entre suas condições prévias, mas a quem a própria cena interlocutora não inclui necessariamente na construção da agência intencional e cujos interesses, necessidades e escolhas podem não ser importantes, receptíveis. Como se vestir para participar à mesa? Como endereçar, ser endereçado? Ou como dirigir-se para expressar amor ou ódio? E se alguém não souber como lidar com isso? Ou se os meios para captar corretamente o endereçamento do outro não estiverem disponíveis, talvez porque "outro" não qualifique alguém como menino ou menina?[21] De onde vêm os códigos que teremos que dominar se "tivermos que saber agora / como nos vestiremos / para sentarmos / à mesa comprida"? E se você não dominar a linguagem que lhe permite ser ouvido, se os registros estéticos operativos o deixarem incompreensível ou repulsivo, se tornarem a comida indigesta para você, te abstraírem ou designarem seu assento para outra pessoa?

Neruda postula um fórum geral e compartilhado de autoafirmação política aberto a todos, independentemente das posições particulares das pessoas. No entanto, a imagem que ele oferece da plataforma comunal sugere que nem todos os sujeitos têm a mesma relação nesse local, e que esse cenário, portanto, não pode ter um significado único e genérico para todos. A ideia de um significado geral da mesa que inclui todos os significados particulares se destaca no poema. A metáfora da mesa alude a particularidades que resistem a serem refletidas em uma concepção genérica do objeto e escapam à figuração pelo sistema de endereçamento que o abrange. O significado da mesa se divide em elementos divergentes. O mesmo acontece com a comunidade ao seu redor, que se divide em categorias de trabalhadores, ocupa estratos de endereçamento apropriados e revela a coexistência de sistemas de endereçamento desarticulados e potencialmente incomensuráveis. O que Neruda retrata como um fórum geral e compartilhado mais possivelmente compreende um *locus* de exclusões que é assimetricamente ocupado por múltiplos eleitorados. Para que o particular coincida com o geral, "Oda a la mesa" pede ao leitor que ignore as particularidades divisivas. O poema exclui especificidades que questionam a possibilidade e a desejabilidade do ideal de uma humanidade não fragmentada. Neruda apaga elementos que desmentem a visão de uma comunidade aberta que se reúne em relação a um objeto genericamente definido. A ode omite detalhes que levantam dúvidas sobre a disponibilidade de registros geralmente acessíveis de interação simbólica que dariam voz a todos. Esse ato de diferenciação autoral e textual mina a reivindicação de Neruda à representação do todo e impede que ele estabeleça um tecido equitativo e homogêneo de conexões com o povo.

Não obstante a centralidade estética e política em sua obra e em sua recepção, as condições interlocutórias em que Neruda recitava sua poesia falham em autorizar seu local de enunciação, ou seja, a posição de falar em nome do povo e dos objetos. A lacuna justificativa deixada pela "Oda a la mesa" exemplifica um problema filosófico mais amplo que invalida essa posição autoral.

A cultura é um domínio em que os significados compartilhados dependem dos limites sempre móveis das coletividades, dentro dos quais esses significados são compartilhados. Os significados culturais de objetos e lugares podem ser mantidos em comum por grupos de pessoas cujas histórias e associações com esses objetos e lugares foram aperfeiçoadas, por exemplo, porque cresceram na mesma esquina, frequentaram a mesma escola ou foram fisgadas pelos mesmos programas de televisão.[22] Mas esse tipo de treinamento coletivo tem seus limites. Ele reúne elementos descontínuos desde o início – esquinas, escolas e programas de televisão são fenômenos heterogêneos para quem interage com eles, mesmo para uma e mesma pessoa. Semelhanças semânticas deparam-se com limites drásticos. O mesmo acontece com as pedagogias que os inculcam. E os esquemas poéticos projetados para promovê-los. Uma descrição do significado cultural coletivo de um objeto pressupõe uma delimitação da comunidade na qual a pessoa que oferece o relato pressupõe que o significado compartilhado do objeto seja compartilhado. Requer o domínio de um vasto escopo de considerações simbólicas e estados incorporados que potencialmente entram na estipulação desse significado. Em suma, o comum exige um enquadramento. Surge dentro de uma estrutura de endereçamento.

De fato, uma narrativa postulando significados compartilhados para as coisas requer uma estrutura de endereçamento que inclua um narrador que delineie o comum em relação a um público implícito. Ao atender às declarações desse narrador, espera-se que o público se baseie em capacidades interpretativas culturalmente específicas – um público provável deve estar no comando de um idioma e de uma prática de leitura com os quais o narrador orienta seu esforço retórico. Ao endereçar suas narrativas para um público composto por destinatários que satisfazem uma condição interpretativa pertinente, os narradores separam simultaneamente assuntos que não atendam a esses requisitos. Os enunciadores também distinguem os destinatários normativos de seu endereçamento dos espectadores que precisam fazer esforços de tradução para compreender o que está sendo transmitido. O uso do espanhol por Neruda, que não alcança os falantes de línguas ameríndias da mesma maneira que os falantes da língua dominante, exemplifica essa correlação entre atos de inclusão e exclusão. A implantação pelo poeta de um sistema particular de endereçamento, que é significativamente hegemônico, mesmo que também subalterno, circunscreve seu público; sua participação nesse modelo de endereçamento permite e reduz as conexões que sua poesia estabelece com seus destinatários.[23]

Os significados culturais de conceitos e objetos dependem de formações de endereçamento que simultaneamente incluam e separem ou diferenciem as posições do sujeito. Isso milita contra a possibilidade de uma voz autoral única e coerente que comunique significados genéricos de artefatos culturais e subjetividades a um público universal.[24] A ideia de um narrador que transmite significados abstratos que abrangem os diferentes símbolos de cada tipo a uma assembleia potencialmente inclusiva de forma absoluta é insustentável. Esse projeto desconsidera as restrições de ativação inerentes à posicionalidade do narrador e do público, que tornam possível a produção de significado cultural. As condições de endereçamento tornam o conteúdo linguístico situacionalmente específico e estruturalmente diferencial em suas operações. Minha intenção não é negar que termos como "mesa" ou "laranja" tenham referentes e conotações comuns, nem permitir comunicação além dos limites de grupos sociais estreitos, mas observar que seus significados culturais dependem de locais de interpretação socialmente posicionados que são assimetricamente acessíveis. No entanto, Neruda imbui seu próprio ponto de vista locucionário com a autoridade de uma voz que se origina e se dirige ao povo, ratificando seu status de órgão comunitário que representa significados gerais para um coletivo universal.

Essa estratégia legitimadora é aparente na "Oda al libro (I)", que oferece uma narrativa autêntica para a poética do escritor. Neruda localiza a origem de seus poemas nas ruas, que ele posiciona a uma distância da cultura letrada. Ele atribui as lições que sua arte transmite ao seu público à sua vida com as pessoas. Como garantia de seu discurso poético, ele promove a relação de convívio que desfruta com seus semelhantes e o terreno comum que emerge dessa relação.

> Libro
> ...
> vuelve a tu biblioteca,
> yo me voy por las calles.
> He aprendido la vida
> de la vida,
> el amor lo aprendí de un solo beso,
> y no pude enseñar a nadie nada
> sino lo que he vivido,
> cuanto tuve en común con otros hombres,
> cuanto luché con ellos:
> cuanto expresé de todos en mi canto.[25]

Neruda informa aqui a seus leitores que ele conviveu com o povo e absorveu significados existenciais que compartilha com ele. A familiaridade contínua, o ativismo conjunto e a reivindicação de solidariedade o habilitam a transmitir para outras pessoas lições que seus companheiros lhe deram e lhe passarão novamente, se o poeta a eles se reunir (abrindo a "vida" ao fechar o "livro", como afirmam as primeiras linhas do poema). Alimentada pelo terreno comum no qual ele pisa junto com o povo, sua voz articula de forma poética o que o povo expressa, ou seja, o que diz explicitamente, bem como o que o povo deixa para ser entendido sobre si mesmo. Esta apologia tem lacunas.

Em quais ruas ele entrou, quem o beijou e qual idioma o povo falava? Qual é o poder peculiar de um único beijo? Até que ponto o aprendizado do escritor, erótico ou não, estende-se além de momentos singulares e práticas habituais? Não nos é dito o que valida a compreensão e a representação do poeta acerca dos supostos pronunciamentos do povo. De fato, esse pode não ser o tipo de evidência a que alguém tem acesso incontestável. Mas isso significa que o poema de Neruda não justifica sua posição autoral. Ainda existe uma lacuna entre sua música e a voz do povo, mesmo que ele se comprometa com o projeto participativo de tê-las como um. Além disso, se a poesia de Neruda personifica as palavras das pessoas, por que essas pessoas deveriam ouvi-lo ou ler seus livros, em vez de fazer amor e ficar nas ruas, formulando suas próprias ideias e extraindo as lições da vida não filtradas por seus escritos? E por que o leitor deveria procurar a arte de Neruda, além da pedagogia das ruas, que o instruiu de maneira tão eficaz? Como o poeta pode discernir todas as pessoas expressadas ou transmitir tudo o que elas implicitamente ou explicitamente transmitiram sobre si? Várias respostas estão em aberto neste momento.

Um movimento seria Neruda sancionar sua mediação de vozes subalternas em nome do povo, seus pontos de vista, vozes e palavras. Seguindo essa linha de pensamento, ele pode ser particularmente hábil em transmitir esses elementos em um fórum onde eles recebem a ressonância e a alavancagem de que precisam. Pode-se dizer que Neruda, transmitindo vozes desprivilegiadas em círculos fora do alcance das subclasses, consegue mobilizar poderes reduzidos de expressão em benefício das pessoas. O poeta pode ser capaz de emprestar às vozes negligenciadas uma paixão estética de que, de outra forma, elas sentiriam falta e, assim, intensificar a autocompreensão das pessoas, promover sua vontade geral ou aumentar suas percepções. Justificativas muito mais detalhadas sugerem-se prontamente. No entanto, legitimações desse tipo dão origem ao seguinte dilema. Tendo se intitulado um porta-voz da comunidade, porta-voz através do qual a comunidade se dirige a si e aos outros, o poeta adquire a capacidade de reverter esse arranjo para licenciar seu uso da comunidade como um meio para sua própria voz.[26]

A "Oda a la caja de té" ilustra essa reversão. Quando a caixa de chá que Neruda trouxe para casa da "Ásia" lhe comunica o "perfume perdido dos sonhos", vemos o escritor no controle agudo das várias histórias que o objeto pode transmitir. A lembrança expressa suas memórias de mares, monções e outros fenômenos naturais: "Caja / de latón, primorosa, / ay / me recuerdas / las olas de otros mares, / el anuncio / del / monzón sobre el Asia, / cuando se balancean / como / navíos / los países / en las manos del viento". Mesmo que a caixa esteja repleta com a coleção de botões de Neruda, ela permanece fundamentalmente distanciada, tendo se originado ostensivamente de regiões além do que são conhecidos como locais humanamente habitáveis: "Caja de té / de aquel / país de elefantes, / ... / como de otro planeta / a la casa / trajiste / un aroma sagrado, / indefinible. / Así llegó de lejos / regresando / de las islas / mi corazón de joven fatigado". De origem remota, a caixa de chá não está entre os objetos que Neruda procura em busca de sinais de trabalhadores e agricultores que produziram o recipiente ou o chá que costumava guardar, desejoso de estabelecer uma conexão íntima com essas pessoas.[27] A ode levanta a caixa fora do contexto da socialidade. O que protege a relacionalidade estética contra um estreitamento repressivo e narcisista da comunidade e do funcionamento social dos objetos? Como a perspectiva racializada e etnocêntrica do poeta afeta a promessa de coisas e pessoas específicas? O que dizer dos pressupostos heteronormativos e de gênero que permeiam seus escritos? As pessoas e as coisas são capazes de contrariar os pronunciamentos que Neruda articula por elas, endereçando-lhe mensagens ou vozes que ele não deseja ouvir ou é incapaz de decifrar? O que dizer dos pontos de vista aos quais ele não tem acesso porque não fala a língua das pessoas que os formulam ou não é iniciado nas matrizes significativas relevantes?[28]

O poeta empresta sua voz como uma prótese ao povo, mas, assim, não renuncia e não pode renunciar à sua capacidade de empregar as palavras deles como uma extensão de si mesmo. Sua estratégia aberta de legitimação apresenta os outros como ventríloquos, cujo endereçamento é mediado por sua poesia.[29] No entanto, isso lhe concede a capacidade de contornar esse ventriloquismo, reunindo a suposta voz do povo e dos objetos em seu próprio nome. Sua postura como poeta do povo é compatível com a posição discursiva que lhe permite regular as capacidades de endereçamento presumidas de sujeitos e objetos e circunscrever a promessa estética que parece estar presente em seu endereçamento.

Capítulo 1 • O estético, o público e a promessa cultural

A noção de relacionalidade estética de Neruda mascara divisões de poder. Os poemas ignoram as forças diferenciadoras que podem romper o tecido das relações que estabelecem. O convívio que o narrador desfruta com os objetos e o povo é atravessado por assimetrias que sua visão social e material igualitária evita. O poeta localiza sua própria agência estética e percepções no centro de sua ordem relacional proposta, enquanto elogia um sistema significante difuso e com múltiplas raízes que distribui o significado de maneira mais uniforme entre seus diversos constituintes. O fluxo recíproco de animação entre o narrador, as coisas e as pessoas inclina-se na direção do narrador. No entanto, a promessa permanece.

A natureza confiável, não confiável, orientada para o futuro e colaborativa das promessas

As odes articulam uma promessa de cultura, apesar das dificuldades enfrentadas por sua visão de relacionalidade estética. Neruda não oferece garantia de que a ordem prometida das relações sociais e materiais se seguirá – interpretativa e interpretável, criativa e receptiva, igualitária e harmoniosa. No entanto, os poemas nos dizem que sim. Convocam-nos (ou, mais precisamente, a alguns de "nós", um subconjunto de leitores reais e potenciais) a acreditar nisso e colocar nossas energias como suporte. Convidando-nos a entender o ideal de conexão material recíproca, igualmente distribuída e intersubjetiva como uma afirmação de nossos vínculos cotidianos com outras pessoas, as coisas e o meio ambiente, as odes descrevem o mundo no qual as pessoas encenam esse *telos* como um estado de coisas comum e eticamente louvável.

Assim, os poemas exploram a confiabilidade e a inevitável incerteza da promessa. As promessas podem ser retiradas, quebradas, reescritas, suspendidas, esvaziadas. Elas são iguais e diferentes de garantias, contratos, compromissos, votos, juramentos. Da parte de uma pessoa que faz uma promessa imensurável, esse ato de fala carrega a crença de que "está ao meu alcance tornar isso verdade" e inclui a promessa de que "farei o que for necessário para que isso aconteça". No entanto, as promessas também deixam espaço para que a ação ou evento prometido não ocorra de fato. A crença pode ser falsa e a promessa não cumprida, apesar das melhores intenções, do autoconhecimento e do entendimento do promitente.

A promessa cultural do estético

Confiabilidade e falibilidade geralmente coincidem como parâmetros de rituais que organizamos em torno das promessas que fazemos uns aos outros. Essas dimensões também tendem a se unir nos casos em que as promessas acontecem na ausência de agentes que as expressam explícita ou implicitamente. O palito de fósforo promete luz para a pessoa que abre a caixa de palitos. O raio de sol que atinge o peitoril da janela promete um dia quente. A cadeira promete um momento de descanso. Cada uma dessas três promessas pode não ser cumprida. O enxofre pode se desprender da madeira, uma frente fria pode passar, o assento pode dobrar-se sob o peso do corpo. Isso, por si só, não significa que não houve promessa.[30] Uma visão mais plausível é que o promitente combina elementos de calculabilidade com momentos de contingência. Os poemas de Neruda contam com linhas coexistentes de previsibilidade e inconstância que caracterizam tipos comuns de promessas.

Outra característica das promessas que Neruda utiliza é sua orientação para o futuro. Como afirma a promessa cultural dos poemas, uma cultura eticamente admirável se materializará nos lineamentos de um campo de relacionamentos criativos e receptivos, interpretativos e interpretáveis que ocorrem entre sujeitos e objetos. Pode-se esperar que esses relacionamentos cheguem às asas de um amor que permeia os laços humanos já existentes. A orientação voltada para o futuro da promessa é crucial para isso. É em virtude do caráter prospectivo da promessa que os poemas são capazes de proclamar ideais de unidade e generalidade, sem ter que aceitar certos antagonismos e diferenças que terão de encontrar um lugar na comunidade vindoura e na luta que nos levará até ela. A estrutura progressiva da formação de significados e da construção da sociedade que Neruda postula passa sobre a profundidade do conflito e da discordância; no entanto, a promessa permanece em grande parte sem seu ônus, porque o ato de prometer é confiável e não confiável e porque gesticula programaticamente em direção ao futuro.

Por fim, Neruda apela à natureza colaborativa das promessas estéticas. Tais promessas envolvem a cooperação do leitor e dependem dela para sua formação e concretização. As odes são capazes de estender uma promessa de cultura, não porque seja da capacidade do leitor ou de Neruda cumprir essa promessa, mas porque as obras recrutam o leitor para fazê-lo, abarcando sua agência junto a uma vasta gama de condições culturais contingentes de possibilidade.

Capítulo 1 • O estético, o público e a promessa cultural

Se as odes elementares, como argumentei, incorporam a promessa cultural do estético, isso significa que, por trás dessa promessa, articulada por Neruda, há uma ameaça, uma promessa de estetizar um mundo no qual certas diferenças são impedidas de fazer a diferença que deveriam fazer. Um mundo no qual discrepâncias entre fornecer e ser suprido, apoiar e ser apoiado, ser capaz e incapaz de endereçar ou ser endereçado não são fatores consistentes na política de autorreconhecimento e de tomada de posição pública é um mundo que ofusca distinções eticamente comoventes.

Há outro sentido em que a concepção de relacionalidade estética de Neruda suprime a diferença. Os modos de endereçamento que adotamos carregam traços de posições desiguais que ocupamos nas ordens de endereçamento existentes. Descontinuidades de endereçamento, consequentemente, marcam os fios da animação recíproca que somos capazes de iniciar e executar. Ao eliminar essas assimetrias, o modelo de relacionalidade estética de Neruda ignora as fendas que permeiam os laços simbolicamente mediados entre as pessoas, e entre as pessoas e outras entidades. Como Barbara Johnson revela, rodadas de animação que interpelam projetos entre sujeito, objeto, vida e morte exibem orientações reversíveis na tradição lírica masculina que abriga Baudelaire e Shelley, que também inclui Neruda. Assumindo o papel metafórico ou ocupando o lugar inconsciente de uma criança que convoca uma mãe presumida a satisfazer seu desejo de maior vitalidade, os narradores masculinos que esses escritores criam, na leitura de Johnson, podem gerar livremente atos retóricos de animação e apreciar os efeitos carinhosos que esses gestos poéticos produzem. No entanto, as obras de Gwendolyn Brooks, Anne Sexton, Lucille Clifton e Adrienne Rich apresentam poemas que evidenciam uma organização diferente do endereçamento.

Johnson examina a obra dessas autoras sobre os temas do aborto, da morte de bebês e da luta das mulheres para combinar responsabilidades de criação dos filhos com o desejo de fazer arte. Os ciclos recíprocos de significação, presença recorrente em poemas líricos criados por homens, desenrolam-se quando as mulheres poetas usam protagonistas de primeira ou terceira pessoa para delinear posições de mães reais que lidam com o peso das vidas (perdidas) de suas crianças reais, potenciais e figurativas. Textos deste último tipo, argumenta Johnson, tendem a exibir oposições em colapso entre sujeito e objeto, vida e morte, voz e falta de voz. Esses versos fazem malabarismos com distinções impossíveis ao explorar conexões que as mães mantêm com filhos mortos ou com filhos cujas necessidades substituem os anseios maternos por outros tipos de trabalho criativo. Consequentemente, poemas desse tipo ocasionam texturas de endereçamento instáveis. Johnson observa como esses escritos encenam narradoras eclipsadas, autodistanciadas e divididas que se tornam conflitantes com seus destinatários ou se fundem com matéria inanimada. Nos poemas das mulheres sobre o aborto, ela observa: "'dizer o que se quer dizer' só pode ser feito por reticências, violência, ilógica, transgressão, silêncio" (1987a, 194). Momentos de animação, nesse corpo de trabalho, misturam-se a tais abismos de endereçamento.

O programa de criação e recepção estética que pretende instituir laços de cultivo mútuo entre sujeitos, e entre sujeitos e objetos, descontrola-se diante de narradoras das quais se esperava dar vida a outros seres humanos, mas que falharam. Elas são impelidas a manterem vivas entidades que comprometem sua própria posição como sujeitos ou que são pegas em duplas ligações entre suas tarefas como mães e artistas. Quando os poetas líricos masculinos buscam animação do mundo externo, e quando Aristóteles e Quintiliano recomendam que o orador anime objetos sem vida para induzir vivacidade ou persuasão, eles promovem roteiros de endereçamento e instalam normas de endereçamento que inscrevem formas sexuais e outras diferenças de entrelaçamento.[31]

Em geral, modos de endereçamento funcionam como elementos de estruturas de endereçamento que apoiam estratagemas de poder e realizam tipologias de ser social. O encontro de modos de endereçamento com padrões existentes de endereçamento que implementam esquemas de produção, consumo e interpretação compreende um local vibrante de possibilidades. No entanto, este lugar também permanece dependente de restrições estruturais que sustentam nossas interações com pessoas e coisas. A imagem de coletividade estética de Neruda exagera a fluidez com a qual os episódios na fabricação, transmissão e captação de objetos são sincronizados entre si para gerar afiliações intersubjetivas. O endereçamento apostrófico reúne ausências, presenças, separações, vínculos, reviravoltas, perdas e tensões que excedem os movimentos de reciprocidade amorosa provocados pelas odes, refletindo o funcionamento de matrizes de endereçamento já estabelecidas, nas quais as formas de endereçamento ocorrem.

Capítulo 1 • O estético, o público e a promessa cultural

Promessas, ameaças, relacionalidade e endereçamento

Igualdade, concórdia e uma cultura material igualitária provam ser mais ilusórias do que a retórica da unidade e afiliação de Neruda atesta. De acordo com a tradição filosófica em estética, presidida por Hume e Kant, o poeta idealiza um modelo de publicidade cujos fundamentos ele deixa insuficientemente constituídos. Aqui chegamos às questões centrais deste livro. Como podemos explicar os laços do estético com a injustiça e a hierarquia, bem como sua importância para o desejo, a socialidade e o sentido? O que devemos pensar da participação do estético em padrões de diferença e antagonismo social, de coletividade e agência? Que lugar devemos dar a suas conexões com poder, publicidade e possibilidade?

Esses dilemas requerem uma conceitualização alternativa do estético. Dirijo-me às noções de promessa, relacionalidade e endereçamento a fim de estabelecer as bases para esse entendimento. Promessas e ameaças, como indica minha discussão sobre as odes elementares de Neruda, emergem no contexto de estruturas de endereçamento e relacionamento nas quais também intervêm. Organizamos nossas relações estéticas, em parte, em torno de promessas e ameaças que discernimos e damos formas de articulação multissensorial e intercorporal. Muitas são as maneiras pelas quais nos esforçamos para efetivar e cumprir tais promessas e ameaças, ou, conforme o caso, tentar miná-las, abandoná-las e alterá-las. Realizando atividades e projetos estéticos – como fazemos virtualmente em todos os domínios da vida – combatemos as tensões entre promessas e ameaças. Ambos os estados podem subtrair um do outro. Ameaças e promessas geralmente tornam-se menos convincentes ou credíveis. Elas podem anunciar a necessidade de ameaças ou promessas adicionais. Elas são capazes de proteger-se ou qualificar-se. Elas apontam regularmente lacunas de credibilidade e viabilidade, além de deficiências éticas e deficiências políticas. Mesmo assim, não necessariamente se separam. Isso não quer dizer que promessas e ameaças estéticas individuais permaneçam fixas e estáveis. Ao contrário, estão em movimento contínuo. Promessas e ameaças fracassam, passam por revisão e desaparecem. Novas promessas e ameaças surgem à medida que embarcamos em formas alternativas de relacionalidade e endereçamento.

A promessa cultural do estético

A órbita de promessas e ameaças constitui um domínio turbulento de sensibilidade e afeto. Marca um campo volátil de desenvolvimentos formais e semânticos. Esta esfera exerce um amplo alcance: enquanto agentes estéticos e sujeitos da cultura, moldamos substancialmente nossas experiências, juízos e ações, em compromisso com promessas e ameaças que incorporamos e encontramos em outras pessoas e em nosso ambiente. É como uma dimensão integrante desse vasto domínio de significado que a vida estética adquire, de modo tumultuado, chegando a limites.

A promessa cultural do estético representa um tipo de promessa estética na qual muitos de nós nos inserimos. Ela coexiste com promessas estéticas de outros tipos. Admite também uma variedade de promessas de cultura que pode incluir em seu tipo. Diferentes promessas (e ameaças) operam em diferentes níveis de endereçamento e relacionalidade. De fato, promessas (e ameaças) são modos de endereçamento e relacionamento. As três noções centrais que este livro expõe estão no cerne de nosso funcionamento como agentes corporificados e das formas coletivas (assimetricamente habitáveis) que reunimos sob a chancela de cultura.

Muitas vezes entendemos promessas em um modelo de autoria individual. Isso ajuda a esclarecer, por exemplo, o que provavelmente acontecerá entre nós quando eu (sem brincar, sem acreditar, sem citar, sem dureza, com uma certa lucidez – a lista continua) anuncio a você: "Prometo-lhe oferecer um damasco fresco esta tarde". Eu realmente desejo dar-lhe um damasco; indico sinais reconhecíveis de que não apenas declaro minha intenção, mas também me comprometo a realizar a ação que anunciei; então você pode razoavelmente esperar que eu faça o que disse que faria, contando com circunstâncias de cooperação e impedindo condições contrárias. É provável que algumas dessas condições digam respeito às nossas respectivas histórias e posições no espaço e no tempo e aos limites de sua credulidade e da minha credibilidade. Esse tipo de cenário de endereçamento e relacionamento informa significativamente a nossa vida com inúmeras promessas estéticas (e ameaças). Roteiros desse tipo codificam planos e protocolos influentes de troca estética. Os compromissos estéticos que assumimos uns com os outros na forma de promessas e ameaças compõem uma parte essencial da cultura

Capítulo 1 • O estético, o público e a promessa cultural

material. Por exemplo, eles contribuem para alimentar-nos e também a outras pessoas (ou não), para encontrar abrigo (ou deixar de fazê-lo) e para a criação de espaços de companheirismo (ou para o sofrimento de sustentar alianças com os outros). Eles sustentam modos cruciais de nutrição e formas devastadoras de esgotamento. No entanto, os obstáculos do estético também exigem outro paradigma de promessa.

As promessas podem assumir um caráter impessoal que se espalha para além dos contornos da agência individual. Para entender isso, convém deixar de lado o foco na intenção e nos termos de sucesso ou fracasso, que tendem a ganhar destaque dentro das abordagens da promessa ligadas à pessoa. Pense nas inúmeras coisas que são promissoras, mesmo na ausência ou no afastamento de um agente que faz uma promessa explícita. Exemplos disso ocorrem com grande frequência: o damasco que estou prestes a entregar promete um toque suave ou uma mordida suculenta. Informamos um ao outro sobre perspectivas favoráveis que antecipamos referindo-nos à promessa da primavera, da paz, do aprendizado. Uma tempestade pode oferecer uma promessa ou representar uma ameaça de raio. Os conflitos podem ameaçar irromper em violência ou prometer uma trajetória de desenvolvimento em direção a um entendimento ampliado. Em vez de prometer uma fragrância doce ou uma sensação picante e mole na boca, o damasco que prometo lhe dar, na verdade, pode ameaçá-lo com reações alérgicas, náuseas, dívidas indesejadas a um doador egoísta ou um envolvimento não solicitado em um setor desprezado da indústria alimentícia. Ou pode estender algumas promessas, além de um catálogo de ameaças. Os palatos geralmente se estendem entre promessas feitas por um promitente e aquelas feitas por um objeto prometido.

Em vez de localizar promessas (e ameaças) na maior parte dos indivíduos que as oferecem, essa breve reunião de casos sugere um modelo que incorpora esses modos de endereçamento e relação em constelações expansivas de assuntos, objetos e situações em interação. Esse último paradigma de promessas e ameaças fundamenta esses estados em estruturas de relacionamento e endereçamento amplamente concebidos. É esse esquema que acaba tendo uma relevância peculiar para o estético. Promessas estéticas funcionam como elementos e intervenções em estruturas de relacionalidade e endereçamento. Observamos isso no caso das odes elementares. O molde pessoal de prometer o que os poemas exemplificam traduz-se em numerosos contextos, os quais consideraremos na construção de nossa compreensão da promessa cultural do estético.[32]

Ao investigar as operações da tríade principal que exploro neste livro, meu objetivo não é fornecer uma análise exaustiva de cada um dos principais conceitos. Em vez disso, meu objetivo é estabelecer um entendimento prático das três noções básicas e suas conexões umas com as outras. Defendo sua desenvoltura à luz dos problemas em que o estético está enredado e com relação às perguntas sobre subjetividade e cultura que esses dilemas provocam. Esclareço a pertinência deles em projetos e agendas estéticas. Mais terá que ser dito sobre nosso triunvirato do que neste livro. Abrangência fora de alcance, meu objetivo mínimo e mais urgente é trazer à vista a produtividade prolífica que nossa tríade exibe quando mobilizada em resposta a considerações de diferença social. Recruto as três noções em um quadro de análise que esclarece as ordens materiais em torno das quais moldamos formas evolutivas de agência, ao mesmo tempo individuais e sociais. Os três termos principais permitem elucidar trajetórias de subjetivação e interação que compreendemos sob a rubrica de cultura.

Veremos meus conceitos-chave em ação na arte, na vida cotidiana e em uma série de constelações estéticas apresentadas por pensadoras e pensadores influentes na história da estética. As instâncias que irei investigar nesses domínios inter-relacionados – arte, teoria e existência cotidiana – mostram que o estético está envolvido em dificuldades. Ao destacar como as práticas estéticas – entendidas em termos de promessa, endereçamento e relacionalidade – são, no entanto, indispensáveis ao nosso envolvimento crítico e à superação dessas situações, eu defendo um novo argumento para a importância do estético.

Uma razão para iniciar esse esforço é oferecer uma resposta ao atual debate estético/antiestético e esclarecer o estado atual da teorização e da prática estética, que exibe uma convergência de orientações estéticas e antiestéticas. As análises críticas do estético possuem implicações filosóficas que devem ser mais exploradas e canalizadas em direções que permaneceram sem exame. Ao mesmo tempo, a esfera estética sempre encenou conflitos sobre os limites das práticas culturais, confrontos que apresentaram tendências antiestéticas. Na medida em que essas predile-

Capítulo 1 • O estético, o público e a promessa cultural

ções realizam um impulso antitético, ao exercerem atos de oposição ou negação, elas permanecem inexoravelmente entrelaçadas com elementos estéticos.[33] O estético tem uma vasta capacidade de absorver as tendências antiestéticas, assimilar fenômenos não estéticos e gerar movimentos que se direcionam contra, desviam de e reorientam as constelações que ele precipitou. Assim, os estudiosos ainda não definiram adequadamente a gama de opções filosóficas que proliferam no entrelaçamento de estratégias e dimensões estéticas, antiestéticas e não estéticas. As perplexidades estéticas em torno das questões da diferença são muitas vezes deixadas apressadamente de lado, ou com uma resolução filosófica muito rapidamente concedida. Tomo esses fios e os direciono para outro lugar. Ao mesmo tempo, a controvérsia sobre o antiestético e sobre sua suposta substituição por paradigmas estéticos emergentes ou por empreendimentos que superam as oposições entre o estético e o antiestético não fornece o ponto central para a investigação atual. Meu projeto-guia é estabelecer uma estrutura para um relato alternativo do estético, o que faço por meio das três noções fundamentais, as de promessa, endereçamento e relacionalidade. Mostro como essa tríade lança o conceito do estético sob uma nova luz. Isso nos permitirá reformular certas questões. Enigmas sobre o status da estética, sem dúvida, estão entre elas. Distinções nítidas entre o estético e o antiestético estão fora de alcance; o não estético não é facilmente identificável. De fato, tanto as críticas quanto as defesas das constelações estéticas, no relato de promessas e ameaças deste livro, acabarão sendo iniciativas sem fim. Consequentemente, tanto os desafios quanto as reivindicações de formações estéticas podem surgir. Tais polêmicas existem para aqui permanecerem. Elas inevitavelmente mover-se-ão para diferentes áreas, mas provavelmente não irão embora.

Isto não devia ser uma surpresa. O antagonismo é inerente ao campo da produção cultural. Como filósofos, artistas e construtores do mundo da vida cotidiana, muitos de nós nos comprometemos a conceber estratos de cultura moral, política e esteticamente desejáveis. Mesmo trabalhando para avançar nesses fins, frequentemente reforçamos, deixamos incontestáveis ou instigamos obstáculos que impedem os movimentos ao longo das linhas que imaginamos, tropeçando nos bloqueios que são necessários observar. De fato, as práticas estéticas muitas vezes levam a maneiras de escovar os grãos das cartografias estabelecidas, estimulando o público, como os poemas de Neruda se propõem a fazer, para transfigurar planos de ação e de experiência. Porém, enquanto empreendimentos estéticos derrubam regularmente dados delineamentos sociais, eles costumam observar parâmetros de endereçamento e não endereçamento, endereçabilidade e não endereçabilidade, forma e falta de forma. Eles implementam registros de ver e ser visto, de tocabilidade e de intocabilidade, mobilidade e estagnação, sinal e ruído, prazer e desprazer.[34] Eles se prendem a regimes de gosto e mau gosto, nojo e deleite, libertação e confinamento, cultura e arcaísmo. Essas modalidades contrastantes alinham sistematicamente os sujeitos com categorias sociais cruzadas. Os esquemas semânticos que informam tais procedimentos organizacionais canalizam forças poderosas de regulação estética, diferenciação e identificação. Essas operações disciplinares atingem um dinamismo inquieto que ainda está para registrar totalmente sua presença na concepção do estético. Mas elas também revelam uma historicidade e uma tenacidade obstinada que clamam por um lugar sustentável em um relato de agência e sentido estéticos. Então, como o desassossego e a continuidade, a contestação e o terreno comum andam juntos em território estético?

2
Branquitude e negritude como produções estéticas

A rede de relacionamentos na qual vivemos uns com os outros e com o mundo material nos faz submergir em emaranhados refinados de experiência estética e de raça. Ela mobiliza esquemas de estetização que implementam formas racializantes; também ativa planos de racialização que realizam projetos estetizantes. Nomeio esses dois caminhos que se entrecruzam nos eixos estética e raça: racialização estética (estratagemas estéticos que sustentam registros raciais) e estetização racializada (modelos raciais que sustentam modalidades estéticas). Ao examinar como nossos relacionamentos se desdobram ao longo dessas trajetórias duais – em torno das quais, embora conectadas, giramos a partir do entrelaçamento de fios estéticos e raciais –, é possível elucidar padrões de relacionalidade e sondar estruturas de experiência estética.

Este capítulo localiza rotas de racialização estética e estetização racializada em modelos de relações estéticas que Hume e Kant imaginam entre agentes e entre agentes e objetos. Artistas e teóricos contemporâneos reiteram e contestam estruturas estéticas nas quais os dois filósofos inscrevem ambos os itinerários. Indicarei como várias produções culturais do século XX geram novos quadros de relacionalidade e endereçamento, colocando em prática promessas estéticas alternativas e enfatizando ameaças estéticas pouco exploradas, ao mesmo tempo que reagrupam configurações raciais tradicionais. Essas obras de arte e teoria atestam implicitamente as possibilidades, bem como as limitações, embutidas nas estratégias para reestetizar certos sistemas relacionais; e mesclam matrizes de promessas e ameaças de endereçamento com relacionalidade, racialização estética e estetização racializada, incorrendo em entrelaçamentos de estética e raça.

Como participantes de redes de endereçamento e relacionamento, tecemos promessas e ameaças por meio de nossas experiências. Ocupamos estratos de significado estético que assumem orientações admiráveis e desacreditáveis. As modalidades de raça desempenham um papel sistêmico proeminente como elementos de tais constelações. Raça e estética saturam-se tão profundamente que as práticas estéticas, tipicamente, equivalem a fenômenos raciais, e os moldes raciais compreendem parâmetros estéticos. Compreender o funcionamento do estético, consequentemente, envolve esclarecer as maneiras pelas quais os esquemas de troca estética canalizam as paixões, percepções e valores raciais. Correlativamente, para dar conta da natureza da raça e do racismo, em macro e microescalas de organização social, nas órbitas do pessoal e do impessoal, devemos observar o lugar que o estético assume nos processos de racialização.

Ao forjar uma estrutura de análise que corrobore essas intuições, meu foco estará voltado para figurações de branquitude e de negritude. Ao localizarmos linhas de estetização racializada e de racialização estética em redes de relações estéticas, podemos começar a reconhecer como dimensões estetizadas e estetizantes de branquitude e negritude, postas em jogo, cruzam categorias de subjetividade e socialidade, como classe, gênero, sexualidade, etnia e colonialidade.[1] Ao ativar marcadores de identidade e diferença, construções estéticas de branquitude e negritude implicam-se não apenas mutuamente, mas codificam também campos de agência e experiência compreendidos como: nativo americano, asiático, latino-americano, árabe, judeu, multirracial e cosmopolita. As listas continuam. O conceito de relacionalidade estética chama a atenção para os laços prolíficos que conectam modos de significação estética com padrões de posicionamento social. É no plano das relações estéticas que podemos tornar visíveis como os caminhos de subjetividade, identidade e cultura promovem projetos estéticos e como as ordens estéticas promovem projetos de agência social. Ao mesmo tempo, investigações sobre a relacionalidade estética alertam-nos para possibilidades de alinhamentos alternativos de subjetividade estética e racial. Elas nos permitem expor as formações estéticas como tecnologias que devem ser reequipadas na condição de dispositivos para moldar e remodelar constelações raciais que alcançam minúcias, bem como contornos mais amplos de nossas vidas.

Ordens iluministas de branquitude e negritude

Sob a rubrica do gosto, Hume e Kant concebem sistemas de publicidade que atribuem posições díspares a brancos e negros, organizando planos

Capítulo 2 • Branquitude e negritude como produções estéticas

de relacionalidade e endereçamento, de promessa e ameaça, em torno de caminhos de racialização estética e estetização racializada. Seguir essas trajetórias lançará luz sobre o funcionamento de conceitos e princípios fundamentais que estruturam o campo estético.

Ambos os filósofos estetizam a branquitude. Hume e Kant propõem modelos de relacionalidade que colocam o estético a serviço dos processos de cultivo brancos e interpretam a branquitude como uma realização estética. Ao mobilizar elementos estéticos em direção a objetivos culturais brancos, definidos em oposição à negritude, esses modelos relacionais emitem uma promessa: eles produzem a perspectiva de uma cultura branca livre da negritude. A racialização estética corre pelos condutos da relacionalidade à medida que esses teóricos recrutam paixões e trocas estéticas em um projeto de construção da cultura branca que se distancia da negritude. Correlativamente, a estetização racializada inunda as passagens relacionais à medida que esses filósofos apresentam como estéticos esquemas de criação, de percepção e de interação que elegem a subjetividade branca, enquanto pronunciam modos de experiência e agência que sustentam a subjetividade negra como não cultivada e de mau gosto. Ao afastar o estético da negritude e conduzi-lo em direção a objetivos culturais brancos, Hume e Kant o racializam como branco. A branquitude, para eles, apresenta uma promessa estética que a negritude retém; a negritude constitui uma ameaça estética.

Raça e gosto na filosofia da cultura de Hume

A estetização racializada, para Hume, inicialmente perpassa a distribuição, a estrutura e o funcionamento diferencial que ele atribui à faculdade de gosto. A racialização estética emana dos efeitos de cultivo que o gosto, subsequentemente, oferece aos indivíduos e nações. Fechando-se em assimetrias sociais preliminares, embutidas na disponibilidade da capacidade, as funções civilizacionais do gosto ganham uma propensão caracterizada por um desejar que estimula novas rodadas de estetização racializada. Hume reúne estetização racializada e racialização estética em estreita colaboração. Ambos os fenômenos são inerentes às conexões entre gosto e razão e entre gosto e o gerenciamento apropriado das paixões. Uma disposição de bom gosto recruta combinações adequadas de racionalidade e paixão, também despertadas. Ao explorar como os laços do gosto com a razão se enrolam em seus laços com as paixões apenas para voltar ao compasso da razão, garantindo espirais infinitas de estetização e racialização, podemos começar a descobrir o modelo de relacionalidade estética de Hume.

Aliado à razão, o gosto estende-se amplamente à antropologia filosófica de Hume. Ele considera o exercício da razão um componente do funcionamento do gosto.[2] A posse de um alto grau de razão, entretanto, é prerrogativa dos homens europeus brancos de classe média. Homens negros e mulheres negras, mulheres brancas e homens brancos da classe trabalhadora, ou "comuns", são considerados inferiores em racionalidade.[3] Dado o papel proeminente que a razão desempenha nas operações do gosto, capacidades racionais deficientes traduzem-se em um gosto menor. Hume reserva o verdadeiro gosto aos homens brancos, europeus, de classe média, que passam por um processo de cultivo necessário, envolvendo a prática, a realização de comparações e a libertação de preconceitos (ST, 143-7). Com efeito, ele rotula preferências estéticas e prazeres que atribui aos camponeses, operárias e mulheres de classe média, entre outras coisas, como "comum", "vulgar", "desagradável", "insípido", "óbvio", "ocioso", "severo", "desinteressante" e "trivial" (ST, 144; SR, 43; EW, 1; SH, 97; RA, 174-5).

Hume condiciona a relacionalidade estética de maneira ainda mais abrangente, diversificando o reino do gosto deficiente. Ele atribui às "mulheres de bom senso e educação" uma forma restrita de gosto (EW, 3). À luz de suas concepções pejorativas sobre negros e membros das classes mais baixas, de suas reservas sobre aristocratas e da apreciação que expressa pela França e Grã-Bretanha (RA, 174-5; OC, 162-5; NC, 114, 118-21), essa designação de "mulheres de bom senso e educação" deve ser considerada como aplicável a mulheres francesas ou britânicas de classe média.[4] Considerando que o gosto dos homens brancos de classe média varia sobre todas as fontes de beleza e deformidade, incluindo, em particular, obras de arte e outras realizações culturais ("obras de gênio"), o gosto de mulheres sensatas e educadas confina-se a objetos e práticas em seus arredores imediatos (EW, 1). Uma estrutura distinta diferencia este tipo de gosto daquele dos homens brancos. Ao contrário destes últimos, o gosto das mulheres brancas não é guiado por regras (3). É sensível à perversão pela "disposição terna e amorosa" das mulheres (4), uma disposição que, na avaliação de Hume, pode afetar legitimamente os juízos estéticos dos homens brancos jovens, sem trair um gosto distorcido (ST, 150). Apesar da tendência do gosto feminino de deslizar para a degeneração, as mulheres brancas se destacam em dois domínios estéticos limitados. Um é o gênero denominado "escritos educados" (EW, 3), que inclui romances; o outro reside na conduta da esfera doméstica, que abrange "os ornamentos da vida, do vestuário, da moda de roupas e das decências comuns do comportamento" (DTP, 345, variante textual, edições de 1741-70). Hume empresta ao gosto uma intrincada composição de gênero, organiza-o em termos de classe e o entrelaça com a raça. O gênero e a inflexão de classe do gosto informam sua constituição racializada e racializante específica; seu caráter racial é determinante de sua composição de gênero e classe.

Enquanto as mulheres brancas são capazes de atingir um gosto especial e limitado, os homens negros e mulheres negras não parecem ter nenhum grau de gosto e, além, têm a possibilidade de adquiri-lo negada. Embora um empirista, Hume considera notoriamente que os negros são "naturalmente inferiores" aos brancos. As nações negras, em sua opinião, não alcançaram a civilização, as artes ou as ciências. Ele descarta a ideia de que um homem negro pode se qualificar como "um homem de meios e um ser erudito" (NC, 306n. 120). O filósofo exclui os negros, portanto, não apenas do gosto, mas também da possibilidade de educação estética. Ele reserva o gosto para homens brancos de classe média e, em uma variedade reduzida, para um grupo restrito de mulheres brancas. Uma distribuição desigual da razão ocasiona uma distribuição desigual de gosto. Mais do que isso, efetua uma codificação implícita do gosto em termos de diferença social. A estetização racializada percorre os circuitos da relacionalidade. Fundamentando essa força inicialmente na afiliação entre gosto e razão, Hume leva-a adiante, controlando as paixões nas rédeas do gosto, o que ocasiona um influxo de racialização estética da maneira explicada a seguir.

Na análise de Hume, o gosto estimula a civilização por meio de seu poder sobre as paixões.[5] A delicadeza dos sentimentos, ingrediente central do gosto, serve como fonte de regulação emocional ao inibir uma disposição afetiva, chamada delicadeza da paixão. Esta última tendência consiste em uma sensibilidade para os "bons ou maus acidentes da vida", como pequenos ferimentos, favores, contratempos e boa sorte (DTP, 10-11). Tornando-nos vulneráveis a um grau indevido de emocionalidade que impede "o gozo correto" das coisas (10), essa sensibilidade deve ser controlada. Para Hume, delicadeza de sentimento e, portanto, um gosto refinado constituem nossa maneira única e mais adequada de restringir a delicadeza da paixão (11). Eliminando os obstáculos emocionais para o prazer adequado, o gosto representa um motor vital para o desenvolvimento de uma personalidade branca honrada e afetivamente calibrada.

A pedagogia do gosto recruta um repertório ainda mais amplo de estratégias de regulação emocional para a realização da agência moral e social branca. Hume identifica cinco métodos pelos quais o gosto pode alcançar uma organização adequada das paixões, gravando a insígnia do estético no caráter e no comportamento relacional de um sujeito: a faculdade corrige e refina as emoções, torna-as sujeitas ao controle do agente, as conduz em direção a um comportamento respeitável de felicidade, e em direção a uma maior sociabilidade. Cada um desses efeitos alimenta a civilização.[6] A alocação diferencial do gosto, consequentemente, é transportada para uma distribuição desigual de estatura civilizadora. A racialização do gosto prolifera no plano do coletivo. O gosto apoia o cultivo de sujeitos brancos de classe média e, no nível societário, fortalece a sociedade civil branca. A estetização racializada (a exclusividade racial do gosto) promove a racialização estética (a posição civilizada racialmente exclusiva gerada por meio do gosto).

Um olhar mais atento aos métodos de regulação emocional do gosto ilumina os poderes estéticos de longo alcance que Hume direciona para o avanço da existência civilizada branca. Os efeitos distintos do gosto nas paixões assumem as seguintes formas: 1) Por "cultivar um gosto nas artes liberais", o indivíduo é capaz de fortalecer seu juízo. Equipado com "noções justas de vida", o homem de gosto desvia sua atenção de "muitas coisas que agradam ou afligem os outros" (DTP, 12) e, ao contrário disso, concentra-se no que realmente importa. Ajustando a sensibilidade de uma pessoa às suas percepções adequadas sobre a vida, o gosto corrige consequentemente a paixão excessiva. 2) A faculdade do gosto traz as paixões sob controle, permitindo ao homem de gosto tomar sua felicidade em suas próprias mãos. Hume acredita que "somos mestres em quais livros devemos ler, de que diversões devemos participar e que companhia devemos manter" (11). O exercício do gosto, portanto, instiga um estado controlado de felicidade que dota o sujeito com um nível ideal de autonomia pessoal. 3) O gosto encoraja um tipo virtuoso de felicidade. Na visão de Hume, o homem de gosto "fica mais feliz com o que agrada a seu gosto do que com o que satisfaz seus apetites, e recebe mais prazer de um poema, ou de um raciocínio, do que daquilo que o luxo mais caro pode pagar" (11). Essa mudança no afeto e no desejo produz um estado de coisas moralmente louvável, que todos prefeririam "quando tudo estivesse equilibrado" (10) e ao qual todo homem sábio aspira (11). Consequentemente, a moralidade e o prazer discutem conjuntamente sob a influência benéfica do gosto. 4) O gosto refina a paixão: "[Um gosto cultivado]... melhora nossa sensibilidade para todas as paixões ternas e agradáveis; ao mesmo tempo que torna a mente incapaz de emoções mais rudes e turbulentas".[7] Hume observa que o estudo das "belezas" (leia-se: obras de arte esteticamente boas e outras produções culturais) melhora o temperamento e provoca "uma certa elegância de sentimento que para o resto da humanidade é estranha. As emoções que despertam são suaves e ternas" (DTP, 12). Facilitando o cultivo de emoções estimáveis e evitando sentimentos reprováveis, o gosto melhora as paixões. 5) Ainda mais especificamente, o gosto promove paixões que são produtivas de laços sociais adequados. Assim, ele refina a vida social. Hume afirma que a fruição de, por exemplo, poesia, música e pintura produz "uma melancolia agradável, que, de todas as disposições da mente, é a mais adequada ao amor e à amizade" (DTP, 12). Outra maneira pela qual o gosto inspira paixões sociais adequadas é permitindo ao homem de gosto chegar a discriminações precisas e detalhadas do caráter de outras pessoas (11-13). Sob a influência benéfica do gosto, o homem de gosto, consequentemente, complementa seu sentimento delicado com uma sensibilidade apropriadamente temperada à paixão e uma sensibilidade social aumentada, que podemos chamar de "delicadeza da socialização". O gosto aprofunda o amor e a amizade, "limitando a nossa escolha a poucas pessoas e tornando-nos indiferentes à companhia e à conversa da maior parte dos homens" (12). Isso, novamente, resulta em refinamento, polindo o comportamento afetivo e social da pessoa de bom gosto:

> Aquele que bem digeriu seu conhecimento tanto de livros quanto de homens tem pouco prazer, mas na companhia de alguns companheiros selecionados. Ele sente muito sensata-

mente o quanto todo o resto da humanidade está aquém das noções que ele alimentou. E, estando suas afeições assim confinadas dentro de um círculo estreito, não é de admirar que ele as leve mais longe do que se fossem mais gerais e indistintas. A alegria e a brincadeira de um companheiro de copo transformam-se com ele em uma sólida amizade; e os ardores de um apetite juvenil tornam-se uma paixão elegante. (13)

Ao treinar as paixões, o gosto instiga laços sociais apropriados, ao mesmo tempo que corrói afiliações menos adequadas.[8] Guiando os indivíduos em direção a um conjunto de paixões adequadamente administrado e refinado, bem como a um círculo social adequado, o gosto lhes concede um alto grau de civilização. O cultivo, nesta visão, constitui um processo estético diferencialmente realizado e repartido pelo gosto. Uma prática e um artefato estético, a cultura compreende uma ordem racial e uma pedagogia. Nesse esquema de relacionalidade, os homens brancos de classe média procuram a companhia uns dos outros para encontrar, na camaradagem que se segue, um relacionamento que funde edificação moral e pessoal com gratificação. A estetização racializada (caráter racializado do gosto) apoia a racialização estética (a civilização branca como estruturada, produzida e apreciada por meio do gosto). Ambos os princípios permeiam os ligamentos finos de nosso ser relacional. São emblemas do nexo estético em todo o campo da interação humana.

Neste ponto, Hume é capaz de motivar a aquisição do gosto, bem como o envolvimento do sujeito com as obras de arte por seus papéis no projeto civilizador. As aspirações ao cultivo do branco e os impulsos de se afastar da negritude fornecem incentivos para a adoção da arte pelo sujeito e para sua busca pelo gosto. Um outro tipo de estetização racializada surge aqui, canalizando linhas adicionais de apoio que os arranjos raciais contraem nas estruturas estéticas. O gosto deriva do fascínio provocado pelos objetivos culturais brancos que ele próprio promove. Hume torna o estético desejável por causa de seus efeitos civilizadores. A estetização racializada reside então, em primeiro lugar, nas diferenciações culturais construídas na noção de gosto (através do vínculo com a razão) e, em segunda instância, na significação e atratividade que provém do fato de que o gosto deriva de seus trabalhos de cultivo (seu impacto afetivo e social).

Capítulo 2 • Branquitude e negritude como produções estéticas

Ao reverberar por toda a filosofia social e política de Hume, a faculdade do gosto lança sua influência branqueadora ainda mais amplamente. As atividades civilizatórias lideradas por essa proficiência estética fazem sua presença ser sentida no reino da nação, em cujo benefício o gosto faz aumentar o conhecimento, a produtividade, o prazer e a qualidade da vida social. Ao construir domínios do gosto, a exemplo do luxo, do refinamento e do progresso nas artes, como determinantes integrais do bem-estar político e econômico do Estado, Hume investe a faculdade do gosto com uma propensão de construção de cultura que coloca na fonte do que intitula "humanidade". A racialização estética molda o corpo da nação. Este programa põe em prática uma grande variedade de mecanismos de desenvolvimento. As marcas do estético enraízam-se em uma infinidade de ocupações humanas.

Na avaliação de Hume, as artes do luxo e as artes liberais contam com a presença de gosto ou sentimento refinado.[9] O refinamento resultante nas artes e na gratificação dos sentidos é responsável por quatro funções humanizadoras. Esses lugares criam canais interativos de racialização estética, submergindo a relacionalidade em ondas cada vez mais amplas de estética e raça. Eles assumem as seguintes formas: primeiro, aptidões refinadas na esfera da arte e dos sentidos estimulam a atividade e a produtividade humanas. Elas não apenas neutralizam a preguiça (uma dose excessiva de indolência, ociosidade, relutância e repouso [RA, 168-9, 177]), mas também fazem-nos encontrar maior felicidade em nosso trabalho. Da mesma forma, elas nos permitem manter o desejo e a gratificação dentro dos limites do prazer "verdadeiro" e adequado (168-70). Consequentemente, geram um grau de virtude que é exemplar da sociedade civilizada. Em segundo lugar, o refinamento nas artes fortalece nossas capacidades racionais, oferecendo oportunidades para o exercício e aprimoramento da razão (171). Estimulando a curiosidade, revigoram a mente (168-72). Terceiro, o refinamento que flui através do domínio das artes estimula a conversa, a sociabilidade e a interação entre homens e mulheres, o que tem o benefício de suavizar o temperamento dos homens.[10] Quarto, o refinamento incita o refinamento crescente, impulsionando-se a alturas incomparáveis. Um fator importante neste processo é o cultivo do impacto do "gosto, gênio e espírito... de um povo inteiro" (RP, 59). Hume postula um "espírito da época" no qual as artes se aprimoram mutuamente.[11] O refinamento se acelera, espalhando-se amplamente entre os sujeitos genuinamente capazes dele, isto é, entre os homens brancos de classe alta/média, mas também, com mais cautela, entre esses homens e suas companheiras sociais brancas e femininas.

Esses quatro tipos de refinamento em interação realizam um avanço na humanidade que, para Hume, é a marca que distingue as sociedades polidas das nações bárbaras e rudes, sinalizando para uma ordem global decididamente racializada (RA, 168-71, 174). Uma vibrante esfera pública emerge dentro da nação (RA, 168-71). O recinto da "liberdade pública" se expande (174-5). O estético é onipresente como um sinal de potencial virtude e deficiência cultural. O gosto oferece impulsos vitais que Hume institui como excelência humana no centro da civilização. A racialização estética permeia os elencos internacionais, a cultura nacional, a esfera da publicidade e a suposta qualidade da humanidade do Estado. Suas energias impregnam não apenas constelações de razão e paixão, mas também arranjos de trabalho, produtividade, felicidade, virtude, sociabilidade e sexualidade. Inundando a vida cultural com a racialização estética, Hume inunda vastos territórios relacionais em projetos de microestetização que também constituem empreendimentos de microrracialização.

Promessas não faltam nas imagens de Hume sobre a arena estética. O gosto configura estados louváveis e cobiçados de afeto e prazer, de atividade e passividade. As capacidades de raciocínio e julgamento social se aguçam em sua presença. Surgem relacionamentos sofisticados. Membros da classe média branca alcançam formas adequadas de socialização e humanização. A nação desfruta de níveis crescentes de produtividade, felicidade, virtude e liberdade. Tipos apropriados de produção, troca e interação cultural dão frutos. Laços homossociais florescem entre homens brancos de bom gosto, que desenvolvem ligações cultivadas e refinadas uns com os outros, encontrando sustentação nas obras de arte e nas atividades estéticas cotidianas. Laços heterossexuais prosperam em uma companhia mutuamente civilizadora que esses homens desfrutam com mulheres brancas, que aplicam sua influência suavizadora aos temperamentos masculinos e mentes racionais.[12] As conversadoras adequadas permitem que os associados do sexo masculino melhorem seu gosto e maneiras, conectem-se com o mundo e aqueçam seus corações.[13] Expostos a cultivar contribuições proferidas por mulheres interlocutoras (EW, 1, 5; RA, 169; RP, 74; SH, 97), os homens retribuem o favor fornecendo às suas parceiras de discussão razão, conhecimento e bravura.[14] O gosto concebe o cultivo ao nutrir afiliações afetivas e estéticas apropriadas entre homens brancos e mulheres brancas.[15] Portador de progresso civilizatório, ele oferece promessas pródigas. Juntas, essas promessas promovem uma promessa de cultura que Hume atribui ao estético.

A racialização estética permeia as projeções relacionais do gosto. Hume estetiza a agência e a coletividade brancas. Hélices cada vez mais amplas de racialização se ramificam a partir da estetização racializada (o branqueamento do gosto), ao mesmo tempo que alimentam tais processos (efetuando um branqueamento da cultura). Os prolíficos trabalhos civilizadores do gosto aumentam sua desejabilidade e louvabilidade. Retransmitindo paixões e experiências que são orientadas para a branquitude e contra a negritude, esta aptidão estética exibe um perfil racial: sua aquisição e exercício satisfazem os desejos de branquitude e satisfazem os impulsos de fugir da negritude, que é concebida como antitética ao *telos* do gosto. O gosto promete cultura branca; a branquitude promete gosto.

Na ausência da companhia cultivadora de homens brancos e mulheres brancas de bom gosto, e carecendo, também, do grau necessário de razão que, como indiquei, subscreve o gosto, os negros se distanciam do processo civilizador que o gosto coloca à disposição de certos brancos. Hume localiza homens negros e mulheres negras fora da dinâmica estética que ele considera produtiva da civilização; eles não têm lugar no arranjo branco, homossocial e heterossexual que exemplifica o bom gosto. Seu envolvimento com a arte e outros objetos estéticos falha em estimular esta propensão. O refinamento moral, epistêmico, afetivo e estético circula entre homens brancos e mulheres brancas. O projeto cultural que Hume confia ao gosto exige que os negros se mantenham distantes dos vínculos afetivos e estéticos relevantes.[16] A negritude representa uma ameaça estética, colocando a cultura em perigo. Ao fazer fluir estetização racializada e racialização estética através da anatomia relacional que mapeia, Hume instala a promessa de branquitude do estético, a ameaça de negritude e a promessa cultural do estético no cerne da ordem cultural que concebe.

Raça e gosto na filosofia da cultura de Kant

O relato de Immanuel Kant sobre a relacionalidade estética em *As observações sobre o sentimento do belo e do sublime* se assemelha significativamente ao de Hume, antes de voltar ao assunto na *Crítica da faculdade do juízo*. Fazendo referência a seu predecessor, Kant enfatiza a inferioridade das capacidades mentais dos negros (1960, 110-11, 113). Mais do que isso, ele declara os negros incapazes de mais do que sentimentos triviais (110). Dado que o gosto constitui uma faculdade de bom sentimento (46), os negros parecem ter que abrir mão de qualquer gosto.[17] Kant orquestra uma rede de relações em torno de fluxos de bens morais, epistêmicos, afetivos e estéticos que circulam entre certos agentes brancos de classe média. Homens adequadamente dispostos oferecem às mulheres nobreza, sublimidade e percepção (95, 102n.), o que alivia a deficiência racional feminina (94). As mulheres retribuem com complacência e beleza, realçando a gentileza, a polidez e o refinamento masculinos (95-6, 102n.). Kant impede essas trocas para os negros. As interações relevantes concedem algum espaço a pessoas identificadas por outras características raciais e étnicas não normativas, que presumivelmente se saem um pouco melhor no reino dos bons sentimentos do que os negros. Catalogando uma variedade de gostos do ponto de vista do etnógrafo que descaradamente se considera ciente do verdadeiro e do falso no reino estético, Kant nos fala sobre o gosto estranho da Espanha; os efeitos não naturais e distorcidos da "imaginação inflamada" do árabe; o gosto chinês por "grotescos insignificantes". Da mesma forma, a Índia, a seus olhos, mostra uma predileção pelo grotesco. Os sentimentos dos árabes e japoneses mostram elementos de degeneração. A perspectiva de encontrar bons sentimentos em quase todos os países do Leste Asiático e em muitos povos indígenas americanos deve ser considerada sombria.[18] As espécies diminuídas de gosto que Kant atribui a uma ampla gama de populações não europeias e algumas populações europeias parecem permitir que pessoas dessas raças e etnias tenham alguma presença limitada nos fios da relacionalidade estética apropriada que ele bordava em torno de europeus privilegiados. No entanto, Kant defende uma estetização de formas culturais normativamente brancas e propõe um paradigma de gosto racializado e etnicamente delimitado. O estético promete uma espécie branca de cultivo; certos tipos de branquitude prometem o gosto. Kant forja rotas de racialização estética e estetização racializada que são familiares a Hume. No entanto, ele também excede o repertório anterior.

Isso é evidente em seu tratamento equívoco da cultura. Enquanto ele postula laços entre gosto e propensões culturais que acompanham a educação e a posição de classe,[19] abstém-se de dar a tais laços um lugar explícito em sua visão crítica das condições de possibilidade do gosto.[20] A *Crítica da faculdade do juízo* fundamenta a validade geral dos verdadeiros juízos de gosto no postulado de um senso comum, isto é, pode-se presumir que os seres humanos compartilham das mesmas faculdades cognitivas (1951, 19-22, 40). Essas faculdades compreendem disposições *naturais* para Kant. Contestando este ponto em leituras das dimensões *culturais* em propensões relevantes, teóricos como Pierre Bourdieu (1995), Richard Shusterman (1993), Sylvia Wynter (1992) e Carolyn Korsmeyer (1998, 150-1), entre outros, argumentam que essa abordagem falsamente universaliza condições e valores apreciativos associados a posições de sujeito que são educados, ociosos, brancos, socialmente quietos, masculinos e de classe média.

A implantação contínua na *Crítica* de comparações interculturais infundadas se destaca sob essa luz. Após a mudança de Kant para a filosofia transcendental, a diferença cultural não deixou de informar sua hierarquia de gostos variáveis. Por exemplo, declarando os juízos estéticos guiados pelo charme e pela emoção "bárbaros", ele os separa do domínio da cultura adequada (1951, § 13). A sensação acaba sendo um fator mais substancial nas atrações estéticas dos caribenhos e iroqueses* do que nas experiências dos observadores em estágios mais elevados da civilização (§ 41). Figuras de indígenas americanos e não europeus denotam regularmente observadores cujas percepções ficam aquém do propriamente estético, como os "*Iroquois sachem*" [caciques iroqueses], que julgam de acordo com o interesse, falhando em evidenciar uma forma adequadamente desinteressada de ajuizamento estético (§ 2). Estas avaliações comparativas avançam por asserção. Na verdade, o postulado de um bom senso protege Kant de ter de fornecer uma explicação fundamentada das formas pelas quais a cultura influencia sua versão do natural.

---

* N.T.: Iroquês (ou *Haudenosaunee*) diz respeito ao povo originário pré-colombiano que viveu no Nordeste da América do Norte.

O tratamento ambivalente de Kant sobre as diferenças culturais afeta um estreitamento do campo das relações estéticas legítimas. Colocando de lado, através do dispositivo do *sensos communis*, os processos culturais diferenciais que sustentam suas hierarquias operativas de gosto, Kant abre o caminho para uma reunião não marcada e aparentemente neutra de formas normativas de branquitude estetizada e estetizante no terreno relacional que ele valoriza.[21] As formas culturais não normativas que ele associa a etnias e raças diferentes dos brancos servem para circunscrever o que conta como relações estéticas apropriadas e inadequadas, pois ajudam a identificar significados e conotações sustentados por conceitos relativamente abertos, como os de charme, emoção, interesse e desinteresse.

Em princípio, a publicidade, nesse modelo, não significa um conjunto ilimitado de experiências estéticas universalmente acessíveis ou um agregado basicamente ilimitado de assuntos dotados de faculdades apreciativas em comum.[22] A promessa desses ideais, no relato de Kant, implicitamente nos direciona para uma malha de relações estéticas em torno de itinerários de estetização racializada e racialização estética.

Colaborações contemporâneas entre estética e raça

Hume e Kant autorizam um escopo restrito de relações estéticas. Contrariando quadros históricos de racialização estética e estetização racializada, artistas e escritores como Jamaica Kincaid, Agnès Varda e Frantz Fanon se voltam para atividades estéticas cotidianas para destacar estruturas relacionais alternativas. Suas obras ajustam e destituem ameaças e promessas estéticas, ultrapassando quadros estabelecidos de prazer e perigo. Ao transformar as concepções de agência estética e modificar as ordens de percepção, criação e troca, no entanto, esses teóricos e artistas também limitam as possibilidades culturais inerentes ao estético e evitam os laços complexos entre a estética e a raça de maneira que lembram Hume e Kant.

Um impasse estético

Lucy, a narradora do romance homônimo de Jamaica Kincaid, é uma jovem negra caribenha que chega a uma cidade norte-americana para trabalhar como *au pair* (babá) para um casal branco com quatro filhos. Sua história nos fala da amizade que ela iniciou com sua empregadora,

Mariah, e das mudanças que se tornam perceptíveis em seu relacionamento com os dois países. A personalidade de Lucy se cristaliza nas dificuldades de seu comportamento estético. Sua subjetividade se desdobra na forma de impressões sensoriais de comidas, roupas, sons, corpos, campos, sol e música. Essas experiências carregam suas ambições, seus sonhos e seu passado, bem como a sua mudança de percepção sobre o seu entorno. Na consciência estética, Lucy encontra o principal meio pelo qual ela cria significados. É no plano da corporeidade estética que ela estabelece seus vínculos com as pessoas e as coisas, e se faz presente em um novo ambiente. O antagonismo, da mesma forma, se anuncia neste campo, como quando Lucy discorda do anseio compartilhado que Mariah tenta despertar nela para a chegada da primavera:

> Ela disse: "Você já viu narcisos brotando para fora da terra? E quando estão floridos e todos reunidos, uma brisa vem e os faz reverenciar o gramado que se estende na frente deles. Você já viu isso? Quando vejo isso, fico muito feliz por estar viva". E eu pensei: então Mariah se sente viva por algumas flores se curvando com a brisa. Como uma pessoa consegue ser assim? (1991, 17)

Lucy se esquiva da intimidade da antecipação estética conjunta pela qual Mariah anseia. Onde a empregadora vê uma promessa, a funcionária reconhece uma ameaça. Elucidando essa lacuna, Kincaid faz a *au pair* relembrar desde a infância um recital bem-sucedido de um poema na Escola Queen Victoria Girls:

> Depois que terminei, todos se levantaram e aplaudiram com um entusiasmo que me surpreendeu, e mais tarde eles me disseram como eu tinha pronunciado cada palavra bem, como coloquei a quantidade certa de ênfase especial nos lugares onde era necessário, e como o poeta, agora morto há muito tempo, teria ficado orgulhoso ao ouvir suas palavras ressoando em minha boca. Eu estava então no auge da minha dupla face: isto é, por fora parecia de um jeito, por dentro era de outro... Por dentro, estava jurando apagar da minha mente, linha por linha, cada palavra daquele poema. Na noite após ter recitado o poema, sonhei, parecia que estava conti-

nuamente sendo perseguida em uma rua estreita de paralelepípedos por cachos e cachos daqueles mesmos narcisos que jurara esquecer, e quando finalmente caí de exaustão, todos se amontoaram em cima de mim, até que fui enterrada bem embaixo deles e nunca mais fui vista. (17-18)

Mais uma vez seguindo a jovem para sabotar seu juramento, desta vez em outro país, os narcisos não vão adiar sua natureza, o que o sistema de educação neocolonial havia treinado a aluna a responder com exatidão graciosa. Kincaid compreende o império nesta passagem como uma matriz estética. Ela associa essa estrutura a uma relação projetiva com a natureza, que interpreta como impregnada do romantismo britânico. Símbolos em uma estética colonial, os narcisos em reverência carregam tons tirânicos para a cuidadora de crianças, em uma inversão da promessa que trazem no famoso poema de Wordsworth, "Eu vaguei sozinho como uma nuvem", a obra que podemos supor que a aluna declama na escola.[23] Em uma caminhada pelo campo, o narrador deste poema se depara com "Uma série de narcisos dançantes /... / Dez mil dançando na brisa". "[Superando] as ondas cintilantes de alegria", as flores fornecem ao andarilho "companhia risonha". De volta a casa, dominado pelo vazio e pela solidão, seu coração então muitas vezes "se enche de prazer / E dança com os narcisos".[24] Determinada a permanecer fiel ao seu juramento de esquecimento, Lucy se recusa a exibir os sentimentos calorosos de antecipação que sua chefe solicita dela. A jovem se recusa a desempenhar o papel de narciso maleável. Deixando para os próprios recursos de Mariah silenciarem a desolação interior que ela, Mariah, está ansiosa para manter sob controle, Lucy desfaz o feitiço que o projetivismo romântico britânico lança sobre a troca com sua empregadora. Como as coisas "ficaram assim?" Bem, na década final do século XX, elas não conseguem mais ser assim. Kincaid propõe uma leitura estética da colonialidade e da resistência decolonial.

Imitando, de fato, o narrador de Wordsworth, Mariah encontra nas terras ao redor de sua casa de verão o que ela busca em seu ambiente, enquanto nega o indesejado. Ela exalta nostalgicamente a beleza natural em face dos danos ecológicos, sem ver uma conexão entre a devastação que deplora e as condições que tornam possíveis estilos de vida de proprietários como o dela (71-3). Ansiosa para evitar conflitos de perspectiva, a *mater familias* gostaria que sua companheira visse as coisas como ela própria (32, 35-6). As tentativas de Mariah de sincronização estética encontram repetidamente o retraimento da parte de sua empregada, que acaba deixando a família para estudar fotografia, em busca de seus próprios objetivos estéticos.[25] As duas mulheres terminam sua troca sobre os narcisos, cada uma dando um passo para longe da outra.[26] Em uma reversão dos vetores antecipatórios que sustentam a estética do império, Kincaid concede à negritude juvenil, afro-caribenha, imigrante, da classe trabalhadora e geograficamente móvel uma promessa estética de cultura. A branquitude anglo-europeia, de classe alta/média, ao contrário, traz ameaças estéticas e culturais.

O romance imagina um impasse entre duas palavras estéticas. As fronteiras estéticas e raciais coincidem na formação do impasse entre as duas personagens. Kincaid impugna a racialização estética em um modelo branco; prefere uma versão em preto da própria criação de seu protagonista. Ao contestar a estetização racializada a serviço de arranjos sociais e materiais brancos, anglo-europeus e neocoloniais, ela a celebra como uma dimensão formativa do estar-no-mundo de Lucy. As relações entre pessoas e entre pessoas e objetos no livro refletem esses itinerários de desenvolvimento estético e racial.

A experiência estética racializada circunscreve a proximidade das mulheres. Apesar do amor que sentem uma pela outra, as estruturas estéticas históricas precipitam um impasse relacional que impede sua amizade. Kincaid oferece um quadro de relações estéticas que disputa versões de estetização racializada e racialização estética. Ela propõe variedades alternativas. O romance corrige promessas estéticas e ameaças que sustentam as formações neocoloniais de poder. No entanto, ao fazer a estética rastrear as fronteiras raciais, culturais e pessoais delineadas na história, a obra oferece uma imagem restritiva das relações estéticas cotidianas. Considerando que as percepções estéticas de Mariah e Lucy admitem pouca fusão, tais experiências muitas vezes parecem conter elementos que são capazes de desalojar categorizações raciais organizadas.[27] Curiosamente, são exatamente os narcisos que exalam fluxos intransponíveis de deslocamento cultural e permitem jorros sincréticos no romance *Breath, Eyes, Memory*, de Edwidge Danticat, uma narrativa das relações mãe-filha que se move entre o Haiti e os Estados Unidos. Este romance apareceu alguns anos depois de *Lucy*.

Criada com amor por sua tia Atie em uma pequena cidade haitiana, a narradora de Danticat, Sophie Caco, de 12 anos, é convocada para se juntar à mãe em Nova York, a quem, além das histórias de Tante Atie, ela só conhece por meio de fitas de áudio enviadas e uma fotografia ao lado de sua cama. O poema que Sophie escreveu em um cartão de Dia das Mães, que fez para sua cuidadora, idealiza a mãe ausente em termos da flor favorita desta: "Minha mãe é um narciso, / ágil e forte como um. / Minha mãe é um narciso, / mas com o vento forte como o ferro" (1994, 29). Com o presente sendo destinado a Tante Atie, a imagem da flor na inscrição dobra a conexão abstrata de Sophie com sua mãe no vínculo ricamente corporificado que a criança desfruta com sua tia. Quando Atie diz à menina para guardar o cartão para a mãe, a filha esmaga o narciso que havia colado no papel.[28]

O romance complica ainda mais a imagem da flor quando descobrimos que a mãe adora essas importações europeias "porque elas cresceram em um lugar onde não deveriam". Inicialmente trazidos para o Haiti por uma francesa, as variantes atuais do narciso, explica Atie a Sophie, adaptaram-se ao clima quente, assumindo "a cor de abóboras e de abóboras de verão, como se tivessem adquirido um tom de bronze da pele dos nativos que os adotaram" (21). A herança transculturada e composta da flor estabelece uma duplicação afetiva. Fornecendo consolo para Sophie, os narcisos também permeiam sonhos assustadores (112, 155, 28). Tudo o que a menina possui é amarelo, comenta sua tia (21). A cor encanta a jovem Sophie, que anseia por se juntar a outras crianças brincando exuberantemente em pilhas de folhas amarelas. Mas também a ameaça em um sonho em que a mãe persegue a filha através de um campo de flores silvestres para pressionar a menina na moldura da foto materna ao lado da cama que a criança divide com sua tia (21, 7-9). Os narcisos de Danticat misturam amor e liberdade com sentimentos de separação dolorosa, perseguição e confinamento. Para criaturas híbridas, como Sophie, as flores superam as oposições entre império e ex-colônia.

O amarelo exibe codificações contrastantes no romance de Kincaid, assim como no de Danticat. A cor infunde um sonho assustador de Lucy, no qual o marido de Mariah a persegue, instigado por sua esposa. Seu significado se inverte em relação à família branca. Aos olhos de Lucy, uma tonalidade amarela dá aos membros da família uma aparência de felicidade e pureza simples, e dá à sua casa de verão uma aparência calmante e acolhedora (12-15, 27). As conotações binárias que Kincaid atribui aos amarelos recorrentes flutuam entre as polaridades de conquista e inocência, dividindo-se entre "brutos disfarçados de anjos e anjos retratados como brutos".²⁹ Enquanto Danticat permite que os significados duplos da cor infectem e perturbem um ao outro, Kincaid separa a ameaça e o apelo do amarelo, organizando essas influências contrárias em oposições entre vencedor e vencido, império e território conquistado.

Reescrevendo promessas de civilização, bem como ameaças de barbárie, Kincaid relaciona Lucy com a promessa e Mariah com aspectos ameaçadores do estético. O romance rejeita as avaliações humanas e kantianas embutidas nas formas e categorias culturais contemporâneas. Ao alinhar sistemas estéticos com divisões (neo)coloniais, no entanto, a obra se assemelha ao esquema do Iluminismo que orienta a ação estética e a corrida por caminhos rigidamente regulamentados. *Lucy* propõe uma ordem excessivamente estratificada de relacionamentos diários inspirados esteticamente, uma ordem que mantém sob controle os meandros labirínticos da experiência estética e da raça.

O estético à margem

A cineasta Agnès Varda, como Kincaid, reúne elementos estéticos do cotidiano em uma reformulação das hierarquias culturais. Seus documentários *Os catadores e eu* e *Os catadores e eu: dois anos depois* (França, 2000 e 2002) analisam a relacionalidade estética a partir da perspectiva da prática histórica da atividade de coleta. Os vídeos digitais de Varda situam as manifestações atuais desse ritual contra o pano de fundo de paradigmas mais antigos, conforme ela encontra a tradição enunciada em dicionários, ratificada em decretos do início da Modernidade e narrada em obras de arte, por, entre outros, Jean-François Millet e Jules Breton. O primeiro documentário inicia recolhendo e fazendo-nos recolher a pintura *Les glaneuses* (1857), de Millet, sobre e entre as cabeças dos espectadores que visitam a obra no Museu d'Orsay. Desde o início, Varda inclui espectador e cineasta em um emaranhado de relações que vemos se desenrolar entre uvas, figos, peixes, queijos fora do prazo, relógios sem ponteiros, botões perdidos, TVs descartadas, cadeiras abandonadas, ostras e as pessoas que os reúnem. Essa coleta costumeira se dá a alguma distância dos circuitos oficiais de produção e consumo, por necessidade, compulsão, amor ou em busca do prazer visual. Os relacionamentos estéticos emergentes, portanto, baseiam-se nos existentes e levam-nos mais longe. Os sujeitos dessas relações perpassam as classes sociais. Varda conversa com proprietários brancos colhendo maçãs no final da colheita e com brancos pobres forrageando salsa e aipo quando o mercado acaba. Ela entrevista catadores urbanos carentes de origem africana e asiática que ganham a vida recuperando fogões. Um jovem *chef de cuisine* talentoso e economicamente experiente coleta as ervas que dão gosto aos pratos que serve em seu restaurante. Vemos também o encontro da cineasta com o psicanalista vinicultor Jean Laplanche, cuja profissão é perceber usos involuntários de linguagem.

Promessas vencidas despertam nas mãos dos exploradores e catadores de Varda. Ameaças representadas pelo lixo, momentos não funcionais, aleatórios, batatas acima ou abaixo das medidas comercializáveis e coisas que ficaram fora de uso se transformam em promessas à medida que os catadores encontram novos usos e valores em artefatos desacreditados, obtêm sustento de produtos descartados ou negligenciados e ganham a vida com objetos e situações que de outra forma seriam desperdiçados. Promessas fortuitas surgem quando a pequena câmera de Varda seleciona imagens de acontecimentos simultâneos, como uma tampa de lente "dançante". Promessas inesperadas se anunciam conforme observamos as mãos finamente enrugadas e o cabelo grisalho da cineasta. Nosso senso de promessa expande-se à medida que ela para caminhões na rodovia através da abertura de seu indicador e polegar, evocando ritmo e forma onde, no anonimato de um carro, podemos supor condições absolutamente estranhas, despersonalizadas e despersonalizantes de consumo e de comércio. Para Varda, as promessas estéticas concretizam as promessas anteriores. Geladeiras extintas que abrigam demonstrações de ativistas antiplástico (*Playmobil*) e provocam o duplo prazer de descobrir de novo uma estética que já se materializou – a alegria de um sistema de armazenamento de plástico limpo, compartimentado e bem iluminado – e de levar esse prazer a uma direção um tanto inesperada: o alimento é político, como muitas crianças e ativistas de alimentos estão bem cientes.

Ao subverter as funções domésticas e outras funções cotidianas de objetos, bem como modificar significados mercantilizados atribuídos

Capítulo 2 • Branquitude e negritude como produções estéticas

às coisas, Varda também expõe as limitações de tal ressignificação lúdica. O envelhecimento e a deterioração material não serão anulados por meio de uma redistribuição imaginativa.[30] Ela evita procedimentos institucionalizados e redentores de consumo e produção. A coleta inclui o resgate de aves lesadas após derramamentos de óleo, o resgate de alimentos e mercadorias cuja diminuição do lucro os destina ao lixão, bem como as interações com indivíduos que foram expulsos da força de trabalho. Varda rema do lado inferior da vida econômica socialmente sancionada. No entanto, seu estudo idealiza de forma um tanto paradoxal a relacionalidade estética.

A coleta transparece nas periferias das economias formais. Atua nas margens da vida cultural padronizada. O catador se estabelece onde a funcionalidade designada de um elemento se extraviou ou foi considerada insuficiente. A investigação de Varda reforça os resíduos presentes nos principais estados de coisas direcionados ao objetivo. Ao exibir *souvenirs* recolhidos em uma visita ao Japão, ela observa: "é o que coletei que me diz onde estive". A cineasta concede ao acessório o status de supremacia, instalando bordas externas de vários mercados culturais no centro das relações estéticas. Os vídeos entendem a coleta como um modo de comportamento em relação ao mundo material, à passagem do tempo, ao corpo, às pessoas, à arte, aos animais e às plantas. A cineasta empresta à complementaridade o prestígio de uma grande força cultural de forma ligeiramente incongruente. A atividade de coletar se alimenta das rotinas do material recebido ao mesmo tempo que insere também um distanciamento em tais procedimentos, dando conta de um espaço no qual as formas e os significados experimentais podem decolar. Os vídeos estendem sugestivamente esse efeito ao domínio da ação estética e da relacionalidade de forma mais ampla. Varda induz processos de percepção estética, de descoberta e de criação com os prazeres compostos de coletas. As experiências estéticas, de fato, muitas vezes elevam a posição de materiais aparentemente insignificantes.[31] No território estético, as margens tendem a se mover. No entanto, esse cenário oculta lados problemáticos do estético.

As formações de mercado obedecem às normas estéticas. As necessidades e desejos estéticos são componentes integrais dos processos de consumo e produção. O conceito de coleta, aprendido em termos do que seria um marginal elevado ou extracentrado, minimiza o suporte como as formas estéticas canalizam a existência social mercantilizada. Para uma série de entrevistados de Varda, o costume de acumular sobras de materiais tem sob a mira males sociais, como consumo excessivo, poluição e desperdício. No entanto, esses problemas se alimentam substancialmente de apegos apaixonados que moldam nossas relações com experiências e objetos estéticos. As preferências estéticas ajudam a perpetuar os ciclos de fabricação e obsolescência planejada. Certamente, a estratégia do catador, ao colocar em primeiro plano o acessório e o incidental, desafia o funcionamento das normas estéticas a serviço dos interesses do agronegócio. Batatas deliciosas e nutritivas vêm em uma variedade muito maior daquilo que está em conformidade com a finalidade de tamanhos e formas que passam na indústria alimentícia, e realmente chegam ao consumidor no supermercado, ou, nesse caso, a qualquer outro prato. A colheita de batatas opõe-se esteticamente aos códigos estéticos patrocinados por práticas corporativas. Mas a crítica estética com a qual a coleta confronta as operações estéticas capitalistas minimiza os procedimentos poderosos que impulsionam o domínio estético que essa crítica contesta. Em particular, a estratégia subestima as ameaças que o estético representa como constituinte das constelações econômica, política e social que mantemos. Ver o estético como um reservatório de promessas que deve ser liberado e trazido das periferias da sociedade para o negócio principal da cultura é contornar as operações sistêmicas que ele realiza e subestimar a complexidade, os riscos e os perigos das relações estéticas que nós mantemos.[32]

Ao omitir o papel estrutural do estético na realização da cultura, ofuscamos os poderes estéticos que sustentam as formações e as forças raciais que, por sua vez, dão suporte à vida estética. Isso envolve nosso agrupamento dos trabalhos relacionais da racialização estética e da estetização racializada. Nós filtramos dimensões de dominação racial e estética que historicamente permitiram a formação das culturas anglo-europeias. A imagem da coleta pressupõe itinerários de formação do sujeito branco. Ignora o fato de que nem todas as periferias são iguais e de que os circuitos entre o centro e a margem são permeados por diferenciação racial. O projeto de recuperação estética, concebido, como sugere Varda, em termos da mobilização de um efeito colateral ou posterior, con-

Capítulo 2 • Branquitude e negritude como produções estéticas

comitante às práticas morais, políticas, sociais e epistêmicas principais, torna o trabalho estético e a produção da branquitude indescritíveis. Situada nessas trajetórias, essa visão se embranquece, desconsiderando os poderes culturais que a alimentam. A branquitude, nessa perspectiva, constitui uma base aparentemente neutra de normatividade com respeito à raça e à estética. A noção de Varda do estético como uma autoatualização à parte, neste sentido, corresponde à análise de Kant.[33] Ambas as abordagens implementam uma normalização da branquitude que deixa essa formação simbólica desmarcada e perde de vista suas ameaças estéticas. Ao desafiar as configurações iluministas de relacionalidade estética, as visões de Varda e Kincaid reproduzem as ideias humeanas e kantianas que confundem nosso senso acerca do funcionamento racial dos elementos estéticos cotidianos e acerca do funcionamento estético da raça. A vida cotidiana no Norte global é mais completa e mais problemática do que os vídeos digitais de Varda reconhecem.

Violência racial como controle estético

O teórico pós-colonial Frantz Fanon atribui ao estético um papel proeminente como dimensão da subjugação colonial, dos movimentos de oposição em direção à libertação nacional e dos processos pelos quais as ordens globais neocoloniais se enxertam na rocha colonial. Esses sistemas de poder e resistência, na análise de Fanon, empregam elementos estéticos na mudança de procedimentos relacionais e apresentam um elenco mutante de promessas e ameaças estéticas. Fanon avalia essas questões à luz dos desejos que formula para uma política decolonial. Ao examinar as camadas históricas da colonialidade e da oposição anticolonial, ele vê ameaças raciais e (neo)coloniais opressivas de uma branquitude estetizada e estetizante, combinadas com promessas emancipatórias de uma negritude estetizada e estetizante. Seu relato apresenta constelações de relacionalidade estética, endereçamento e promessa em uma nova perspectiva que rejeita figurações kantianas e humeanas de estetização racializada e racialização estética, mantendo também as premissas do Iluminismo em conjunturas teóricas significativas.

Na visão de Fanon, formas populares como jornais, livros, anúncios, filmes e o rádio apoiam processos de formação de identidade branca (1967 [doravante "BSWM"], 152, 177, 179, 191-2; 1963 [doravante

"WoE"], 209). As produções culturais avançam em direção à branquitude, entre outras coisas, ao moldar as visões de mundo dos brancos e fornecer anedotas e histórias que endossam os mitos brancos sobre os negros.[34] Artefatos e mídia convencionais, como resultado, conseguem fazer com que tanto brancos quanto negros se identifiquem com as atitudes e percepções dos brancos (BSWM, 146-8, 152-3, 191-4). Essa situação dá origem a uma dupla agenda estética: a de se opor aos efeitos a que as formas populares brancas expõem os negros e a de promover vozes negras alternativas. Esses objetivos requerem a criação de revistas, canções e textos de história que promovam os modos negros de socialização (148, 153). Promessas estéticas e promessas de cultura figuram claramente nessa visão. Concomitantemente com o ímpeto crescente dos movimentos de libertação nacional nas décadas de 1940 e 1950, Fanon testemunha o advento de uma forma esteticamente inovadora de produção cultural, nomeadamente uma arte "revolucionária", ou uma arte de "combate", que considera capaz de provocar a descolonização e a renovação nacional (WoE, 227-32, 240).

Fanon oferece uma leitura da colonialidade como forma de relacionalidade estética. Padrões estéticos estão entre os fenômenos culturais que os regimes ocidentais instituem nos territórios ocupados. Ao desacreditar mitos e hábitos dos colonizados, estigmatizar as populações conquistadas como fonte de desfiguração de tudo e de todos com quem esses grupos entram em contato, enquanto valida as práticas associadas à cultura branca, o colonialismo instala um sistema estético dicotômico dentro da regra social maniqueísta que assegura (WoE, 38-43). Fanon observa uma dialética histórica ligando fases da produção estética e intelectual negra com mudanças coloniais na África, na América Latina, no Oriente Médio, na Ásia e nas Antilhas. Após um período de assimilação estética e intelectual negra e parcialmente desejada para a Europa, ele testemunha o surgimento de uma perspectiva de oposição que postula uma cultura negra contínua, originada em eras pré-coloniais (WoE, 218, 222, 236-7; BSWM, 191-2). De acordo com Fanon, embora em certo ponto esta última perspectiva encontre um movimento defensivo inevitável, o projeto da negritude se confunde com um populismo folclórico mumificado e exotista que permanece alienado da realidade social do povo (WoE, 209-25). Lançando uma próxima fase, a agitação da consciência libertadora é responsável por uma reanimação da estética do colonizado, que resulta em uma cultura nacional verdadeiramente dinâmica e materialmente fundamentada (233-5). Uma árida era pós-independência ameaça impor um intervalo temporal supérfluo que Fanon encontra exemplificado na América Latina do século XX. Vinculada à metrópole, uma burguesia nacional apoiada por europeus instala um regime neocolonial nas ex-colônias desta região que perpetua a exploração do povo. Essa classe usurpa meios estéticos para exibir seu *status quo*. Fanon cita a ostentação estética na forma de edifícios arquitetônicos, veículos, coquetéis, viagens à Europa. Um culto lucrativo de produtos locais sustenta esse estilo de vida (148-77, 184). Essa virada regressiva deve ser evitada por meio de políticas públicas que beneficiem as massas. Um projeto de educação social e político de massas deve decolar, que permita ao povo genuinamente se materializar como o corpo humano comunitário que já é incipiente (180-205). Surge uma tarefa estética, que inclui um impulso considerável que Fanon dirige contra formas estéticas específicas. Os prazeres burgueses decadentes do jogo, da caça, do turismo e da prostituição infantil devem ser interrompidos. Diversões frívolas, como romances policiais, caça-níqueis, pornografia e o consumo de álcool, da mesma forma, chegarão ao fim. Esses entretenimentos insignificantes foram originalmente inventados para alegrar os tempos de lazer da juventude das nações capitalistas. Tendo contaminado os prazeres dos jovens nos países em desenvolvimento, tais ocupações devem ser substituídas por atividades que tornem "a totalidade da nação" real para os jovens das ex-colônias, e que "enchem suas mentes e deleitem seus olhos com coisas humanas" (153-4, 195-7, 200, 205).

O relato de Fanon sobre a ocupação colonial, a resistência anticolonial, a consolidação das hierarquias neocoloniais e a formação de novas democracias atribui um peso substancial aos elementos estéticos. Ele discute experiências parcialmente estéticas de corporeidade, como estados de congelamento corporal e de tensão muscular (WoE, 45, 54). Ficamos sabendo da opulência que a Europa possui com a extração forçada de recursos naturais de seus departamentos ultramarinos (96, 100-2). Fanon marca a perturbação dos ritmos de vida indígenas pela intervenção colonial (36). Ao explorar o colonialismo e sua ruína, refere-se a questões de vestimenta (40), mitologia (55-8) e geografia urbana, como quartos espaçosos e bem iluminados para os brancos e, para os negros, lugares escuros e apertados ou cabanas de barro (39, 128). Ele anota os momentos de dança, canto e sonho. Os tons e volumes das vozes das pessoas têm significado. Menciona o papel simbólico de estátuas, buquês, jantares, desfiles e esportes, e descreve a ausência de, por exemplo, bondes.[35]

Os registros estéticos carregam ameaças e promessas poderosas na abordagem de Fanon. O papel que ele atribui às produções estéticas como elementos da vida cotidiana social, cultural, econômica e política contrasta com o outro lado de sua escrita, que restringe essa influência. Fanon documenta como a colonialidade oblitera a cultura do colonizado, destruindo seus ritmos estéticos, hábitos e sua criatividade artística.[36] Disso ele infere que "é em torno das lutas das pessoas que a cultura afro-negra ganha substância, e não em torno de canções, poemas ou folclore" (WoE, 235). Fanon não vê espaço para novas saídas culturais enquanto a dominação colonial persistir (WoE, 237, 244; BSWM, 187). Na verdade, ele considera a libertação nacional uma condição necessária para a cultura (WoE, 233, 244-5). Sob a opressão colonial, a participação na luta pela libertação representa a única e exemplar forma de cultura e criatividade (93, 244-5, 247-8). Nada além de um despertar da consciência nacional é capaz de impulsionar um projeto de construção de cultura (36). A mudança estética pode e vai de fato surgir em um estágio avançado de oposição anticolonial e, podemos inferir, durante o processo de autorrealização política pós-independência (238-46). Além da mobilização política, no entanto, a cultura dos países (anteriormente) ocupados permanece atrofiada sob o colonialismo (e, presumivelmente, sob o neocolonialismo).[37]

As relações estéticas, para Fanon, congelam em torno das fontes de racialização estética (as artes populares são instrumentais na realização dos objetivos culturais de brancos e negros; elementos estéticos cotidianos são produtivos de subjetividades brancas e negras) e estetização racializada (artes populares e fenômenos estéticos cotidianos refletem a branquitude; estratégias de resistência anticolonial fomentam formas vitais de cultura pós-colonial). Ele expõe poderes, limites e perigos da estetização branca e da branquitude estetizada, revelando os danos e a cegueira em que a arte e a cultura brancas incorrem por conta de sua participação em formações raciais (neo)coloniais (WoE, 215, 313;

Capítulo 2 • Branquitude e negritude como produções estéticas

BSWM, 202-3). A crônica de Fanon de épocas históricas de produção estética negra traz à tona capacidades, bem como perigos embutidos na estetização negra e na negritude estetizada. Ele detalha os fios entrelaçados de promessas e ameaças.

Fanon observa que as linguagens estéticas são demolidas durante a dominação colonial. Ele mostra como a colonialidade perturba e dificulta o funcionamento cotidiano das formas estéticas. No entanto, seu veredicto de erradicação estética está em tensão com sua compreensão da resistência anticolonial como uma forma de cultura. O último ponto de vista precisaria reconhecer a presença de recursos criativos que de alguma forma conseguem resistir à opressão e que podem ser mobilizados para esforços de oposição. No entanto, uma imagem de obliteração abrangente exclui isso. Podemos resolver esse atrito na análise de Fanon, qualificando sua conclusão de um percurso monolítico de liquidação. Sua afirmação sobre a aniquilação cultural integral exclui o surgimento de novas formas estéticas em pontos em que as anteriores foram destruídas. Uma razão imediata pela qual essa visão não permanece persuasiva é que ela impede uma estética de dor, perda, morte e luto. De modo mais geral, indica uma concepção desnecessariamente estreita da estética, que negligencia as capacidades estéticas inerentes às facetas básicas da existência social e material corporificada.

Uma visão da repressão colonialista como uma imposição destrutiva e uma internalização de mudanças estéticas sobre e pelo colonizado é compatível com um reconhecimento da produtividade de tal violência. A opressão transforma – em vez de extinguir – as inclinações estéticas, que retêm a capacidade de gerar novas formas. Embora as práticas estéticas mudem de terreno à força sob dominação, em princípio elas permanecem capazes de acender formas de agência e experiência culturais ética e politicamente convincentes e humanamente sustentáveis. Além disso, tais conquistas não são redutíveis a avanços em direção à libertação nacional, nem resultam imediata ou necessariamente em tais desenvolvimentos emancipatórios.

O lado do argumento de Fanon que interpreta a subjugação colonial como um apagamento estético completo adapta o estético de maneira muito ordenada a uma identidade nacional pura e inequivocamente valorizada.[38] Esta linha de pensamento mantém a combinação de Hume entre gosto e civilização.³⁹ Se, em vez disso, reconhecermos um campo heterogêneo de forças culturais móveis, apresentando vocabulários estéticos que não são necessariamente contínuos ou consoantes entre si, podemos abrir espaço para a infinidade de fenômenos estéticos que povoam as análises de Fanon. Ao permear o campo de ação e experiência cotidiana, esses elementos são indicativos da presença de capacidades estéticas inerentes às tendências afetivas, cognitivas, sociais e materiais comuns. Essas propensões são recursos vitais de poder político e de agência. Animam profundamente as relações estéticas que desfrutamos uns com os outros e com o mundo material, sustentando ligações e desconexões humanas. É improvável que os movimentos de resistência anticolonial e os projetos de construção nacional sejam capazes de cumprir os encargos culturais e políticos que lhes são atribuídos se passarem por cima da efusiva gama de habilidades estéticas, paixões, desejos, modelos de sociabilidade, padrões de comemoração, modelos de recordação, rituais e paradigmas de prazer que vão se materializar em entidades como canções, poemas, refeições e outras linguagens populares. Uma lacuna se abre no relato de que a luta do povo e sua consciência vigilante, definida como cultura mas esvaziada de seus ritmos estéticos, hábitos e imaginação, carregam a tarefa de revitalizar a arte e a cultura. Não há distinção direta entre a cultura da ação política e a da produção estética.

Notavelmente, os próprios textos de Fanon evidenciam um envolvimento íntimo com registros estéticos que ele minimiza em vários pontos. A performatividade, a sensualidade afetiva, o humor, os pontos mutáveis de enunciação e as vozes entrelaçadas que animam sua escrita promulgam poderes políticos sustentados por formas estéticas. O virtuosismo e o apelo verbal cativante da linguagem do teórico proclamam a engenhosidade que as modalidades estéticas são capazes de sustentar como fenômenos estéticos. Muitas das formulações e construções retóricas de Fanon revelam uma elegância e um frescor que excedem a importância declarativa de suas intuições. Assim, sua linguagem libera energias políticas esteticamente difundidas que ultrapassam o que se permite ser capturado sob a rubrica de tipos de luta esteticamente esgotadas ou modos esteticamente estéreis de conscientização.⁴⁰ Uma visão ampla da vida estética sugere a si mesma mais do que alguns dos princípios céticos de Fanon permitem.

A relacionalidade estética apresenta um conjunto mais amplo de promessas culturais (e, consequentemente, de ameaças) do que Fanon reconhece em certas voltas de seu pensamento. Técnicas mais abundantes de estetização racializada e racialização estética sobrevivem à perpetuação da colonialidade violenta. Os pontos de cautela que ele expressa quanto à estupidez estética atestam consideráveis obstáculos que impedem projetos de resistência e renovação cultural. Ao mesmo tempo, isso não deve nos cegar para o potencial de inventividade estética e política concentrada nas capacidades estéticas comuns. A existência cotidiana contém ampla astúcia estética que podemos estimular para martelar o apagamento cultural e impulsionar a cultura por caminhos imprevistos.

Kincaid, Varda e Fanon descobrem redes de relações estéticas que estão saturadas de promessas de negritude e ameaças de branquitude, de modo a transportar a agência estética para além dos perímetros da criação, da recepção e da interação legitimamente estéticas instituídas por Hume e Kant. Ao fazerem isso, no entanto, preservam também os pressupostos iluministas restritivos, ignoram as capacidades incorporadas nas atividades estéticas do cotidiano e passam por cima das complexidades da relacionalidade estética. Formas de arte permeáveis, protocolos de leitura, práticas de exibição, tradições performáticas, costumes sociais e políticas econômicas, planos iluministas de racialização estética e estetização racializada são inerentes às ordens de relacionalidade e endereçamento idealizadas por artistas e teóricos contemporâneos. Os modelos relacionais históricos coexistem com esquemas alternativos. Poderes substanciais de agência estética estendem-se por regiões fronteiriças entre matrizes divergentes de relacionalidade, em que nossas disposições estéticas participam e geram orientações relacionais díspares, não totalmente contínuas. Na verdade, avançando para essas zonas de fissura em lugares em que Kincaid, Varda e Fanon observam os preceitos do Iluminismo, outros artistas e escritores marcam uma distância dos pontos de vista humeano e kantiano.

Em direção a uma estética cotidiana da raça

É precisamente a agência estética do cotidiano que Alice Walker, Audre Lorde, Paule Marshall e Angela Davis, ao escreverem sobre o *blues* feminino, veem como uma fonte de dimensões irreprimíveis, embora frequentemente ignoradas, das relações estéticas. Como Fanon, Kincaid e Varda, essas autoras descrevem locais de violência estética e desrespeito. Em resposta às ameaças contínuas de racialização estética e estetização racializada, elas trazem promessas culturais de atividades comuns, como conversação, percepção sensorial, narração, adorno e a fusão de sentimento e compreensão. Ao contrariar e basear-se em constelações relacionais estabelecidas, essas buscas cotidianas abalam o repertório de laços autorizados que historicamente ligam a branquitude e a negritude à estética. Sem fazer referência explícita ao legado do Iluminismo, tais esforços coloquiais encontram essa herança com linhas de resistência e transformação. Walker, Lorde, Marshall e Davis ancoram firmemente os recursos estéticos que atribuem às práticas sociais e materiais cotidianas dentro de fios de conexão que essas pensadoras, entre muitas outras, tecem entre estética e raça. Fomentando modos de experiência, crítica e construção de tradição adequados às produções culturais negras, essas artistas e teóricas traçam caminhos de estetização racializada. Ao criar e analisar objetos e ações que abordam o público negro e promovem projetos culturais negros, traçam caminhos de racialização estética. A relacionalidade, mais uma vez, parece exibir estrias estéticas mais finas do que os diagramas do Iluminismo historicamente traçaram.

Entre os desenhos que Walker, Lorde, Marshall e Davis atribuem a uma base prosaica de capacidades afetivas, cognitivas, sociais e materiais estão os ciclos de troca estética ocorrendo entre gerações de mulheres. Para essas escritoras, tais circuitos de criação estética, recepção e interação incorporam capacidades existenciais e políticas fundamentais que se opõem às estruturas de opressão com estratégias de construção de significado e sobrevivência individual e coletiva.

Alice Walker (1983) contempla sob esse prisma a visão artística que motivou as mulheres negras pobres que viviam no Sul pós-reconstrução, no início do século XX. As circunstâncias restringiram rigorosamente as oportunidades que tiveram de se tornarem pintoras, esculturas ou poetas. Ela questiona como essas mulheres conseguiram manter viva sua criatividade, o que significa, especificamente, o impulso de trazer à existência objetos de arte e beleza. Walker pondera o que impediu que mulheres impelidas por um forte impulso para criar se perdessem. Ao reunir uma resposta a essas perguntas, ela se lembra da narrativa de sua

Capítulo 2 • Branquitude e negritude como produções estéticas

própria mãe e das flores esplêndidas que ela costumava plantar onde quer que a família vivesse. Independentemente do quão pobre ou sobrecarregada ela fosse, sem importar o quão degradada a casa pudesse ser, a mãe decorava os aposentos da família com lindas flores que cultivava, enquanto ao mesmo tempo mantinha um intenso horário de trabalho, labutando nos campos e costurando roupas, toalhas e lençóis para as crianças. Parte vital de sua existência diária, a ocupação com as flores e as narrativas da mãe oferecem à filha uma chave para a criatividade que sustentou os pais (242). Walker considera as atividades estéticas comuns um exemplo do trabalho que concedeu resiliência a milhares de mulheres negras diante das dificuldades e da subjugação. Esses empreendimentos ajudaram as mulheres a sobreviver (238). Os transeuntes paravam para admirar o jardim da mãe e receber mudas. Seguiu-se uma onda colaborativa de endereçamentos. De acordo com Walker, materiais estéticos cotidianos, habilidades, percepções, trocas e noções de beleza geram habilidades para "perseverar, mesmo de maneira muito simples" (242). A alegria cativante que as mulheres das gerações anteriores podiam encontrar em seu uso criativo dos meios disponíveis, na opinião da escritora, carrega então uma promessa crucial para as artistas negras da própria época de Walker, que não deixaram de enfrentar obstáculos sociais que impediam suas ambições e depreciavam sua situação de vida. Essa promessa faz parte de um ciclo intergeracional de relações estéticas.

Walker reconhece em seu próprio ser a inspiração criativa que sustentou sua mãe. Como um componente da herança que sua mãe transmitiu a ela, Walker descreve o respeito que nutre por "tudo o que ilumina e valoriza a vida", bem como seu respeito e a "vontade de compreender" as "possibilidades" que podem ser criadas para germinar (241-2). Na verdade, de acordo com Walker, as pressões do racismo e da misoginia contra as quais as artistas negras contemporâneas continuam a lutar exigem identificações de sua parte com as tendências criativas que historicamente sustentaram suas antepassadas (237). Ela considera esta uma dimensão crucial do autoconhecimento acerca de "quem e do que nós, mulheres negras americanas, somos" (235).

Walker traça um circuito de relacionamento de apoio mútuo entre gerações de agentes estéticos femininos negros: "Guiada por minha herança de amor pela beleza e respeito pela força – em busca do jardim de minha mãe, encontrei o meu" (243). Uma volta para a mãe, desencadeada por seu legado, é imaginada para facilitar o florescimento artístico da filha. Mas, em vez de revelar uma forma de arte já realizada, esse movimento confere à prática estética da mãe uma legibilidade de que antes carecia: "nossas mães e avós, na maioria das vezes anonimamente, transmitiram a centelha criativa, a semente da flor que elas mesmas nunca esperavam ver: ou como uma carta selada, não podiam ler claramente" (240). As capacidades estéticas cotidianas, para Walker, dão origem a promessas estéticas de resiliência, resistência, sobrevivência, criatividade e bem-estar inerentes às relações estéticas das mulheres negras.

Como Walker, Audre Lorde (1984) atribui a uma forma de arte alicerçada nas faculdades cotidianas promessas estéticas que atravessam um amplo âmbito existencial e político. Ela considera a poesia, compreendida como uma arte do pensamento, do afeto e da experiência, essencial para a sobrevivência de sentimentos que, na sua ausência, estão destinados a desaparecer nas condições de dominação branca, masculina, anglo-europeia. Os poemas permitem às mulheres alcançar uma liberdade que acompanha a formulação "das implicações de nós mesmas" (39). Compreendida como "uma purificação reveladora da experiência", isto é, como um modo de significação retirado da vida diária, que também serve para iluminar, a poesia, de acordo com Lorde, compreende uma necessidade e não um luxo (36-7). Ao combinar pensamento e sentimento, os poemas permitem que as emoções se desenvolvam em ideias radicais. Articulando afeto em uma linguagem que permite que a emoção seja compartilhada e conhecida, a poesia pode vir a abrigar diferenças das quais as mulheres precisam tomar conhecimento a fim de conceituar formas desejáveis de mudança social e ação significativa (37). Na verdade, na visão de Lorde, a arte da poesia desafia as mulheres a trazer o sentimento a um ponto em que insinue a realização de novas possibilidades existenciais (39). Através da imagem da "mãe negra dentro de cada um de nós – a poetisa", cuja inferência "sinto, logo posso ser livre" ela imagina substituir a doutrina dos pais brancos "penso, logo existo", Lorde incorpora em uma genealogia feminina negra a reivindicação da poesia sobre o sentimento, bem como a demanda por liberdade a que este tipo de arte dá forma (38). Para Lorde, assim como para Walker, uma constelação revisada de relações estéticas e modos de endereçamento acompanha o funcionamento de um amplo conjunto de promessas estéticas: "se o que precisamos para sonhar, para comover nossos espíritos mais profunda e diretamente em direção e por meio da promessa, é descartado como um luxo, então desistimos do âmago – a fonte – de nosso poder, nossa feminilidade; desistimos do futuro de nossos mundos" (39). Promessas interconectadas, aquelas "para e através" das quais devemos nos orientar, nesta perspectiva, servem como dispositivos que canalizam recursos epistêmicos e políticos expansivos alojados nas habilidades estéticas cotidianas.

O local da arte cotidiana que a poeta e romancista Paule Marshall localiza na origem de seus escritos é a cozinha de sua mãe. Marshall (1983) afirma sua dívida literária com as lições e padrões artísticos transmitidos por sua mãe e pelos amigos de sua mãe – imigrantes comuns da classe trabalhadora de Barbados na cidade de Nova York, que, após o trabalho, costumavam se reunir em torno da mesa para conversar. Ao saudar a estética transculturada das mulheres, que infundiu ao inglês aprendido em Barbados novos vocabulários, ritmos, percepções e prazeres, Marshall celebra a engenhosidade da linguagem originada na "loja de palavras" da cozinha. Ela exalta sua beleza, inventividade, ironia, exuberância, percepção e inteligência (4-9, 12). Na leitura de Marshall, as mulheres transformaram seu discurso coloquial em uma forma de arte oral, que, em consonância com o que ela descreve como uma fusão africana de arte e vida, representou uma parte integrante de suas vidas.[41] Dando lugar à sua energia criativa, afirmando o sentido de quem eram e abordando um conjunto panorâmico de temas essenciais, as discussões que os companheiros teriam após o trabalho contrabalançaram significativamente a invisibilidade que era a sorte das mulheres no mercado de trabalho e em outros domínios da vida. Marshall reconhece nas conversas do cotidiano de seus predecessores uma força de invenção que animaria para sempre sua própria arte.

As práticas estéticas cotidianas, para Walker, Lorde e Marshall, representam uma fonte de estetização racializada e racialização estética que transmite promessas de prazer, de intuição, inovação formal e realiza orientações entre os sujeitos e entre os sujeitos e o mundo material, sendo capazes de ir além das divisões estéticas e raciais sobrepostas e documentadas por Fanon e Kincaid. Os procedimentos mundanos adquirem um lugar semelhante na análise de Angela Davis da música de Billie Holiday.

Como Marshall, Davis (1998) investiga as condições relacionais que moldam a experiência estética e o significado em pontos de convergência entre tradições díspares. Ela observa que os produtores de discos do século XX, na folha de pagamento da indústria da música dominada pelos brancos, designavam canções populares banais a Billie Holiday. Sujeitas ao controle afetivo que Lady Day exercia sobre seu material, no entanto, Davis argumenta que essas peças resultam em obras musicais emocionalmente complexas. Por exemplo, as interpretações de Holiday podem abarcar a paixão de uma mulher para evidenciar a independência feminina, a tristeza para sinalizar felicidade e a decepção no amor para falar sobre a condição cultural dos negros. Em vez de aceitar termos performativos sugeridos por versões preexistentes, Holiday trabalha as músicas esteticamente, moldando-as por meio do tempo, timbre e fraseado, bem como mudando as ênfases expressivas em formas artísticas intrincadas que desafiam as relações sociais delineadas pelas letras. Davis documenta como a infusão de humor e zombaria de Lady Day, seu uso de tons expressivos assertivos, questionadores ou frívolos, bem como sua invocação de sotaques, de brincadeira ou de seriedade, conseguem provocar efeitos críticos de textos triviais (163-80). A música da cantora, na leitura de Davis, apropria-se de canções de amor populares brancas sentimentais dentro de uma tradição afro-americana de subverter o som e a linguagem impostos. Davis rastreia essa prática transformadora desde os idiomas da África Ocidental, por meio de gritos de campo e canções de trabalho que permitiam aos escravos comunicarem-se uns com os outros e manterem um senso de comunidade, até os *spirituals* e o *blues*. Outras influências para as quais ela aponta sob essa luz são a "musicalização" das línguas vernáculas negras e as forças de oposição com as quais a linguagem negra coloquial frequentemente empurra de volta as convenções linguísticas hegemônicas (165-8).[42] Ao participar desses padrões estéticos históricos, os modos de endereçamento de Holiday absorvem uma capacidade elevada de criar tensões entre registros divergentes de significado e de derrubar os limites do falável. Ao reunir práticas culturais afro-americanas com letras populares brancas, Holiday combina expressões idiomáticas estéticas negras com vocabulários

Capítulo 2 • Branquitude e negritude como produções estéticas

musicais brancos, ao mesmo tempo que altera ambos no processo.[43] Essa coalescência de formas permitiu à cantora endereçar-se a plateias heterogêneas brancas e negras, expondo públicos a fronteiras de raça, classe, orientação sexual e, em particular, mulheres às críticas sociais incorporadas em sua música (166, 170-2, 179, 194). O estilo de jazz de Lady Day oferece várias promessas importantes. Na visão de Davis, a música não apenas fornece maneiras de catalisar a consciência social crítica, mas, mais especificamente, permite que os ouvintes expandam suas percepções sobre emoções como solidão e desespero, e aprofundem sua compreensão das raízes sociais da dor psíquica (170, 177, 194).

A arte de Holiday, nesta leitura, desiste do rígido paralelismo estética-cultura postulado por Hume e Kant. A cantora se afasta do modelo de relacionalidade que atribui sistemas estéticos distintos a etnias distintas, uma estrutura articulada por Fanon e Kincaid. De acordo com Davis, as canções de Holiday criam afiliações críticas e afetivas que transgridem as barreiras culturais generalizadas.[44] Localizando a música em processos de estetização racializada (o jazz de Holiday incorpora modos de racialização em preto e branco) e racialização estetizada (as performances convocam sujeitos negros e brancos para uma compreensão mais reflexiva das relações sociais), Davis elucida formações relacionais que desafiam os pressupostos iluministas influentes (36, 90, 118-19, 155, 172).

Os arranjos cotidianos desempenham um papel importante na política estética de Holiday. De uma peça com um vernáculo negro moldando significados contrastantes, a música da cantora, na visão de Davis, está simultaneamente em estreita proximidade com as situações diárias das mulheres negras. Na verdade, Davis observa que Lady Day deu a suas experiências de vida uma forma estética, permitindo assim que outros vislumbrassem reflexivamente suas próprias vidas por meio delas (179, 186-7, 194). Davis detalha como Holiday, tal como Gertrud "Ma" Rainey e Bessie Smith antes dela, de quem a cantora tomou emprestada sua arte e a transformou, endereça temas de emoção, amor, sexualidade, violência racial e opressão de gênero que estruturaram realidades vividas e habitadas por pessoas em comunidades negras da classe trabalhadora. A filósofa ressalta como a artista insere esse material formal e temático em uma visão feminista.[45] As perspectivas críticas que as três mulheres do *blues* e do jazz incorporaram em sua música, de acordo com Davis, conscientizaram o público da importância e da possibilidade de mudança nas relações sociais. A mobilização de experiências e formas cotidianas de "Ma" Rainey, Smith e Holiday parece ser crucial para a política historicamente negligenciada e mal interpretada de sua arte.[46] A análise de Davis localiza o jazz de Lady Day, as promessas e ameaças que ela reúne em uma textura elaborada de relações estéticas. Sustentando as genealogias femininas, as fibras da relacionalidade e do endereçamento ativadas pela música alcançam desde o estilo artístico de Holiday e seus contextos multidimensionais até o *blues* de "Ma" Rainey e Bessie Smith e os modos de racialização estética e estetização racializada contornados e ativados pelo trabalho delas.[47] Analogamente a Walker e Marshall, Davis estende esses fios também ao ouvinte contemporâneo, que, no *blues* feminino, é capaz de reconhecer ideias, formas e indagações no cerne dos debates feministas atuais (24, 180).

Davis, Walker, Marshall e Lorde atribuem, cada uma, poderes existenciais e políticos fundamentais às capacidades estéticas básicas que se materializam na conduta da vida cotidiana. Elas fornecem ao estético um papel proeminente ao permitir a sobrevivência, o sustento, a comunidade, o significado, a crítica, o prazer e a criatividade em face da opressão racial, de gênero e econômica, enquanto também localizam formas estéticas em histórias culturais racializadas que ajudaram a moldá-las. Revisando modelos de relacionalidade estética, postulam transmissões e trocas artísticas ao longo de trajetórias negras, femininas e muitas vezes matrilineares. Elas investigam relações estéticas entre mães e filhas negras; amigas negras; artistas negras; membros de comunidades negras da classe trabalhadora; e membros do público negro e branco. Walker, Lorde, Marshall e Davis identificam arranjos culturais, formas estéticas e modos de endereçamento que o paradigma iluminista de troca estética ignora ou subteoriza. Destacam as promessas culturais de uma rede de capacidades estéticas, existenciais e políticas emaranhadas. Ao entrelaçar formas estéticas com condições culturais racializadas e ao tornar a estética vital para a realização das aspirações negras, imaginam variedades de estetização racializada e racialização estética que estabelecem uma distância dos planos relacionais colocados em prática por Hume e Kant, rotinas que continuam a fazer seus efeitos serem sentidos dentro das estruturas das teorias, produções e instituições estéticas.[48]

Examinei seletivamente as mudanças relacionais previstas por Kincaid, Danticat, Varda, Fanon, Walker, Lorde, Marshall, Davis e Holiday. Meu objetivo é mostrar como esses artistas e teóricos envolvem de forma crítica as trajetórias históricas de promessas e ameaças estéticas, repudiando e reproduzindo os modos de relacionalidade e endereçamento associados a essas linhagens. As análises que tracei permanecem parciais. Por exemplo, minha leitura ignorou as maneiras pelas quais Kincaid enfraquece as fantasias de figuras maternas idealizadas. Eu evitei maneiras pelas quais ela complica as concepções recebidas de legados estéticos femininos e repensa as maneiras pelas quais esses entendimentos se prendem a configurações estabelecidas de nação e império. Através desta linha de crítica, Kincaid despreza as persuasões humeanas e kantianas e desafia noções confiantes de relações estéticas orientadas matrilinearmente, do tipo defendido por Walker e Marshall. Interpretações mais detalhadas levariam em consideração esses fatores. Apesar de sua inevitável falha, meu relato atesta a importância que as relações estéticas, promessas, ameaças e outros modos de endereçamento têm como pilares das ordens estéticas. Vislumbramos as linhas proliferativas de absorção que essas três forças estruturais são capazes de provocar, desencadeando – enquanto participam simultaneamente – espirais contínuas de absorção estética, juízo, modificação e transposição.

Aumentando as apostas do estético

Ao compreender a relacionalidade estética em termos de universalidade e representação, Hume e Kant orquestram uma rede de relações culturais em que racialização e estetização implicam-se mutuamente. Na visão dos teóricos, o estético oferece a promessa de uma cultura branca, liberta da escuridão. A branquitude, portanto, oferece promessas estéticas; a negritude emite ameaças estéticas. Essa dupla formação antecipatória excede os binários raciais, uma vez que envolve múltiplas orientações entre sujeitos e objetos posicionados de maneira variável. Os dois filósofos entendem a cultura como um produto de camadas amplamente reverberantes de racialização estética e estetização racializada. Esses fenômenos permeiam uma vasta gama de atividades humanas. Civilização, como Hume a entende, instala arranjos raciais e estéticos de criação e percepção; trabalho e conhecimento; paixão e controle; afeto social e conversação; virtude e julgamento; amizade, indiferença e amor; refinamento e disposições que devem ser refinadas. Autorizando um edifício relacional que esboça modos de troca a serviço de projetos civilizacionais brancos, Hume e Kant interpretam o significado do estético substancialmente como a promessa de uma ordem cultural branca, sustentada por formas racialmente exclusivas de cultivo e refinamento. Eles estetizam um paradigma de branquitude o qual organizam em termos de raça, classe, etnia, gênero e sexualidade e delineiam por meio de categorias que definem modos de significação que devem ser qualificados como, entre outras coisas, negro, nativo americano, muçulmano e do Leste Asiático.[49] Suas teorias tornam a branquitude estética. Banindo a negritude do campo do juízo estético e da agência cultural, bem como os planos de experiência associados a outras posições não normativas do ponto de vista racial e étnico com as quais a negritude se cruza, eles interpretam esses planos como ameaças estéticas. Hume e Kant regulam restritivamente o espectro de relações legítimas que reconhecem dentro e entre as culturas.

Ao alijar características preocupantes dos programas iluministas de relacionalidade estética, escritores do século XX como Fanon e Kincaid registram ameaças estéticas representadas por formas culturais brancas e promessas crônicas de cultura produzidas pela negritude. Junto com Varda, Walker, Lorde, Marshall, Davis e Holiday, Fanon e Kincaid expõem modelos revisados de relacionalidade. Esses escritores e artistas identificam paixões e poderes estéticos que são apoiados por objetivos culturais negros e que escapam aos procedimentos iluministas de estetização e branqueamento estético. Os críticos culturais que discuti propõem novos relatos de possibilidades e limitações que codificamos em esquemas de relacionalidade e endereçamento estético. Suas obras apresentam esquemas alternativos de existência estética relacional. Esses teóricos e criadores tomam medidas para modificar estratagemas estéticos canalizando formações de percepção, emoção, experiência, compreensão, sociabilidade e publicidade. Sem identificar Hume e Kant como alvos de agendas críticas ou projetos de transformação, esses pensadores revisam a herança iluminista. Eles fazem isso no envolvimento com as configurações estéticas do cotidiano. Estetizando a negritude, afirmando a negritude de constelações estéticas estabelecidas, destacando expressões culturais rejeitadas e delineando uma órbita ampliada da agência estética negra, elaboram novas promessas culturais para o estético.

Capítulo 2 • Branquitude e negritude como produções estéticas

Estruturas institucionalizadas de relacionalidade estética e endereçamento revelam uma ampla gama de formas díspares e mescladas de estetização racializada e racialização estética. Elementos estéticos delimitam parâmetros de branquitude e negritude em conjunto com outros registros de posicionalidade; esses marcadores múltiplos e mutuamente emaranhados de localização social, por sua vez, circunscrevem esquemas estéticos. Modelos de subjetividade e cultura compreendem padrões estéticos; quadros estéticos absorvem e dispersam estratificações do ser social. As estruturas raciais, portanto, não podem ser compreendidas separadamente de seus suportes estéticos, nem o estético pode ser separado de seus fundamentos raciais. Isso não significa negar que as linhas entrelaçadas de estetização e racialização possam e realmente se opõem uma à outra. Seus envolvimentos em evolução instigam pontos de atrito e de ajuste mútuo. O fracasso em reconhecer as tensões, disjunções e colaborações que surgem no nexo entre estética e raça incorre no risco de alinhar o estético muito bem com demarcações culturais historicamente estabilizadas, ou de reinstituir a branquitude como base da normatividade nos domínios da arte e cultura. Embora o romance de Kincaid, *Lucy*, a interpretação de Fanon da opressão cultural como violação estética e os estudos de Varda sobre coleta afrouxem com sucesso o controle das restrições humanas e kantianas, também reproduzem doutrinas iluministas problemáticas. Consolidações contínuas de alvura estetizada e estética alvejada ressaltam a urgência contínua do projeto de criação de modos alternativos de relacionalidade e endereçamento estéticos e raciais.

Habitamos texturas densas de modalidades estetizadas e estetizantes de branquitude e negritude que surgem persistentemente como facetas de registros sociais que se cruzam. Os entrelaçamentos da estética e da raça se estendem por vastas áreas da vida, permeando nossas interações uns com os outros e com o mundo material. Delineando modelos de agência cultural, não deixam nenhum aspecto da existência intocado. Seu significado torna imperativo que olhemos dentro das redes de relações que eles possibilitam e das quais extraem sustento, em busca de meios para fomentar novas matrizes de endereçamento estético e racial. Como agentes estéticos e membros de comunidades estéticas, participamos dessas ordens relacionais. Os esforços éticos e políticos para deslocar os quadros de relacionalidade existentes terão, ao mesmo tempo, de ser práticas de reestetização e vice-versa. A promessa cultural do estético está em jogo nesses projetos.

Fatia temporal

A contemporaneidade de Hume: a cultura como um sistema de relações estéticas

Esta seção fornece mais contexto e histórias disciplinares de fundo para algumas das reivindicações desenvolvidas no presente capítulo. Hume é um precursor influente das visões atuais do estético. Convocando o que assume serem critérios geralmente aplicáveis e projetados para validar juízos de gosto, ele circunscreve uma área de prática e reflexão comumente identificada com a esfera estética – um campo de atividades que abriga tipos distintos de valores, experiências e normas. Sua teoria do gosto está no cerne da compreensão contemporânea proeminente do domínio estético.

Além de fornecer um modelo para agência e significação estética, ele oferece um modelo de cultura como um sistema de relacionalidade estética e endereçamento. Este aspecto de sua obra, que recebeu pouca atenção, mostra-se totalmente evidente hoje. Hume localiza a arena cultural em uma organização relacional com esquemas e nós de interação, como estados emocionais, laços de amor e amizade, alocações de indiferença e cuidado, estados políticos de liberdade e opressão, cenários de prazer e desejo, condições comerciais exemplificando virtude e produtividade ou, nesse caso, letargia e exaustão. A estrutura relacional postulada por Hume incorpora vertentes de racialização estética e estetização racializada. As culturas contemporâneas, da mesma forma, exibem múltiplas trajetórias desses tipos. Esses itinerários emanam e se condensam em torno de legiões de núcleos interconectados de relacionalidade e endereçamento.

Um corpo substancial teórico existente investiga os pilares da branquitude e da negritude estetizadas. Os teóricos encon-

Capítulo 2 • Branquitude e negritude como produções estéticas

tram essas forças motrizes na beleza (West, 1982), nas modalidades visuais (Seshadri-Crooks, 2000, 2, 8, 19-21, 36, 38, 131) e nos esquemas de aparente desencarnação e autoabstração envolvendo parâmetros de ausência, pureza e neutralidade (Dyer, 1997, 4, 30, 38-93, 75). Ao reconhecer as tensões e colaborações em que fatores desses tipos entram uns com os outros como elementos de matrizes relacionais, podemos trazer constelações culturais intrincadas que convergem no nexo estética-raça, como as figurações do imaginário branco descritas por Morrison (1992) e os emaranhados de esquemas corporais brancos e negros explorados por Fanon (BSWM).

A branquitude e a negritude estetizadas e estetizantes assumem inúmeras formas históricas. Branquitude, em seu funcionamento como um significante mestre (Seshadri-Crooks, 2000, 2-4, 25), um padrão melancólico de formação de identidade (Cheng, 2000a, 10-14), uma fonte de funcionamento imaginativo (Morrison, 1992; Dyer, 1997), uma estrutura afetiva (Fanon, BSWM), um arranjo proprietário (Harris, 1995) ou uma distribuição de privilégios (McIntosh, 1997) ativa registros estéticos que são parte integrante de suas operações sociais. Podemos reconhecer o escopo imenso e incessantemente mutante dos entrelaçamentos entre estética e raça ao entender a estetização racializada e a racialização estética como trajetórias dentro de redes de relacionalidade estética que admitem um campo, em princípio, ilimitado de determinantes.

Na verdade, os artistas e teóricos do século XX considerados neste capítulo esboçam implicitamente redes expansivas de relações estéticas. Suas preocupações se sobrepõem parcialmente às de outras pessoas. Modos de relação e endereçamento destacados por Walker, Lorde, Marshall e Davis ressoam com as abordagens de estetização racializada e racialização estética exploradas em debates sobre a crítica feminista negra (entre outros, Smith, 1998; McDowell, 1995; Christian, 1989; Washington, 1987; Carby, 1987; e Spillers, 1985). Dimensões paralelas de racialização estética nas artes emergem no contexto do Movimento das Artes Negras (ver Bullins, 1968), na descrição de Cabral (1973) das políticas culturais como elementos do processo de descolonização e na descrição de Gordon da arte como "uma cosmovisão", que entende o estético como uma dimensão do avanço negro (1997, 231). Momentos desconstrutivos reconhecíveis nas tentativas de redirecionar formas de estetização racializada e racialização estética que encontramos, além disso, também podem ser discernidos em West (1990, 29-30) e Taylor (1999), e alcançar uma articulação mais desenvolvida em Gates (1988), bem como DuCille (1996), abraçando pronunciadamente um desmantelamento desconstrutivo de significados racializados.

Os modos relacionais amplamente reverberantes caracterizados pelos artistas e teóricos do século XX que discuti também exibem analogias com o elaborado tecido de conexões que Hume forja entre atividades estéticas e facetas de razão e paixão, vínculo social e caráter, virtude e juízo, desejo, prazer e aversão, e o avanço econômico, político e humano da nação. Uma postura filosófica que situa a cultura e as culturas em estruturas de relacionalidade estética, endereçamento e promessa, portanto, não apenas nos direciona para conjunturas de transformação necessária, mas também lança luz sobre os recursos que essas estruturas compreendem, sustentando (ou não) vários tipos de agentes humanos, ambientes e seres vivos não humanos em uma base diária. A importância de Hume para a estética não reside principalmente em sua proposta de delimitação do domínio estético, mas emerge não menos incisivamente no amplo campo da relacionalidade estética para o qual ele implicitamente chama a nossa atenção.

3
O detalhe estético generificado

A noção do estético está ligada à de detalhe. As afiliações entre as duas categorias repercutem amplamente uma em relação à outra. Ambos os fenômenos estão sujeitos a mudanças recorrentes de posição, oscilando entre momentos de celebração e depreciação. Filósofos, artistas e críticos culturais frequentemente compreendem o estético – ensaiando uma tipologia de detalhes – como um aparte imprevisível que se prolifera aleatoriamente. Figura comum de excesso, o estético, como o detalhe, aparece de modo recorrente para vagar curiosamente para além de regras e princípios e, em última análise, florescer, uma vez que o que mais importa na vida tenha seguido seu curso, em momentos que impedem um adiamento – quando o corpo falha em gozo, melancolia, violação, disciplina física ritualizada ou luto.[1] A ideia do estético como uma espécie de detalhe encontra uma contrapartida no esforço histórico de separar os dois fenômenos um do outro.

Este último projeto localiza o significado estético em um modo adequado de abordar os detalhes, isto é, em uma forma de engajamento que direciona o tipo certo de atenção para seu objeto, combinada com um tipo adequado de desatenção. Os agentes estéticos, nesta linha de pensamento, devem se orientar corretamente em relação ao detalhe. Eles devem reunir uma combinação apropriada de indiferença e amor pelos objetos de suas percepções e atividades, uma combinação que torne o próprio estético adorável. Na perspectiva resultante, o estético evita tomar o lugar de um detalhe ao absorver e ainda assim restringir o detalhe. Esse processo ambivalente, que amplia forças às quais simultaneamente resiste, corroendo a si mesmo, carrega consigo consequentes implicações de gênero.

Nossos desvios em direção e para longe dos detalhes ocorrem dentro de padrões consagrados de relacionalidade e endereçamento que compõem detalhes de vários tipos, ou a percepção da ausência deles, com significados femininos e masculinos. Na verdade, os detalhes carregam promessas e ameaças de feminilidade e masculinidade. O que devemos fazer com nossa presença em regimes estetizados de detalhes? O que os atos de generificação comumente centrados em detalhes – desencadeados tanto por desejos singulares e aversões por minúcias quanto por rotinas corriqueiras que nos colocam em contato com minúsculas sombras de significado – implicam para as possibilidades de experiência e agência que o estético oferece?

O estudo de Naomi Schor (de 1987) sobre os obstáculos estéticos do detalhe, *Leitura em detalhe* [*Reading in Detail*], examina dilemas de gênero em torno desta figura na estética ocidental do século XVIII até o presente. Schor documenta uma associação obstinada de detalhes com visões pejorativas da feminilidade. Visto por essa lente, o estético constitui uma estrutura masculinizante de relacionalidade e endereçamento que mobiliza suas promessas de cultivo, aproveitando o desejo do detalhe e os poderes de atração. Como indica a arqueologia de Schor, conectado ao corpo, ao amorfo, ao cotidiano, ao ornamental, ao parcial e ao residual, o detalhe ocasionou ameaças historicamente agudas que põem em perigo a promessa do estético. Artistas e teóricos compreenderam essa promessa em oposição ao detalhe: em setores proeminentes da vida cultural, tanto teórica quanto prática, consideravam o valor de um manejo artístico da razão, do espírito, da forma adequada e ideal – exercícios tidos como livres de uma sobrecarga desnecessária de detalhes – e penetravam em um sistema desejável de relações sociais associadas a tal desdobramento engenhoso.

O advento do pós-estruturalismo no terceiro quarto do século XX ocasionou uma transformação, em conjunto com uma reviravolta, no destino do detalhe (Schor, 1987, 3). Mas o que essa mudança implicou para a generificação do estético? Schor argumenta que a transvaloração dos detalhes na estética de Roland Barthes coincide com a sua desgenerificação (97). Ela pergunta se a proeminência crítica atual do detalhe também é acompanhada pela desfeminização:

> Será que o triunfo do detalhe significa um triunfo do feminino ao qual há tanto tempo foi associado? Ou o detalhe alcançou seu novo prestígio ao ser assumido pelo masculino, triunfando no momento em que deixa de ser associado ao feminino, ou deixando de ser conotado como feminino no exato momento em que é assumido pelo *establishment* cultural (dominado pelo masculino)? (6)

Essas questões penetram precipitadamente na anatomia da animação amorosa, subtendendo as promessas e ameaças do estético. A aliança tensa e vacilante entre o significado estético e o detalhe está no cerne da problemática do estético como um registro de subjetividade e uma categoria crítica e de análise.

A discussão a seguir investiga esse território considerando as perguntas de Schor em dois ângulos. Em um caso, examino a interação entre dois detalhes em *A senhora e a criada*, de Vermeer (c. 1665-70). O primeiro detalhe é a pérola da senhora, que carrega traços femininos, dissipa vários atributos femininos depreciativos e absorve marcas de masculinidade. A pérola se torna uma "mulher" melhor do que a senhora. O segundo detalhe é a mão esquerda languidamente estendida da senhora, que em última análise permanece depreciativamente feminina, mesmo que também adquira novas qualidades femininas positivas no decorrer de uma leitura.

O outro ângulo a partir do qual iniciei as questões de Schor explora um momento na história da estética que relaciona um detalhe estético feminilizado e explicitamente valorizado na instituição de uma forma de atenção e de criação que é *duplamente* sexuada, feminilizada e também masculinizada. Para isso, volto a Hume e em particular a seu influente ensaio de 1757, "Do padrão do gosto" ["Of the Standard of Taste"]. Nesse texto, ele autoriza uma forma estética de desejo pelo detalhe sensorial e torna esse desejo parcialmente definitivo ao sujeito humano na cultura. Hume fornece uma articulação retumbante do endereçamento estético do sujeito universal para um público em geral, uma fantasia que foi decisivamente desmantelada, mas que ainda não deixou de informar as dimensões da produção estética, da teoria, da performance, da exibição e da recepção. A situação nebulosa que resulta deste dilema tanto prático quanto teórico nos dá motivos para supor o funcionamento contínuo dos detalhes de gênero múltiplo de Hume nos fóruns culturais contemporâneos. Dificilmente pode-se esperar que essas operações sejam inequívocas em suas orientações semânticas e expressivas.

Algumas linhas, no entanto, surgem bem definidas. Em sua abordagem dos detalhes sensoriais, o gesto inaugural de Hume tece esse detalhe em uma rede de relações que conectam o estético, as paixões e o sujeito em processo. Junto com as particularidades feminilizadas de Schor e os elementos singulares que Barthes considera sob o título de *punctum*, o movimento iniciático de Hume sugere maneiras de transformar criticamente os empreendimentos do detalhe.

O detalhe sensorial como fundamento do gosto

O relato de Hume representa uma conjuntura importante na história de um esquema generificado de endereçamento amoroso que organiza o significado estético, em parte, em torno do significado adequado dos detalhes. Esta tradição inclui proeminentemente a doutrina de Platão do amor pela beleza, à qual o entendimento de Hume possui filiações. O paradigma de gênero de endereçamento amoroso e animado reciprocamente, que constitui uma parte influente da herança estética ocidental, adquire um toque distinto nos escritos de Hume.

Para Hume, a aceitação de uma relação adequada com o detalhe pelo agente estético constitui uma dimensão central da faculdade do gosto, isto é, da capacidade de perceber a beleza e o bem artístico. Hume afirma que a beleza é uma emoção sentida por um observador específico, denominado juiz verdadeiro. Essa pessoa é um crítico competente dotado de cinco propensões apreciativas, a saber: a delicadeza de gosto (ou imaginação), o bom senso, a liberdade de preconceito, a prática na percepção de obras de arte e uma história de observações comparativas anteriores a tais obras. Essas qualificações permitem que o avaliador chegue a experiências estéticas corretas.

> [Um] verdadeiro juiz das artes mais refinadas é observado, mesmo durante as idades mais polidas, como um personagem raro: o sentido forte, unido ao sentimento delicado, aprimorado pela prática, aperfeiçoado por comparação e livre de todo preconceito, pode por si só dar direito aos críticos a este valioso personagem; e o veredicto conjunto de tais críticos, onde quer que sejam encontrados, é o verdadeiro padrão de gosto e beleza. (ST, 147)

Juízos avaliativos baseados em percepções alcançadas por um conjunto de juízes devidamente preparados, de acordo com Hume, são, em última análise, decisivos sobre o que é artisticamente bom e ruim.

A posse de um sabor delicado, para Hume, indica uma aguda sensibilidade ao detalhe: "onde os órgãos são tão finos que nada lhes escapa e ao mesmo tempo tão precisos para perceber todos os ingredientes da composição, a isto chamamos delicadeza de gosto, quer empreguemos

Capítulo 3 • O detalhe estético generificado

esses termos no sentido literal ou metafórico" (ST, 141).[2] Ao relacionar o gosto estético (gosto "em sentido metafórico") à apreensão das qualidades gustativas e olfativas (gosto "em sentido literal"), bem como das cores, Hume sugere que uma tendência observacional semelhante está em jogo nesses casos. Essa faculdade perceptiva é capaz de registrar detalhes. E é capaz de absorver todos eles (nada escapa aos órgãos; essas funções experienciais localizam cada elemento). Destacando a dimensão do refinamento, não apenas como uma característica do aparelho sensorial do avaliador, mas também como um aspecto das entidades que estão sendo sentidas, Hume acrescenta: "Quando o crítico não tem delicadeza, ele julga sem distinção e é apenas afetado pelas qualidades mais grosseiras e palpáveis do objeto: os toques mais finos passam despercebidos e são desconsiderados" (147).[3] A delicadeza do gosto se mostra necessária para apreender os elementos sensoriais de granulação fina. A propensão do gosto nos permite captar esses fenômenos. E, idealmente, percebe todos eles. A competência crítica, de acordo com Hume, é substancialmente uma questão de detalhes criteriosos. Ele enfatiza que o verdadeiro juiz deve registrar cada um deles. Assim como a capacidade de detectar cada detalhe perceptivo é uma perfeição dos sentidos, a capacidade de perceber cada detalhe estético é uma perfeição na pessoa do crítico.

> Reconhece-se ser a perfeição de todos os sentidos ou faculdades perceber com exatidão seus objetos mais diminutos, e não permitir que nada escape à sua atenção e observação... [Uma] percepção rápida e aguda da beleza e da deformidade deve ser a perfeição de nosso gosto mental; nem pode um homem ficar satisfeito consigo mesmo enquanto suspeita que qualquer excelência ou defeito em um discurso passe despercebido. Nesse caso, a perfeição do homem e a perfeição do significado do sentimento encontram-se unidas. (ST, 142-3)

Funções perceptivas apropriadas e poderes adequados de observação estética, da mesma forma, permitem-nos experimentar cada elemento que está aberto para ser sentido, não importa quão pequeno ou indescritível ele seja. Hume define a delicadeza da imaginação o constituinte crucial do gosto e uma condição para a excelência humana, em termos de detalhe perceptivo. Este esquema mobiliza uma série de forças de gênero.

Para ver isso, é importante ter em mente os poderes organizacionais que Hume atribui ao gosto, conforme descrito no Capítulo 2 deste livro. As linhas intrincadas ao longo das quais Hume aborda a questão do que significa gosto em "Do padrão de gosto", o argumento em camadas por meio do qual ele busca reconhecer facetas subjetivas e objetivas da normatividade estética, e as complexidades do programa que o ensaio apresenta para alocar autoridade epistêmica e credibilidade no campo estético podem levar-nos a perder de vista a abundância de aspectos sociais, econômicos, formações afetivas, amorosas, morais e políticas nas quais ele situa o gosto, tanto como motor do cultivo quanto como efeito dos processos civilizacionais. O gosto vai muito além do modelo de apreensão estética adequada ou idealizada que Hume esboça em suas reflexões explícitas sobre o padrão de gosto. Como argumentado antes, a propensão do gosto, para Hume, envolve cenários de paixão e desejo, esquemas de prazer, consumo e virtude, desenvolvimentos na produção e no comércio, formações de conhecimento, trabalho, amizade, vida pública e excelência humana. Embora essas questões fundamentalmente estimulem o gosto em sua função como capacidade de experiência estética, também ultrapassam esse papel, de maneira que não são nem óbvias nem unidirecionais, e que ainda precisam ser desvendadas.

Segundo Hume, o gosto é uma prática cultural rica. É um campo de agência que inclui protocolos de criação e experiência, interações habituais, classificações hierárquicas entre pessoas e participação em instituições. Em suma, o gosto incorpora uma rede de relacionalidade e endereçamento que implementa promessas e ameaças. Dentro de uma perspectiva que está aberta às formas sociais que Hume incorpora na prática do gosto, podemos trazer à tona os funcionamentos generificados da capacidade à medida que estes tomam forma em relação ao detalhe.[4]

Vários efeitos feminizantes juntam-se no modelo de observação estética em que Hume reúne detalhes. Ele é reconhecido por mobilizar concepções de gênero flagrantes de pequenez e da grandeza no reino da imaginação. As ideias do pequeno e do grande, portanto, combinam componentes avaliativos com elementos que são descritivos de experiências, produzidos na mente de um observador por objetos e pessoas. A pequenez denuncia feminilidade, enquanto a grandeza anuncia a masculinidade:

Capítulo 3 • O detalhe estético generificado

> É uma qualidade óbvia da natureza humana que a imaginação se volte naturalmente para tudo o que é importante e considerável; e onde dois objetos são apresentados, um pequeno e um grande, geralmente se deixa o primeiro e se concentra inteiramente no segundo. Esta é a razão pela qual as crianças comumente levam o nome do pai e são consideradas de origem mais nobre ou inferior de acordo com a família *dele*. E embora a mãe deva possuir qualidades superiores às do pai, como frequentemente acontece, a regra geral prevalece, não obstante a exceção... (1854, 205)[5]

A imaginação, em uma série de casos, via de regra, acelera-se de itens pequenos e feminizados a itens maiores e masculinizados. Hume oferece sua observação no contexto de uma análise do funcionamento da imaginação no reino da paixão e da percepção ou sensação. Em discussão estão regularidades que governam nossas reações a sons, cheiros, cores, beleza, casas, paisagens, jardins, países, comida, bebida, imagens, sagacidade, eloquência, artes plásticas, composições literárias, roupas, corpos de pessoas, animais, nossas realizações e a de outros, virtudes, vícios, surpresas, pobreza e propriedades de outros – entre uma série de coisas, estados e qualidades adicionais. A imaginação traz sua disposição de contornar as excelências feminizadas para esses diferentes domínios de pessoas, ambientes, ocupações, coisas. Associando feminilidade a uma escala diminuta e a um status menor, a passagem sugere que fenômenos pequenos e insignificantes, portanto, detalhes, através de vários recintos estéticos, sustentam registros feminizados de significado. Isso não quer dizer que, para Hume, o detalhe seja totalmente feminino ou que cada elemento minúsculo seja feminilizado, mas chama a atenção para as tendências feminizantes sistêmicas que ele traz para dar sustento a isso.

Motivos filosóficos abrangentes e recorrentes ligados a aspectos mais específicos da feminização dos detalhes que discutirei podem ser encontrados no que Hume considera ser as raízes do gosto na natureza, a qual, historicamente, tem sido entendida em termos femininos, e na distinção da faculdade (parcial) em relação à razão, a qual foi compreendida proeminentemente em termos masculinos.[6] Em momentos pungentes, Hume conforma-se com alinhamentos desse tipo, mesmo que eles sofram mudanças em seus textos e acumulem reversões de orientação.[7] Em uma famosa passagem de "O tratado da natureza humana", ele feminiza a natureza, interpreta-a como uma fonte desejada e gratificante de impressões sensoriais e a contrasta com a razão (THN, 1.4.7.9, ver p. 112 deste capítulo). Em outro lugar, ele invoca uma construção de gênero semelhante ao descrever a natureza, "com todas as suas graças e ornamentos", como "*la belle nature*" (SR, 43). Orientada para o registro de minúcias perceptivas, a propensão do gosto, como Hume indica, está ancorada na natureza. Por exemplo, ele afirma que a capacidade opera em conformidade com a correspondência que a natureza estabelece entre as formas dos objetos e dos sentimentos (ST, 139). O funcionamento do gosto, para Hume, portanto, compreende operações naturais. Elas envolvem uma disposição natural (mesmo que substancialmente adquirida) de se deixar afetar pelos detalhes. Ao invocar a noção de natureza, Hume consegue ativar uma elaborada rede de associações femininas. Na verdade, a estratégia de naturalização de Hume abre caminhos para uma feminização do gosto.

A separação (limitada) do gosto em relação à razão desempenha um papel nisso também. Voltada para o detalhe perceptivo, a propensão constitui uma faculdade de sentimento e sensação. Isso a diferencia da aptidão da razão identificada pelo masculino, com a qual ela também tem afiliações significativas.[8] Além disso, a proximidade do gosto com a natureza e o intervalo que o separa (embora incompletamente) da razão o vinculam ao particular, em oposição ao geral. Hume observa que "[quando] um filósofo contempla personagens e condutas em seu armário, a visão geral abstrata dos objetos deixa a mente tão fria e impassível que os sentimentos da natureza não têm espaço para brincar" (SH, 98-9). Embora as operações da razão como fonte de abstração e generalidade possam bloquear o sentimento, a faculdade de gosto, como uma fonte natural de sentimento, normalmente, na ausência de impedimento pela razão, parece ser capaz de abrir o intelecto para o sentimento e a sensação, canalizando particularidade e concretude para a mente. Os vínculos do gosto com a natureza e sua distância (qualificada) da razão produzem bases para funções feminizantes que podem ser vistas em funcionamento na teoria de Hume.

O filósofo atribui um conjunto prolífico de ameaças feminizantes à dimensão do gosto, que consiste na receptividade aos detalhes. Ele adverte sobre a tentação do refinamento excessivo. Adverte contra a

Capítulo 3 • O detalhe estético generificado

ameaça de cair na afetação e na presunção. O detalhe dá origem a perigos representados pela ornamentação abundante. O observador corre o risco de distrair-se do todo e, em resposta, de sofrer de fadiga e nojo (RS, 44-7).⁹ A irrelevância e o tédio emergem, para não falar da proliferação indiscriminada. Os escritores de crônicas históricas devem ter o cuidado de evitar "circunstâncias mínimas" – elementos que são "apenas interessantes durante o tempo ou para as pessoas envolvidas nas transações" – que adicionem um "longo detalhe" de "eventos frívolos" e "incidentes desinteressantes" (1850, 1-2). Nem toda situação merece atenção narrativa (2). Sob pena de insignificância, o historiógrafo deve fornecer um relato condensado, que abrevie os detalhes, em vez de entediar a si mesmo e o leitor com fatos históricos que se multiplicam "sem fim" (1).

A indulgência com o excesso de detalhes triviais é uma deficiência particularmente característica dos gêneros literários femininos e das formas de troca. É por meio de um influxo de aprendizagem masculinizada que o chamado reino do "conversável", sintetizado pelas mulheres e pelos seus hábitos, ao mesmo tempo, sociais, conversacionais e estéticos, foi poupado de cansar e atordoar o intelecto com bate-papos intermináveis e de deixar a mente presa em "uma série contínua de fofocas e comentários inúteis" (EW, 1). Hume incentiva as mulheres a estudar tratados históricos verdadeiros, genuinamente instrutivos e agradáveis, do tipo que torna eruditos os homens de letras (SH, 97). Ele recomenda isso como uma alternativa esclarecedora e divertida para as falsas representações que atraem as leitoras para as novelas e os romances, e para as anedotas não verídicas que as seduzem no gênero da "história secreta" (95-6). Nesta proposta, uma apreciação respeitável da escrita histórica masculinizada serve como um antídoto para o gosto perverso por "passatempos insignificantes" que Hume considera prevalente em sua época e que ele associa às preferências estéticas femininas (96-7; EW). Ao mesmo tempo, como historiador e comentador de formas estéticas, Hume pode tirar proveito de ocorrências triviais para obter efeitos retóricos e políticos, recorrendo a procedimentos narrativos de uma espécie que condena no caso de estilos e gêneros femininos.¹⁰ Os agentes estéticos enfrentam atos de equilíbrio delicados no manuseio dos detalhes.

Navegando nesta esfera traiçoeira mas vital, os contemporâneos de Hume frequentemente ultrapassam o alvo: "a polidez moderna, que é naturalmente tão ornamental, muitas vezes corre para a afetação e a fofura, o disfarce e a insinceridade (RP, 72). A historiografia de Schor documenta como os tipos de perigos que Hume associa com a sensibilidade ao detalhe tradicionalmente abundam em conotações femininas.[11] O catálogo de ameaças que Hume descreve nos aconselha a evitar determinadas falhas para as quais ele considera as mulheres brancas de classe alta/média especialmente propensas, e que, nos homens brancos, ele considera trair uma diminuição da masculinidade. Na verdade, o empirista vincula explicitamente o refinamento excessivo a formas pejorativas de incorporação e desempenho femininos na observação de que "é com livros, como ocorre com a mulher – em que uma certa simplicidade de maneiras e de vestimentas é mais envolvente do que aquele brilho de tinta, ares e roupas –, que se pode deslumbrar os olhos, mas não atingir os afetos" (SR, 46). O refinamento excessivo sinaliza estilos decadentes e dúbios de artifício feminino que ameaçam o gosto com os perigos da degeneração. O detalhe apresenta um vasto inventário de riscos feminizantes. Promessas feminizadas também emergem.

A sensibilidade ao detalhe oferece uma série de promessas influentes que representam instâncias adicionais e cruciais de gênero no relato de Hume. A percepção de detalhes refinados tem o efeito de tornar sociáveis os homens brancos de classe média (RA, 169-71), o que afeta drasticamente o mundo de suas vidas. Assim, a receptividade aos detalhes cumpre uma função que Hume atribui explicitamente às mulheres (presumivelmente brancas) (RP, 74-5). A suscetibilidade aos detalhes, ao realizar as promessas de uma vida social florescente, parece representar um tipo especificamente feminino de mediação social. O gosto padronizado de Hume representa uma estética que valoriza os detalhes *femininos*.

Os detalhes sensoriais feminizados desempenham papéis epistêmicos e fundamentalmente adicionais e mais complicados na descrição do gosto de Hume. Como indicado antes, Hume entende a delicadeza da imaginação como uma forma de sensibilidade ao detalhe. Para avaliar se alguém tem delicadeza de imaginação, é preciso avaliar se essa pessoa é capaz de experimentar o que Hume chama de qualidades "excelentes" em oposição a qualidades meramente "grosseiras". Mas isso significa que é preciso diferenciar o fino do bruto. "Fino" e "bruto" não são termos esteticamente neutros. São conceitos de gosto. Consequentemente, de-

Capítulo 3 • O detalhe estético generificado

ve-se exercer uma forma de gosto a fim de julgar quem possui essa capacidade.[12] Os observadores precisam de gosto para determinar a quem se submeter em caso de desacordo estético, ou a quem recorrer como ponto de referência para testar ou melhorar seu gosto. O problema afeta não apenas a epistemologia do gosto, mas surge também no plano metafísico. Uma vez que Hume *compreende* a delicadeza do paladar como uma sensibilidade aos elementos perceptuais "finos", em suma, aos detalhes sensoriais, sua análise do gosto não chega a ser encerrada. Ele exibe um conceito vão. Deixa em aberto o que exatamente significa gosto. Hume explica os critérios para a observação apropriada da arte e da beleza em termos de condições do mesmo tipo que ele procura explicar, oferecer fundamento e defender. Sua teoria traça um círculo entre os elementos estéticos.[13]

Em vez de ver o caráter circular da teoria de Hume em grande parte como um problema, como muitos comentaristas têm feito, vou me concentrar em seu aspecto produtivo. Lembre-se de que "Do padrão de gosto" vai muito além de propor um padrão de gosto. Hume imagina um campo cultural no qual esse padrão é válido. Em outras palavras, ele concebe um *domínio* padronizado de gosto. Sobre este campo, ele está claramente ciente, falha ao esgotar o domínio do gosto, que, além do(s) gosto(s) padronizado(s), abrange uma variedade de gostos não padronizados. Hume, portanto, inscreve uma área de gosto padronizado em um campo heterogêneo de gostos que fica aquém da posição de gosto totalmente digno. Mas o gosto padronizado (isso é o que nos permite concluir o círculo em seu relato) mantém conexões vitais com a esfera das práticas injustificadas do gosto. Arriscarei uma hipótese: a instituição do gosto de Hume repousa em uma forma pré-padronizada de gosto, isto é, em uma estrutura anterior de engajamento estético, que é pressuposta e continua a informar o paradigma que ele articula explicitamente. O ato de padronização encontra suporte em um modo anterior de endereçamento flexionado pelo gosto.

A suposição de que Hume solicita a assistência de um tipo de gosto pré-padronizado ajuda a explicar duas características desconcertantes de sua teoria. Por que é importante registrar *todos* os detalhes, ou seja, cada minúsculo aspecto sensível de um objeto ou obra? Além disso, por que ele atribui às distinções perceptivas refinadas o papel constitutivo e probatório que adquirem ao especificar o que conta como gosto e/ou esteticamente bom?[14] O postulado de uma matriz pré-padronizada de gosto persistentemente produtiva sugere uma resposta: Hume não entende discriminações perceptivas em pequena escala meramente como minúcias perceptivas. Em vez disso, ele pensa nelas em termos de particularidades estéticas. Ele concebe os tons finos de significado perceptivo como elementos possuidores de um caráter estético. Essas partes diminutas devem seu significado estético aos sistemas de gosto já estabelecidos, dos quais fazem parte. Com certeza, Hume está empenhado em transformar e regular esses sistemas. Mas a metamorfose que ele coloca em movimento se baseia fundamentalmente em práticas estéticas já em operação que têm uma organização diferente daquela que ele busca fundar. Hume, portanto, não valoriza qualquer detalhe perceptivo; ele direciona nossas observações para um plano de particularidades previamente estetizadas, o qual nos pede para apreendermos de forma abrangente. A capacidade sensorial destacada por Hume deriva seu caráter estético de uma estrutura anterior de desejo estético e afiliação, um tecido de endereçamento que já valoriza e abraça o detalhe perceptivo antes do complexo experiencial que o filósofo deseja estabelecer.[15]

Para instituir o padrão de gosto, Hume deve autorizar e deslocar uma estética anterior. A padronização do gosto repousa no desdobramento de um padrão pré-crítico que aloja seus efeitos no modelo crítico de gosto que ele estabelece.[16] Seu gesto fundamental exalta um detalhe sensorial que tem seu lugar em uma prática estética auxiliar. Esse detalhe sensorial se tornou estético no contexto de um modo de ser especificamente estético.[17] Hume atribui a esse detalhe estético uma avaliação não derivativa e não instrumental.

O que podemos fazer com o gênero do detalhe sensorial anteriormente estetizado? Hume reconhece explicitamente a presença de uma estética legítima, embora não totalmente padronizada, que difere da estética por ele lançada. Ele reserva para as mulheres um tipo especial e limitado de delicadeza de gosto, ligada a outro tipo de suscetibilidade aos detalhes, a saber, a delicadeza da paixão, que é uma receptividade aos pequenos acontecimentos prosaicos que constituem um dia comum. Esse tipo limitado de sensibilidade ao detalhe aplica-se ao juízo de certas práticas estéticas cotidianas, mas falha em estender-se a produções de

Capítulo 3 • O detalhe estético generificado

gênio, em outras palavras, a obras de arte e cultura erudita. "Podemos observar que as mulheres, que têm paixões mais delicadas do que os homens, também têm um gosto mais delicado dos ornamentos da vida, do vestuário, dos equipamentos e das decências normais de comportamento. Qualquer excelência nestes atinge o gosto delas muito mais cedo que o nosso; e quando seu gosto é agradado, logo suas afeições são envolvidas" (DTP, 345. Variante textual, edições de 1741-70). Para Hume, então, as mulheres europeias brancas de classe média possuem uma quantidade mínima de gosto – mau gosto, talvez, mas menos vulgar do que o gosto dos índios e camponeses (ST, 144) e mais refinado do que o do homem de letras insípido que não se mistura com mulher (EW, 2). Essa espécie de gosto, que tem uma conexão especial e imediata com as paixões e afetos de uma classe distinta de mulheres, fica aquém do gosto padronizado em sua limitação explícita às dimensões cotidianas, domésticas e ornamentais da vida. Dado que o gosto feminino desse tipo é pré-padronizado e limitado em aplicabilidade, mas ainda assim não é ilegítimo,[18] podemos supor que seja uma fonte de distinções estéticas que se subscrevem ao que a delicadeza da imaginação conceitualmente equivale (as distinções finas/grosseiras mencionadas anteriormente) e que apoiam a força evidencial desse atributo crítico (sua utilidade como indicador do nível de gosto de uma pessoa e como pedra de toque para marcar o bem na arte). O detalhe sensorial adquire sua posição estética anterior no contexto de disposições estéticas femininas pré-padronizadas que são produtivas da vida estética cotidiana como desfrutadas em certos setores sociais. Essas práticas antecedentes de endereçamento tornam disponíveis ao gosto padronizado que Hume postula as paixões estéticas, as necessidades e desejos que já estão centrados no detalhe, que ele então ajusta e redireciona, nutre e poda, para moldar o gosto oficial, a faculdade de distinção que ele finalmente assume para promover o caráter humano e o Estado. Nas atividades cotidianas feminizadas conduzidas dentro de certos estratos culturais, ele encontra a sensibilidade ao detalhe esteticamente significativa e, ambivalentemente, utiliza-a para fundamentar o gosto autorizado. Ele se aventura a moldar as promessas e ameaças que considera incorporadas a esses esforços estéticos mundanos em um sistema de promessas mais confiáveis e desejáveis (e ameaças menos prejudiciais). Tradições da existência estética prosaica cotidiana que estruturam significados coloquiais e percepções de cores, gostos, cheiros, sons, movimentos e formas literárias antes do projeto fundamental de Hume preenchem as minúcias que ele corteja com sua atração estética idealizada. Os detalhes sensoriais são femininos. Hume apresenta um elenco de detalhes perceptivos que portam conotações femininas sistêmicas.

O círculo em que Hume laça a delicadeza do gosto representa não apenas uma dificuldade para sua explicação, mas funciona como um local de contato entre diferentes sistemas de gosto. O trânsito entre práticas estéticas feminizadas padronizadas e pré-padronizadas constitui um exemplo disso. De maneira mais geral, o círculo que Hume traça produz um espaço no qual os agentes estéticos são capazes de negociar distâncias e continuidades entre práticas estéticas. Pontos de mediação desse tipo emergem na improvisação de Hume sobre uma passagem do *Dom Quixote*, de Cervantes. Hume compõe uma parábola do gosto que implicitamente localiza os detalhes em uma encruzilhada entre as múltiplas trajetórias de gênero.

O escudeiro de Dom Quixote, Sancho Pança, na versão da narrativa de Hume, orgulha-se de sua capacidade de degustação de vinhos: "É com razão, diz Sancho ao escudeiro de nariz grande, que pretendo julgar o vinho: esta é uma qualidade hereditária na nossa família" (ST, 141). Mas o escudeiro não deixa o assunto por aí. Ele passa a dar provas. Para corroborar sua autoridade estética, Sancho relata uma façanha de degustação de vinhos realizada por dois de seus parentes. As pessoas pedem à dupla para julgar um barril de vinho, "que deveria ser excelente, por ser antigo e de boa safra". E, de fato, ambos os provadores consideram o vinho bom, "não fosse por um pequeno gosto de couro que [um deles] percebeu" e "com a reserva de um gosto de ferro que [o outro] poderia facilmente distinguir" (ST, 141). A gargalhada geral irrompe entre os espectadores. Até que no fundo do barril encontram uma chave com uma tira de couro. Agora, a delicadeza do gosto dos parentes está justificada, de acordo com Hume. As testemunhas, ao contrário, exibiram sua sensibilidade "embotada e lânguida". A descoberta da chave silencia os veredictos proferidos por esses críticos indignos de confiança e põe fim a suas risadas (ST, 141-2).

Na opinião de Hume, a história ilustra o funcionamento de uma regularidade natural, ou princípio, ligando propriedades objetivas com

Capítulo 3 • O detalhe estético generificado

os sentimentos dos observadores: ferro e couro causam sabores de ferro e couro que diminuem a qualidade de um bom vinho.[19] Ele usa de forma bastante direta a carência de discriminação perceptiva dos espectadores, bem como sua disposição para rir de coisas que não são tão engraçadas, para apontar a sensibilidade estética imperfeita desses espectadores. No entanto, ao delinear o perfil estético dos parentes, Hume acrescenta vários outros fatores: primeiro, os dois membros da família de Sancho Pança julgam que o vinho é *bom*, com certas (menores) ressalvas, oferecendo assim um juízo estético; segundo, ao fazê-lo, os dois elogiam um vinho que *já* havia sido considerado "excelente, por ser velho e de boa safra". Hume claramente nos dá a entender que as apreensões da dupla são de natureza estética. Mas que evidência ele oferece de que as contribuições feitas por chave e correia de couro realmente tornam um vinho de qualidade esteticamente pior do que seria sem esses elementos? Por que deveriam as adições inesperadas dar origem a reservas sobre a qualidade do vinho (exigindo ressalvas como "não fosse por" e "com a reserva de")? Em princípio, os ingredientes adicionais podem tornar um vinho excelente, digamos, ainda mais magnificamente suculento ou apimentado.[20] O(s) veredicto(s) estético(s) correto(s) na anedota de Hume poderia(m) ter ocorrido de várias maneiras diferentes do que realmente aconteceu na história. É concebível que os dois juízes tenham entendido as coisas esteticamente equivocadas.

Mas não é assim que Hume nos incentiva a ver as coisas. Na verdade, ele desvia o leitor de contemplar tais possibilidades, anunciando, pouco antes de retransmitir a avaliação dos provadores da amostra a ser saboreada, que o vinho provavelmente era bom.[21] A correspondência entre o testemunho que os parentes oferecem e a excelência estética geralmente aceita do vinho dá suporte à descoberta de Hume acerca das sensibilidades estéticas de primeira linha dos dois críticos.

Não é só que a qualidade já estabelecida do vinho ajuda a tornar convincente o fato de que a dupla esteticamente acertou o veredicto. O ponto de Hume sobre a excelência do vinho, a velhice e a proveniência têm uma função ainda mais específica. Estamos falando de vinhos de uma determinada categoria, de uma safra respeitável, de uma idade madura e, portanto, de um corpo compreendido de promessas estéticas. O esplendor que os provadores notam ao julgar o vinho não consiste, portanto, em qualquer tipo de sabor estético. Isso equivale a uma deleitabilidade de um tipo específico e confiável. Isso ajuda a tornar plausível que traços de ferro e couro constituam ameaças estéticas – pequenas manchas estragando um vinho que, de outra forma, é fino. Dentro do sistema de degustação no contexto em que o experimento ocorre, as propriedades que o vinho "supostamente" tem gozam de um status distinto no que diz respeito ao juízo a que um crítico deve chegar se sua avaliação é para mostrar delicadeza de gosto. Esses recursos carregam peso fenomenal, avaliativo e categorial, fazendo com que a correspondência geral entre o gosto esperado e registrado conte a favor dos provadores.[22]

O caso do teste de vinho de Hume traz à luz uma espiral de mediações que ocorrem entre diferentes esquemas estéticos. Gosto padronizado (o sistema que dá crédito ao veredicto dos parentes), na história, atrai e absorve afiliações com o sabor ainda não padronizado (o sistema no qual o vinho "deveria ser excelente", que engloba os sentimentos da dupla astuta, bem como a dos espectadores obtusos), mas também descarta aspectos desse sistema (após a conclusão do ritual de teste, Hume valoriza uma organização estética que honra o gosto de poucos perspicazes, enquanto rejeita um modelo que favorece as percepções dos muitos insensíveis). No experimento de Hume, objetos que *pareciam* ser esteticamente bons não contam exatamente como tal. Juízos que *poderiam* ser considerados confiáveis provam-se indignos de confiança em aspectos minuciosos, porém significativos. Situações que *pareciam divertidas*, a julgar pelo gosto deficiente, acabam não sendo verdadeiramente cômicas. O riso impróprio e o juízo errôneo devem dar lugar ao riso apropriado e ao juízo estético adequado.[23] O gosto padronizado tanto participa quanto se afasta dos arranjos de gosto não padronizados. Forjando um circuito progressivamente desdobrado de conexões entre vinho presumivelmente bom e vinho comprovadamente bom, mesmo que ligeiramente defeituoso, entre apreensões instáveis e sensibilidades magníficas, e entre risos vergonhosos e respeitáveis, Hume cria espaço para sistemas estéticos tomarem forma no encontro um com o outro e, assim, ajustarem-se.

Esse processo não revela conotações de gênero unilaterais. Embora a feminização pareça entrar na cena do gosto como um registro de detalhes perceptivos, o experimento do vinho de Hume gira em torno dos homens. O teste ocorre em um fórum estético no qual detalhes e *gestalts* fenomenais mais expansivas adquirem significado na relação um com o outro. Enquanto Hume insiste que um gosto delicado permite que o crítico experimente cada detalhe, essa visão deixa em aberto, com relação às qualidades refinadas, um maior ou menor significado estético em casos específicos. A tendência geral da imaginação em ignorar o minúsculo em favor do grande parece afetar o peso comparativo desses elementos, privilegiando as contribuições estéticas do macroscópico sobre as do microscópico. Mas o gosto também funciona como uma contraforça feminizante que impõe limites a essa tendência masculinizante. As faculdades abrem a imaginação para a promessa de detalhes, ao mesmo tempo que mantêm sob controle as ameaças prenunciadas por uma massa de pequenos fenômenos. Os canais de significado estético que Hume postula falham em compor uma ordem de gênero estável. Correntes masculinizantes e feminilizantes existem lado a lado. Elas se alimentam umas às outras e entram em competições estéticas. Essas lutas concedem aos críticos excepcionais – que, na teoria de Hume, são mais propensos a serem homens brancos da classe alta/média[24] – oportunidades de prevalecer sobre outros observadores ao simultaneamente cortejar os detalhes e colocá-los em seu devido lugar estético.

Hume envolve os leitores de "Do padrão do gosto" na matriz de gênero que ele propõe no ensaio. O encontro estético que o texto encena implanta maquinações adicionais além das que consideramos até agora. O filósofo tece ciclos de relações entre Sancho Pança, os espectadores, Cervantes, ele mesmo e o leitor de sua parábola. Ele retransmite a cena da degustação e a descrição que Sancho Pança faz dela, em sua maior parte, no tempo presente e no discurso indireto livre, reduzindo drasticamente a distância tanto dele quanto do leitor do texto de Cervantes. Hume nos envolve na história como destinatários diretos da história de Sancho: "Você não pode imaginar o quanto [os parentes] foram ambos ridicularizados por seu juízo" (ST, 141). Sancho parece estar falando aqui. Mas Hume evita diferenciar claramente sua própria voz daquela do narrador que conta a história que ele adapta. Uma fusão de vozes segue. Somos endereçados ao longo dos séculos, tanto por Sancho Pança quanto por Hume. Trazendo tanto o assistente de Quixote quanto Cervantes para perto de nós, ao mesmo tempo que nos traz para perto deles, o filósofo insiste com seu leitor na cena historicamente extensa da educação estética que apresenta. Num movimento complementar, Hume adota o papel de Sancho de elucidador das questões de gosto.

A fábula que Hume reconta começa com a proclamação de Sancho Pança da razoabilidade de sua reivindicação hereditária de juízo no vinho ("É com uma boa razão, diz Sancho..." [ST, 141, ver p. 96]). Em vez de ficar nessa declaração, Sancho passa a justificar essa posição, esclarecendo em que consiste essa posição crítica. Neste ponto, Hume o segue. Além disso, ele o segue voltando-se para sua própria história. "Como nossa intenção neste ensaio é misturar alguma luz do entendimento com a delicadeza do sentimento, será apropriado dar uma definição mais precisa de delicadeza do que foi tentado até agora. E, para não extrair nossa filosofia de uma fonte muito profunda, devemos recorrer a uma história notável em *Dom Quixote*" (140-1). O plano de ter entendimento mesclado com sentimento a fim de melhorar nossa compreensão de delicadeza estabelece metas analíticas modestas. Hume não se apresenta como fornecendo um esclarecimento conclusivo do conceito o qual se aventura a explicar. Ele se coloca parcialmente na posição de Sancho Pança na medida em que ambos os locutores começam uma descrição que vai até certo ponto, mas não percorre todo o caminho. Ironicamente, Sancho nunca oferece uma razão para nos convencer de que ele realmente herdou o talento pelo qual elogia seus familiares.[25] Analogamente, Hume, em momentos importantes, dá como certo o que ele espera mostrar. Os círculos de gosto que marquei, o suposto reconhecimento de Hume desses círculos e as tensões de gênero nas quais ele envolve o tema da experiência estética e da educação, incluindo seu leitor, são compatíveis com a agenda que ele formula para o ensaio. Hume coreografa uma rede de endereçamentos e relacionamentos que nos convida a participar de um conjunto de promessas e ameaças que se desdobram historicamente e que emanam detalhes perceptivos agora feminizados, depois masculinizados.

Enquanto os detalhes sensoriais femininos ajudam a gerar a promessa de bom gosto e beleza, no relato de Hume, a estrutura de endereçamento que ele teoriza oferece aos detalhes um lugar meticulosamente circunscrito. Ele verifica sua estima pelos detalhes. Detalhe sensorial é apenas um dentre vários tipos. Ao legitimar essa categoria, Hume se abstém de prescrever uma abertura geral às particularidades, uma sensação persistente ou um espírito de exuberância fenomenal elevada. A experiência da

Capítulo 3 • O detalhe estético generificado

beleza, para ele, centra-se em acertar os detalhes sensoriais, ou seja, em sentir as diferenciações perceptivas corretas no objeto. Ele concentra a crítica em um momento de juízo que deve ser rápido e exato, hábil e sem hesitação (ST, 142-4). Em sua paleta, um detalhe sensorial percebido de forma clara e distinta ganha precedência sobre uma série de outros. Embora o detalhe perceptivo sentido possivelmente constitua uma parte significativa da experiência de uma obra de arte, ele está longe de cobrir exaustivamente o que, em um sentido mais amplo, podemos chamar de detalhe fenomenal, ou seja, as minúsculas experiências qualitativas permitidas por obras de arte e outros objetos que compõem nosso senso de "como é" ver, digamos, uma mancha azul brilhante em uma tela. A discussão de Hume sobre as qualidades fenomenológicas coloca em primeiro plano um tipo abstrato de afeto agradável ou desagradável, produzido pela beleza ou pela feiura. Através da exigência de que o observador capture integralmente os detalhes sensoriais, ele pretende garantir que a apreciação da arte englobe todos os detalhes fenomenais. Mas a teoria de Hume torna improvável que esse seja realmente o caso. Qualidades estéticas complexas, como beleza visual, literária ou auditiva, o sabor requintado de um vinho ou a fragrância soberba de uma cerveja vêm sobre nós em tons fenomenais intrincados, imergindo-nos em emaranhados labirínticos de cognição, imaginação, orientação dirigida pelo outro, desejo, anseio, ansiedade e fantasia. A beleza e a feiura costumam provocar estados de excitação e aversão, idealização e vulnerabilidade que revestem os prazeres e desprazeres dos detalhes sensoriais com uma profusão de tons fenomenais. A obscuridade e a distração permeiam este cenário, ficando aquém dos requisitos de precisão perceptual e velocidade de observação de Hume e fazendo com que experiências qualitativas importantes escapem sem serem detectadas pelo aparato observacional do verdadeiro crítico humeano. A apreciação do teórico dos detalhes sensoriais vai ao encontro de uma negligência de uma massa de tons fenomenais.

Outra classe de detalhes, muitos dos quais Hume omite, inclui o que chamarei de detalhe dos relacionamentos. Eles consistem em aspectos detalhados das relações que os agentes estéticos (artistas, observadores, críticos etc.) mantêm uns com os outros e com o mundo material à medida que se envolvem em trocas estéticas. Dentro do reino das relações intersubjetivas, Hume valida um estado de admiração ostensiva e publicamente compartilhável por grandes artistas, ao lado de um desejo de apreciar suas realizações, enquanto reduz implicitamente o reino da relacionalidade estética adequada a uma gama limitada de relacionamentos dentro de um grupo seleto de homens da cultura, entre aqueles homens e certas mulheres, e entre um conjunto restrito de sujeitos e objetos. O quadro operativo da relacionalidade estética deixa de lado incontáveis detalhes dos relacionamentos.

Um último tipo de detalhe que Hume sistematicamente minimiza é o da cultura, que compreende valores, concepções e modos de endereçamento socialmente incorporados que informam a atividade estética. Essas considerações recebem pouca atenção em seu ensaio. Ele explora esse campo por meio da exigência de que o observador se identifique imaginativamente com a posição do público designado de uma obra. Embora essa estipulação possa exigir um elaborado esforço interpretativo do observador, o tratamento enigmático de Hume dessa condição sugere que ele tem algo mais limitado em mente.[26] Ele atribui ao detalhe fenomênico, ao detalhe das relações e ao detalhe da cultura um significado marginal. O sensorial do detalhe ocupa um lugar excepcional e rigorosamente delimitado em sua tela mais ampla de detalhes.

Hume vira de cabeça para baixo de muitas maneiras o tecido do endereçamento que herdamos da tradição platônica em estética. A relativa proeminência que ele concede aos detalhes sensoriais está de acordo com seu ceticismo filosófico. Ele suspende a crença em Deus, restringe as capacidades atribuíveis à razão e faz afirmações sobre a realidade não submissa à mente do mundo externo injustificável pela razão. Mais declaradamente do que Hegel e Joshua Reynolds, ele rejeita o preconceito platônico contra o material e o particular em favor da forma abstrata e do ideal espiritual. Hume nos convida a preencher o espaço esvaziado pelas visões recebidas de Deus, da razão e da realidade com um desejo distintamente estético por detalhes perceptivos feminizados, os tons finos de cor, paladar e aroma. Ao mesmo tempo, a rede mais ampla de endereçamentos e relacionamentos que Hume propõe dá amplo peso às operações masculinistas que ele parcialmente desvia no domínio sensorial.

Os detalhes sensoriais feminizados de Hume alimentam um processo masculinizado de cultivo. A masculinização do detalhe atribui-se, em primeiro lugar, não à delicada sensibilidade do crítico, que tem vários efeitos feminizantes, como indiquei, mas às quatro qualificações acessórias que permitem à sensibilidade do crítico operar sem distorção, a saber: bom senso, prática, experiência comparativa e liberdade de preconceito.[27] O bom senso, que Hume também chama de "senso forte e masculino" (SR, 43) assegura a relação certa entre o detalhe e o todo (ST, 146) e elimina o risco de proliferação excessiva de detalhes (SR, 44). A prática, a experiência comparativa e a liberdade de preconceito masculinizam o gosto ao favorecer os juízos das críticas masculinas sobre os das críticas femininas.[28] Os casos de masculinização são abundantes. Um deles diz respeito à avaliação de gênero de Hume do lugar da emoção na experiência da arte. Para Hume, deve-se lembrar, "paixões calorosas" que fazem alguém ser especialmente "tocado por imagens amorosas e ternas" constituem uma predileção crítica aceitável em homens jovens, uma predileção que pode informar adequadamente seus juízos de obras de arte e que representa uma fonte legítima de variação no juízo entre os verdadeiros críticos (ST, 150). Uma "disposição terna e amorosa", no entanto, perverte a capacidade das mulheres de fazer juízos críticos de "livros de galanteria e devoção", embora, como exemplos de escritos educados, esses livros exemplifiquem um gênero do qual Hume geralmente considera como juízas mais competentes as mulheres instruídas do que os homens.[29] Muitas qualificações de gênero envolvem sua valorização dos detalhes femininos.

Hume inaugura uma estrutura de endereçamento que é duplamente generificada: feminizada e masculinizada. Ele, portanto, regula a relação do sujeito com o mundo dos objetos culturais e com a comunidade de outros sujeitos. Seguindo caminhos de tratamento artístico apropriado e de espectador, o detalhe sensorial proporciona uma ocasião de fruição estética e valorização para os agentes estéticos que, ao obterem seu prazer e chegarem a seu juízo, representem sua posição cultural. Na opinião de Hume, é moralmente imperativo e desejável tornar o sabor delicado e posicionar-se corretamente em relação aos detalhes sensoriais. Afinal, isso disponibiliza o que de melhor a vida tem a oferecer: "[O] delicado senso de humor ou beleza deve ser sempre uma qualidade desejável, porque é a fonte de todos os melhores e mais inocentes prazeres aos quais a natureza humana é suscetível. Nesta decisão os sentimentos de toda a humanidade estão de acordo" (ST, 143). Hume fundamenta o gosto em detalhes sensoriais feminizados, o qual ele investe com poder sociopolítico ao conduzi-lo por um curso de masculinização.

Hume afirma que uma relação feliz com os detalhes sensoriais reverbera em relações adequadas com certos outros tipos de detalhes. Delicadeza de gosto, para Hume, como indica o Capítulo 2 deste livro, atenua as paixões de sua forma específica de sensibilidade a detalhes, a "delicadeza da paixão", que consiste em uma lamentável suscetibilidade aos detalhes da vida, como favores e pequenos ferimentos (DTP, 10). Por meio da aquisição do gosto, o crítico é capaz de exercer autonomia no reino da felicidade, assumindo o controle de sua escolha de livros, diversão e companhia (11). A educação emocional, portanto, está entre as promessas do gosto: de acordo com Hume, um gosto cultivado melhora nossa capacidade de experimentar "paixões ternas e agradáveis", enquanto frustra "as emoções mais rudes e turbulentas" (12). A consequência interpessoal desta disciplina afetiva equipa o crítico com a capacidade de registrar "diferenças insensíveis e gradações que tornam um homem preferível a outro", isto é, detalhes do caráter de outras pessoas (12). Uma relação favorável com os detalhes sensoriais ressoa amplamente nos mundos da vida que os homens de gosto compartilham com os outros.

A faculdade do gosto garante que o verdadeiro observador registre cada nuance de informação perceptual, paixão e caráter que valha a pena registrar, submeta-o a uma avaliação correta e responda com um grau apropriado de prazer ou desprazer. Os detalhes sensoriais apoiam um sistema de abordagem estética que, ao mesmo tempo que ativa as forças feminizantes, também encurrala a subjetividade estética e a cultura dentro de delineamentos masculinizantes. Colocado em seu devido lugar, o detalhe auxilia a salvaguardar o que conta como valor. Os detalhes adequadamente governados materializam-se como experiência e conduta esteticamente apropriadas. A capacidade de atribuir papéis adequados aos detalhes como elementos do comportamento social, afetivo, imaginativo e perceptivo de alguém é parte integrante do comportamento que se qualifica como agência estética legítima.

Mas o detalhe estético é um detalhe?

Da tradição estética que se estende de Platão (e práticas anteriores) até o presente, herdamos projetos generificados de desejo estético. Fonte de promessas e também de ameaças, o detalhe desempenha um papel nesses esquemas. Ao lado do amor platônico pela beleza, a paixão hume-

Capítulo 3 • O detalhe estético generificado

ana pelos detalhes sensoriais fornece um modelo que molda momentos recíprocos de animação entre pessoas, e entre pessoas e objetos. Participantes de sistemas históricos de relacionalidade estética e endereçamento, envolvemo-nos em inúmeras particularidades minúsculas que fluentemente tomam forma no encontro com os estratagemas estéticos que empregamos. De vez em quando, porém, tropeçamos em detalhes dissonantes que sacodem as molduras amorosas que nos abrigam.

Como Hume, cujo detalhe sensorial carrega conotações femininas e masculinas, Johannes Vermeer, em sua pintura *A senhora e a criada*, apresenta-nos um detalhe duplamente generificado: o brinco da senhora. Energizando o espaço macio entre a bochecha e o pescoço, contendo o consolo ansioso da sua mão ao tocar-se e fechando uma divisão incerta entre os dedos, o brinco concentra a luz no plano da imagem.

Figura 3.1 Johannes Vermeer, *A senhora e a criada*, c. 1665-70. Óleo sobre tela, 90,2 x 78,7 cm. © The Frick Collection, Nova York.

Perfeito na totalidade luminosa de sua forma, mas estendendo-se tão intimamente ao corpo que parece ter absorvido o seu calor; esperando para se balançar e acariciar o rosto ao mais leve giro da cabeça; e, mais, reverberando com os ritmos de uma artéria pulsante, a pérola da senhora faz a mediação entre um regime visual aguçado organizado por olhares e gestos corporais e uma modalidade tátil macia, carnuda e encaracolada, representada por tecidos curvos e pela pele exposta. A pérola é responsável por uma notável conjunção de efeitos: este ornamento arredondado, preciosamente colocado e fechado, inicia um drama erótico; empresta uma estrutura distinta para o prazer estético do observador; distribui classe e status racial; e institui duas versões de feminilidade.

Mas a pérola de Vermeer é um detalhe? Um elemento pictórico que cumpre um papel interpretativo crucial pode ser um detalhe? Antes de analisar as operações de gênero da pérola, é necessário considerar um paradoxo que se liga à noção de detalhe estético. O conceito de detalhe é um conceito comparativo. Detalhe é algo que, em uma escala de significância, parece ter menor valor, medido em relação a um elemento de maior valor. Essa relatividade se anexa a qualquer tipo de detalhe como um detalhe.

O que está em questão, para a investigação atual, é claro, não é qualquer tipo de detalhe, mas o detalhe estético em particular, e, ainda mais especificamente, o detalhe como uma categoria estética.[30] Os contextos estéticos muitas vezes levam detalhes para um giro de tirar o fôlego em lugares de significado inédito. Quando apreendemos um detalhe em seu funcionamento estético, a relatividade característica sofre uma mudança sutil. À medida que o detalhe estético realiza seu trabalho estético no decorrer de uma interpretação, esse detalhe deixa de ser o detalhe que era *antes* de assumir seu trabalho estético. Em *A senhora e a criada*, de Vermeer, o brinco de pérola da senhora, inicialmente um elemento pictórico relativamente insignificante, passa a organizar a pintura nas modalidades de afeto, forma e narrativa, renovando e remodelando constantemente as possibilidades dramáticas da obra, conduzindo inexaustivamente o significado em novas direções. Paradoxalmente, o "detalhe" estético distancia-se no decorrer de uma leitura. Um elemento pictórico inicialmente marginal dispersa seu estatuto circunstancial e assume um lugar central de uma maneira que é iniciada e flexionada por sua marginalidade inicial. Este é o paradoxo do detalhe. Estratos interligados de significância e insignificância coexistem na fenomenologia da experiência estética. Os critérios pelos quais avaliamos a importância das particularidades estéticas flutuam à medida que construímos interpretações. Vendo uma pintura, movimentamos a postura pictórica inicial que atribuímos ao detalhe estético. A observação da obra produz novos fundamentos sobre os quais continuamos a construir nossas leituras, a saber, considerações recém-emergentes e até então desconhecidas que refletem os significados que fomos encontrando na obra. Esses fundamentos interpretativos alternativos nos permitem preencher o campo semântico e perceptivo que emana de um detalhe. Consequentemente, o detalhe se destaca na plenitude de seu funcionamento estético detalhado e às vezes menos detalhado. Tendo efeito estético, o detalhe deixa de ser o detalhe que era.

Os prazeres e perigos de uma pérola

Aproximando-me da pintura de Vermeer, eu a abordo de um ponto de vista situado dentro de uma estrutura já existente de animação amorosa que abriga o amor de Platão e dos neoplatônicos pelo belo, e o desejo de Hume por detalhes sensoriais. Considero a pérola como uma participante em um quadro de endereçamento amoroso recíproco desencadeado por tradições estéticas, ativando um padrão de relações estabelecido historicamente, para ver aonde isso leva tanto o detalhe quanto nós mesmos.

Ornamental, preso a um corpo feminino e relativamente pequeno em tamanho, a pérola de Vermeer constitui um detalhe feminino. No entanto, também assume posições masculinas. Um desses papéis que assume é o de governar as relações entre a senhora e a criada. A pérola diferencia suas posições de classe de maneiras que são instáveis e substancialmente sob o controle masculino. A carta ameaça a posição da senhora. Dependendo das notícias, ela pode ter que tirar a pérola. Mas se a pérola se for, quem será a próxima? A senhora, a criada e a pérola podem ser negociadas, dependendo das mudanças nas afeições do remetente da carta. Enquanto a criada pode encontrar outra casa para servir[31] e a pérola pode brilhar em outras orelhas, a senhora está mal preparada para tais transformações.

Ao tomar a luz de uma janela que pode ser imaginada fora da moldura da pintura, a pérola ocupa várias formas ovais sobrepostas que conectam os corpos das mulheres. Uma primeira forma oval segura a parte superior do corpo da senhora, conectando sua cabeça e braço esquerdo. (Este oval pode ser traçado de várias maneiras, como abrangendo as bordas superior ou inferior das mangas da senhora, incluindo a pérola ou os olhos. A pérola e os olhos da senhora mantêm posições aproximadamente comparáveis em relação a esses ovais diferentes e parcialmente sobrepostos.) Uma segunda forma oval conecta os olhos da senhora ao polegar esquerdo, braço direito, lápis, a carta que ela escreve, o tinteiro esquerdo e a carta que chega. Este oval pode ser maior ou menor, saltando ou incluindo a cabeça e o coque da senhora. Uma terceira forma oval, mais vagamente circunscrita, é sugerida pelas ligações entre elementos sutis e de cor vermelha na pintura, abrangendo as dobras do casaco da senhora, o cordão vermelho em seu colo, a caixa na mesa (Cartas sem abrir? Pérolas maiores? Segredos mais antigos?), as bochechas vermelhas da criada, o eco levemente rosado no topo do cabelo da senhora, seu coque e o topo de seu colar. A localização da pérola à esquerda do centro no plano superior da primeira forma oval (menor) corresponde à posição dos olhos da senhora na segunda forma oval (menor); a posição da pérola na primeira forma oval (maior) corresponde à posição dos olhos na terceira forma oval. A pérola participa tanto de uma modalidade visual e linguística nitidamente diferenciada que inclui a carta quanto de um registro tátil mais difuso e suave, que inclui as mulheres. A intercambiabilidade entre os olhos da senhora (um dos quais é quase invisível, o outro completamente invisível) e a pérola em várias formas ovais interconectadas sugere uma fácil substituição da visão feminina corporificada por uma significação visual e linguística masculinizada.

Compartilhando o tato, *bem como* a visualidade, o ornamento dá ao corpo da senhora uma luminosidade erótica que seu corpo paralisado por si só não consegue sustentar. Por afiliação visual com a carta e os olhares em *oposição* à esfera do toque e da pele, a pérola funciona como um substituto para um escritor de cartas masculino ausente, cuja carta invade a esfera doméstica das mulheres. Espaço reservado ao poder econômico e sexual masculino, a joia instaura duas formas de feminilidade exclusivamente definidas, que também denuncia o seguinte: a senhora tipifica uma feminilidade decorativa que se apoia na inércia e na indecisão; a criada simboliza uma feminilidade doméstica que lhe exige dar apoio e saber o que está acontecendo na casa. A pérola atrai a presença material da criada e sua energia gentil a serviço da atratividade da senhora.

Outra fonte de masculinização da pérola reside em sua exemplificação de uma existência autocontida que ela retém da senhora. A senhora não tem o brilho permanente de uma pérola translúcida totalmente arredondada à vista, algo que provavelmente não está alheio ao conteúdo (e forma) da carta. Ela está aquém da perfeição autônoma de seu brinco. A pérola a supera. Apesar de suas conotações masculinistas, o objeto precioso é uma mulher superior no registro da feminilidade decorativa que ele ajudou a articular.

Por fim, a pérola joga dois tipos de feminilidade um contra o outro. Em colaboração com as cartas e os enfeites do casaco, ela branqueia a senhora e, simultaneamente, escurece a criada. Ao mesmo tempo, a senhora falha ao combinar a plenitude dos tinteiros e a presença corporificada da criada. (Colocados bem na frente da saia da criada, os tinteiros parecem ser as "pérolas" brilhantes da criada fluindo mais generosamente, porém mais prosaicas.)[32] Enquanto a criada tem acesso privilegiado aos arranjos em torno da carta, a senhora está em um estado de desorientação. Consequentemente, a relação hierárquica entre senhora e criada – estabelecida pela pérola, a iluminação/escuridão e os contrastes entre fundo/primeiro plano e, não por acaso, a justaposição de figuração clara e detalhada (a senhora) e modelagem mais áspera e escura (a criada) – desliza no reino epistêmico, com efeito irônico.

O ornamento cumpre um importante papel estruturante da pintura. No entanto, continua sendo um detalhe. Pois o detalhe estético, como observado anteriormente, é marcado no domínio fenomenológico por um intercâmbio paradoxal entre o significativo e o insignificante. Parte da emoção da pintura de Vermeer é o significado que acumula, no decorrer de uma leitura, um elemento que experimentamos simultaneamente como de alguma maneira inconsequente. Na pérola da senhora, encontramos, então, um detalhe que é feminizado e masculinizado e que descarta várias características femininas depreciativas conforme uma interpretação se desdobra.

A pérola constitui um ponto central de conexão entre a pintura e o observador. Seu endereçamento ao observador o posiciona como um portador distante do poder masculino. A estrutura de endereçamento da obra a esse respeito se assemelha substancialmente à fantasia civilizacional de Hume, na qual a obra de arte projeta uma posição de sujeito branco, masculino, de classe média e heterossexual esteticamente autorizado que obtém prazer dos detalhes sensoriais e encontra confirmada a ficção de uma identidade cultural autossuficiente. Exercitando seu gosto, o homem de cultura humeano, como devemos lembrar, empenha-se em atualizar seu potencial de cultivo, ao aproveitar o que há de melhor em arte, prazer, sentimento, companheirismo e pessoas, deixando de lado o que fica aquém disso.

Figura 3.2 Johannes Vermeer, *A senhora e a criada,* detalhe. c. 1665-70. Óleo sobre tela, 90,2 x 78,7 cm. © The Frick Collection, Nova York.

Outro detalhe contraria essa estrutura relacional. O gesto da mão esquerda da senhora, embora reativo – é uma resposta à carta –, neutraliza o efeito decorativo, aspecto que sua beleza e seu traje gracioso conferem a ela enquanto ela mantém sua postura, paralisada, enraizada no local. Sua presença corporal é medida, mesmo que não subjugada ou retraída. Seu comportamento sugere que ela foi propositalmente interrompida durante uma ação, controlando-se, interrompendo sua escrita. Vermeer modela substancialmente o ser corpóreo da senhora por meio de seu casaco, sua posição na composição e em contraste com a criada; os braços e a cabeça da senhora sinalizam um domínio menor do que totalmente vivaz de seu corpo e postura.[33] O movimento hesitante de sua mão esquerda, que alcança seu queixo para alcançar sua bochecha ou pérola (ou ambos), é o único momento em que ela se erotiza e, no processo, também a pérola.

Esse gesto atinge um detalhe feminizado ou masculinizado? (Uma bochecha? A pérola como feminizada? Masculinizada? Multiplicada por gênero?) Ao sexualizar a si mesma e a pérola, a senhora também erotiza a posição de sujeito do observador e enfraquece o endereçamento distanciado e masculinista em que a pérola e o visualizador são cúmplices. O gesto da senhora feminiza a pérola, trazendo à tona sua proximidade com o corpo feminino e sua suscetibilidade ao toque. Mas como seu gesto ambivalente afeta a generificação e a valorização estética dos dedos que se separam? A mão languidamente aberta permanece com desdém feminino.

Será a mão um detalhe pontual, um detalhe que toca o observador de forma imprevisível? Poderia, a este respeito, ser análogo à figura de dedos abrindo-se em *Fragmentos de um discurso amoroso*, de Roland Barthes, lido por Naomi Schor?[34] Acho difícil me aquecer em um gesto que é tão fraco e sem vida. Enquanto a mão da senhora está em trânsito, ela também nos avisa de sua paralisia. A aparência de imobilidade contrasta com o movimento da carta intrusa. A carta a absorve e, a despeito do atraso na entrega da criada, solicita ação direta dela.[35] Sua mão carnuda, sua falta de articulação e sua brancura vazia alimentam sua qualidade sem vida.[36] O gesto da senhora evoca afeto para mim, mas um afeto frio (que difere marcadamente de uma ausência de sentimento).

Uma virada surge nos ciclos de animação que abrangem o estético. Por ser uma modalidade de amor, a experiência estética compreende uma estrutura de endereçamento que dá vida a elementos apreendidos como mortos ou sem vida. Uma longa tradição postula o estético ao lado do amor e da vida em oposição à morte e à imobilidade.[37] Esse esquema pode reconhecer coerentemente uma paixão estética "fria"?

Na visão de Barthes, o detalhe pontual, isto é, o detalhe que inesperadamente toca alguém e torna-se um *locus* de desejo e afeto, rompe a frieza:

> Estava olhando tudo no rosto do outro, no corpo do outro, *com frieza*: cílios, unha, sobrancelhas finas, lábios finos, o brilho dos olhos, uma pinta, *uma maneira de segurar um cigarro*. Fiquei fascinado – o fascínio era, afinal, apenas o extremo do distanciamento – por uma espécie de *estatueta colorida de*

cerâmica e vitrificada em que podia ler, sem entender nada a respeito, a causa do meu desejo. (LD, 72, grifos meus)

Por que eu desejo fulano de tal?... É tudo de fulano que desejo...? E, nesse caso, o que há neste corpo amado que tem para mim a vocação de fetiche? Que parte talvez incrivelmente tênue – que acidente? A maneira como uma unha é cortada, um dente partido ligeiramente inclinado, uma mecha de cabelo, *uma forma de espalhar os dedos ao falar, ao fumar?* (LD, 20, grifo meu)

O *punctum*, como "uma maneira breve (mas excessiva) de separar os dedos", perfura uma consciência fria, distanciada e indiferentemente generalizante para evocar "um desejo muito especial" por um "outro particular (e por nenhum outro mais)".[38] Este detalhe aparece na ordem da intimidade, do apego e do amor, a província do dom e da graça.[39]

Para Hume, da mesma forma, o prazer do detalhe sensorial desejado suspende a frieza. Nas garras do desânimo, produzido por seu próprio ceticismo, uma ascensão infalivelmente emerge no horizonte:

É impossível, em qualquer sistema, defender nosso entendimento ou nossos sentidos... A visão intensa dessas múltiplas contradições e imperfeições da razão humana tem trabalhado tanto em mim e aquecido meu cérebro que estou pronto para rejeitar toda crença e raciocínio... Felizmente acontece que, uma vez que a razão é incapaz de dissipar essas nuvens, *a própria natureza* é suficiente para esse propósito e me cura dessa melancolia e delírio filosóficos, seja relaxando essa inclinação da mente, seja por alguma ocupação e *impressão viva de meus sentidos*, que obliteram todas essas quimeras. *Janto*, jogo um jogo de gamão, converso e me divirto com meus amigos; e quando, depois de três ou quatro horas de *diversão*, volto a essas especulações, elas parecem tão *frias*, tensas e ridículas que não consigo encontrar em meu coração para entrar nelas mais adiante. (THN, 1.4.2.57; 1.4.7.8-9, grifos meus)

A natureza, que Hume entende como feminina e justapõe à razão, fornece-lhe uma fonte de impressões sensoriais que expulsam seu estado mental melancólico e delirante. Dado que os modos estéticos de endereçamento expostos por Hume e Barthes quebram a frieza,[40] complexidades surgem quando pressionamos seus paradigmas para reconhecer uma paixão estética fria. Mesmo que os efeitos estéticos frios não sejam tão raros, neste momento, eles nos envolvem em um par de agrupamento paradoxal de modos de endereçamento. As paixões estéticas, conforme estruturadas no modelo de endereçamento estético de vida-morte, parecem ter de erradicar a frieza, e a frieza parece ter de banir as paixões. Nossas percepções e sentimentos nos levaram a uma zona de fronteira entre estruturas díspares de endereçamento.

Como as configurações de endereçamento de Hume e Barthes, a pintura de Vermeer mergulha a agência estética em um campo de orientações conflitantes. Um afeto frio derramando-se em direção à mão da senhora irrompe junto com uma interrupção de nosso endereçamento ao detalhe, uma atenuação da animação estética do detalhe, uma modulação no amor estético e uma moderação da energia interpretativa. A vida e o amor que estão em ação na elaboração de uma interpretação, no desenvolvimento de um significado e na elaboração de uma experiência tornam-se mais lentos e ameaçam parar.

Se virmos as antinomias amorosas nas quais Hume e Vermeer envolvem os detalhes como manifestações de encontros entre esquemas de endereçamento, como fiz, podemos iluminar as implicações desses momentos paradoxais. Os quebra-cabeças que surgem exigem uma mudança do esforço desajeitado para diferenciar o estético do não estético, o gosto próprio do impróprio, o gosto adequado da apreensão inadequada para uma investigação dos pontos em que vários modos de endereçamento se juntam. A compreensão do estético como ponto de encontro entre constelações de endereçamento nos permite renunciar à tentativa histórica de fundar o fenômeno na instituição de gestos destinados a acabar com estados de um vazio de vida. Identificando atritos e confluências entre sistemas divergentes e formas de endereçamento, a abordagem que comecei a esboçar dispensa a necessidade de postular procedimentos que, evacuando as práticas antecedentes, introduzam organização em um campo anestésico previamente desestruturado. As ordens de detalhe de gênero que dão origem às aporias que reconheci em Hume e Vermeer nos alertam para o poder da interpretação estética como *locus* de encontros entre modos de endereçamento.

A interpretação regenerifica o detalhe

Em vez de provocar movimentos contínuos da feminização à masculinização, dois dos meus detalhes – o detalhe sensorial feminino de Hume, que ganha atributos masculinos em seu caminho para o cultivo, e a pérola de Vermeer, que, conforme a leitura se desdobra, descarta características femininas enquanto adquire características masculinistas – exibem conotações e avaliações sobrepostas e interconectadas que carregam múltiplos gêneros. Como um fórum em que formas disjuntivas de endereçamento se reúnem, a interpretação produz uma base para uma resposta à história do detalhe generificado.

Os processos interpretativos imbuem os detalhes de generificação e proporcionam aos agentes estéticos meios de transformar as orientações de gênero às quais eles chegam provisoriamente. Os leitores se baseiam em gêneros presumidos que inicialmente atribuem aos detalhes. Eles envolvem tais elementos em compreensões, sensações, sentimentos, questões e hipóteses emergentes. Dedicando-se a um trabalho ao longo do tempo, portanto, os observadores esculpem canais de apreensão que lhes permitem desarticular generificações conhecidas e forjar outras alternativas, deixando para trás avaliações preliminares em favor de significados não experimentados. Por meio desse processo, podemos atribuir novos gêneros aos detalhes. A interpretação é capaz de *regenerificar* o detalhe. A coincidência de formas de endereçamento que os observadores trazem para as obras de arte e modos de endereçamento que as obras de arte lhes dirigem guardam ainda outros caminhos para transformar as associações de gênero do detalhe.

Os encontros entre modos de endereçamento existem em grande variedade. A proliferação resultante de pontos de encontro nos oferece caminhos abundantes para envolver de forma crítica o histórico conturbado do detalhe. A latitude experiencial que isso nos dá é pertinente à luz das posições diferenciais e flutuantes que os detalhes ocupam no campo estético. O desnível permeia o reino da particularidade estética. Essa inconstância impede o sucesso de uma solução única para todos os dilemas de gênero que enfrentamos. Os detalhes mantêm posições assimétricas nas estruturas estéticas de endereçamento. Por exemplo, Vermeer e Hume criam oposições entre diferentes tipos de detalhes, colocando em tensão formas díspares de endereçamento dirigidas a e por esses detalhes. Como indicado antes, a pérola e a mão esquerda da senhora funcionam em cenas contrastantes de endereçamento, no contexto das quais esses detalhes incorrem em papéis de gênero mutáveis e interconectados. Hume equilibra a proeminência relativa dos detalhes sensoriais com restrições sobre o papel do detalhe fenomenal, o detalhe dos relacionamentos e o da cultura. Os detalhes, como revelam os casos de Vermeer e Hume, participam de malhas de endereçamentos com apresentação de orientações e avaliações de gênero. Consequentemente, exaltações de detalhes genéricos – seja de natureza sensorial, fenomenal, descritiva, pontual, estrutural ou complementar – deixam de produzir uma resposta propícia à história complicada do fenômeno. Essas conversões convidam os detalhes e as formas de endereçamento que essas reviravoltas promovem para jogar suas concomitantes generificações contra outros tipos de particularidades e modos de endereçamento. Os detalhes reverberam de forma imprevisível entre si. O papel do *punctum* na obra de Barthes ilustra essa dificuldade.

O *punctum* constitui um pivô na rede de endereçamentos que Barthes tece entre o detalhe e a *persona* do amante estético que ele assume em *A câmara clara*. Uma foto que afeta o espectador na forma do *punctum* "o anima"; o espectador, por sua vez, "anima" a fotografia (CL, 20). A invocação de Barthes da relação amorosa que mantém com detalhes contingentes ressalta as maneiras pelas quais podemos ser irresistivelmente entregues a elementos estéticos que de alguma forma nos tocam. O *punctum* atinge o observador estético com um *flash* (16) provocando pequenos júbilos no sujeito (53) que rompem a banalidade indiferente associada ao *studium*, o funcionamento culturalmente sancionado do público, conhecimento contextual na percepção estética (25-8). É à força do *punctum* que Barthes atribui a capacidade do quadro de sua mãe quando criança no jardim de inverno de transmitir o sentido de sua presença, o brilho do ser que ela era, a "verdade" da pessoa que ele adora e lamenta (73, 75, 103). Barthes considera o funcionamento do *punctum* intratável. Do lado da foto, mostramos a força do elemento imprevisível e descentrado. Do lado do espectador, o impacto do *punctum* manifesta uma capacidade de sentir, uma capacidade de fazer uma conexão com os indivíduos retratados na foto e uma vulnerabilidade a experiências que escapam a certos códigos da vida cultural estabelecida.

O endereçamento do observador para o *punctum* e o endereçamento do *punctum* para o observador são responsáveis por uma série de efeitos feminizantes. Incitando uma condição de animação amorosa, o *punctum* abre a experiência estética para particularidades pictóricas, afetivas e individuais que foram historicamente marginalizadas como femininas. Ao mesmo tempo, Barthes contrapõe a feminização do espectador e da foto com um impulso masculinizante que molda a relação entre observador e observado. Ele descreve o impacto do *punctum* como "imediato e incisivo" (CL, 53). O *punctum* "perfura", "dispara", "ativa" o espectador (26, 49, 19). Este modelo de endereçamento direto põe de lado a pressão das formações conscientes reinantes a fim de estabelecer um lugar para o inconsciente na relação do observador com os detalhes. Barthes, de maneira importante, entende as posições inconscientes que forjam os lineamentos da animação amorosa como relativamente estáticas.[41] Enquanto ele permite que o detalhe trabalhe seu caminho no observador, e governe e expanda a experiência do observador da foto (53), o secundário do *studium*, conforme definido em oposição ao *punctum*, faz com que uma série de detalhes fenomenais, culturais e relacionais caiam pelas brechas de sua análise, particularidades que podem ser locais de investimento psíquico e para as quais uma descrição do inconsciente estético, em princípio, empresta reconhecimento.

Hordas de detalhes servem para organizar e dar significado a estados de amor e indiferença, mas caem no esquecimento na concepção de Barthes de endereçamento estético. A redução do *studium* e sua codificação cultural no posicionamento inconsciente do observador e do detalhe escondem aspectos refinados da relação entre o espectador e a foto, e das experiências e significados embutidos nessa relação. Seguindo o *punctum* que o agita, Barthes muitas vezes esbarra no *studium* em percepções que carregam associações de distância cultural, como, por exemplo, as de uma imagem de "uma rebelião" na Nicarágua, de uma foto ensinando-lhe "como os russos vestem-se", de uma imagem em que "a essência da escravidão é... exposta" (CL, 22-4, 28-30, 34-5). Desse modo, ele obscurece o funcionamento de detalhes do lugar de sua *persona* dentro de um tecido de condições fenomenais, culturais e relacionais, como elementos de sua vulnerabilidade a serem tocados e deixados de lado por particularidades estéticas específicas. A legitimação do *punctum* vem ao

Capítulo 3 • O detalhe estético generificado

preço de outros detalhes que são passíveis de endereçamento e não endereçamento estético. Colocando em primeiro plano momentos na dupla observador e foto, Barthes foge da maneira pela qual circunstâncias que excedem os parâmetros desse eixo recíproco de endereçamento entram na experiência estética. Suas reflexões elegem as forças que a branquitude, masculinidade, etnia e posição de classe do narrador introduzem na relação consciente e inconsciente dessa pessoa com a foto. Deixando esses registros incontestáveis de maneira significativa, a concepção de subjetividade estética de Barthes não alinha de maneira totalmente crítica o amor pelo *punctum* (incluindo, além das capacidades cativantes do detalhe, também seu potencial de ferir) com estruturas de dominação. Embora seja útil criar uma barreira entre, por um lado, tipos de interconexão e distância socialmente legitimados e presumidos entre pessoas e entre pessoas e objetos e, por outro lado, os laços e lacunas que realmente vivenciamos – elementos que são capazes de reverter os arranjos esperados e sustentar o *momentum* crítico transformativo – Barthes, ao fazer essa distinção crucial, simultaneamente convida os vetores hegemônicos de poder e experiência a reafirmarem-se em nosso envolvimento com os detalhes. A transvaloração do teórico das particularidades pictóricas, afetivas e individuais é acompanhada por restrições implícitas no fluxo de detalhes que escoam os movimentos feminizantes que ele inicia através de portais de um esquema masculinizante de subjetividade.

O modelo do impacto afetivo imediato e individualizado do *punctum* postula uma *persona* espectatorial que, embora sujeita a perfurações momentâneas por elementos singulares, levanta o espectador da densa estrutura de relações com o mundo dos objetos culturais e outros agentes estéticos. A elevação do *punctum* do campo de particularidades desacreditadas ao lugar de um objeto de amor (em seus aspectos estimulantes e traumáticos), portanto, acompanha a rejeição de uma série de detalhes esteticamente significativos. Embora Barthes resista ao rebaixamento de gênero dos detalhes da cultura, fenomenologia e relacionamentos, seu avanço do *punctum* também confirma a difamação desses aspectos e serve para masculinizar o reino da particularidade esteticamente atraente. O posicionamento múltiplo e variável do detalhe em um sistema de sobreposição e interação de conotações de gênero necessita de uma resposta mais densa à sua história.

Correspondências entre os relatos de Hume e Barthes entram em vista nesta fase. Ambos os teóricos inventam temas de experiência estética que eles situam no cerne de uma ordem estética de gênero. A hipostatização de Hume do verdadeiro crítico, cujas faculdades e experiências servem como um *telos* e uma pedra de toque para um processo de cultivo, é paralela à presunção de Barthes de um sujeito singular e altamente individualizado que administra indiferença estética e amor. Onde Hume torna o veredicto conjunto de juízes ideais determinante do que tem valor na arte, Barthes avança as percepções da *persona* estética apresentada em *A câmara clara* como a medida da propensão da foto para tocar o narrador. A *persona* cujo afeto responde aos detalhes fotográficos pelos quais é cativada corresponde estruturalmente ao crítico que encontra sua identidade cultural refletida em um mundo de objetos estéticos civilizadores e companheiros. Ao conter efeitos feminizantes dentro da bússola do sujeito singular da experiência estética, a estratégia masculinizante de Barthes apoia o prestígio estético de particularidades recém-valorizadas, enquanto simultaneamente diminui – analogamente a Hume – a importância atribuída aos detalhes da cultura e dos relacionamentos, e ao fenomenal detalhe. Contra Naomi Schor, Barthes não chega a oferecer uma estética desgenerificada.[42] Em vez disso, ele imagina um caminho de feminização, aliado aos contornos contingentes e singulares dos afetos dos observadores, uma trajetória que simultaneamente reforça e sofre o apoio de um contramovimento masculinizante, que causa um efeito no espectador e o posicionamento do observador dentro dos estratos existentes de significado estético.

Ao destacar o triunfo atual do detalhe, Schor pergunta o que isso implica para suas conotações femininas e masculinas e para o peso comparativo dessas dimensões. Três exemplos que examinamos – a saber, o detalhe sensorial na teoria do gosto de Hume, o *punctum* de Barthes e a pérola em *A senhora e a criada* – convidam a uma resposta combinada para essas perguntas. Meus casos exemplificam a proeminência de detalhes estéticos feminizados e feminizantes. Considerando que tais elementos, nas palavras de Schor, não são "assumidos pelo masculino" (1987, 6; ver p. 84 deste capítulo), seu prestígio reside, parcialmente, em sua feminização; é de muitas maneiras contrabalançado por esta feminização, o que se dá substancialmente devido à sua masculinização. A mão esquerda da senhora desafia esse modelo de recuperação. Apesar de toda a sua proeminência na pintura, esta mão retém suas conotações femininas pejorativas, não consegue incorrer em associações masculinas corretivas,[43] resiste à estetização do modelo de animação e, como tal, constitui um caso-limite de postura estética e erótica, que beira o paradoxo.

O contraste entre meus três detalhes de gênero duplo e a mão esquerda inequivocamente feminizada da senhora de Vermeer confirma outra conjectura: o detalhe feminino desfruta de um estatuto estético proeminente na medida em que pode iniciar trajetórias masculinizantes de formação de cultura; sua posição torna-se tênue na medida em que escapa de ser recrutado para tais itinerários.

Demandas culturais de gênero abrigam particularidades estéticas que nos situam em padrões de endereçamento amoroso, para os quais nos orientamos e nos afastamos da morte. Essas estruturas históricas moldam os detalhes de maneira diferenciada, energizando e reprimindo de maneira desigual seu poder estético. O exame das fotos por Barthes "em relação ao que romanticamente chamamos de amor e morte" (CL, 73) eclipsa o alcance abrangente da malha de emaranhados que nos enreda nesses momentos de relacionalidade. Portanto, sua investigação não responde às dificuldades que se aceleram na presença do detalhe. E ainda, a singularidade da atração estética exemplificada na figura do *punctum* (CL, 8, 20) nos alerta para as capacidades que a operação que Schor denomina de "ler em detalhe" disponibiliza aos esforços de alterar o destino do detalhe e de colocar em movimento estruturas generificadas de relacionalidade estética e endereçamento.

Generificar a estética novamente

As práticas estéticas nos situam em esquemas de endereçamento orientados em torno de alinhamentos de vida e ausência de vida. O lugar do detalhe em tais estruturas de relacionalidade exige uma forma de leitura que se move entre o geral e o particular, sem se estabelecer em nenhum dos lados dessa divisão. Essa mobilidade nos proporciona a flexibilidade necessária para desafiar dispensas históricas variáveis de detalhes generificados. Uma prática de leitura nesse sentido nos permite desviar de planos de endereçamento centrados no sujeito geral e singular da experiência estética, do tipo proposto respectivamente por Hume e Barthes. Ela produz pontos de resistência aos códigos de gênero que governam o que conta como cultura, cultivo ou forma cultural.⁴⁴

Vinculando detalhes sensoriais feminizados e bondade artística, o imaginário cultural de Hume possui analogias com a lógica visual holandesa do século XVII que usava pinturas de mulheres bonitas para simbolizar o cultivo de vários tipos.⁴⁵ Detalhes em Vermeer, Barthes e Hume, argumentei, funcionam como elementos de modelos de endereçamento estético que alistam detalhes perceptivos feminizados dentro de trilhas masculinizantes de formação de cultura. Essa pressuposição torna provável que a frieza que o estético deve superar surge em um ponto em que o corpo feminino assume uma forma dessublimatória e sem vida que parece permanecer antitética à cultura, como no caso da algo informe, estagnada, composicionalmente desajeitada carnosidade da mão esquerda da senhora. Não por acaso, *A senhora e a criada* surge em um momento na obra e nos discursos circundantes de Vermeer (como manuais de namoro e pintura, livros de etiqueta e poemas) durante os quais "civilidade", como argumenta Nanette Salomon, veio a superar a "sexualidade" como uma definição característica da feminilidade (1998, 319). Ela identifica uma mudança discursiva de "*minne*" para "*liefde*" na Holanda da segunda metade do século XVII; em outras palavras, uma transição de uma esfera de amor sexual e mercenário ("o-físico-sexual") para uma de amor idealizado e digno ("o-metafísico-civilizado") (322). Essa observação lança luz sobre o drama encenado por Vermeer: o espetáculo que envolve suas protagonistas e o ambiente circundante ativa tensões entre desenhos amorosos anteriores e posteriores. Essas duas fórmulas para o desejo criam demandas pictóricas conflitantes sobre os poderes estéticos do detalhe sensorial; uma figuração tensa da sexualidade e da incorporação femininas dá forma ao atrito entre dois esquemas de relacionalidade, endereçamento e promessa. Vermeer torna essa pressão visível na mão da senhora.

Em um plano que opõe a sexualidade e a incorporação ao cultivo, o estético, previsivelmente, é incapaz de animar um detalhe que Vermeer apresenta como uma fuga à estrutura de significado artístico de uma pintura. Daí a frieza do espectador. No entanto, essa frieza não é estável, nem o é o endereçamento masculinista supostamente cultivador que a subscreve. A mão da senhora desafia a posição delineada pela pérola. Acho a carnosidade passiva da mão um tanto repulsiva. Experimento

Capítulo 3 • O detalhe estético generificado

sua falta de forma de um modo ameaçador e um pouco repulsivo. Meu domínio culturalmente fortalecido sobre a pintura e sobre minha identidade de espectadora escorrega. A irritação surge com o recrutamento de Vermeer da senhora em uma economia significativa que ele organiza em torno da carta e da pérola, que oferece à senhora as opções duvidosas de envolver-se em um autoconsolo ambivalente ou de buscar ícones de presença masculinista, um oferecido acima de seus olhos, outro pendurado em sua orelha. Começo a me retirar da estrutura de desejo da pintura.

Outras formas de endereçamento anunciam-se na obra. A gentil presença corporificada da criada contraria o comportamento hesitante da senhora. Negando à senhora a companhia de uma atendente afetuosa e respeitosa, Vermeer a coloca em contato com um sujeito de conhecimento que reúne uma consciência solidária, mesmo que irônica, sobre o que sua empregadora está fazendo. A diversão agradável da criada é sugerir atitudes que excedem a frieza, repulsão, irritação e ameaça. A compaixão me enche por conta da falta de recursos sugerida pela carnalidade inerte da mão. Admiro com empatia um momento de dissolução corporal. Tomada pela ansiedade em nome da senhora, agora temo o olhar frio projetado anteriormente. O privilégio de classe e raça proclama sua eficácia material em sua carne e seu lindo casaco. A pérola extrai energia visual do gesto autoerótico da senhora. Surge o desejo de elaborar fios da intriga. Essas experiências contêm traços de esquemas de endereçamento que contornam substancialmente o modo distante e masculinista exemplificado pela pérola. Elas trazem à tona detalhes de experiência, relacionalidade e endereçamento que fogem ao plano de cultivo de atenção validado pelo paradigma de civilidade que regia as pinturas de gênero holandesas da década de 1660.

Meu envolvimento com a mão da senhora se afasta das ligações que Hume marca entre os detalhes desejados e a hipótese de uma posição interpretativa culturalmente autorizada. Em vez de evidenciar uma ruptura pronunciada entre os sistemas estéticos padronizados e pré-padronizados, meu endereçamento para o trabalho e o endereçamento do trabalho para mim forjam uma rede flutuante de conexões e desconexões entre essas matrizes. A interpretação da pintura que apresentei ocorre dentro de quadros de animação amorosa que direcionamos tanto para a morte quanto para longe dela. Ao mesmo tempo, atravessa vários esquemas de endereçamento. Minha leitura muda entre o geral e o particular, evitando a coagulação em qualquer polaridade. A resultante mobilidade crítica nos proporciona a flexibilidade de que precisamos para envolver o posicionamento diferencial dos detalhes dentro e entre as estruturas de endereçamento. Uma habitação elástica de encontros entre modos de endereçamento abre a experiência estética para paixões, estratos de relacionalidade e formas de cultura que frustram arranjos generificados de detalhes que a história da estética nos conferiu.

A situação difícil do detalhe na estética fala dos dilemas que convidamos ao atribuir a experiência estética ao papel de um detalhe. As capacidades interpretativas e regeneradoras emanadas dos modos de endereçamento que direcionamos aos detalhes, e os detalhes a nós, impedem o funcionamento estável do estético naquele lugar. A estratégia versátil de endereçamento que comecei a descrever, baseando-me em Schor e Barthes, mantém em estoque uma resposta crítica a projetos que relegam a estética a uma existência periférica.[46]

Como sugeri a respeito de Hume, Barthes e Vermeer, os detalhes funcionam em estruturas de endereçamento que ligam experiências estéticas, sujeitos, paixões. Eles atravessam estados que compreendemos sob as rubricas de vida e morte, intrincadamente e às vezes paradoxalmente enredando tais momentos. Os detalhes ganham conotações de gênero como elementos de relações entre agentes estéticos, ações, percepções, objetos, formas e teorias. Uma prática crítica de endereçamento da necessidade ocorre dentro de estruturas de relacionalidade que ela contesta e excede. Em suma, ela é inerente aos arranjos que tenta mudar.[47] Os detalhes que examinei apontam a complexidade das constelações de gênero que os envolvem. Em vez de convocar pontos de vista anti ou anestésicos unilaterais ou exaltações genéricas de particularidade, ou sinalizar impulsos pré-estéticos residuais não resolvidos, as perplexidades que emergem aqui pedem perambulações críticas dentro de zonas de relacionalidade e abordam esses caminhos dirigidos para trabalhar em determinados locais. Desencadeando inevitavelmente construções problemáticas de gênero, os agentes estéticos são, no entanto, capazes de guiar essas formações em direções alternativas. Jogando o detalhe contra o todo, o abstrato e o ideal, e testando o geral à medida que se choca com o particular e o singular, podemos energizar nossos poderes para reestetizar o gênero e generificar a experiência estética.

Fatia temporal

Um pouco mais de detalhes sobre os detalhes

Esta seção fornece, para o leitor curioso, histórias complementares sobre as ideias apresentadas no capítulo atual. Meu foco será na interpretação como um modo de endereçar e ser endereçado por detalhes, e nas ligações entre detalhe, cultivo e incorporação.

A interpretação regenerifica o detalhe. Ainda assim, tal regenerificação frequentemente falha em trazer generificações significativamente novas; ela constantemente segue caminhos desgastados de masculinização e feminização. Enquanto o processo de leitura mantém em movimento o campo de sentido da obra, detalhes como a mão da senhora ou a pérola entram em relações imprevistas com outros elementos pictóricos e participam de novas formas de endereçamento entre o observador e a obra. Durante a interpretação, a posição generificada do detalhe, portanto, permanece em fluxo. Isso significa que o detalhe não pode ser ancorado em uma posição de gênero estável, masculina, feminina ou outra.

Ao falar dos detalhes duplamente generificados que exploramos – o detalhe sensorial em Hume, a pérola em Vermeer, o *punctum* em Barthes – a linguagem do "duplo" serve então como uma abreviação para um fenômeno de múltiplas camadas. Isso é de se esperar no domínio do gênero e da estética. Feminização e masculinização compreendem formações amplas que não circunscrevem alternativas mutuamente exclusivas, nem especificam exaustivamente o campo das possibilidades de gênero. Mobilizando estruturas representacionais específicas do contexto, expressões idiomáticas perceptuais e repertórios corporais ativam modalidades interpretativas que mudam através de locais históricos e culturais. O escopo de fatores que potencialmente influenciam as conotações de gênero que um detalhe adquire nos registros de posicionamentos masculino, feminino, *queer*, trans ou intersexual, em princípio, é infinito. Essa ilimitabilidade muitas vezes impede estipulações determinadas e conclusivas dos atributos de gênero de um detalhe. A emblemática elasticidade e a variabilidade interna das designações sexuais e de gênero residem substancialmente na plasticidade das interpretações, isto é, das percepções e leituras ao longo das quais atribuímos signos de gênero e de sexualidade. O estético fornece quadros cruciais que dão forma a tais interpretações. Consequentemente, a feminização e a masculinização estão em produção, em buscas estéticas do tipo empreendido por Hume, Vermeer e Barthes, bem como na investigação em andamento neste livro – elas estão longe de delineamentos preestabelecidos.

As orientações de interpretação, fundamentalmente múltiplas e abertas, emergem em várias conjunturas de endereçamento que consideramos. Os detalhes regularmente reúnem os agentes estéticos em linhas colaborativas de endereçamento que se desenrolam em direções surpreendentes. Investigando as estruturas de animação recíproca no presente capítulo, participamos de contínuas linhagens de endereçamento que emergem entre pessoas e objetos. Embora trechos desses caminhos fluam e alcancem padrões relacionais distintos nos quais habitamos como indivíduos, as especulações de Barthes sobre o caráter notável do *punctum* apontam para um nó eficaz que desencadeia tais itinerários, análogo ao funcionamento das odes elementares imaginadas por Neruda.

Barthes torna "notáveis" os modos estéticos de endereçamento que ele explora, aqueles do *punctum* para o observador

Capítulo 3 • O detalhe estético generificado

e do observador para o *punctum*, à maneira do *punctum*, que, na visão de Barthes, é um modo de tornar os elementos "notáveis" (CL, 34). Tornando notável a figura do *punctum* e seus modos de endereçamento circundantes, Barthes coloca-se em uma posição semelhante à de Stendhal, que – ele observa – "trata como notável" leite, pão com manteiga e laranjas, e de Amiel, que – ele nota novamente – registra o tempo nas margens do lago de Genebra (1975 [doravante "PT"], 45, 53-4). Segue-se uma cadeia de formas animadas de endereçamento de e para os detalhes. Além de Stendhal e seu pão e laranjas (há mais: morangos açucarados, leite e mais coisas ainda [45]), e de Amiel e seu clima, esta sequência inclui Barthes, que registra detalhes notáveis em escritores anteriores, e Schor, que reconhece nos dedos que se abrem em Barthes o *punctum* (1987, 94-5) e torna notável o V resultante como uma "lacuna erótica, uma espécie de ícone da castração" (96). Outras pessoas que encontramos participam de formas paralelas de endereçamento. Isso inclui Hume, que cria um desejo por detalhes sensoriais, e a pessoa amorosa cujo amor torna amável uma pessoa amada que capturou o fascínio do amante (Barthes LD). Este elenco de personagens nos dá pontos de conexão (e desconexão) com os quais podemos experimentar, e que podemos modificar, até mesmo eliminar, conforme o caso, ou passar adiante de forma alterada.

Ao forjar laços históricos e antecipando os futuros, esses atos de captação e transmissão se desdobram em redes existentes de relações e endereçamentos que sustentam e limitam o alcance desses gestos. Tratar dos detalhes, portanto, cria maneiras de ser afetado por eles; ser afetado por eles cria maneiras de abordá-los. Desenvolvendo uma leitura em detalhes de partes de *A senhora e a criada*, presumi que formas produtivas de engajamento crítico com detalhes podem emergir de um endereçamento para a pérola e a mão da senhora, pelas quais seguimos atraídos e aversos no que diz respeito ao que esses elementos despertam. Essa estratégia de crítica imanente (sublinhada pelo "em" do "em detalhe") simultaneamente afirma e desestabiliza estruturas de relacionalidade e endereçamento já estabelecidas que conhecemos. Uma dinâmica desse tipo também caracteriza a abordagem de Hume, embora ele de muitas maneiras aspire a uma ruptura mais radical de endereçamento: Hume visa a romper com uma prática estética pré--padronizada da qual falha em extrair sua posição; ele se aplica aos detalhes de uma perspectiva inerente a esta formação. O detalhe estético não padronizado o mantém fascinado, embora ele tente deixá-lo para trás enquanto institui um recinto de experiência sancionada. Influências duradouras e atrações por detalhes que, no caso de Hume, acabam sendo difíceis de abandonar, ainda que eu as incorpore, sintetizam o que Schor chama o atrair do detalhe (1987, 6-7) e, mais especificamente, revelam o entrelaçamento de nosso endereçamento ao detalhe com o endereçamento do detalhe para nós.

Enquanto *A senhora e a criada* de Vermeer convida à participação em um complexo de endereçamento masculinista que gira em torno do brinco da senhora, diferentes detalhes dão suporte a formas de endereçamento e prazer além daquelas centradas na pérola: o formato do colarinho da criada e o gancho da caixa em cima da mesa dão suporte ao prazer de testemunhar uma feminilidade fundamentada, inteligente e bem informada; a textura e as dobras, os cachos e o tom amarelo encorajam as identificações com uma mulher elegante vestida com um casaco atraente; a bochecha da criada pode convidar à fantasia de uma intriga amorosa entre senhora e criada. Cada endereçamento contém uma promessa. A pintura induz uma submissão imaginária produtiva a um olhar masculinista ausente, mas também sustenta prazeres fluindo de outras linhas de participação e apreensão, incluindo o prazer de visualizar o controle que alguém exerce sobre sua empregadora sendo inteligente, ou de imaginar seduzir a criada ou a empregadora de alguém.

A pintura de Vermeer liga o encontro entre esquemas amorosos que encena com uma rica rede de vetores de endereçamento que se cruzam. Por exemplo, para mim, a presença da criada transfere algum afeto caloroso para o corpo da senhora. A criada parece tornar notável o corpo da senhora de uma forma que a própria senhora não faz. Uma fonte de afeto frio para a mão da senhora pode significar que sua hesitação desencarnada afeta, de alguma forma, o tipo específico de "notabilidade" que ela empresta a seu próprio gesto. Isso pode encurtar uma canalização de sentimentos calorosos do espectador em direção à mão da senhora, em contraste com as projeções desobstruídas pousando em seu elegante casaco amarelo e em seus bonitos forros de pele. Ao mesmo tempo, canais perceptivos adicionais de afeto na pintura confirmam a bondade que emana da criada. Alguns sentimentos afetuosos na mão esquerda da senhora emergem em minha experiência de correspondências visuais com outros elementos pictóricos. Vejo uma ressonância entre a parte inferior do polegar da senhora e a saia da criada, que se manifesta no V do braço esquerdo da senhora e nas dobras da toalha de mesa e do seu paletó. Essas correspondências são comuns em Vermeer. Gowing (1952, 44) vincula os panos das pinturas com formas abertas, variando de cortinas que representam "quietude e reclusão", até sua "antítese", "uma forma de V saltitante e mal equilibrada" (71n. 17). Em *A senhora e a criada*, a mão direita tensa e fechada da senhora, juntamente com ondas na toalha de mesa, fornecem tais contrastes para a mão esquerda aberta e impassível.

Na verdade, a noção de Barthes da "imobilidade amorosa, ou fúnebre, no próprio coração do mundo em movimento" (CL, 6) fala sobre a posição pictórica da mão carnuda da senhora. Como suas observações sobre o *punctum* são enriquecidas com o vocabulário lacaniano, vale a pena ponderar brevemente o que uma visão lacaniana das tensões que traçamos pode revelar. Em uma perspectiva consoante com o *Seminário XI* de Lacan, a repulsiva mão carnuda da senhora anuncia uma intrusão traumática do real no simbólico. A discussão de Žižek (1995, 206-7) sobre os pré-rafaelitas explora detalhes perturbadores e misteriosos com esse espírito. Um relato que, após o *Seminário XX*, enfatiza o impacto do real no simbólico e na lacuna entre o real e o simbólico (Barnard, 2002, 179-85) sugere uma interpretação mais estratificada: a mão da senhora, concebida ao longo dessas linhas, marcaria um momento de vulnerabilidade que não se inscreve no quadro simbólico que organiza a pintura e que, como tal, torna-se ameaçador e repulsivo. A ideia de Barthes de que o efeito do *punctum* falha em "encontrar seu sinal" registra esse tipo de impossibilidade (CL, 51). Mas esse momento de representação excluída acompanha a capacidade da mão de significar uma materialidade que persiste além do quadro simbólico da pintura e abre possibilidades para uma estrutura significativa diferente – uma forma divergente de corporeidade, um tipo díspar de gozo e uma relação alternativa e não traumática do sujeito feminino com o Outro. Talvez a pintura, então, proporcione-nos um vislumbre de maneiras pelas quais, em termos lacanianos, o real pode atingir um significante (Barnard, 2002, 179, 184n. 10) ou estar a caminho de ganhar um determinado signo. Este processo inacabado pode ser visível no alcance e no movimento incertos da mão esquerda da senhora. Consequentemente, tanto na teoria de Hume, quanto em uma abordagem da mão da senhora baseada em Barthes e Lacan, fricções emergindo em detalhes parecem travessias íntimas entre estruturas de endereçamento apenas parcialmente disjuntivas e salientes, percebendo cruzamentos e encontros que ativam uma fartura deslumbrante de orientações de gênero.

Capítulo 3 • O detalhe estético generificado

Na opinião de Barthes, o *punctum* pode romper a indiferença não por abandonar a frieza em uma efusão de calor ou adoração, mas no modo de repulsão ou no grotesco. Ele comenta uma fotografia de Duane Michaels em que Andy Warhol coloca as mãos na frente do rosto: "[Ele] oferece as mãos para ler, abertamente; e o *punctum* não é o gesto, mas a substância levemente repelente daquelas unhas espatuladas, ao mesmo tempo macias e pontiagudas" (CL, 45). Pequenas porções ligeiramente repugnantes do corpo tocam Barthes com a força e o sobressalto do *punctum*, desviando os princípios cultos do *studium*. As oposições entre cultivo e corporificação permeiam a lógica do *punctum* que Barthes esboça, em desacordo como ele considera estar com o funcionamento do *studium* (CL, 18). Unhas recorrentes, às vezes sujas, talvez junto com um dedo enfaixado, sinalizam a presença do corpo como incongruente com a ordem da cultura (25, 30, 45, 51). Antíteses análogas surgem na teoria de Hume e na pintura de Vermeer. Cada caso exibe divisões entre a cultura e o corpo, bem como forças que interrompem essas divisões. Essas oposições e pontes, como vão sugerir os Capítulos 5 e 6 deste livro, são endêmicas ao significado estético.

Configurações de detalhes do tipo identificado neste capítulo não são de forma alguma exclusivas dos teóricos e artistas específicos que examinamos. A permanência, a imobilidade e a atemporalidade aparecem marcadamente em outros contextos como parâmetros de desvalorização, mesmo que em muitos aspectos valorizados. Explorando essas qualidades de detalhe amplamente negligenciadas, McClary (2000) defende uma reavaliação crítica multinível das práticas de performance e premissas analíticas que moldaram o repertório musical francês do século XVII. A música dessa época foi considerada de segunda categoria por razões relacionadas com seu sabor de ornamentação e detalhes sensuais, sua concomitante falta de desenvolvimento teleológico e caráter fora do tempo. O relato de McClary indica que o lugar estético que concedemos aos detalhes reúne práticas afetivas, perceptivas, performativas, conceituais e imaginárias. Regenerificar detalhes é mudar nossas relações estéticas nesses planos divergentes porém interconectados de endereçamento que, ativando registros econômicos e políticos, reúnem-se sob a rubrica de cultura e também sob o título de agência corporificada socialmente situada.

4
O trabalho moral, político e econômico da beleza

"Sim, estou apaixonado por Macabéa, a minha querida Maca, apaixonado pela sua feiura e anonimato total pois ela não é para ninguém. Apaixonado por seus pulmões frágeis, a magricela."* É o que diz o escritor Rodrigo S. M., autor de ficção inventado pela romancista brasileira Clarice Lispector. Ele oferece sua proclamação de amor no último romance de Lispector, *A hora da estrela*, que é mais conhecido pelo roteiro de um filme de sucesso com esse nome e, por meio da obra de Hélène Cixous, como um paradigma da *écriture* feminina.[1]

Rastreando as colaborações da beleza com estados de disparidade econômica e violência social, o romance explora o abandono estético de sua protagonista simplória e "cor de suja"** Macabéa.[2] A feiura da jovem representa uma dimensão aparente de sua expulsão de vários setores da vida coletiva. Ela equivale a um elemento menor – um detalhe insignificante. A tentativa de Rodrigo de escrever sobre o ser insubstancial que impulsiona seu projeto narrativo o sobrecarrega com a tarefa paradoxal de ter a matéria insignificante. Ele deve valorizar a existência de uma pessoa descartável. Como isso é possível sem diminuir a irrelevância dela?

Em vez de resolver este dilema, Lispector rejeita ambas as alternativas que apresenta – a suposição de que a existência de Macabéa é significativa, bem como a ideia de que é amplamente sem sentido. Dramatizando a tensão entre essas duas possibilidades, o romance usa o impasse que a autora enfrenta para empurrar os limites da teia de relações estéticas que cercam a jovem – laços e distâncias que devem sua organização, em parte, ao funcionamento da beleza. A leitura como detalhe de Macabéa

---

* N.T.: Para as citações do texto de Clarice Lispector deste capítulo, adotamos o texto original de *A hora da estrela*. Rio de Janeiro: Rocco, 1998 [1977]. Em algumas passagens, mantemos a edição em inglês (1986).

** N.T.: No original, Lispector (1998, 59), a expressão é "cor de suja". Na tradução para o inglês usada pela autora: "*mud-colored*", equivalente a "cor de lama".

por Lispector é também uma leitura crítica em detalhes de um padrão de relações estéticas.

Seguindo o caminho que Lispector percorre no romance, este capítulo examina o trabalho organizacional com que a beleza contribui para os sistemas de relacionalidade estética apresentados por Platão, bem como por vários filósofos do Iluminismo. Como um elemento estrutural da relacionalidade estética, a beleza exibe compromissos morais e políticos conflitantes em vastas áreas da teoria estética. Está ao lado do ético e do antiético, da justiça social e também da exploração. Servindo em sua capacidade de portadora de valor e registro de experiência, a beleza realiza tipos vitais de trabalho relacional e implementa ameaças e promessas estéticas. Essas funções não são menos robustas hoje do que eram historicamente, e vêm à tona no feitiço de gênero e raça do belo. Desempenham um papel nas conexões que a beleza entretém com a mobilidade econômica e o abandono, e podem ser reconhecidas em seus laços nas construções de cidadania cultural e liminaridade. *A hora da estrela* examina esses temas. Lispector contesta aspectos fundamentais do aparato conceitual que a história da filosofia ocidental associa ao estético. Para revelar o escopo de sua crítica, juntamente com a profundidade de seu alvo implícito de análise, examinarei precedentes teóricos dos fenômenos estéticos que ela problematiza. Lispector responde à situação difícil da beleza assumindo a tarefa e alterando os modos de relacionalidade e endereçamento que a beleza ajuda a orquestrar. Contra o pano de fundo das estruturas históricas subjacentes às operações do belo, o manejo que o romance faz das dificuldades do conceito vem à tona e chama a atenção para estratégias mais amplas para endereçar não apenas a situação da beleza, mas também as ambivalências do estético.

Beleza e feiura em *A hora da estrela*

Na voz de seu autor fictício, Rodrigo S. M., *A hora da estrela* conta a história de Macabéa, uma jovem nordestina no Brasil. Órfã desde cedo e criada pela tia, ela se muda para o Rio de Janeiro, onde trabalha como datilógrafa com seu chefe e sua colega de trabalho, Glória. Rodrigo, o autonomeado criador de Macabéa, proclama a masculinidade de sua autoria – uma escritora, ele declara, teria "lacrimejado piegas" narrando esta história (Lispector, 1998, 10). Ele professa seu amor pela personagem na passagem anteriormente citada: "estou apaixonado por Macabéa, a minha querida Maca, apaixonado pela sua feiura e anonimato total pois ela não é para ninguém. Apaixonado por seus pulmões frágeis, a magricela" (73). Essa estetização direta da pobreza reverte as implicações afetivas típicas da feiura. Ao mesmo tempo, o amor incondicional de Rodrigo pelo corpo vitimado se destaca em seu ultraje, resistindo à assimilação em uma narrativa sublimatória que poderia conferir legitimidade moral à atitude dele, de Lispector e do leitor em relação à jovem moradora de uma favela do terceiro mundo, uma mulher que parece indistinguível de inúmeras outras. A pobreza abjeta torna a vida de Macabéa supérflua. Cabe a ela permanecer um resíduo insignificante, negligenciado por todos, exceto – como ele imagina – pelo autor. Este destino é, em grande parte, devido à sua tez pálida, a seus ombros caídos, a seu odor corporal, à sujeira sob as unhas das quais ela mastigou boa parte do esmalte vermelho cintilante. Em suma, trata-se de sua "feiura". A única "coisa belíssima na sua vida", ficamos sabendo, é a ária de Donizetti, "Una lacrima furtiva", cantada pelo tenor Enrico Caruso, que ela ouve no rádio (57). Ela também encontra prazer no canto de um galo e nos sinais de navios de carga. Rodrigo conta que Macabéa adora estrelas de cinema e gostaria de ser como Marilyn Monroe.

> Já que ninguém lhe dava festa, muito menos noivado, daria uma festa para si mesma. A festa consistiu em comprar sem necessidade um batom novo, não cor-de-rosa como o que usava, mas vermelho vivante. No banheiro da firma pintou a boca toda e até fora dos contornos para que os seus lábios finos tivessem aquela coisa esquisita dos lábios de Marylin Monroe. Depois de pintada ficou olhando no espelho a figura que por sua vez a olhava espantada. Pois em vez de batom parecia que grosso sangue lhe tivesse brotado dos lábios por um soco em plena boca, com quebra-dentes e rasga-carne (pequena explosão). Quando voltou para a sala de trabalho Glória riu-se dela:
> – Você endoidou, criatura? Pintar-se como uma endemoniada? Você até parece mulher de soldado.
> – Sou moça virgem! Não sou mulher de soldado e marinheiro.

– Me desculpe eu perguntar: ser feia dói?
– Nunca pensei nisso, acho que dói um pouquinho. Mas eu lhe pergunto se você que é feia sente dor.
– Eu não sou feia!!! — gritou Glória.
Depois tudo passou e Macabéa continuou a gostar de não pensar em nada. (67)

Em certo nível, o texto enquadra a pobreza feminina como feia, de forma a colocar a beleza corporal, incluindo suas conotações de desejabilidade social e potencial de mobilidade ascendente, fora do alcance de Macabéa. Seus esforços para gozar do bom gosto material fracassam, como na cena do batom, ou quando, depois de visitar os pais de Glória, mal consegue evitar de vomitar o chocolate quente que bebeu, ou quando, ao som de sua própria voz, seu canto se transforma em choro. Macabéa não passa de uma repetição grotesca ou melancólica de conquistas estéticas que outros realizam com sucesso, como é natural. O belo, o feio, o malformado e o grotesco são instrumentos para interpretá-la como estranha à esfera da subjetividade e da sociabilidade comuns. Esses marcadores estéticos selam sua dispensabilidade, apesar de seu amor pela Coca-Cola e estrelas do cinema de Hollywood como Greta Garbo, fato que a qualifica como uma leitora competente de uma corrente transnacional de produtos culturais, e constitui um ponto de acesso à Modernidade (69). Quando Macabéa pergunta a seu namorado de poucos meses, Olímpico, cujas sensibilidades realistas infalivelmente contrariam as percepções semióticas desinteressadas dela, "Sabe que Marylin era toda cor-de-rosa?" ele afirma sem rodeios o cruzamento dos registros raciais, médicos e econômicos de sua incorrigibilidade estética, respondendo que ela, Macabéa, era da cor de suja.[3] Os sinais e símbolos dos quais ela gosta não lhe trazem as coisas reais a que ela se refere, sua "designa[ção]", como diz Macabéa (1986, 15). De fato, a palavra "mimetismo" (*sic*) a preocupa (61). A indisponibilidade de embelezamento feminilizado e feminilizante é uma dimensão integral de seu desempoderamento.

Por meio de noções implícitas ou explícitas do belo, do feio, do grotesco e do malformado, *A hora da estrela* atribui, então, uma gama de conotações clássicas a corpos posicionados diferencialmente. As expe-

Capítulo 4 • O trabalho moral, político e econômico da beleza

riências, avaliações e desejos que as categorias estéticas servem para moldar e capturar no romance ajudam a tecer uma rede de relações entre os próprios seres humanos e entre humanos, objetos e lugares. A beleza e suas antíteses circunscrevem operações de posição e poder, possibilidade e constrangimento, admissão e banimento.

Sem a certeza de um corretivo, Lispector suspende a aplicabilidade da linguagem da beleza e da feiura que ajuda a organizar as relações de Macabéa com os outros e com ela mesma. Em relação à catástrofe que a menina exemplifica, as bases para uma postura ética ou política sustentável desabam. *A hora da estrela* solapa um vocabulário normativamente estetizado da pobreza, arrancando desse léxico um olhar crítico sobre os termos e as condições da estetização. O leitor é convidado a reconsiderar o papel da beleza na manutenção, discursiva ou não, da pobreza, da desigualdade global e da marginalização social.

Grotescas, tristes ou mesmo horríveis, as tentativas de embelezamento e autoestetização de Macabéa não podem ser lidas como meros fracassos. Provocando crueldade e indiferença, expõem a violência do regime de beleza e feiura por meio do qual riqueza e pobreza são compreendidas e habitadas por seus companheiros e pela autora. As performances grotescas de Macabéa exercem resistência, mesmo que de forma inconsciente, sem ênfase, sem ser totalmente intencional ou não intencional, como evidenciado pela veemente censura de Glória e Olímpico. Desafiando o significado cultural normalizado, seu batom articula uma fisicalidade de oposição. Suas percepções urbanas solitárias, consumistas e ambientais não esgotam sua vida estética, como pode ser testemunhado nos "erros ortográficos" que ela introduz nos documentos que datilografa, sua voz que canta uma rima de amor desafinada, sua ânsia de vomitar o chocolate quente que lhe é oferecido – substância que é confortavelmente internalizada pelos corpos nutridos e de classe média de Glória e seus pais. Esses atos e desejos refratam a construção de beleza da cidade e do cinema. Eles instanciam uma espécie de beleza em seu próprio direito, necessitando de um enquadramento alternativo do belo que excede os alinhamentos normativos do romance. Envolvendo o leitor numa dinâmica estética que o romance se recusa a encerrar e impregnando essa dinâmica na urgência do desastre, Lispector articula a necessidade de submeter as estruturas de relacionalidade estética à transformação.

Beleza e ordem moral: Platão, Shaftesbury e Hutcheson

Macabéa é um detalhe que é apaixonada pelos detalhes.[4] A leitura como detalhe de Lispector sobre sua personagem é também uma leitura em detalhe do estético. O romance joga elementos singulares (Macabéa e suas percepções) contra forças de grande escala (como princípios de conveniência econômica e divisões globais do trabalho), enquanto também reposiciona particularidades (Macabéa, Glória e Olímpico) em resposta à transmutação de projetos sociais abrangentes (incluindo os esquemas narrativos do autor e as construções dele e do leitor sobre a pobreza – formações que lutam para acomodar o ser anômalo de Macabéa, conforme a história avança). Assim, *A hora da estrela* desorganiza as relações entre os detalhes e as ordens de significado que os envolvem. Destaco a sabotagem de Lispector às hierarquias culturais que sustentam a dispensabilidade de Macabéa, e procuro elucidar os desafios que o romance coloca aos planos de diferenciação estética ao justapor a obra com modelos históricos de relacionalidade, aqueles que entrelaçam beleza com amor, ordem e produtividade econômica.

A história filosófica da beleza apresenta um dilema. Por um lado, os filósofos atribuem ao belo um significado irrevogável para a ética, para o desdobramento da subjetividade e para a construção da cultura. Por outro lado, o poder da beleza de realizar o que se qualifica como liberdade, bondade, verdade e a esfera pública acompanha suas contribuições para constelações injustas de diferença. Com a ajuda de análises de Bernard Mandeville, Mary Wollstonecraft e comentaristas contemporâneos, as seções a seguir rastreiam esse problema nos escritos de Platão, Shaftesbury, Francis Hutcheson, David Hume, Adam Smith e Edmund Burke, que localizam a beleza em uma rede de relacionamentos que ela ajuda a orquestrar. Em todos esses textos, pode-se ver que o funcionamento organizacional do belo dá origem a figurações de diferença social codificada hierarquicamente. São arranjos desse tipo que Lispector nos impele a derrubar para desestabilizar a posição de Macabéa como detalhe.

O Iluminismo escocês atribui à beleza grande peso moral e político.[5] Para Shaftesbury, Hutcheson, Hume e Smith, entre outros, o belo está em relação direta com a ordem social moralmente boa. Shaftesbury e Hutcheson compreendem esta ordem como o desígnio de Deus. O sentido

Capítulo 4 • O trabalho moral, político e econômico da beleza

humano de beleza é capaz de registrar a presença desse desígnio reconhecendo antecipadamente ao benefício ou à utilidade pessoal, e independentemente da compreensão racional, ou seja, de forma desinteressada, aquelas ações, traços de caráter e formas que se encontram em proporção com o todo, e que, como tal, qualificam-se como boas. Nas visões de Shaftesbury e Hutcheson, o senso de beleza de uma pessoa intuitivamente percebe como belos os elementos que também são morais e racionais no contexto do todo mais amplo.[6] Essa ideia permite que Shaftesbury (e em menor medida Hutcheson) defenda um processo de educação estética que dá ao indivíduo um lugar adequado na ordem moral e torna possível a realização coletiva dessa ordem como nação. Declarando as artes e as virtudes amigas (1964, 1: 217) e recomendando "a moral no mesmo caso com... os modos" (2: 257), Shaftesbury atribui à arte a tarefa de tornar os indivíduos moralmente louváveis (1: 214, 1: 218, 1: 228, 1: 260-1, 1: 279-82). Ele delineia a trajetória ética e estética que vislumbra por meio de comparações com exemplos de formas e gostos inferiores, que aconselha ao agente virtuoso e esteticamente apto a evitar.

> Figuras grotescas e monstruosas costumam agradar. Espetáculos cruéis e barbaridades também agradam... Mas esse prazer está certo? E devo segui-lo se ele apresentar-se? Não me esforcei com isso, ou me esforcei para impedir seu crescimento ou prevalência em meu temperamento?... Como fica o caso de um tipo de prazer mais suave e lisonjeiro?
> ... A efeminação me agrada. As figuras indianas, o trabalho do Japão, o esmalte chamam minha atenção. As cores atraentes e a tinta brilhante fazem crescer minha imaginação. Um estilo francês ou flamengo é muito apreciado por mim à primeira vista, e sigo meu gosto. Mas o que se segue?... Não perco para sempre o meu bom gosto? Como é possível que eu venha a provar as belezas de um mestre italiano, ou de uma mão felizmente formada sobre a natureza e os antigos? Não é por lascívia e humor que alcançarei meu objetivo e chegarei ao prazer que proponho. A arte em si é severa, as regras, rígidas. (1: 218-19)

Shaftesbury articula os significados dessa arte severa, dessas regras rígidas[7] e do prazer que elas proporcionam, em parte, por contraste com

A promessa cultural do estético

elementos conotados pejorativamente em termos de grotesco, monstruoso, efeminado e bárbaro. Essas denominações diferenciam o caminho ético e o estético que devem resultar na beleza, bondade e estatuto civilizado ("polidez") de modelos de subjetividade compreendidos como femininos, vulgares, de origem cultural suspeita ou amorfos. Na prosa fragmentária de Shaftesbury:

> A polidez nas figuras ainda ajudava a polir a graça... Assim como as belas formas instruem (levando a polidez com suas consequências), o feio barbariza. Mas isso afirma: que não há nem judeu, nem egípcio, nem chinês educado.
> Este é um juízo sobre a polidez. Se for educado; mostre-me uma imagem, uma estátua, moeda, proporção, natureza. Mas arabesco! Japonês! Indiano! Selvagem. Monstruoso. Mesmo em seus retratos, peças de prazer, peças devassas. Também deuses monstruosos, assustadores de acordo com os modelos egípcios e sírios; ou mesquitas turcas, sem arquitetura, ou estátuas, ou figuras: ou tão ruim quanto nenhuma.
> Ideias assustadoras, horríveis e cruéis alimentadas por tais formas divinas; ideias suaves, gentis e humanas, por formas verdadeiramente humanas, e a divindade representada pela melhor, mais doce e mais perfeita ideia de humanidade para o vulgar. Mas sem aplicação a divindades, e simplesmente visto e contemplado em cidades, bosques, estradas, lugares, jardins, fóruns etc., *emollit mores*.
> "Figuras ruins: mentes ruins." "Projetos tortos: fantasias tortas." "Sem desenhos: sem pensamentos." Então, turcos etc. (1914, 103-5)

Simultaneamente vazios e cheios, os princípios acima obscurecem o que exatamente está sendo definido em termos de o que e por quê. Os significados dos conceitos estéticos e raciais ou étnicos aproximam-se intimamente. Um exemplo disso é a sequência em *staccato*,[*] "Mas arabesco! Japonês! Indiano! Selvagem. Monstruoso". A lista de veredictos genéricos de Shaftesbury implanta noções de feminilidade, vulgaridade,

---
[*] N.T.: *Staccato* (ou destacado) é um termo em italiano que corresponde a uma técnica de execução musical vocal ou instrumental.

Capítulo 4 • O trabalho moral, político e econômico da beleza

ausência de forma, bem como vários tipos de diferença cultural como substitutos para significados moral e esteticamente questionáveis.[8] Espaços reservados minimamente descritivos para entendimentos que o leitor é convidado a fornecer, esses conceitos solicitam a colaboração do leitor na direção do curso certo em direção ao belo e ao bom. Na ausência dos esforços suplementares do leitor, a linguagem traça tautologias tortuosas. Relacionalidade, em Shaftesbury, baseia-se fortemente na prontidão do leitor para fornecer conexões ausentes.

As preocupações raciais e étnicas de Shaftesbury se manifestam mais concretamente em seu interesse em evitar que os cidadãos vivam prazerosamente em "prodígios de países mouros e pagãos", que ouçam "relatos monstruosos de homens e maneiras monstruosas" (1964, 1: 222) e que desenvolvam um amor por "narrações estranhas" (1: 224). Parte dessa ansiedade, que surge em um comentário sobre o *Otelo* de Shakespeare, é que as mulheres britânicas brancas vão se apaixonar por "uma raça misteriosa de feiticeiros negros que, como se dizia antigamente, insinuavam-se nas casas e levavam mulheres tolas cativas" (1: 224). Shaftesbury preocupa-se que a curiosidade dos leitores sobre as mensagens que esperam que os objetos incomuns da visão e da audição transmitam sejam transferidas para as pessoas dos contadores de histórias, tornando-os "sagrados e tremendos" (1: 225). Ele prevê a consequência de que "mil Desdemonas estarão então prontos para se apresentar e renunciariam francamente aos pais, parentes, conterrâneos e à própria pátria para seguir a sorte de um herói da tribo negra" (1: 225). Formas apropriadas de arte e recepção artística, para Shaftesbury, portanto, delineiam itinerários de desenvolvimento moral e estético que permitem aos indivíduos desempenhar papéis adequados em uma cultura nacional adequadamente racializada e de gênero. A boa arte, acompanhada do tipo certo de interpretação, também ajuda a alcançar uma distribuição aceitável de poder e afeto (os sentimentos devem ser regulados para que os sentimentos corretos sejam sentidos pelas razões certas, no grau certo, pelas pessoas e objetos certos). Além disso, a função pedagógica da arte permite que ela sirva como uma medida de civilização. Pois na passagem acima sobre polidez, depois de identificar os efeitos civilizadores do belo e a influência barbarizante do feio, Shaftesbury passa a implantar julgamentos sobre as artes que atribui a uma série de nações (incluindo, implicitamente, a Grã-Bretanha) tais como comentários sobre a estatura moral dessas nações, seu nível de civilização e a qualidade de sua imaginação e pensamento ("Sem projetos: sem pensamento"). Uma vez que se espera que a arte instigue um desenvolvimento pedagógico que resulta na realização do belo e do bom, ela se torna indicativa do nível de beleza e bondade de uma pessoa ou nação. Assim, as designações estéticas ("belo", "atraente", "torto") assumem significados raciais, de gênero e de inflexão de classe, como quando Shaftesbury entende "figuras educadas" implicitamente como figuras criadas por, digamos, "os antigos" ou os britânicos, não os turcos ou chineses.

O raciocínio de Shaftesbury exemplifica um processo que, estendendo a terminologia exposta no Capítulo 2, chamo de estetização racializada (de gênero, com flexão de classe).[9] Este rótulo se refere à inflexão de conceitos e elementos estéticos por categorias sociais; ele sinaliza maneiras pelas quais as constelações de diferença deixam suas marcas nos arranjos estéticos. Além disso, Shaftesbury defende estetizações de formas raciais (de gênero, com inflexão de classe) de subjetividade e construção de cultura. Um exemplo disso ocorre quando ele emprega a arte no negócio de criar polidez e testemunha a mão de "figuras educadas" e "formas bonitas" no polimento da "graça" e na criação de "ideias humanas", enquanto desfaz o que conta como polidez, graça e humanidade em termos raciais (de gênero e economicamente hierárquicos). Extrapolando novamente do capítulo anterior, chamo esta última política de racialização estética (gênero e inflexão de classe). Este conceito denota a natureza estetizada das constelações sociais diferenciais. Ambos os fenômenos colaboram para estabelecer o que conta como uma boa ordem moral, na teoria de Shaftesbury. A proximidade de sua mútua cooperação pode ser percebida, por exemplo, na ideia de que "figuras educadas" (formas ocasionadas, entre outros, pelos britânicos, mas não pelos japoneses, e que, assim concebidas, trazem as marcas da estetização racializada) ajudam a produzir "graça" ou "ideias humanas" e outras realizações exclusivamente disponíveis para um grupo limitado de europeus brancos (operando assim como modos de racialização estética).

Os críticos observaram que a ética de Shaftesbury legitima hierarquias problemáticas de gênero e de classe. Bernard Mandeville afirma que a realização de uma sociedade virtuosa *à la* Shaftesbury, que também seja rica, próspera e civilizada, repousa irremediavelmente sobre a imposição por "legisladores e outros homens sábios" de "violência" sobre os desejos dos outros.[10] Nesse esquema social, argumenta Mandeville, os políticos e governantes oferecem uma compensação imaginária para a violenta abnegação exigida de súditos subordinados, na forma de ilusões lisonjeiras sobre a civilização e o espírito público. Assistidos por essas ilusões, junto com uma negação hipócrita de seu interesse privado nos esforços de outros para promover o bem público, indivíduos bem situados, incluindo líderes, são capazes de se apropriar do trabalho de outros para seu avanço pessoal (1924, 48). Contra Shaftesbury, que considera a virtude desinteressada, essas pessoas ambiciosas satisfazem suas próprias preocupações egoístas, como, por exemplo, um amor pela gratificação sensorial, um desejo por posses mundanas e o prazer da "pompa e luxo [com os quais são] servidos" (166, 149). Ao mesmo tempo, tais agentes confortavelmente posicionados exibem inúmeras qualidades supostamente viciosas, como egoísmo, decepção, ignorância, orgulho, vaidade, inveja, ciúme, luxúria, malícia e fraude.[11] Mandeville conclui que o campo da ação virtuosa e desinteressada é mais limitado do que Shaftesbury gostaria (que seus leitores) acreditassem. Ele adverte contra as "noções generosas de Shaftesbury sobre a bondade natural do homem". Estas são "prejudiciais porque tendem a ser enganosas e são meramente quiméricas" (343). O argumento de Mandeville rompe a conexão que Shaftesbury estabeleceu entre as percepções de beleza desinteressadas e de bom gosto do sujeito e suas contribuições para a realização da boa ordem moral. Seu comentário expõe formas pelas quais as visões da percepção moral e estética desinteressada de Shaftesbury (e de Hutcheson) repousam em uma imagem parcial e reduzida da psicologia moral e da divisão do trabalho subjacente aos arranjos sociais. Esse desafio à beleza desinteressada, já influente no Iluminismo escocês, permanece até hoje. Discussões contemporâneas sobre a beleza não forneceram respostas a estes pontos, não obstante as objeções recentes análogas e adicionais.[12]

As abstrações idealizadas de Shaftesbury e Hutcheson contornam o funcionamento simbólico e concreto da beleza, o que contradiz sua orientação supostamente unívoca em direção a uma ordem de ser sensorial, racional e eticamente recomendável. As contribuições que o belo dá ao bom, tal como concebido por esses pensadores, vão junto com o suporte que ele dá a alocações opressivas da diferença. Essa dificuldade precede a estética britânica e escocesa do século XVIII. Fundamentos conceituais mais amplos do problema em questão tornam-se visíveis se considerarmos o debate iluminista à luz das formações platônicas nas quais ele se inicia.

As teorias de Shaftesbury e Hutcheson baseiam-se na teoria hierárquica da beleza de Platão. No discurso de Diotima, que Sócrates retransmite em *O banquete*, a alma virtuosa abre progressivamente o caminho por vários níveis de beleza (Platão 1989, 210a-12c). Inicialmente devotada aos belos corpos dos meninos, a boa alma passa a ter uma paixão por belas mentes. Por meio do amor pelas belas atividades, leis e estados de coisas, e pelo conhecimento da beleza em geral, a alma chega a uma apreensão contemplativa da ideia abstrata do belo, a forma da própria Beleza. Só então é possível para a alma "dar à luz não imagens de virtude (porque ela não está em contato com nenhuma imagem), mas a verdadeira virtude (porque ela está em contato com a verdadeira Beleza)" (212a-b). Em *Fedro*, a memória da beleza eterna da alma, visto que tende a ser desencadeada em homens independentes por meninos bonitos (249e, 251a), inicia um processo de desenvolvimento moral, filosófico e amoroso em relação a esses meninos amados, potencializando a parte racional das almas desses homens para substituir o desejo físico em favor de um amor mais gratificante para o mundo de ideias eternamente idênticas (253c-54e), acessíveis por meio do pensamento dialético. O resultado é uma vida de edificação filosófica mútua, bondade, sabedoria e felicidade (256b, 156d-e). Impulsionar um processo estético, ético e filosófico de construção da alma que também encontra sustento em formas apropriadamente subjugadas de atração e paixão corporal, bem como em um amor apropriadamente dominante de ideias, instâncias hierarquizadas de beleza, neste cenário estético, permite à alma nobre renovar seu acesso original e pré-corporificado à ideia do Belo, ao lado de outras formas, incluindo aquelas do Verdadeiro e do Bom (247c-e, 248d-49b).

Muitas teóricas questionaram as hierarquias conceituais que moldam a metafísica e a epistemologia de Platão.[13] Julia Kristeva e Luce Irigaray ofereceram críticas de longo alcance às pressuposições de gênero da pedagogia moral e estética de Platão. Elas afirmam que Platão valoriza uma ordem masculinista da razão que adquire a aparência de autoautenticação porque o corpo feminizado é abjeto, como seu outro impensável, possuindo, no entanto, vínculos constitutivos com as paixões e os sentidos.[14]

Em vista disso, o esquema platônico postula supressões significativas que tornam o feminino e o corpo (que é conotado como feminino) constitutivamente irrepresentáveis, e dá origem a uma noção limitada e excludente de devir (inter)subjetivo. Na verdade, fazendo os laços pedagógicos da beleza com o verdadeiro e o bom, contingentes a uma rejeição substancial (embora nem abrangente, nem consistente) do corpo e do feminino,[15] Platão alista o belo na produção e validação de paradigmas restritivos de subjetividade. Como as objeções de Mandeville à noção de contemplação desinteressada, este desafio ainda não foi respondido, embora críticas desse tipo tenham sido desenvolvidas em vários ângulos.[16]

O fracasso das idealizações estéticas propostas por Platão, Shaftesbury e Hutcheson atesta a impossibilidade de controlar a orientação moral da beleza em altos níveis de abstração. As capacidades éticas e epistêmicas da beleza parecem residir não em suas afiliações de princípio com o verdadeiro e o bom, mas em operações que ao mesmo tempo recrutam o belo como uma ferramenta de abandono, direcionando-o para formas públicas e íntimas de dominação. Esse problema se repete em tratamentos subsequentes de beleza.

Beleza e economia: Hume e Smith

Novas dimensões do funcionamento relacional da beleza surgem em escritos de David Hume e Adam Smith que exploram seus efeitos no mercado, no Estado e em outras formas institucionais. Hume atualiza a herança platônica do século XVIII em estética, modernizando as operações relacionais da beleza. Seu análogo secular à ordem divina de Shaftesbury e Hutcheson é a estrutura social, política e econômica do Estado, que ele torna dependente da beleza em maneiras que já consideramos aqui. Delicadeza de gosto, para Hume – isto é, a faculdade que emite experiências e juízos corretos de beleza e da deformidade, e que é treinada através da percepção de "belezas" de vários tipos – como será lembrada, compreende uma tecnologia cultural que implementa um padrão de afiliações sociais sistemicamente diferenciado e desigualmente acessível (ST, 141-4; DPT, 10-11). A indústria, o consumo e a interação social impulsionam esse processo. O gosto e o refinamento encorajam a produtividade nacional ao estimular a produção de mercadorias e permitir que encontrem um mercado, utilizando reservas de trabalho que de outra forma seriam desperdiçadas (RA, 168-9; OC, 160-3). Ao recompensar a atividade humana com prazer, o gosto mais motiva do que força o indivíduo a trabalhar.[17] Preguiça e indolência, tendências que Hume considera naturais, consequentemente observam os devidos limites; o prazer coincide com a virtude (RA, 168-9). Aumentando a produtividade e o comércio, o gosto promove a ascensão de uma classe média livre no Estado (174-5). O resultado é uma nação com alto nível de conhecimento, humanidade e civilização, conquistas que permeiam uma esfera pública em expansão.[18] Por meio de sua concepção de gosto, Hume torna a beleza instrumentalizada para o bem-estar social, econômico e político do Estado-nação.

Adam Smith reforça as conexões entre o belo e a economia em *Teoria dos sentimentos morais* [*The Theory of Moral Sentiments*]. Como Hume, Smith incorpora a beleza em uma ordem social, política e econômica abrangente, pela qual também é, em parte, responsável:

> Se considerarmos a satisfação real que [a riqueza e a grandeza] são capazes de proporcionar, por si mesma e separada da beleza daquele arranjo que é adequado para promovê-la, ela sempre parecerá, no mais alto grau, desprezível e insignificante. Mas raramente a vemos sob esta luz abstrata e filosófica. Naturalmente a confundimos em nossa imaginação com a ordem, o movimento regular e harmonioso do sistema, a máquina ou economia por meio da qual é produzida. Os prazeres da riqueza e da grandeza, quando considerados nesta visão complexa, atingem a imaginação como algo grandioso, belo e nobre, cuja realização vale bem a pena todo o esforço e ansiedade que estamos tão aptos a lhe conceder.
> É bom que a natureza se imponha sobre nós dessa maneira. É esse engano que desperta e mantém em movimento contínuo a indústria da humanidade. Foi isso que primeiro os levou a cultivar o solo, a construir casas, a fundar cidades e comunidades, e a inventar e aprimorar todas as ciências e artes que enobrecem e embelezam a vida humana. (Smith, 2000, 263-4)

De acordo com essas observações bem conhecidas, a apreciação da riqueza e da grandeza depende da experiência imaginativa que temos dessas condições, conforme as compreendemos, como resultado do belo arranjo de que se originam. Este sistema regular e harmonioso, que é "adequado para promover" riqueza e grandeza, permite que esses estados pareçam belos, grandiosos e nobres. Essa aparência, então, deixa-nos dispostos a despender "o trabalho e a ansiedade" necessários para atingir esses estados. Embora em certo sentido ilusório, é um imaginário estético de riqueza e grandeza que, para Smith, motiva e, aos nossos olhos, legitima o cultivo da terra e da nação. Mais do que isso: Smith não apenas afirma que a promessa da beleza impulsiona a economia, deixando em aberto que a economia possa ser entendida como um fenômeno esteticamente neutro, mas defende a tese muito mais forte de que essa mesma economia representa substancialmente uma realização estética: as artes e as ciências "enobrecem e embelezam a vida humana". Enobrecimento e embelezamento são bens eticamente e esteticamente substantivos: "É bom que a natureza se imponha sobre nós dessa maneira". Mesmo que Smith expresse ceticismo sobre a verdadeira desejabilidade de muitas coisas belas, ele permite que outras instâncias de beleza sirvam indispensavelmente ao bem, entendido em termos de valores estéticos, econômicos, morais e políticos emaranhados.[19] A *Teoria dos sentimentos morais* vê o desejo por coisas bonitas e uma vida bela trazendo riqueza econômica e estética para a nação e o globo.

Vários pontos decorrem da passagem crucial acima citada. Embora seja um produto da imaginação, a dimensão estética dos produtos do trabalho humano claramente não é redutível às outras dimensões. Em segundo lugar, representa um bem que não é derivado de outros bens, emergindo como resultado de um excedente imaginativo. Em terceiro lugar, mais do que isso, o valor estético é um ingrediente necessário de outros valores: os bens econômicos são importantes para nós, pelo menos em parte, por causa de seu significado estético. Para Smith, o estético, portanto, constitui uma dimensão indissociável dos significados e valores que percebemos por meio do trabalho e da criação de instituições locais e (trans)nacionais, e de organizações cívicas e políticas, como cidades e comunidades.

O que se segue é que o estético e o econômico são concebidos como fundamentalmente cúmplices um do outro. Smith compartilha esse entendimento com vários outros teóricos no século XVIII e além.[20] À luz das imbricações amplamente documentadas, duradouras e difundidas da estética e da economia política, as perspectivas de separar o funcionamento político e econômico da beleza de seu funcionamento estético devem ser consideradas fracas. Valores estéticos e econômicos entrelaçados informam nossos imaginários e desejos e constituem uma dimensão estrutural da existência social. Eles estão pressupostos a uma ampla gama de possibilidades existenciais que se abrem para nós e que concedemos aos outros. A beleza e suas antíteses, como o feio, o informe, o grotesco e o malformado, entram em um cálculo afetivo complexo. Uma concepção politicamente neutra de beleza só pode vir à tona sob o preço de ignorar um sistema intrincado de desenhos econômicos esteticamente condicionados e planos estéticos economicamente embutidos. As operações complexas pelas quais a beleza torna seus efeitos polivalentes, muitas vezes ambíguos, deveriam ser o foco de nossas tentativas de dar ao belo um lugar apropriado dentro de uma teoria da estética.

Beleza, amor e corpo: Burke e Wollstonecraft

Se os temas platônicos do amor e do corpo, de alguma forma, ficam em segundo plano nas teorias de beleza de Hume e Smith, esses elementos retornam com força total na visão de Edmund Burke. Este último entende as facetas de nosso comportamento amoroso e corporificado como molas mestras de um sistema de relações regulado por meio da beleza (1990). Hierarquias esteticamente codificadas visivelmente informam o modelo de socialidade de Burke.[21] Ele constrói ambiguidades na paixão masculina de amor, colocando-as no centro de uma série de assimetrias. Por um lado, ele define o amor como um estado contemplativo que, ao contrário da luxúria, permanece livre do desejo de posse. Por outro lado, ele considera o amor uma condição mista que combina a luxúria que o homem presumivelmente sente por todas as mulheres com um amor específico (puramente contemplativo) que o homem experimenta pela beleza de determinadas mulheres (1990, 83, 39, 47). Tal beleza consiste nas qualidades sociais que distinguem as mulheres umas das outras. Essas características fornecem uma base para discriminações que orientam as preferências e escolhas sociais masculinas. Os atributos relevantes apresentados pelas mulheres inspiram nos homens "sentimentos de ternura e afeição para com a sua pessoa; gostamos de tê-las perto de nós e entramos de boa vontade numa espécie de relação com elas..." (39). Atraída pela beleza para alcançar as propriedades sociais

Capítulo 4 • O trabalho moral, político e econômico da beleza

e corporais femininas, a paixão mista do amor sexualizado masculino governa uma rede estruturalmente diferencial de relações estéticas.[22]

A noção de beleza de Burke idealiza um tipo de feminilidade acentuadamente do século XVIII, branca e de classe alta/média. As características que ele enumera como belas, como fraqueza, suavidade e maciez, prontamente sinalizam estados corporais conotando vidas que são cuidadas, ao invés do trabalho de cuidar ou outros tipos de trabalho mais tipicamente associados às classes trabalhadoras brancas ou não brancas.

A especificidade racial do gênero do belo de Burke ganha mais articulação com sua ênfase na natureza "terrível" da cor preta, uma ideia que ele aplica à aparência visual da pele em sua discussão sobre um menino que era cego, presumivelmente branco e que fica "chocado com grande horror ao ver" uma mulher negra (131). O menino já havia visto um objeto preto, o que "lhe deu grande mal-estar". Observe a diferença em intensidade da experiência na mudança de objeto para pessoa. De acordo com a definição de sublime de Burke, como uma condição inspirada pelo horror (36, 47, 53-79), e contra as normas estetizadas de performance de gênero adequada, a mulher teria de ser qualificada como sublime.[23] No entanto, Burke não diz isso explicitamente, o que é notável dado seu entusiasmo por expressões reiteradas de momentos sublimes.[24] Seu silêncio sobre o assunto tem vários efeitos. Primeiro, sugere que o corpo de uma mulher não pode ser sublime. Lido desta forma, o silêncio de Burke preserva o caráter masculino e masculinizante do sublime, e seu contraste estável com o sempre feminino e feminizante belo. Assim, seu movimento racializante (corpos masculinos brancos podem ser sublimes; corpos femininos negros, horríveis, ficam aquém disso) salvaguarda as operações de estetização de gênero e gênero estético que ele toma para sustentar a ordem social.

Em segundo lugar, o silêncio de Burke honra a animação do sublime como uma grande e admirável qualidade estética, interpretando-a como racialmente branca e masculina. Paralelamente a isso, a imagem de um corpo feminino negro horrível (em oposição ao belo) sustenta a amabilidade social e estética da beleza ao caracterizar implicitamente o belo como branco. Correlativamente, Burke protege a atratividade social e estética da feminilidade branca (e/ou brancura feminina), permitindo-lhe um potencial pela beleza que ele nega à mulher negra. A promessa estética de sublimidade e beleza, para Burke, provém então exclusivamente de homens e mulheres brancos (de uma certa classe e preferência sexual).

Terceiro, interpretando a feminilidade negra (e/ou a negritude feminina) como uma ameaça esteticamente impossível, ele localiza a mulher e a cor de sua pele, por conta dessa cor, para além da dicotomia de gênero do belo e do sublime. Burke a expulsa da ordem da socialidade normativamente estetizada. Fazendo-a escapar da divisão entre o belo e o sublime, ele implicitamente a declara uma não entidade cultural. O fato de ela contornar as regras estéticas que governam o afeto e a sensibilidade humanos a marca como um não ser dentro do sistema de relacionalidade que o teórico promove.[25]

Quarto, a racialização de Burke do belo e do sublime se transfere para as cores branco e preto. Sua investigação estuda o que ele considera ser princípios naturais e universalmente válidos que conectam qualidades de objetos e estados de coisas aos sentimentos humanos. A esses princípios ele chama "leis" estéticas ou "princípios do gosto" (12-17). A branquitude e a negritude, portanto, funcionam como fontes de emoção esteticamente produzidas em sua teoria e são incluídas em generalizações estéticas. Inscrevendo distinções entre beleza e sublimidade na brancura, e tornando a escuridão horrível, Burke racializa as qualidades estéticas e operações dessas cores.[26]

No relato de Burke, o belo, concebido em oposição ao sublime e ao horrível mas também como colaborador dessas categorias para a realização de uma ordem cultural valorizada, serve como fonte vital de diferenciação social. Esquemas de entrelaçamento de estetização racializada (de gênero e baseada em classe) com planos de racialização estética (gênero e formação de classe), modalidades de amor e incorporação, para Burke, circunscrevem uma rede de relações entre pessoas e entre pessoas e objetos.

Mary Wollstonecraft discorda proeminentemente da noção de beleza de Burke. Considerando o lugar da beleza das mulheres no contexto dos prazeres e tentações da propriedade e da economia estetizada pertencente aos papéis sociais das mulheres, Wollstonecraft julga a beleza feminina como um tipo que está associado à fraqueza, passividade e satisfação das mulheres aos homens ou que "descansa excessivamente dependente do homem para a razão" para ser moralmente hostil.[27] Burke, como vimos, valoriza o primeiro tipo de beleza; Hume quase endossa o último. A beleza desses tipos, argumenta Wollstonecraft, entra em con-

Capítulo 4 • O trabalho moral, político e econômico da beleza

flito com a virtude das mulheres porque tal beleza inibe sua capacidade de alcançar a razão e a compreensão. É incompatível com o desenvolvimento da força de caráter e é um obstáculo à dignidade.[28] Na visão de Wollstonecraft, a necessidade de agradar pela aparência física faz com que as mulheres se entreguem aos afetos dos homens a fim de atingir o poder que está disponível para elas (1992, 152), condenando-as a uma vida de sensibilidade e prazer imediato, ou seja, a uma existência que se limita ao momento presente (146, 163, 168).

Em seu comentário sobre a estética de Wollstonecraft, Mary Poovey (1994, 97-8) argumenta que as objeções desta última à teoria de Burke expõem aporias incorridas por um regime que nega a imbricação mútua de estética e economia política. De acordo com Poovey, Wollstonecraft desenterra contradições que este modelo incorpora na diferença sexual – tensões que fazem Burke atribuir uma posição impossível às mulheres. Na opinião de Poovey, um sistema desse tipo localiza ambivalentemente o sexo como uma questão de proporção providencial na base da diferenciação e do julgamento social *e* torna as mulheres objetos de apreciação estética em uma economia de mercado erotizada. Esta última interpretação as posiciona como mercadorias que devem ser apreciadas imaginativamente e trocadas, em vez de agentes de discriminação estética (92, 89-90). Em relação a este duplo papel das mulheres, Poovey observa: "No cerne deste sistema semiótico de discriminações está a diferença sobre a qual Burke ancorou a estética: as mulheres são 'o sexo'; os homens discriminam as mulheres e assim fundaram a civilização" (96). É essa autoridade discriminatória que afirma a anedota de Burke sobre o medo que o menino branco tem da mulher negra.[29] Burke restringe esse poder de julgamento racial, tornando-o uma prerrogativa dos homens brancos. Registrando as diferenciações raciais, a capacidade judicativa e de construção de cultura que o teórico postula compreende propensões para discernir diferenças raciais que, filtradas através das observações do próprio espectador, tornam-se formadoras do que conta como cultura e estatuto cultural. A centralização da beleza de Burke em um quadro de relações heterossexuais de classe média/alta branca se manifesta na configuração estética de subjetividades, formas, sentimentos e corpos que escapam a esses laços e são expulsos da ordem social e natural que deve ser controlada através da oposição entre o belo e o sublime. Regulados por uma fonte produtiva, branca, masculinizada e de classe média de diferenciação perceptiva e metafísica, o amor e a corporificação instituem um padrão desigual e excludente de relações estéticas.

A própria concepção de beleza de Wollstonecraft carece de recursos para retificar essas assimetrias. Ela propõe uma forma alternativa de beleza, "a beleza da amorosidade moral" (1992, 268), que consiste em suplantar as "falsas noções de beleza e delicadeza" das mulheres aristocráticas e de classe média alta (225), corrigindo seu falso refinamento e suas maneiras (144, 153). Tal "verdadeira beleza" reivindica a virtude, pois surge da mente (227) e de ocupações dignas (259-60), ao contrário da "mera beleza de feições e tez" (165). A verdadeira beleza consiste na "propriedade harmoniosa" exemplificada pela mente "bem regulada". Como tal, acredita Wollstonecraft, ela dá à subjetividade acesso aos "privilégios da humanidade" (268).

Uma dificuldade com essa visão é que ela implicitamente restabelece as generalizações éticas e estéticas postuladas por Platão, Shaftesbury e Hutcheson.[30] Como Shaftesbury e Hutcheson, a proposta de Wollstonecraft afirma a coincidência questionável da (verdadeira) beleza, interesse e prazer com o público e o privado, virtude no todo social mais amplo (1992, 259, 262) e, mais especificamente, no tecido das relações entre homens e mulheres brancos, de classe média e alta.[31] O privilégio que Wollstonecraft concede à beleza da mente sobre a beleza do corpo replica a subjugação estética de Platão à razão do desejo corporal, a muitos tipos de paixão e aos sentidos. Mas a hierarquia mente-corpo, argumentaram as feministas, funciona como um marcador de posição social, traduzindo as valorizações que sustentam distinções normativas de raça, classe, gênero e sexualidade. A teoria de Wollstonecraft não é exceção a isso. Sua alternativa falha em libertar a teoria da beleza dos problemas identificados anteriormente. Mais do que isso, fica aquém de envolver os poderes econômicos emaranhados, amorosos e sociais que a beleza carrega como um desejo cultural, exigindo normas físicas, cor da pele, odores, códigos de vestimenta e expressões faciais. Aceitar a força desses efeitos disciplinares requer uma abordagem mais complexa do que ela imagina.

A crítica de Wollstonecraft a Burke e a outros contesta aspectos importantes da estetização de gênero e do gênero estetizado. No entanto, esses fenômenos lançam uma rede mais ampla de efeitos psíquicos, cor-

Capítulo 4 • O trabalho moral, político e econômico da beleza

porificados e sociais e admitem uma amplitude maior de possibilidades de oposição daquilo que reconhece sua dualidade entre a "mera" beleza física e a "beleza da moral amorosa". O funcionamento concreto da beleza dentro de estratégias de opressão e resistência escapa às dicotomias de mente e corpo de Wollstonecraft, e de razão e afeto ou sensibilidade, como evidenciado, por exemplo, pela materialidade oposicional de Macabéa, como seus erros datilográficos e seu batom.[32]

Reestetizando a beleza

A história da estética concede recorrentemente à beleza orientações morais e políticas opostas. Essas direcionalidades refletem operações relacionais refinadas das quais o belo participa. Examinando a pobreza como um enigma estético, *A hora da estrela* traz à tona valências intercambiantes que a beleza e a feiura adquirem em vários contextos relacionais (como, por um lado, o autor e, por outro, as reações de Glória e Olímpico a Macabéa). Lispector destaca a situação difícil em que sua protagonista fica. O romance responde à polivalência moral e à política do belo, que historicamente materializou-se em constelações de percepção, afeto, amor, desejo, corporificação, produtividade, sociabilidade, respeitabilidade, significado e saúde, apelando a uma revisão das estruturas estéticas de relacionalidade.

Ao inventar um escritor do sexo masculino, Lispector satiricamente imbui seu comportamento poético e seu amor pela personagem que ele cria com incertezas, crivando um regime social letrado que anima a erosão de fragmentos de controle autoral e patriarcal divinos. As tensões que isso provoca emergem na relação entre o detalhe e o quadro narrativo mais amplo por meio do qual Rodrigo tenta apreender aquele detalhe. Essas tensões perturbam as estruturas estéticas baseadas em posições relativas estabilizadas de particulares e do todo abrangente. Tais estruturas incluem a ordem de um conto e a lógica do mercado, para as quais Macabéa representa um recurso – que não permite um alojamento estável. Singularidade e generalidade caminham juntas na jovem. A personagem assemelha-se ao seu autor, que, afinal, constitui ele mesmo apenas um detalhe insignificante, supérfluo, como ela (1986, 18, 21, 32). Intercambiável e explorável, Macabéa obedece aos enredos de histórias que outros contam para ela. O detalhe singular tem lugar em esquemas maiores. No entanto, os desejos estéticos de Macabéa escapam à poética de Rodrigo, iludindo as idealizações artísticas e generalizações que ele transmite. Na medida em que foge de roteiros estéticos nos quais seu criador, entre outros, tenta mobilizar sua consciência subalterna (ou a falta dela), Macabéa oferece momentos de resistência estética aos projetos corporais e amorosos que a envolvem. Suas ações e percepções estéticas interrompem o alinhamento da posição social e econômica com a agência estética. Testemunhamos aqui, então, uma subversão dos planos relacionais propostos por Shaftesbury, Hutcheson, Hume, Smith e Burke.

A hora da estrela diferencia Macabéa dos paradigmas de relacionalidade estética que a representam como detalhe descartável. O romance imagina sua protagonista em parte como uma residente de uma estrutura temporal e espacial de outro mundo, que envolve ordens não mapeadas de amor, incorporação e experiência (1986, 11-12, 85-6). Assim, a leitura em detalhes de Lispector sobre sua personagem desenraíza a relação entre o detalhe desprezível e os sistemas estéticos em que esse detalhe é colocado, tornando esta conexão indescritível, incompreensível. Em vez de fazer com que o detalhe que é Macabéa conteste a corrupção que a rodeia como um ser perfeitamente singular ou um estranho absoluto, o romance traz as polaridades do detalhe e do todo a um desequilíbrio que aponta para formações alternativas de cultura. Evitando arriscar uma solução que seria de uma vez por todas capaz de retificar as condições estéticas questionáveis que ela critica, Lispector insiste na necessidade de um processo relacional complexo que reconhece o surgimento e a emergência de ameaças e promessas estéticas – um ponto para o qual retornarei no Capítulo 8. A história do estético que revi sugere uma resposta semelhante às fricções contidas no belo.

Ao emprestar ostensivamente à beleza uma orientação unidirecional para o bem, os pensadores iluministas escoceses e outros neoplatônicos localizam, de fato, a beleza no cerne de um intrincado padrão de diferenciação social que parece moralmente louvável apenas dentro de uma visão radicalmente idealizadora. Platão, Shaftesbury, Hutcheson, Hume, Smith, Burke e Wollstonecraft implicitamente colocaram o belo e suas antíteses para trabalhar a fim de orquestrar um sistema de relacionamentos. Para esses filósofos, a beleza funciona como uma ideia reguladora que instala trajetórias aceitáveis de subjetivação e rege o trânsito da cultura. Suas tendências para trazer bondade, verdade, felicidade e liberdade andam de mãos dadas com sua capacidade de inspirar diferenciação e hierarquia injustas. Os prazeres do belo combinam com sua participação na devastação ética e política.

Embora o impulso de arrastar a beleza para uma base moral sólida seja compreensível à luz das importantes capacidades sociais e subjetivas do conceito, a história relacional do belo se esconde ali. Ao contrário do que era tradicionalmente concebido como uma ordem moral abrangente, o contexto real para as operações culturais da beleza consiste na evolução contínua das relações entre humanos, animais, objetos e ambientes. Essas relações são mediadas por elementos estéticos, os quais elas também ajudam a moldar. Desdobrando-se em dinâmicas institucionais entrecruzadas, as relações estéticas são formadoras de valores, fins e conceitos que vêm à tona em condições sociais concretas. Isso significa que o projeto moral e político do belo deve ser um empreendimento relacional. As estruturas conceituais da beleza e suas acuidades éticas não podem ser isoladas de sua participação em formações de relacionalidade estética. Consequentemente, uma noção de beleza estável e moralmente segura, que seria protegida dos obstáculos das relações estéticas, é indesejável e insustentável.

Como Mandeville sugere, o apelo persuasivo das idealizações éticas e estéticas expostas por Platão, Shaftesbury e Hutcheson repousa sobre formas de disciplina e opressão, as quais eles ocultam. Como as generalizações de Shaftesbury e Hutcheson, os relatos oferecidos por Hume, Smith, Burke e Wollstonecraft minimizam a valência problemática das operações sociais concretas da beleza. Atribuir ao belo uma orientação inequivocamente boa é descartar sua participação em condições de disparidade econômica, pobreza e descartabilidade social. Essa resposta desconsidera o domínio que a beleza exerce sobre nossa imaginação e desejo e contorna o enraizamento firme da beleza em nosso ambiente estético e artístico.[33] Mais especificamente, essa abordagem ofusca as operações endêmicas de estetização racializada (com inflexão de classe, gênero) e racialização estética (classe-inflexão, gênero), que são parte do andaime cultural em cujo pano de fundo moldamos nossas identidades e diferenças.

A beleza não está pronta para ser corrigida; nunca estará. A polivalência moral e política do belo está inseparavelmente ligada a suas operações relacionais, incluindo suas tensões e conluios com a racionalidade do mercado. Nossos laços multidirecionais com a beleza e suas antíteses adquirem sua mobilidade e obstinação como elementos das constelações de relacionalidade estética que ocupamos. Com base nas afiliações e desfiliações estéticas que temos em relação a outros, aos objetos e aos nossos ambientes, podemos conceber reestetizações críticas de tais modos de relacionalidade e endereçamento. Isso nos deixa com um projeto coletivo de trabalhar a história ambivalente da beleza, um desafio que o romance de Lispector assume.[34]

Escondida nos contornos da sociabilidade normativa, a beleza está diferentemente disponível para organizar nossos relacionamentos para melhor e para pior. Ao mesmo tempo, as categorias do belo e do feio ultrapassam o reino da existência social padronizada, valorizada ou desvalorizada sob essas rubricas. Possibilidades estéticas inimagináveis podem ser recuperadas nas margens da cultura normativa. Consumível e supérflua, Macabéa encontra alegria improvisada nos sons de um galo, em abraçar uma árvore e em ouvir os zunidos que compõem seu programa de rádio favorito, *Rádio Relógio*.[35] Lispector refrata forças relacionais que unem o belo ao social e ao florescimento econômico, e o feio à subalternidade. Abundantes recursos estéticos envolvem-nos para que possamos nos reunir e redirecionar as orientações morais e políticas da beleza, para ajustar os significados do belo e para desalojar estruturas de relacionalidade nas quais a beleza exerce seus efeitos.

5
A estética da ignorância

> Talvez, em vez de simplesmente questionar a natureza do conhecimento, devêssemos reavaliar hoje o conceito estático e inerte que sempre tivemos da ignorância. Ignorância, muito mais do que conhecimento, é o que nunca pode ser dado como certo.
>
> *Barbara Johnson*

Situado desde seus momentos incipientes na Antiguidade e na Modernidade sob a derivação de um modo de conhecimento deficiente e um *je-ne-sais-quoi*, o estético pode parecer uma fonte improvável de abordagens críticas à ignorância.[1] Esquecimento planejado, negação estrutural, dissonância cognitiva, ambiguidade, ambivalência, contradição e desconhecimento intencional permeiam a experiência da forma estética e da ficção em múltiplos meios, tradições, épocas. Se a ignorância é o que deve ser corrigido pelo conhecimento, essas preocupações não trazem a promessa de um corretivo. Em vez disso, elas se apresentam como meios confiáveis para piorar as coisas. Esse era o medo de Platão.

"Mas o pior é realmente melhor!" – os filósofos, desde então, exclamam de muitas maneiras, desafiando a abordagem cética de Platão sobre os poderes cognitivos e morais da arte. Como um modo de não saber, diz a ideia, o estético compensa o não saber do conhecimento propriamente dito.[2] O juízo estético – diferentemente do juízo ético e do juízo de conhecimento – aborda os pontos cegos deixados pela razão prática e teórica: a ignorância faz bem à ignorância.

O que podemos fazer com a noção de um tipo de ignorância que melhora outros tipos de ignorância? Uma série de estratégias são sugeridas para eliminar o senso de paradoxo que se apega a essa formulação. Uma resposta propõe que o não saber estético equivale a um tipo de ignorância que transcende as limitações de outras práticas de conhecimento – da maneira intratável com a qual é chamada de *je-ne-sais-quoi* – gerando um tipo de significado que, apesar de significância, fica aquém do conhecimento.[3] Uma segunda resposta afirma que encontramos no estético um desconhecimento que precipita um conhecimento por meios especiais, uma espécie de conhecimento que de outra forma não seria alcançável ou que satisfaz normas e critérios distintos. Assim concebido, o *je-ne-sais-quoi* do estético pode ser considerado um estado de ignorância excepcionalmente bem-informado.[4] Se, de qualquer forma, como atestam essas duas respostas, o *je-ne-sais-quoi* estético é produtivo de novas possibilidades epistêmicas, então ele confunde oposições binárias entre conhecimento (significando sucesso epistêmico, fecundidade, valor positivo, progresso) e seu fracasso (conotando deficiência, falta, valor negativo, estase/estático). Nessa terceira resposta, o *je-ne-sais--quoi* estético complica nossa compreensão da relação entre conhecimento e ignorância. As condições compreendidas nessas polaridades epistêmicas provam ser cúmplices umas das outras.[5] Esse ponto ressoa com um quarto ponto. O envolvimento irrevogável de métodos filosóficos e científicos com metáforas, narrativas, retóricas, imagens e ficção levou uma série de teóricos a dissolver distinções antigas entre artefatos estéticos e teóricos.[6] Na perspectiva resultante, variações do chamado *je-ne-sais-quoi* surgem no reino da produção simbólica. Dimensões de ignorância postas em jogo por formas simbólicas permeiam todos os domínios epistêmicos, desde a vida estética cotidiana até as ciências, filosofia, literatura e artes. Como desconhecer e ignorar correm em todas as direções, nesta linha igualitária de pensamento, pode-se esperar que as capacidades de estados esteticamente flexionados de relativa ignorância para melhorar estados aparentemente não estéticos de relativa ignorância sejam locais, contingentes e recíprocas, em vez de serem unidirecionais ou baseadas em princípios.

Cada uma das respostas anteriores aponta em direções úteis. Longe de um beco sem saída, o estético constitui um ponto de interesse estranhamente ressonante para um encontro crítico com a ignorância. No entanto, as possibilidades acima não surgem no vácuo. Surgem contra o pano de fundo de um tipo distinto de ignorância que desejo considerar aqui. As histórias estéticas, tanto teóricas quanto práticas, forjaram padrões sistêmicos de ignorância estetizada. Como explicação inicial, tal ignorância pode ser entendida como ausência de conhecimento sustentado ou valorizado por meios estéticos. Mas essa ideia nos alerta para algo mais complexo. Elementos de estruturas de relacionalidade, as formas estéticas participam da incorporação, da vida social e do sensorial. Elas dão origem a estados de receptividade e retraimento. Por meio desse trabalho intercorpóreo, isto é, estabelecendo vínculos e desconexões entre pessoas, coisas, e pessoas e coisas, os modos estéticos forjam padrões de consciência e de esquecimento, afetividade e desassociação, abertura e distância da sociabilidade, do lugar e do acaso.[7] As configurações epistêmicas resultantes compreendem ordens estetizadas de conhecimento e ignorância. Elas equivalem a estados de conhecimento e ignorância que se materializam nos contornos de hábitos estéticos, desejos, valores, instituições, discursos e formas.[8] Estruturas de relacionalidade, consequentemente, recrutam o funcionamento de constelações esteticamente codificadas de conhecimento e ignorância.

O presente capítulo explora os laços entre estética e ignorância por meio de poemas de Wisława Szymborska, uma pintura de Remedios Varo, uma escultura de Martin Puryear e o *reality show Queer Eye for the Straight Guy* (2003-7).[9] Integrações estéticas historicamente postuladas (entre polaridades ostensivas de mente e corpo, razão e afeto, imaginação e sensação, público e privado, indivíduo e sociedade) surgem como dimensões de formações contemporâneas de ignorância. Essas integrações provam ser capazes de gerar e também contestar formas de ignorância. Embora o estético possua recursos críticos, ele está mergulhado na própria ignorância. Rastrearemos espirais de agência e experimentaremos em que essa situação nos envolve.

Estetizando e reestetizando a ignorância

As estratégias de estetização na poesia de Wisława Szymborska frequentemente destacam a natureza problemática das variedades de ignorância, e ainda assim nunca cessam de cortejar outros tipos de não saber. Exemplos disso ocorrem em seus poemas "Prospecto" e "Utopia",* que invocam fios opostos de conhecimento estetizado e ignorância. Em "Prospecto", um tranquilizante anuncia as aptidões magistrais que traz ao seu alcance:

Sei como lidar com a infelicidade,
suportar más notícias,

---

* N.T.: A tradução ao português do poema "Prospecto" é de Regina Przybycien e Gabriel Borowski (da obra *Para o meu coração num domingo*, Companhia das Letras, 2020), já "Utopia" foi traduzido por Regina Przybycien (da obra *Poemas – Wisława Szymborska*, Companhia das Letras, 2011).

diminuir a injustiça,
iluminar a ausência de Deus,
combinar com a face o chapéu de luto.

A pílula evangelizadora proclama suas promessas. A medicação vai dissipar a ansiedade e muito mais do que isso. A cápsula reveste o alívio do sofrimento em sensações de conforto e suavidade: "basta me tomar, colocar sob a língua, basta me engolir com um pouco de água". Oferecendo-se para abrigar a visão contra o mundo, para proteger a dor da inspeção pública e para remover dores de terror, indignação moral ou luto, a pílula conceitua a agonia reduzida como o produto de um tratamento gentil, que concede uma sensação de segurança bem-vinda. Em um nível, a voz investe o alívio da miséria com uma certa atração aos olhos do leitor – o suficiente para converter essa atração, em outro nível, em rebelião contra tal sedução. A prosopopeia efetua uma estetização da ignorância. O endereçamento da pílula confere uma medida de desejabilidade em uma consciência diminuída de angústia.[10] O desligamento do fracasso, atesta a voz, facilita uma visão suave e iluminada das coisas.

Quem disse
que a vida deve ser vivida com coragem?

Me dê o seu precipício –
eu o forrarei com o sono,
você ficará grato (grata)
por poder cair com os dois pés firmes.

Imbuindo a remoção da consciência da dor com o apelo de um equilíbrio repousante, esta passagem estetiza o dom do tranquilizante de apagamento epistêmico. Mas a transação proposta implementa um pacto que pode já ter sido selado: "Me venda a sua alma. / Ninguém mais vai comprar. // Outro diabo já não há". Os versos de Szymborska respondem à estetização com um movimento reestetizante. O cuidado terno da pílula dobra como sufocamento epistêmico. A ingestão da droga pressagia o tomar pelo tomador, cuja agência moral perde seu apoio sob o esquecimento administrado pelo tranquilizante.

Capítulo 5 • A estética da ignorância

O que o leitor em certo sentido experimenta como uma sedução adquire uma dimensão de repulsão; as promessas açucaradas do anúncio enfatizam a crueldade de sua missão retórica. O poema realiza uma anulação transformadora das conotações estéticas que criou. "Prospecto" torna-se estetização contra si mesmo para um efeito crítico. As linhas de Szymborska embarcam em uma estetização da ignorância, que se contrapõe por meio de uma reestetização crítica. O ímpeto reestetizante da obra atribui ao desconhecimento medicado da perda, da falta, do risco, da preocupação, do fracasso, do sofrimento e da dor uma tentação de mais desconhecimento – uma isca para ceder bases para uma visão epistêmica, moral e afetiva. Esse momento de reestetização solapa a sedução estética que atos de estetização, em outro nível retórico, conferem a tal desconhecimento. "Prospecto" oferece uma crítica estética da ignorância.

Ainda assim, em uma reviravolta final, essa crítica afirma a ignorância. Pois a pílula sabe muito bem, muito facilmente: "presto exames, / compareço à audiência, / ... // Sei como lidar com a infelicidade". Ironicamente, o poema convida-nos a afirmar a ignorância: a obra nos encoraja a tolerar nossa incapacidade de encontrar respostas e soluções pelas quais ansiamos e das quais dependemos.

O poema "Prospecto" passa por várias fases de ignorância estetizante: um modo inicial de estetização codifica a ignorância como desejável. Experimentada sob a rubrica de uma cuidadora, a pílula faz uma promessa estética. Szymborska imbui a sedação que o remédio promete para fornecer um fascínio estético – a droga anuncia uma forma imperturbada de desconhecimento que tem algum apelo. Partindo e interrompendo simultaneamente esse momento promissor, uma reestetização crítica marca, posteriormente, a ignorância estetizada como indesejável: a armadilha do esquecimento acena com uma ameaça estética. Por último, uma nova promessa segue esta ameaça. Szymborska oferece uma estetização afirmativa de um tipo diferente de ignorância, a saber, um estado de instabilidade epistêmica, o qual, insiste o poema, é crucial que sejamos capazes de suportar. Os artefatos culturais são capazes de estetizar a ignorância e de se opor criticamente às condições existentes de ignorância estetizada, fornecendo estetizações alternativas.

Uma perspectiva composta sobre a ignorância também caracteriza "Utopia". Este poema esboça uma visão do conhecimento que bane a ambiguidade, a opacidade, a desorientação, a incerteza.

Ilha onde tudo se esclarece.
Aqui se pode pisar no sólido solo das provas.
Não há estradas senão as de chegada.
Os arbustos até vergam sob o peso das respostas [...]
Se há alguma dúvida, o vento a dispersa.

Essas linhas estetizam a erradicação da ignorância por meio de imagens de transparência e ordem. Szymborska estetiza o conhecimento mapeando-o ao longo dos eixos de uma grade geométrica que permite visibilidade estável em todas as direções: para cima, para baixo, à esquerda, à direita, à frente, ao redor. Esse conhecimento não percebe obstáculos, distrações ou desvios. Mas é precisamente em sua recusa em tomar conhecimento de seus limites que o conhecimento, conforme modelado pelo poema, mostra a ignorância que absorveu:

Quanto mais denso o bosque, mais larga a vista
do Vale da Evidência.
[...]
Domina o vale a Inabalável Certeza.
Do seu cume se descortina a Essência das Coisas.

As certezas postuladas em "Utopia" proclamam as simplificações impostas a uma realidade epistêmica que não pode ser totalmente compreendida. Ironicamente, o bloqueio da ignorância pelo conhecimento no poema exige que se ignore a possibilidade da ignorância.[11] Entre outras coisas, a aversão à ignorância que o poema descobre acarreta a expulsão dos seres vivos do domínio do conhecimento:

Apesar dos encantos a ilha é deserta
e as pegadas miúdas vistas ao longo das praias
se voltam sem exceção para o mar.

Como se daqui só se saísse
e sem voltar se submergisse nas profundezas.

Na vida imponderável.

Rejeitando o planejamento rígido através do qual ela enquadra a matriz pura e direta de conhecimento apresentada pelo poema, Szymborska visualiza a imersão do conhecedor em vastas extensões fluidas de não saber. O poema zomba de um modelo epistemológico que, determinado a eliminar seus limites, ossifica a produção de conhecimento. "Utopia" descarta essa imagem em favor de um abraço libertador e revigorante do desconhecido que descarta os alicerces e estimula o movimento epistêmico. Szymborska ironicamente supera o esforço estetizante que entende a ignorância como uma aflição a ser eliminada por um plano alternativo de estetização. Esta última perspectiva compreende a ignorância como um envolvimento aberto e estimulante com dimensões da existência, em última análise, desconhecidas. Os versos finais começam a representar esse tipo de ignorância. Pegadas fracas acenam. Vislumbramos detalhes renitentes. Não totalmente legíveis, surgem elementos efêmeros que escapam da compreensão obstinada e marcam incongruências com a visão organizada que governa a ilha. A "Utopia" traz à tona o deslizamento entre o detalhe e a perspectiva abrangente. A obra concorda neste aspecto com outros poemas de Szymborska que registram o fracasso das grandes visões epistêmicas em absorver o significado de situações corriqueiras fugazes, como a ocorrência de uma quinta-feira, o depósito de cartas na caixa de correio, uma placa que proíbe caminhar na grama.[12] A "Utopia", certamente não a única entre as obras de arte, encoraja-nos a descobrir zonas de ignorância até então não reconhecidas e a desviar-nos de configurações já dadas de conhecimento e ignorância entrelaçados.

Estados de mistura de conhecimento e ignorância

Matrizes estetizadas de conhecimento e ignorância ocorrem em todas as áreas da existência. Que recursos o estético traz para os projetos de estetização que dedicamos à fabricação de tais estruturas? Os poemas de Szymborska enfatizam os procedimentos estéticos que implantamos para esse fim. "Prospecto" e "Utopia" dão forma a orientações cognitivas e afetivas por meio de imagens de suavidade e ordem. Dentro dos mundos ficcionais sugeridos pelos poemas, essas formas estéticas moldam a conceitualização, a percepção, o desejo, a imaginação e o sentimento de modo a limitar a consciência. Além disso, Szymborska informa o leitor sobre esse processo construtivo. Vemos a produção retórica da ignorância entrar em vigor. Szymborska representa a ignorância como uma formação estética, um estado que circunscrevemos através de modalidades esteticamente eficazes de experiência, imaginação e desejo. Ela nos faz refletir sobre essa prática de estetização. Além disso, "Utopia" e "Prospecto" denunciam e recomendam condições de ignorância esteticamente modulada. Os poemas debatem constrições de compreensão esteticamente marcadas, ao mesmo tempo que contestam recusas esteticamente qualificadas de limitações de percepção. Libertando a formação do conhecimento da submissão a estruturas abrangentes de conforto (em "Prospecto") e regulação (em "Utopia"), Szymborska opta por uma concepção mais exigente e desordenada de nossos trabalhos epistêmicos e afiliações.

Os seres humanos dedicam partes significativas de suas vidas estéticas para calibrar e mexer com estados estetizados de conhecimento e ignorância. Dirigimos missões de tributação para o que assumimos constituir sucesso, fracasso e possibilidade epistêmica. Os esforços para estetizar a ignorância, seja impulsiva ou deliberadamente, individual ou colaborativamente, têm à sua disposição uma ampla gama de recursos. Por exemplo, o apelo feminizante em alguns aspectos do alívio biomédico que a pílula promove em "Prospecto" e o modelo masculinizante de visão e acesso que Szymborska satiriza em "Utopia" são sugestivos de contribuições que parâmetros tecnológicos e afetivos são capazes de fazer em várias tentativas de estetização. Esses esforços incorporam modos de sedução. Eles regularmente desafiam ou obedecem a motivos econômicos ou aspirações políticas. Podem ignorar ou respeitar roteiros sociais normativos. Nas operações do estético, encontramos um vasto estoque de repertórios formais e simbólicos por meio dos quais os artefatos estéticos podem nos envolver em modalidades de saber e não saber. Mais do que isso, copiosas funções estéticas estão abertas para serem criadas e utilizadas por nós, por meio das quais podemos despertar a consciência de registros estéticos de conhecimento e ignorância. Isso significa que o reino da estética também fornece dispositivos prolíficos que nos permitem ajustar idiomas estéticos que nós (normalmente, não de forma consciente) empregamos para conceituar e habitar instâncias de conhecimento e ignorância. A pintora surrealista espanhola/mexicana Remedios Varo (1908-1963) lança luz sobre essas estratégias. Varo traz à tona capacidades estéticas para criar compreensão e evitá-la, bem

Capítulo 5 • A estética da ignorância

como poderes estéticos que nos ajudam a apreender e moldar as apostas que temos nessas condições epistêmicas.

Sua pintura *Tránsito en espiral (Trânsito em espiral)*, de 1962, mostra um dramático entrelaçamento de conhecimento e ignorância. Água, nuvens e raios de sol cercam uma construção arquitetônica que lembra uma cidade no meio do mar. Os viajantes caminham para a frente e para trás em um canal em espiral que termina em uma torre central. Abrigando um pássaro empoleirado, a torre sugere um estado de iluminação.[13] Mas essa iluminação parece não ser alcançável para os viajantes ou para o observador. Observadores e personagens encontram fios misturados de conhecimento e ignorância. Esse emaranhamento é fonte de insatisfação. No entanto, a obra reimagina com humor as precondições estéticas e conceituais subjacentes à configuração epistêmica resultante.

Figura 5.1 Remedios Varo, *Trânsito em espiral*, 1962. Óleo sobre masonita. 100 x 115cm (39 3/8 x 45 ¼"). © 2013 Artists Rights Society (ARS), Nova York/VEGAP, Madri.

Se *Trânsito em espiral* alude a uma busca pela iluminação, os motivos de estase da obra desmentem o sucesso desta jornada.[14] A terra é árida, deserta, praticamente imóvel. Os barcos dos viajantes consistem em extensas peças de vestuário, como chapéus ou coletes, esculpidas em forma de ovo e vagem. Envolvendo intimamente o corpo e ressoando com os tecidos rasgados frequentemente recorrentes na obra de Varo que marcam momentos de transcendência ou avanço, esses veículos são sugestivos de um processo truncado de nascimento.[15] Embora um passageiro possa ter alcançado uma ordem superior de iluminação – a alma que, tendo abandonado seu barco e se metamorfoseado em pássaro, examina a cena de cima na torre – aqueles que voltam do centro não parecem mais animados do que aqueles que se aproximam. A maioria das figuras está vestida em tons sombrios de azul e cinza. Sua busca coletiva por iluminação parece ter falhado. Vale a pena empreender o esforço? Não há resposta da pintura. A obra aprende um estado de iluminação não alcançado, ou de ignorância, em termos de constrição física e restrição colorística. Varo articula um potencial estagnado para a vida, a interrupção de uma trajetória de desenvolvimento teleológico.

O que devemos fazer com a relação do espectador com a ignorância e o conhecimento? A pintura não permite um posicionamento consistente além ou dentro desses estados. A figuração da obra (pássaro, torre, espiral, água, viagens de ida e volta) é icônica em caráter.[16] Em vez de postular o ideal de um objetivo transcendente, a pintura incita o observador a explorar sua orientação *vis-à-vis* o conceito de tal fim.[17] No nível do endereçamento da obra ao espectador e do endereçamento ao qual a pintura convida o espectador, *Trânsito em espiral* reproduz a ignorância que retrata, enquanto também desafia o observador a tornar-se ciente de suas próprias orientações *vis-à-vis* a ignorância e a iluminação, conforme ela se desloca entre os múltiplos pontos de identificação delineados pela pintura. Combinando a miniaturização com uma perspectiva aérea, a obra faz o espectador oscilar entre as percepções próximas e remotas do detalhe pictórico. Identificando-se com as posições dentro e acima dos barcos que avançam e recuam, o espectador (imaginativamente) confronta a necessidade de conhecimento e de entrega de sua busca por conhecimento. Sentimentos de tristeza e tormento estão associados a essas atitudes. Uma busca esperançosa pela iluminação no caminho para a torre se transforma na angústia do esforço fracassado no caminho de volta, que, então, transmite outros ciclos de abordagem e retirada. O espectador pondera sobre a sensatez ou a falta de sabedoria de desistir ou seguir os itinerários adotados. A composição o leva pela repetição dessas possibilidades, o que confunde distinções entre elas, demonstrando que um sentimento, percepção ou orientação repousa para sua renovação sobre outro, com o qual se mistura. Permanecendo no projeto de Varo, somos estimulados a contemplar uma lógica existencial afetiva, corporificada, que conjuga um desejo de compreensão com uma ausência inelutável de conhecimento. A obra *Trânsito em espiral* captura um processo no qual trabalhamos na ignorância em direção ao conhecimento e no conhecimento em direção à ignorância.

Os veículos de transporte nos quais os viajantes se movimentam são construídos com casacos e chapéus equipados com dispositivos mecânicos, como hélices, volantes, velas. Essa conjunção de domesticidade e tecnologia sustenta várias camadas de crítica estética. Em primeiro lugar, Varo atinge uma feminização irônica de materiais e formas convencionalmente masculinizados. Recrutando elementos feminizados na obra de sustentar uma busca pela iluminação – artigos de vestuário colocados ao redor do corpo de uma maneira que lembra a sustentação materna, fertilidade e nascimento – ela regenera visões tradicionalmente masculinizadas de transcendência, notadamente, a função da tecnologia como um instrumento de progresso e fantasias surrealistas de transformação.[18] A tecnologia e o surrealismo exploram classicamente o corpo feminino como terreno de inovação, formulando a promessa do novo por meio da transgressão das imagens desse corpo. Vestindo este imaginário teleológico em um traje feminizado, Varo debochadamente desvia sua compra da novidade.

Em segundo lugar, Varo ironicamente masculiniza materiais e formas feminizadas padronizadas. Equipando pequenas formas protetoras que carregam conotações maternas (tipos de *khôra*) com engenhocas mecânicas, ela regenera espaços feminizados que foram influenciados por trajetórias masculinizantes de cultivo e compreendidos como estáveis, atemporais, irrepresentáveis.[19] As rodas e hélices de Varo reimaginam de forma lúdica a figura de um lugar de origem passivo, estacionário e maternal para a subjetividade, ou seja, de um suporte duradouro para práticas culturais que permanecem barradas de significação. Confundindo separações influentes entre iconografias convencionalmente masculinizadas e feminizadas, a pintura encena emaranhados de conhecimento e ignorância por meio de imagens híbridas de gênero ambíguo. A obra interrompe generalizações comumente associadas a estruturas de conhecimento e ignorância. Notavelmente, ela desaloja as conotações de masculinidade associadas a concepções de conhecimento como ativo e orientado para o futuro, e conotações de feminilidade ligadas às noções de ignorância como regressivas, uma distração, uma condição pertencente propriamente ao passado.

A obra *Trânsito em espiral* dedica-se à elaboração de vocabulários estéticos. A pintura revisa expressões estéticas subjacentes a um modelo epistêmico progressista que nos leva da ignorância ao conhecimento (como motivos de viagens, mitos de iluminação e modelos de mudança). A iconografia de Varo convida o espectador a imaginar uma relação alternativa entre conhecimento e ignorância, nomeadamente uma relação de intercalação mútua.

O impulso crítico e transformador da pintura pode parecer diminuto sob o peso da ciclicidade e estagnação da obra. Tanto no nível do conteúdo quanto no endereçamento, *Trânsito em espiral* encontra um antecedente em *Encounter* (1959). Esta obra confirma o ceticismo de Varo sobre a possibilidade de obtenção de um certo tipo de conhecimento. Um pano azul rodopiante em torno da protagonista da pintura a prende à sua autoimagem, que a encara de volta, encapsulada em uma caixa. O conhecimento do *self* traça um circuito fechado que estranhamente replica as formas pelas quais o *self* é construído. A autorreflexão imita os emaranhados que cercam o eu. De fato, tanto *Trânsito em espiral* como *Encounter* mantêm a promessa de transcendência epistêmica libertadora. Se a ignorância deve ser suplantada pelo conhecimento, o conhecimento instantaneamente empurra o conhecedor de volta para tal ignorância.

Mas uma perspectiva diferente emerge se considerarmos o próprio posicionamento do artista frente à ignorância, analisado por outro grupo de obras. O tema da invenção estética ocupa um lugar distinto na obra de Varo, assim como no surrealismo de forma geral. A crítica formal de *Trânsito em espiral* tem afinidade com as atividades estéticas que tocadores de cordas, flautistas, pintores, alquimistas e tecelões empreendem nas representações de atos criativos de Varo. As forças limitadoras

Capítulo 5 • A estética da ignorância

permanecem relativamente subjugadas nessas pinturas. Tocando música com os raios de sol brilhando através de uma floresta densa, a tocadora de cordas em *Música de la luz (Música solar)* (1955) libera os pássaros de suas gaiolas, animando a eles e a si mesma – ambos ganham cor. Vestida com um casaco de musgo, a musicista funde-se parcialmente com seu ambiente, como seus colegas em *El flautista (O flautista)* (1955) e *Ciencia inútil o El alquimista (Ciência inútil ou O alquimista)* (1955). Cada um desses criadores energiza os poderes ambientais para transcender as limitações cotidianas. Com os artistas em *Tejedora (Tecelã)* (1956) e *Creación de las aves (Criação das aves)* (1958), esses criadores compartilham a prática de liberar suas produções nos próprios ambientes de onde tais criações derivam impulsos e formas.

Partindo do pressuposto de que Varo investiga dimensões semelhantes do processo criativo em *Trânsito em espiral*, podemos ler esta pintura como localizando sua própria agência artística dentro da ignorância que a obra tematiza. A espécie de ignorância resultante não seria estagnada, mas compreende uma fonte de poderes desconhecidos que são capazes de serem energizados. Ignorância desse tipo permeia as estratégias formais da obra: a iconografia de Varo simultaneamente enfatiza e combate as limitações dos vocabulários surrealista, doméstico e tecnocrático. Ofuscando e revisando satiricamente tipologias de gênero embutidas nesses repertórios culturais, ela enfeita os materiais estéticos recebidos para abrir espaço para novas formas e conceitos. Nesse sentido, *Trânsito em espiral* mobiliza expressões estéticas inerentes em estados de ignorância como parte de uma estratégia que visa ao desenvolvimento de possibilidades estéticas alternativas. Claramente, a curvatura de uma visão progressista do desenvolvimento epistêmico, registrada por *Trânsito em espiral*, não equivale ao esgotamento de um modelo que busca contestar a ignorância de uma posição dentro desse estado. Este último esquema epistêmico, que Varo adota em *Trânsito em espiral*, entre outras obras, é sugestivo de estratagemas de transformação que jogam campos de ignorância contra áreas do conhecimento e vice-versa, ao mesmo tempo que ativam ambos para provocar uma diferença produtiva na outra. Esse processo exige um ajuste de contas com a perda de domínio do conhecimento. Ele incita o desejo epistêmico não respondido por parte do sujeito de conhecimento e a falta dele, e traz um estado de incerteza e desorientação afetiva. Mas também causa uma mudança irônica de terreno. Não está claro onde estamos em relação aos eixos, espirais, pontos de vista, veículos e fluxos pelos quais podemos medir as relações entre conhecimento e ignorância.

A obra de Varo mostra o estético em ação na configuração de uma ampla gama de parâmetros desses estados de deslocamento epistêmico. Colocando em tensão múltiplas instâncias de conhecimento estetizado e ignorância, ela explicitamente elucida a vasta gama de recursos e reverberações que o estético concede a essas posturas epistêmicas. Particularmente salientes são as figurações visuais de posições ambivalentes entre o cativeiro e a liberação – marcadas, por exemplo, por cordas que ligam as figuras humanas umas às outras ou em redes e enfeites que as prendem em seus ambientes. Esses laços canalizam a criatividade e o estímulo, mas também bloqueiam os protagonistas. Uns personagens se libertam; outros permanecem presos em ambientes confinantes.

Modelando estados corporificados de conhecimento e ignorância e envolvendo-os em uma teia ressonante de significados existenciais, Varo os torna condições culturais intrincadas. Ela traz à tona implicações afetivas, perceptivas, imaginativas e outras implicações intercorpóreas dessas condições. Ao articular essas dimensões divergentes, sua obra nos alerta para o amplo alcance do estético e para a presença expansiva e envolvente que ele tem em nossas vidas epistêmicas. Diversos meios de criar variedades de saber e não saber se misturam nas pinturas e desenhos de Varo: ela usa recorrentemente dispositivos tecnológicos ou imagens de animais para moldar estágios conscientes e inconscientes de transformação pessoal. Seus personagens desempenham atividades convergentes de ciência, arte e magia enquanto se dedicam a tarefas domésticas, como tricotar ou cozinhar. Sua iconografia ativa o alcance abrangente e os poderes de concentração que o estético deriva de suas propensões para reunir vários tipos de processos, disposições que investigaremos na sequência sob o título de integracionismo estético.

As preocupações epistêmicas abrangentes que Varo envolve em sua obra como um todo também aparecem em *Trânsito em espiral*. Reverberando com múltiplas camadas de significado estético em que Varo envolve a existência epistêmica, este trabalho nos leva a abordar dimensões oscilantes de instabilidade estética e epistêmica simultaneamente.

Capítulo 5 • A estética da ignorância

Proclamando a intransigência da ignorância estetizada, a pintura posiciona o espectador em meio a ela, incitando-o a enfrentar essa condição.

Histórias de ignorância estetizada

Ordens de conhecimento e ignorância esteticamente delineadas criam raízes em esquemas historicamente estabelecidos de produção e interpretação, códigos de publicidade e privacidade, projetos de movimento, estase, visão, audição, cheiro, paladar e tato, junto com imersões seletivas e afastamentos de modelos de experiência e ocupações materiais. Consequentemente, as práticas estéticas contemporâneas produzem seus efeitos como elementos em esquemas institucionalizados de conhecimento e ignorância estetizados. Tais arranjos residem, por exemplo, em culturas de mídia, rotinas de imagens médicas e regimes espaçotemporais que governam as interações corpo a corpo. Dado o enraizamento histórico da ignorância estetizada, uma via para esclarecer a natureza desse tipo de ignorância que se sugere e para examinar modos culturais específicos do tipo que acabamos de mencionar é investigar o papel que o estético desempenha como uma tecnologia multissensorial e integrativa. Numerosos filósofos desenvolveram relatos integracionistas da prática estética – perspectivas nas quais o estético constrói uma ponte sobre as oposições entre as esferas que os teóricos do Iluminismo separaram influentemente umas das outras. Friedrich Schiller e John Dewey estão entre os defensores dessas opiniões.[20]

Em uma série de cartas publicadas no final do século XVIII, Schiller declara a prática estética central para a realização do estado moral (1967, 171, 219). Schiller acredita que nem a razão nem a lei moral são capazes de nos motivar a agir em conformidade com o dever. A única maneira possível de alcançar uma forma humanamente habitável de moralidade e racionalidade, ele observa, é juntar a razão com o sentimento e a sensação, a mente com o corpo.[21] O estético é o campo de práticas que nos oferece as ferramentas para integrar essas faculdades. Impulsionando essas capacidades a um estado de interação recíproca, a criação e a percepção estética dão origem a um estado de equilíbrio dinâmico no qual os agentes se sentem movidos a colocar em ação preceitos da razão e da lei moral. Schiller olha para o estético não apenas para trazer o campo da razão, moralidade e mente de acordo com o do sentimento, da sensação e do corpo, mas também para unir o indivíduo e a sociedade, o pessoal e o político, o privado e o público, o particular e o geral. Harmoniosamente integrado em seu funcionamento diversificado, o *self*, nesta abordagem, concretiza seus vínculos com o coletivo maior do qual participa, superando as formas modernas de fragmentação, ao mesmo tempo que alcança liberdade política, igualdade e felicidade (7-9, 31-43, 213-19).

Na década de 1930, John Dewey expandiu a concepção integracionista de agência estética de Schiller. Na visão de Dewey, a experiência estética integra mente e corpo, sentir e pensar, necessidade e ação, fazer e sofrer, material e ideal, razão e imaginação, imaginação e prática, *self* e objeto, *self* e ambiente, subjetividade e objetividade, detalhe ou particularidade e todo, indivíduo e natureza, indivíduo e comunidade, individual e universal, realidade e possibilidade.[22] Cada uma dessas integrações, em seu relato, é produtiva de civilização.

Assim como Schiller e Dewey, críticas feministas contemporâneas como Julia Kristeva, Luce Irigaray, Audre Lorde e Gloria Anzaldúa destacam a importância da criação estética como uma prática que conjuga sensação, sentimento e pensamento. O estético, para essas teóricas, subscreve processos de articulação e estruturas de experiência que escapam aos modelos de racionalidade como uma estrutura desencarnada, ou construções da corporeidade como um fenômeno extrassimbólico, externo ao recinto da cultura.[23] O integracionismo representa uma vertente proeminente do pensamento estético contemporâneo.

Os vários projetos integrativos nos quais teóricos, artistas e agentes cotidianos relacionam o estético e com os quais ele foi substancialmente identificado nos engajam em um trabalho normativo. Teóricas feministas e críticas da raça indicaram que as aparentes polaridades que o estético reconcilia (como as da mente e do corpo, razão e afeto/imaginação/sensação, público e privado, indivíduo e sociedade, pessoal e político, geral e particular) carregam significados normativos que se traduzem em diferenças hierárquicas de raça, classe, gênero, sexualidade, nacionalidade, etnia e habilidade.[24] Criando pontos de conexão entre essas dualidades, o estético cumpre uma tarefa normativa complexa. Unificando funções que foram compreendidas como díspares, as práticas estéticas interrompem as oposições iluministas que elas atravessam. Mas também ajudam a proteger essas dicotomias. Ambas as estratégias entram na produção de conhecimento e ignorância.

Capítulo 5 • A estética da ignorância

As atividades estéticas frequentemente endossam relações aparentemente apropriadas entre domínios ostensivamente opostos, contribuindo para a realização de configurações raciais, de classe e de gênero aparentemente adequadas no campo social, arranjos que refletem hierarquias codificadas nas polaridades operacionais do Iluminismo. As integrações estéticas frequentemente implementam formas de diferenciação que observam essas supostas dualidades. Ao unir domínios cujas supostas divisões subscrevem distinções sociais, o estético, portanto, não se limita a se opor aos binarismos iluministas estabelecidos – como proposto por Kristeva, Irigaray, Lorde e Anzaldúa – mas também sustenta efeitos normativos desencadeados por essas separações.[25] Assim, o trabalho normativo que o estético assume como uma tecnologia social está intrincadamente emaranhado com o funcionamento das próprias oposições iluministas que o estético em certa medida desloca. Examinarei os procedimentos de recuperação do integracionismo estético em visões de gosto e refinamento de David Hume, bem como no programa *Queer Eye for the Straight Guy*. Fonte de integrações, o estético, ao que parece, assume responsabilidades morais e políticas que incluem a criação de conhecimento e ignorância.

Hume entende o estético como um fenômeno integrador conforme os moldes a seguir. Como foi observado no Capítulo 3, a apreensão esteticamente apropriada da arte, em sua opinião, repousa no bom senso do observador, em sua liberdade de preconceitos, na delicadeza de imaginação e na posse de prática anterior e de uma história de avaliações comparativas das qualidades de diferentes obras de arte (ST, 140-7). Um verdadeiro juiz é dotado dessas qualificações, que devem informar sua experiência do artefato cultural em questão. Essas capacidades se combinam com a habilidade do crítico de responder com emoções apropriadas à arte, o que podemos considerar um pré-requisito adicional de observação.[26] Expressos em termos desses critérios, gosto e refinamento, na teoria de Hume, são regidos por uma conjunção de requisitos morais, epistêmicos, afetivos, imaginativos e volitivos. Para Hume, a prática estética, portanto, pareceria colocar em jogo as normas divergentes que controlam essas funções diversas. De fato, Hume enfatiza implicitamente várias maneiras pelas quais as funções díspares se modulam mutuamente na esfera do estético.

A promessa cultural do estético

Sob a rubrica de gosto, Hume importa normas epistêmicas e morais para as operações de percepção, afeto e imaginação. Entre essas normas epistêmicas estão a "clareza" e a "distinção" que, em oposição à "obscuridade" e a "confusão", ele toma para caracterizar as verdadeiras experiências de beleza (ST, 143-4). Uma dimensão moral surge quando ele endossa sentimentos "adequados" ou "justos" de arte e beleza, enquanto rejeita os sentimentos "pervertidos" ou "corrompidos" com os quais eles são contrastados (140, 146-7, 149). A oposição de Hume entre faculdades "sólidas" e "defeituosas" carrega conotações epistêmicas e morais, assim como suas noções de "o mau crítico" e as "falhas", "desejos" e "imperfeições" de um crítico.[27] Consequentemente, para Hume, a experiência estética constitui um campo no qual a percepção, o afeto e a imaginação são guiados por normas morais e epistêmicas.[28] Por outro lado, sob os auspícios do estético, as demandas afetivas, imaginativas e volitivas são introduzidas nos domínios da moralidade, política e epistemologia. Isso fica claro se recapitularmos brevemente a visão de Hume sobre o funcionamento social do gosto. Com relação ao caráter do indivíduo, suas relações pessoais e suas existências social, pública e política, Hume reconhece a necessidade de bom gosto e refinamento. Em cada um desses registros, ele descobre que o gosto e o refinamento são produtivos da indústria, do conhecimento, da humanidade e da civilização (RA, 168-71; DTP, 12-13). Por meio do funcionamento do gosto e do refinamento, as dimensões do afeto, da imaginação, do desejo e da vontade tornam-se assim formadoras da posição moral, política e epistêmica do indivíduo e da nação. Dadas as expansivas repercussões sociais que o gosto adquire na filosofia de Hume, as diferentes funções tornam-se ainda mais densamente entrelaçadas umas com as outras.

Lembre-se de que Hume postula uma relação de apoio mútuo e desenvolvimento paralelo ao longo dos planos do público e do privado, do individual e do social, do social e do político. O gosto tem a responsabilidade por uma organização adequada das paixões, percepções e do nível de atividade de um homem e, portanto, por seu domínio de realizações como amor, virtude, felicidade. Ele permite ao homem de cultura manter conexões com outras pessoas significativas, fazendo-o levar uma vida social civilizada. Mais do que isso, o gosto torna a economia produtiva, promove a liberdade pública para os homens brancos de classe média e

Capítulo 5 • A estética da ignorância

fortalece a nação (DTP; RA; RP, 72-5; OC). Os agentes sociais, para Hume, existem, então, dentro de uma rede de relações esteticamente mediadas, civilizadas e civilizadoras. Investigamos a natureza hierárquica e assimétrica desse sistema relacional. Mulheres de classe média e alta e homens e mulheres negros, indianos e de classe trabalhadora enfrentam exclusões de vários tipos que se cruzam nas trocas sociais vitais. O estético é uma fonte de relações sociais, econômicas, culturais e políticas de acesso desigual.

Um orquestrador da existência relacional, o gosto estimula e inibe os modos de tratamento que os indivíduos adotam e recebem uns dos outros e do mundo dos objetos. O gosto da operação normativa implementa o lugar dos sujeitos nitidamente delimitados dentro de uma teia diferencial de compromissos com outros seres humanos e objetos. Lacunas de conexão cercam os vínculos que surgem. O tecido resultante de laços e vazios em contato, medidas de isolamento e exposição, e extensões de união e isolamento instanciam múltiplas variedades de conhecimento estetizado e ignorância. Esses estados adquirem um amplo alcance na teoria de Hume.

Podemos ter uma noção do alcance desses fenômenos trazendo de volta à mente a circunscrição rigorosa de Hume sobre o status do homem de cultura. O gosto torna o sujeito cultivado uma criatura social, proporciona-lhe novos e sempre renovadores prazeres materiais, embora o deixe substancialmente independente de outras pessoas e das circunstâncias materiais.[29] Refina suas emoções e sensibilidade afetiva, mas preserva sua masculinidade. Isso o torna sensível às verdadeiras delícias dos companheiros do sexo masculino, mas, ainda assim, o inspira a se envolver em conversas educadas e amorosas e em trocas sexuais com mulheres, que lhe oferecem mais edificação (DTP, 12-13; RA, 172-4; RP, 72-5). A faculdade de gosto, como Hume implicitamente a imagina, ajuda assim a codificar a diferença social em múltiplos registros do funcionamento humano (imaginativo, cognitivo, afetivo, sensorial, material, moral, epistêmico, público, privado) que convergem em percepções estéticas, valores e hábitos. A propensão do gosto é instrumental na elaboração e na obstrução de formas de consciência e de conexão incorporada. Parte integrante do trabalho moral e político que ela realiza, na análise de Hume, é seu trabalho de facilitar e excluir zonas de conhecimento e ignorância. Hume, ao lado de muitos outros filósofos, teoriza implicitamente os padrões sistêmicos de conhecimento e ignorância estetizados. Essas estruturas residem em sistemas de relacionalidade estética que habitamos.

O estético traz seu escopo abrangente para seu trabalho social. Seu campo de atuação é ainda mais amplo do que as integrações de Hume, Schiller e Dewey atestam. A prática estética abrange todas as modalidades de interação simbólica que desfrutamos pelo nosso ambiente (por exemplo, olfativa, cinética) e atravessa separações presumidas entre o público e o privado, o individual e o social, o social e o político. Ela permeia um amplo espectro de parâmetros de corporificação, relacionalidade e endereçamento, que pode colocar em movimento para abrir ou fechar modos de construção de significado, criando tanto plenitudes quanto lacunas de significação, conhecimento e ignorância. Esse trabalho organizacional se destaca na popular série de TV, vencedora do Emmy, *Queer Eye for the Straight Guy*, que foi exibida de 2003 a 2007 e ressoa com as promessas de gosto articuladas por Hume.

Queer Eye, como Hume, subscreve a visão de que o gosto projeta uma trajetória civilizadora. Embora episódios posteriores exibam maior diversificação racial e étnica em comparação com os anteriores, o protagonista do programa normalmente é um homem branco, jovem, saudável, heterossexual, com posses e de classe média.[30] A série funciona com a premissa de que, ao exibir o tipo certo de comportamento estético, conforme indicado por cinco especialistas gays nos assuntos de cabelo e pele, moda, gastronomia, "cultura" e design de interiores, essa pessoa pode trazer a boa vida à cena. A equipe de consultores de imagem retransmite promessas e demandas de gosto ao homem em formação. As demandas: participação em um roteiro em que se tenha um apartamento bem decorado e arrumado, uma roupa descolada e um corte de cabelo da moda, uma fragrância chique, um aperitivo delicioso, algo legal para fazer, um tema atraente para discutir. As promessas: atratividade social; desejabilidade como amigo, colega, membro da família e amante; maturidade; beleza; felicidade; prazer na companhia dos outros; status profissional aprimorado; atualização das possibilidades da vida para o florescimento pessoal. Partindo do pressuposto de um nível elementar de educabilidade e alfabetização estética, o gosto inicia um processo teleológico de transformação para o homem de cultura. Assumindo o

Capítulo 5 • A estética da ignorância

controle de seu estilo de vida, o protagonista de um episódio típico do programa pode esperar obter benefícios que Hume aproveitou do gosto e do refinamento: virtude, intimidade homossocial, amor heterossexual, felicidade e mobilidade ascendente. Fascinantemente, ao oferecer essas promessas ao protagonista, a série aponta para uma redistribuição do poder de discernimento estético. A aprendizagem ocorre: o aluno descobre como começar um encontro noturno com uma companhia que se delicia com atrativos estéticos que garantem tornar a ocasião agradável. Ao distribuir conhecimento, entretanto, a educação estética que o personagem principal recebe também distribui ignorância.

O gosto adquire esse poder de cultivo porque os juízos estéticos, desejos e realizações que o programa celebra emergem de uma constelação de relacionamentos em que produtores, consumidores, profissionais de marketing, família, amigos, colegas, designers de palco e público trabalham em sincronia. Cada um desempenha um papel na criação das exigências e promessas do gosto. Os namorados pedem um parceiro apresentável e afirmam seu direito a essa dimensão esperada de um romance comprometido. Amigos, colegas e família identificam limitações estilísticas que prejudicam o protagonista e declaram aspirações estéticas que seriam recomendáveis que ele atendesse. Lojas de móveis, restaurantes de luxo, lojas de roupas, cabeleireiros e técnicos de beleza têm amplo tempo na tela para definir possibilidades estéticas que irão superar a imaginação do personagem. Profundamente dispensando comentários estéticos e disciplinando seu pupilo de acordo com as normas de gosto, os cinco consultores de imagem buscam efetuar uma sintonia de sua autoimagem com as demandas e os suprimentos estéticos que detectam em seu entorno. Agindo de acordo com os desejos do gosto, o sujeito exibe comportamentos de consumo e produtivos que, sugere o programa, lhe permitirão pôr em prática as qualificações morais e sociais que possui incipientemente. A conformidade com o gosto permite então que o protagonista do *Queer Eye* navegue por uma extensa rede de relações com pessoas e objetos em seu ambiente.[31] É nesse contexto relacional que o gosto pode ser imaginado como resultado da boa vida.

A fantasia de felicidade do programa encontra na ignorância estetizada proteção contra preocupações desestabilizadoras que uma consciência mais profunda e expansiva registraria. O programa omite imagens da cidade denunciando sofrimento, violência e injustiça. O projeto de estetização iniciado pelos *Fabulous Five* evita receios ecológicos. Ele contorna as preocupações morais sobre a reserva de recursos humanos e naturais que deve apoiar o consumo do primeiro mundo. A escolarização estética proporcionada pelos cinco educadores negligencia as preocupações com as circunstâncias políticas que moldam as relações (trans)nacionais que permitem estilos de vida modelados na racionalidade do mercado. A pedagogia estética dos instrutores, em geral, negligencia as complexidades distintivas da postura simbólica do aprendiz e seu vocabulário estético, que estão submersos sob uma correção rápida que resultará em uma personalidade estética presumivelmente atraente. O itinerário de desenvolvimento previsto para o protagonista alivia ansiedades existenciais que podem colocar em dúvida a desejabilidade das ofertas do gosto. Nos termos do roteiro estético do programa, a estetização envolve os sentidos junto com muitas outras modalidades de engajamento corporificado com o mundo e com os outros a serviço do desvanecimento de ataques desconcertantes de consciência.

Códigos, formas e padrões estéticos apoiam a imagem da educação estética do programa. Construções estéticas convencionalmente legíveis – a doçura "amável" de uma sobremesa, uma camisa chamativa, uma fragrância deslumbrante, uma pintura esplêndida – adaptam a gama disponível de opções sensoriais, imaginativas, cognitivas, afetivas e volitivas para aqueles que fornecem demandas e promessas. No cenário representado pelo programa, a estetização é um projeto colaborativo para sincronizar modalidades de consciência corporificada, comportamento social e status público em direção a uma estruturação do mundo da vida de um sujeito que é imaginado para trazer felicidade ao alcance, enquanto evita complicações que provavelmente atrapalham esse resultado. Esse trabalho organizacional também cria disjunção e dissonância. O tema do gosto está posicionado para permanecer fora de contato com as múltiplas facetas da paisagem sonora da cidade, seus ritmos visuais, suas temporalidades disjuntivas, suas interdependências com um mundo e com um ecossistema global mais amplo, as implicações de seus próprios investimentos afetivos e de outros. A estetização cria um padrão de atenuação sistêmica e intensificação das conexões do protagonista com seu entorno.

Capítulo 5 • A estética da ignorância

Imagina-se que seus hábitos corporais e psíquicos recém-adquiridos gerem uma capacidade de florescer que não está disponível sem os suportes estéticos necessários. O homem em processo sofre uma *éducation sentimentale* que termina em uma demonstração culminante de suas habilidades estéticas para a câmera, testemunhada por seus mentores e pelo público em geral. A ignorância, na construção do espetáculo sobre a boa vida, surge no decurso de uma estruturação dramática e cinematográfica da experiência. É um produto da intencionalidade estética, da tomada de decisão, do desejo e da recusa, agindo em consonância com os princípios do mercado. A agência estética carrega o peso cognitivo, moral e político que traz a condição epistêmica resultante. A ideologia operativa da felicidade entra nas práticas estéticas da existência cotidiana. Aqui reside sua força.

Em *Queer Eye*, a estetização estabelece as bases para uma construção de felicidade. Realiza-se uma orquestração seletiva da presença do sujeito em relação aos outros, ao local de trabalho, ao ambiente material, às instituições da economia, da política e da cultura. Essa organização é posta a serviço de uma noção normativa e teleológica do devir individual. Os ingredientes centrais da estetização, em determinado contexto relacional, são a capacidade do sujeito de atender aos requisitos e recompensas do gosto, sua disposição para observar um espectro de códigos estéticos, leituras e experiências que lhe são disponibilizadas e sua cooperação na tentativa de postular o que se pode esperar que passe como uma *persona* estética toleravelmente atraente, se não sedutora. Além disso, há um senso generalizado de escolha estilística sujeita à avaliação estética, de tarefa do indivíduo ao antecipar, avaliar e ajustar-se adequadamente às avaliações estéticas oferecidas por outras pessoas mais ou menos próximas, e da justificabilidade moral e social de concordância de seus companheiros e vocalização desses julgamentos. Nessas condições, suas competências estéticas permitem-lhe negociar uma densa teia de relações esteticamente mediadas. Embora a estetização ao longo dessas linhas pressuponha uma modelagem relacional de uma voz estética, ela fica aquém de uma destilação improvisada de uma estética da existência que poderia ser inspirada por colaborações estéticas mais experimentais ou aventureiras. Uma relação ricamente texturizada com os objetos de gosto não é exigida do protagonista, como pode ser testemunhado nos epítetos minimamente descritivos que ele costuma apresentar, como "legal", "fabuloso", "ó, meu Deus", "uau". O gosto é determinado por uma economia de produtos de consumo e de criadores de imagens. A sugestão é que o que é de bom gosto foi estabelecido independentemente dos julgamentos do sujeito, exigindo simplesmente ser selecionado por um especialista em amor para fazer seu trabalho de cultivo.

A heterossexualidade é protegida com segurança no discurso do programa ao espectador, em suas premissas formais e em sua encenação de incorporação estética. Dentro desse quadro, a estetização permite uma rearticulação rudimentar da masculinidade do protagonista, que se expande para incluir suas novas habilidades domésticas e consumistas potencialmente feminizantes, e representa agora seu status como o que costumava ser chamado de metrossexual, ou seja, uma identificação amplamente heterossexual, cisgênera, de classe média, citadina cuja autoestilização é reforçada pelos mais recentes modelos de vida urbana e apresenta traços de conduta que outros paradigmas de masculinidade compreendem como gays ou femininos. Nem essa reconstrução nem o terno cuidado que os cinco pedagogos dedicam a seu físico, seus sentimentos e sua comitiva material relaxam sua heterossexualidade fundamental, aos olhos do espectador. A homossexualidade masculina estereotipada serve para recarregar a heterossexualidade, atualizando-a como um ingrediente de uma economia urbana consumista. À medida que as mediações estéticas dispensadas pelos cinco especialistas atualizam o apelo romântico de seu aluno, seu comportamento de gênero e seu comportamento social, eles reestetizam suas competências domésticas minimalistas dentro dos limites da masculinidade heterossexual normativa, fisicamente capaz, tipicamente branca e de classe média.[32] Essas categorias delineiam os limites dentro dos quais o projeto estetizante do programa atinge seu desejo e promessa. Paradoxalmente, a postura estética que o programa designa como seu ponto de vista é um cosmopolitismo baseado em Nova York: local, mas mundano e multicultural.

O roteiro estético de *Queer Eye* usa elementos dos modelos do século XVIII de relacionalidade estética, incluindo promessas de felicidade, trajetórias de desenvolvimento e padrões de endereçamento excludentes, para circunscrever um campo de ignorância moral e politicamente arregimentado.[33] A ignorância surge aqui como uma dimensão de uma estetização e uma estrutura estetizante de relacionamentos que permite a seus participantes contar com as contribuições de produção de significado e valor uns dos outros. A estetização, na série, solidifica as estruturas de poder existentes das quais ela depende, mesmo que cautelosamente, em uma democratização do gosto e na suspensão de certos costumes sexuais. Ao fazer a ponte entre as dualidades do Iluminismo, o estético resiste significativamente aos efeitos normativos gerados por essas oposições. *Queer Eye* não é exceção a isso. Por exemplo, os empreendimentos estéticos dos *Fabulous Five* valorizam os prazeres corporais de uma forma que supera o privilégio estrito da mente sobre o corpo. As aventuras estéticas que o programa celebra inegavelmente exaltam uma gama diferente de atividades humanas do que, digamos, Hume ou Schiller fizeram, atribuindo à razão, à liberdade e à vida pública evidenciais (em oposição à prática) um lugar muito menos importante do que esses filósofos fizeram, e assim marcando certas possibilidades expandidas para a agência cultural. Ao mesmo tempo, o reality show também reforça os arranjos culturais que as oposições iluministas historicamente reforçaram. *Queer Eye* orienta a existência de bom gosto em direção a alinhamentos sociais normalizados de classe, raça, gênero e sexualidade, de maneiras que são familiares a Hume e que podem ser reconhecidas em Schiller. A vida estética reside na ignorância que ela ajudou e continua ajudando a criar.

A ignorância do estético

Implementar e se basear em estruturas de relacionalidade, endereçamento e atividades estéticas promissoras ajudam a produzir estados de consciência e inconsciência, receptividade e desconexão. Normas, desejos e valores estéticos alimentam a ignorância na medida em que afetam em quais ruas entramos ou das quais nos desviamos, quais pessoas encontramos ou evitamos, quais canções amamos ou pulamos e quais escolhas julgamos inalcançáveis ou tomamos como certas. *Queer Eye* e Hume implicitamente apontam as maneiras pelas quais as rotinas estéticas cotidianas instanciam perfis de elisões epistêmicas interconectadas e realizações que garantem aspectos da hegemonia social. Os fenômenos estéticos do cotidiano realizam esse trabalho epistêmico como elementos de constelações de relacionalidade, endereçamento e promessa. Embutidos nessas estruturas, os parâmetros estéticos podem ajudar a manter e reduzir as lacunas entre os atos que cometemos e as crenças que mantemos. As formas estéticas muitas vezes incorporam *insights*, mas também podem exercer tração epistêmica, promovendo o desvio de pontos de vista ou frustrando seus presságios. Construímos nossas experiências substancialmente em torno de atrações estéticas que nos envolvem em ações, pessoas, ambientes e coisas, bem como em torno de repulsões que nos afastam dos elementos. Condições de *saber, não saber* e *não saber frequentemente* exercem um controle estético sobre nós, como indicam os poemas "Prospecto" e "Utopia", de Szymborska. Esses estados envolvem figurações de detalhes estéticos que usamos para navegar nas relações que criamos com particularidades e formações em grande escala, relações que podem permitir ou dificultar a consciência de nossas localizações epistêmicas (como sugerido pela marginália dissonante de Szymborska e pela miniaturização de Varo). Proximidades e distâncias epistêmicas, desenvolvimentos e pontos de estase podem assim atingir legibilidade ou ilegibilidade em contextos estéticos.

As práticas contemporâneas de estetização surgem contra o pano de fundo das ordens existentes de ignorância estetizada. Habitantes desses paradigmas, participamos de retiradas seletivas e enredamentos em padrões de sociabilidade, planos materiais e cenários de experiência. Normas e formas estéticas ajudam a orquestrar essas constelações de ignorância. As operações relacionais de elementos estéticos envolvem nossa implementação de rotinas de diferenciação e assimilação, abertura e inacessibilidade, consciência e inconsciência. Zonas e meios de gerar conhecimento e ignorância devem sua forma substancialmente às nossas ocupações estéticas. Assim, os procedimentos sistêmicos aos quais as tradições estéticas deram origem deixam suas marcas nos arranjos culturais atuais. Os fenômenos que os sujeitos das culturas do século XXI experimentam como esteticamente significativos, legíveis e desejáveis trazem as marcas de roteiros históricos de relacionalidade estética.

Os sistemas de relacionalidade estética colocam alinhamentos de poder em estratos de conhecimento e ignorância (e vice-versa). Por exemplo, a branquitude obtém um poder considerável da normalização de corpos, comportamentos e desejos brancos. Produções estéticas e modos de recepção participam dessa normalização.[34] Como *Queer Eye* ilustra,

Capítulo 5 • A estética da ignorância

artefatos culturais recorrentemente adotam estratégias que investem essa identidade racial e esse esquema de poder/conhecimento com a aparência de universalidade, elevando-a ao modelo normativo para a humanidade em geral, ao mesmo tempo que abstraindo-a de suas determinações situacionais.[35] A neutralidade e a invisibilidade ostensivas da branquitude encontram suporte em negações institucionalmente abrigadas, sabidas e ignorantes da especificidade, dependência e incorporação do branco. Cometemos tais recusas no curso das práticas estéticas cotidianas, incorporando-as na organização de nossos mundos materiais e sociais. Um exemplo é a tendência infame e bem documentada de atribuir ordem e contenção aos brancos, e disformidade e excesso aos outros raciais, um costume que permeia a produção, a circulação e a interpretação de imagens (Ortega, 2009, seção 2). Esse hábito perceptivo e interpretativo de detectar níveis racialmente diferenciados de controle estético e a falta deles codifica a ignorância como uma dimensão de nosso estar-no-mundo. Normas e códigos estéticos comumente suscitam esquemas de conhecimento e ignorância com apelo estético. Com regularidade, artefatos culturais e seus respectivos modos de leitura podem ser vistos como seduções distintas da branquitude, retratando a existência branca como assustadoramente inspiradora, cheia de suspense e profunda, enquanto classifica a vida negra, asiática ou latina como discreta, descartável, prosaica. Alternativamente, por falar nisso, as vidas atribuídas a pessoas de cor frequentemente são apresentadas como heroicas, eróticas e dramáticas ao longo de modelos pré-formatados que restringem ambivalências dentro de enredos congelados e repetitivos.[36] Permeando formações culturais brancas, estados esteticamente moldados de desconhecimento comumente reforçam a branquitude.

Efetuando modos de endereçamento e relacionalidade, e investindo-os de promessas e ameaças, as disposições estéticas fornecem meios de selar campos de experiência e de impedir que formas e questões sejam elaboradas. A ignorância estetizada reside, entre outras coisas, em caminhos nos quais impedimos o som, a visão, o toque ou o sabor de seguirem, possibilidades interpretativas que deixamos de lado, locais de apreensão que revisitamos compulsivamente. Ela circunscreve lacunas de significado, bem como entendimentos defendidos definitivamente, estreitando o escopo do que em um determinado contexto pode ser

A promessa cultural do estético

imaginado, o que pode ser tornado visível, audível, sentido, inteligível, quem pode ser abordado e como.³⁷ Ingredientes de teias de relacionamentos e endereçamentos, estados de conhecimento estetizado e ignorância incorporam promessas e ameaças moral, política e esteticamente duvidosas.

Figura 5.2 Martin Puryear, *C.F.A.O.*, 2006-7. Madeira crua e pintada. 254 h. x 153 x 193 cm (100 h. x 60 x 76 ''). Cortesia do artista.

Essas dificuldades, entretanto, não negam a capacidade dos artefatos culturais de infringir a ignorância e de energizar os impulsos que a ignorância pode emprestar à investigação crítica. A escultura *C.F.A.O.* (2006-7), de Martin Puryear, é um caso em questão. Seu título refere-se à Compagnie Française de l'Afrique Occidentale, uma atual multinacional que foi fundada no final do século XIX como uma empresa comercial de propriedade francesa que operava em vários países africanos e europeus. A base da escultura consiste em um carrinho de mão de madeira que Puryear encontrou na França. O carrinho segura um enor-

Capítulo 5 • A estética da ignorância

me andaime de vigas de pinho cruzadas, moldadas em torno de uma impressão ampliada de uma máscara criada pelo povo fang do Gabão. A máscara e a estrutura cruzada apoiam-se e moldam-se uma à outra. O lado côncavo da máscara está voltado para fora, seus olhos, mais ou menos na mesma altura dos observadores ou trabalhadores que estariam prestes a pegar o carrinho. No observador, isso instila a sensação de um encontro com um olhar vindo da máscara. As alças de madeira do velho carrinho de mão brilham com o óleo das mãos dos trabalhadores. O emaranhado da máscara na rede de camadas espessas montada no carrinho registra o importante trabalho construtivo extraído da África pela colonialidade e sinaliza o entrelaçamento inseparável das culturas africana e europeia. Para complicar este gesto, a estrutura dupla alude ao enorme edifício representacional que sustenta a construção da África pela Europa.

Figura 5.3 Martin Puryear, *C.F.A.O.*, 2006-7. Madeira crua e pintada. 254h. x 153 x 193cm (100 h. x 60 x 76"). Cortesia do artista.

Integrada, estável e autossuficiente, a composição desmente o movimento e a bagunça associados aos projetos de construção para os quais tendemos a usar carrinhos de mão. Crucialmente, a máscara não pode ser usada; está entrelaçada com a treliça. Em seu lado oco, que seria ocupado pelo trabalhador que empurra a carroça – Gabonês? Francês? Ambos? – a máscara esculpe o espaço negativo. Projetando um vasto espaço vazio para o observador, a carga do carrinho de mão nos confronta com o dilema de como a subjetividade pós-colonial pode ser moldada e onde isso deixa o trabalho envolvido na condução das corporações transnacionais neocoloniais, uma questão para a qual nem construções coloniais nem ícones culturais tradicionais parecem oferecer uma resposta. A escultura imprime esse enigma no espaço do observador, encorajando-nos a contemplar quem e o que é moldado pela máscara e para que fim. Somos convidados a perguntar quem empurra e carrega o quê, e para onde.

Suscitando significantes de desempenho cultural, construção e trabalho com essas perguntas não respondidas e vice-versa, *C.F.A.O.* traça um vazio epistêmico, uma região de não saber. O emaranhado de vigas que compõe a maior parte da carga monumental do carrinho de mão obstrui não só a visão do trabalhador, mas também bloqueia o escrutínio etnográfico ou o histórico da arte sobre o lado convexo da máscara pelo observador, difundindo seu olhar, que se perde no padrão denso das pontas de madeira. As operações culturais invocadas pela escultura delineiam uma esfera de ignorância frequentemente ignorada. A obra nos envolve em um campo de questões não resolvidas que importa animar na tentativa de pensar e contrapor arranjos globais neocoloniais. A reflexão, exemplificada no processo de interpretação da obra, ativa tanto o conhecimento quanto a ignorância.

Como Puryear, Varo e muitos outros produtores culturais, os teóricos reconhecem o fato e a necessidade de interações dinâmicas entre conhecimento e ignorância. Contemplando a natureza da leitura crítica, filósofos e críticos culturais veem a ignorância – na forma da "cegueira" de um texto, de sua lógica suplementar, do campo de "invisibilidade" que ele produz ou das questões que ele responde, mas é incapaz de formular em seus próprios termos – como coconstitutiva da formação do conhecimento. O não saber, portanto, não deve ser simplesmente superado

Capítulo 5 • A estética da ignorância

no caminho para o entendimento, mas irremediavelmente coexiste com ele.[38] Reconhecendo lacunas inevitáveis em nosso conhecimento sobre nós mesmos e os outros, os teóricos alertam contra consequências violentas e opressivas de apagamentos da ignorância.[39] Os críticos argumentam que agendas pedagógicas requerem o ensino da ignorância. Eles clamam pela descoberta de novas formas de ignorância, aquelas que surgem na surpresa dos encontros com a alteridade. Essas revelações são vistas como mandatórias de uma reorganização do "o que eu acho que sei" (Johnson 1987c, 16), que é considerado indispensável para uma ética e política da diferença.[40] A desestabilização epistêmica, portanto, ocupa um lugar central nas estratégias de crítica cultural. Como os esforços para provocar mudanças teóricas e práticas ocorrem regularmente dentro de configurações de significado que permanecem em vigor, apesar de nossa consciência de sua deficiência, a instabilidade epistêmica constitui uma dimensão fundamental dos projetos de análise e transformação social.[41]

As epistemologias contemporâneas, portanto, revelam uma esfera de formas sistemicamente interconectadas de conhecimento e ignorância. A linguagem, a troca simbólica e o aprendizado incorporam tensões entre esses estados. O não saber compreende uma dimensão inevitável da existência social corporificada. Consequentemente, o conhecimento e a ignorância ativam e devem se ativar e pressionar um ao outro. Convocando desconhecidos para energizar conhecidos e vice-versa, podemos resistir à estagnação epistêmica, desmontar barreiras discursivas que inibem estruturalmente corpos de conhecimento e modos de leitura e romper zonas sistêmicas de desconhecimento. O estético, nas múltiplas orientações de suas operações relacionais, nos impulsos e direcionalidades codificados em suas estruturas de endereçamento e nas promessas e ameaças que ele precipita, produz um fórum em cujo contexto empreendemos uma parte substancial desses esforços epistêmicos.

A pintura *Trânsito em espiral*, de Varo, expõe satiricamente e suspende as limitações dos léxicos surrealistas, domésticos e tecnológicos. Modificando esses idiomas à medida que os coloca em uso, ela concebe novas formas estéticas. Os poemas "Prospecto" e "Utopia", de Szymborska, reestetizam criticamente formações já estetizadas de conhecimento e ignorância. *C.F.A.O.*, de Puryear, encoraja a consciência de um campo de ignorância que frequentemente ignoramos com efeitos prejudiciais.

A promessa cultural do estético

As produções culturais se mostram capazes de criar e criticar formas problemáticas de ignorância, de desenterrar condições produtivas de desconhecimento e de liberar bloqueios incorridos por processos de estetização. A estetização fornece ameaças, bem como promessas. Essas ofertas, da mesma forma, vinculam-se a formações de conhecimento estetizado e ignorância que atravessam o campo da relacionalidade estética.

Componente inexorável da relacionalidade estética, a ignorância está incessantemente em produção, assim como o conhecimento. O conhecimento e a ignorância estão imersos em formas contínuas de estetização. O estético oferece promessas e ameaças de estratégias desconhecidas que podemos colocar em prática para reestetizar estruturas simbólicas existentes e revisar constelações de relacionalidade estética. É contra esse pano de fundo que podemos bombear vários tipos de *je-ne-sais-quoi* para inspirar novos tipos de conhecimento e ignorância – realizando assim estruturas imprevistas de agência significativa.

6
Um confronto estético

As corridas de táxi trazem promessas de chegada e ameaças de não chegada ou de atraso. Elas podem proporcionar momentos de companheirismo entre estranhos ou ser palco de encontros que azedam instantaneamente. O táxi produz um rico material para reflexão sobre as relações que surgem entre pessoas que passam um período de tempo limitado forçosamente reunidas, em estreita proximidade, por razões que exigem que tratem não apenas de questões financeiras, do veículo, de seu destino momentaneamente comum ou sua mudança de ambiente, mas também, inescapavelmente enredado com esses elementos, uns aos outros. Que papel desempenha o estético na zona liminar e multidimensional de relacionalidade e endereçamento, de promessas e ameaças que é o táxi?[1]

A convergência de modalidades díspares de engajamento corporal em uma corrida de táxi lembra o funcionamento do estético como um fenômeno integrativo, postulado por filósofos como Schiller e Dewey. Para eles, como observado no Capítulo 5, o estético ocupa um meio-termo entre dualidades de mente e corpo, razão e emoção, e polaridades concomitantes, reunindo elementos alocados para cada lado dessas divisões aparentes.[2] O que o táxi nos diz sobre o funcionamento do estético nessas separações e ligações? Este capítulo examina seu papel em uma luta pelo endereçamento que faz com que o passageiro e o taxista compitam entre si pelo controle de um espaço estético, da natureza de uma relação estética e dos perímetros de uma comunidade estética.

Coletividade estética e o patrulhamento das fronteiras raciais

O artigo "A corrida de táxi", publicado em dezembro de 2004 pelo autor holandês branco Martin Bril para sua coluna diária no *De Volkskrant*, um jornal nacional de centro-esquerda da Holanda, é a história de sua luta estética com um suposto estrangeiro, possivelmente um motorista

A promessa cultural do estético

de táxi árabe que fala holandês.³ Em uma noite de sábado, o escritor precisa ir a algum lugar e chama um táxi nas ruas de Amsterdã. Um velho Volkswagen Jetta para. Bril imediatamente lamenta sua decisão, mas continua como havia planejado. Um bafo quente bate em seu corpo quando ele entra no veículo. Um odor de limpador de banheiro paira no ar. O que ele chama de "música árabe chorosa e alta" está tocando no rádio ("*Arabische jammermuziek*"). Uma folha de plástico cobre o banco traseiro para protegê-lo contra o vômito de passageiros. Tudo no carro sacode. O motorista acelera e faz um desvio. "Chegamos a um cruzamento onde tínhamos que seguir reto, sim, conheço minha cidade. Mas o motorista virou à esquerda... Com a velocidade da luz, nos aproximamos do próximo cruzamento e presumi que íamos virar à direita. Nós zarpamos direto". Neste ponto, o passageiro protesta. Quando o taxista se vira para responder à objeção do colunista, o carro faz zigue-zagues. O taxista responde em holandês "praticamente sem sotaque", algo que o autor acha difícil conciliar com a música chorosa, e diz: "Este é o caminho mais rápido, ou você quer andar?" Bril não quer. Ele nota que está sendo tremendamente prejudicado. "Por outro lado", admite ele, "também foi um belo feito de política de livre mercado". Fazendo uma última tentativa de comunicação verbal, o autor pergunta se o calor pode ser diminuído. "'Está uma sensação boa!', grita o motorista, 'ou você quer andar?'" Relutante em prosseguir a pé, Bril fica em silêncio pelo resto da corrida. A coluna do jornal termina com a seguinte reflexão: "Olhei pela janela, e minha própria cidade me pareceu estranha e misteriosa. A música não oferecia outro ponto de conexão do que vagas memórias de outras metrópoles que havia percorrido de táxi em uma hora terrível: Paris, Nova York, Atenas. Eu me senti como um estranho – enganado e trapaceado."

Uma corrida de táxi sábado à noite pela cidade é a promessa de Bril. Um prolífico cronista do cotidiano holandês, que costumava encontrar prazer em ler a cidade, entre outros lugares, em seus detalhes caracteristicamente locais – que eram invariavelmente prosaicos, e reconhecíveis para uma legião de leitores. Em vez de serem intuitivos como uma deliciosa multidão de minúcias, os detalhes estéticos dessa viagem de táxi conspiram com desenvolvimentos mais amplos para atolá-lo na angústia do estranhamento e da vitimização. Bril pegou seu táxi nas ruas de Amsterdã menos de dois meses após o assassinato do cineasta Theo van Gogh pelo ativista muçulmano marroquino-holandês Mohammed Bouyeri nas ruas da mesma cidade. É improvável que a ferroada do deslocamento cultural, aos olhos do escritor, parecesse uma experiência que considerou estar sofrendo por conta própria. Ao contrário, a picada do deslocamento poderia ser razoavelmente presumida como típica de um sentimento que ressoou amplamente por todo o país – um sentimento indicativo de recentes desenvolvimentos sociais, políticos e econômicos. Ao relatar verbalmente em detalhes o episódio do táxi, Bril recupera a promessa perdida da corrida de táxi de uma forma alternativa, criando uma oportunidade para a reflexão pública sobre as próprias ameaças que haviam superado essa promessa, para começar. Além disso, o controle estético no contexto do jornal fornece maneiras de reconquistá-lo após ter escapado do táxi.

Especialista em acender, modelar e canalizar recursos estéticos de detalhes prosaicos, dispositivo a partir do qual ele normalmente constrói seus contos do cotidiano holandês, Bril absorve detalhes cotidianos em um emaranhado de estratagemas retóricos. Separar esses procedimentos envolverá entrarmos, distanciarmo-nos e voltarmos aos motivos que a coluna tece em fios de significado. Seguindo esses fios, vamos nos familiarizar com os mecanismos estéticos que moldam a posição cultural que a história do táxi representa. Isso tornará visíveis as funções essenciais que o estético cumpre como um aspecto de nossa vida diária.

A coluna de Bril implicitamente prevê um delineamento estético de cidadania cultural. As modalidades estéticas, em sua narrativa, funcionam como uma tecnologia de patrulhamento de fronteiras. Seu investimento nas qualidades estéticas de uma viagem de táxi apropriada e seu desgosto pelas afrontas sensoriais cometidas pelo taxista diferenciam uma zona de conduta esteticamente legítima de um campo de ações, eventos, objetos, atitudes, gostos esteticamente indesejáveis. A experiência estética no artigo distingue Amsterdã: a que é conhecida e amada, e a cidade que se tornou (ou corre o risco de se tornar) sob a influência de uma sensibilidade desagradável. Por meio da referência pejorativa à música, a história marca negativamente o segundo estilo, como culturalmente diferente do que pode ser apreendido na categoria elástica, mas estritamente circunscrita dos holandeses, e, além disso, codifica esse estilo como árabe. A estética de Bril exemplifica uma postura que chamo de nacionalismo estético racializado.[4] Essa posição, em resumo, envolve interpretações e experiências estéticas a serviço de hierarquias nacionais e raciais. Minha análise dessa perspectiva neste capítulo se concentrará em suas operações como uma tecnologia de patrulhamento de fronteira – especificamente, como um conjunto de estratégias que ligam questões de gosto a conflitos sobre o caráter e os limites de um estilo local – um modo de ser que se torna então um ponto de discórdia em um ambiente microscópico e móvel que serpenteia pela cidade. A agenda de delinear e conceber esse estilo recruta construções de nacionalidade e postula concepções de uma estética propriamente nacional, neste caso, branca. Embora a presente discussão reconheça o papel que a categoria da nação desempenha no caso do táxi holandês, investigarei esse registro particular mais completamente no Capítulo 7, que o explora de diferentes ângulos sociais, políticos e históricos.

O gosto e os limites da cultura

A coluna escrita por Bril articula uma variedade de nacionalismo estético racializado que espera ser capaz de organizar o ambiente de acordo com seu próprio gosto. Esta sensibilidade e modo de endereçamento reconhecem "minha cidade" como "minha" na medida em que está organizada em conformidade com "minhas" normas estéticas. Tenho o direito de me sentir em casa do "meu" jeito holandês. Portanto, reconheço um único estilo holandês de ser holandês, ou seja, *meu* estilo, que em grande parte compartilho com aqueles que considero serem civilizados de acordo com minhas normas, meus valores e minhas tradições. Gosto de uma boa medida de controle ao apontar os limites do que deve ser incluído na forma possessiva. A cidade deve ter um caráter cultural distinto na medida em que observa critérios estilísticos definidos por habitantes brancos, autóctones, ou, mais precisamente, um subgrupo representativo e autêntico deles, que medeia um seleto conjunto de influências cosmopolitas. Esses cidadãos devem ter a latitude estética necessária que lhes permita vivenciar o ambiente urbano como sua propriedade cultural. Dentro desta constelação de endereçamentos, espera-se que Amsterdã exale uma tal sensação fenomenal que as pessoas no setor social certo podem experimentar como reconhecidamente "deles". A capital holandesa deve permitir que pessoas com este histórico forjem uma afiliação conjunta com a cidade. O tecido de conexões que isso pressupõe deve dar-lhes a sensação de estarem reunidos no que conta como seu *habitat*. Uma visão estética ao longo dessas linhas postula implicitamente normas raciais e nacionalistas, que aspira a trazer à fruição estética uma rede de relações culturais.

Dentro da estrutura de endereçamento nacionalista branco de Bril, o efeito relacional vai do taxista e da cidade ao autor e vice-versa. No táxi, a cidade torna-se estranha para o escritor de uma forma que, em outras cidades, pode ser normalmente, propriamente estranha. Mas Amsterdã não se torna estranha de forma comum. Torna-se estranhamente estranha.[5] A estranheza que em outras cidades pode ser um objeto de desejo apresenta dificuldades em Amsterdã. A cidade adquire um caráter estrangeiro que desaloja Bril de sua habitual ocupação estética do ambiente. Um vazio irrompe em sua taxa de identificação de afinidade que, para ele, torna Amsterdã "minha cidade". A estranheza invade o familiar. Como o estranho se aproxima inesperadamente do comum, ele fica ainda mais estranho: a conjunção da música "chorosa árabe" com uma linguagem praticamente sem sotaque, aparentemente difícil de distinguir do holandês autóctone, apresenta um enigma para Bril. Imerso em uma estranha estranheza, o autor se torna um estranho para si mesmo, uma pessoa que se sente "como um estrangeiro" em sua própria cidade. Vetores de relacionalidade que vão do colunista ao taxista e do taxista ao colunista se reforçam mutuamente.

De fato, Bril corre o risco de ser chutado para fora do táxi ("quer andar?"). O motorista intervém nos modos de acesso do escritor à cidade. Ele é substancialmente responsável pela mobilidade de seu passageiro e causa impacto nas emoções e impressões sensoriais de sua corrida. O taxista possui um grau considerável de controle sobre o endereçamento do autor para com o mundo. A promessa da noite está em suas mãos. Um roteiro estético típico de uma corrida de táxi estipula que os motoristas devem fornecer uma perspectiva a partir da qual os passageiros possam imaginar testemunhar uma cidade, um país, uma cultura. A função designada de um taxista é a de um elo com o meio ambiente, como quando ele ou ela fornece materiais para estudos etnográficos informais para turistas ou repórteres. Nesse cenário, a corrida serve para aumentar o controle do consumidor sobre seu entorno, expandindo sua visão e ampliando seu repertório cultural. O taxista de Bril viola esse contrato estético. Ele se recusa a ajustar seu comportamento às demandas representacionais do trabalho. Considerando que deve facilitar a liberdade de movimento sentida pelo escritor, para apoiar a projeção do colunista de si mesmo no espaço e lugar, e para ajudar na abertura da experiência do autor, ele na verdade restringe essas questões através do controle que exerce sobre os parâmetros estéticos da situação. Esse papel pode ser uma fonte de satisfação se auxiliado pelo prestígio cultural necessário. No entanto, o endereçamento dele e o de seu veículo não condizem com o estilo da questão corretamente, na perspectiva do autor. As escolhas estéticas do motorista – velocidade, temperatura, rota, música, ruído, aroma, cobertura de plástico, carro velho, resmungos – recebem um valor racial negativo de Bril e não são de seu agrado. Essas avaliações de Bril são coerentes. A racialização ajuda a dar forma à antipatia. A falta de apreço estético dá substância à racialização. Consequentemente, imagina-se que a liberdade do trabalhador "étnico" no mercado de táxi recentemente desregulamentado prevaleça sobre a liberdade do consumidor branco, à custa do prazer estético racialmente arraigado e do senso de pertencimento deste último.[6] Ocorreu uma ofensa estética racializada, o que equivale ao mesmo tempo a uma infração racial estetizada. A corrida de táxi, como Bril a representa, sinaliza uma limitação do poder racial e estético de alinhar os detalhes da vida com os desejos europeus brancos. As escolhas e o endereçamento do taxista colocam em risco uma estética nacionalista branca.

O motorista representa uma ameaça adicional. Ele se apropria de outro privilégio que a estética do nacionalismo branco conta entre os direitos do conhecedor cultural branco. A autoridade para julgar o que se qualifica como normal e desviante muda do colunista para o taxista. Os juízos de adequação estética são da jurisdição do motorista. Ele retira de Bril o poder de definir o gosto. O taxista sabe o caminho certo a seguir e o nível correto de controle de temperatura: "Este é o mais rápido!", "Está uma sensação boa aqui". Ao escrever a coluna, Bril resgata a autoridade estética que lhe foi negada no táxi. As experiências e juízos estéticos que descreve no texto expressam um conhecimento sensorial da identidade e da diferença cultural. Ocupado como autor que é, Bril recupera o endereçamento habitual da cidade da qual o táxi o havia desapropriado.

Capítulo 6 • Um confronto estético

Os juízos pejorativos de gosto desempenham um papel complexo no senso de perda de controle estético do colunista, bem como em sua restauração. Localizando a corrida de táxi em território racial, a designação "música chorosa árabe" e a referência à alta temperatura tornam plausíveis os sentimentos de estranheza de Bril. Eles parecem justificar sua comparação com outras cidades e explicar a mudança temporal e espacial de uma noite de sábado comum para uma terra de ninguém, onde, na calada da noite, tudo pode acontecer. A racialização da música se transfere para os outros sentidos, para a impostura e para o meio urbano. O gosto implementa fronteiras raciais e serve como uma tecnologia para seu patrulhamento. Como tal, oferece conjuntos de promessas e ameaças socialmente diferenciados. Por exemplo, enquanto o gosto de Bril oferece promessas de pertença cultural a certos grupos de cidadãos, ele estende ameaças de ostracismo cultural a outros constituintes.

Bril lança um confronto estético racialmente codificado e os temas políticos mais amplos refletem uma linguagem que fala aos afetos do leitor. A diferença cultural torna-se tangível como estranheza e inadequação esteticamente flexionadas, uma recusa etnicamente marcada em jogar pelas regras estéticas cotidianas. De forma mais geral, embora as questões de imigração e comunidade devam em parte sua realidade vivida ao nosso envolvimento inevitável com entidades como tratados, direitos, leis, autorizações de trabalho, passaportes e seus modos de reconhecimento e definição de perfis, nossas convicções sobre essas questões giram simultaneamente através das rodas da interpretação estética e do desejo. Modelamos nossas vidas em engajamento com esquemas estéticos de identificação e desidentificação nos quais nós, junto com inúmeros outros, estamos investidos. Na Modernidade, ou pelo menos desde o século XVIII, a identidade social, a diferença e o conflito, em uma extensão significativa, tomam forma como produtos e processos estéticos. A expressão de alienação de Bril aponta para o grau de sustentação estética que seu senso de identidade e alteridade requerem. Os presumíveis defeitos estéticos do táxi e de seu motorista minam a possibilidade de identificação estética ou conforto para o colunista. Por outro lado, sua incapacidade de se identificar ou chegar a um acordo com a música e a temperatura no táxi pode ser considerada uma contribuição para sua percepção mais geral de impropriedade estética. Sem a música "árabe" e o calor, a velocidade rápida poderia ter parecido excitante para ele, talvez eficiente; o desvio pode ter se transformado em um amplo abraço perceptivo e coreográfico da cidade; possivelmente o plástico e o velho e barulhento carro pareciam pontuar a ordem costumeira de Amsterdã com uma ligeira e atraente sujeira. As promessas podem ter proliferado; talvez as ameaças parecessem relaxar um pouco os padrões, dar alguma perspectiva, afrouxar um pouco as coisas. Essas ameaças, por sua vez, poderiam indicar promessas.

Mas a relacionalidade assumiu uma forma diferente. Do jeito que está, a afiliação estética de Bril com seu ambiente sofre um hiato. O fato de ele ser enganado extrai seu significado afetivo da interrupção de uma sensibilidade cultural proprietária. O roubo, por sua vez, carrega o arranjo estético ao qual ele foi exposto com o peso da transgressão moral.

O distanciamento entre ele e "sua cidade", a cidade que ele conhece intimamente, sinaliza os efeitos de um desajuste estético e ético. O sujeito racial exige uma organização racializada de seu entorno, e isso depende dos tipos certos de condições estéticas. Desejos, leituras e hábitos estéticos racializados e nacionalistas fundamentam nosso senso de quem somos e não somos. Eles são responsáveis por um senso de lugar.

O artigo de Bril ilustra como uma estética nacionalista branca pode organizar a experiência em torno de um senso esteticamente inflexível de propriedade cultural, violação e estranheza. Nesse esquema de relacionalidade e endereçamento, roteiros estéticos regem estados de desejo racial e atos de repúdio engendram posições identificatórias. No monitoramento dos fluxos de filiação e de repúdio, o gosto, nesse sistema, serve para disciplinar os corpos, as condições materiais e as trocas, em conformidade com uma visão racialmente excludente da comunidade. Auxilia tanto na promoção quanto na exclusão de formas de relacionamento e de endereçamento.

Recuperando o território estético

Em seu discurso ao leitor, a coluna reafirma a distinção entre o gosto adequado e o gosto impróprio que foi violado no táxi. O artigo justapõe um estilo holandês aparentemente correto, que ele entende como carente de proteção, e um modo de conduta estrangeiro, que é visto como uma ameaça às realizações europeu-holandesas. Bril propõe uma polaridade racializada de virtudes e falhas sociais e estéticas: por meio do significante musical e do senso perdido de propriedade estética, traços admiráveis como deleite sensorial, honestidade, confiabilidade e elegância entram em contrastes implícitos com características problemáticas, como arrogância sensorial, comportamento antissocial, incompetência (se não criminalidade), incorrigibilidade, falta de capacidade de resposta. Os atributos honoráveis anunciam assim o recinto dos autenticamente holandeses, enquanto os desagradáveis significam o território culturalmente diferente, possivelmente árabe. A relacionalidade estética, no modelo de Bril, incorpora uma distribuição de excelência moral e social e abandono.

Negociando o poder racial na arena do estético, "A corrida de táxi" responde a promessas e ameaças com outras promessas e ameaças. O texto postula um modo de comportamento social desejável e adequadamente holandês, que atribui a um intelectual público branco e autóctone, e um *habitus* moral e estilístico problemático, que atribui a um trabalhador presumivelmente estrangeiro, provavelmente árabe, empregado em uma posição de serviço de status relativamente baixo. Neste modelo, a antiga preferência oferece uma promessa estética; o último exerce uma ameaça estética. A coluna caracteriza como os comportamentos estrangeiros, injustificável e inexplicavelmente, violam o verdadeiro modo de ser holandês.[7] Ela delineia uma posição de vítima com a qual convida o leitor a se identificar. Solicita-se ao público que sinta indignação e preocupação com um delito estético etnicamente enraizado e com a ameaça que tais transgressões representam para o bem cultural. As ansiedades raciais brancas, sete semanas após o assassinato de Van Gogh, poderiam sem reservas recrutar desconforto por parte de um enorme segmento da população e reunir sentimentos em defesa das realizações humanas interpretadas em termos do caráter autenticamente holandês da cidade (graça social, boa forma) e em oposição aos perigos caracterizados como estranhos e árabes (grosseria, engano, má forma). A designação "música chorosa árabe" facilita a projeção do medo sobre um suposto perigo estético, o que legitima a ameaça sentida.[8] Sua alusão à presença de árabes no país fornece um objeto para sentimentos generalizados de inquietação cultural: a sensação da parte dos cidadãos autóctones, de que sua própria cidade, estilo e cultura estão sob cerco. A coluna de Bril convida o leitor a sentir empatia por sua vitimização e a responder com desaprovação moral e estética ao destino que se abateu sobre o autor em uma noite de sábado em Amsterdã, situação que o leitor sabe que poderia ter sido sua em qualquer noite e em qualquer cidade na Holanda. Oferecendo ao público um objeto de repulsa racial e estética, o texto caminha de alguma forma no sentido de restaurar as exigências de gosto infringidas pelo motorista. A coluna de Bril em si é promissora – para alguns, ela aponta o gosto como uma ferramenta que sustenta experiências culturalmente apropriadas do ambiente, um instrumento disponível que podem usar para problematizar desvios estéticos e estimular maneiras de corrigir essas irregularidades; para outros, estende-se a uma ameaça, prevenindo os poderes do gosto como meio de consolidação cultural branca.

Barreiras de som

A promessa estética do texto contrasta com a ameaça da música. Desmembrando a nomenclatura "música chorosa árabe", um epíteto que institui uma estrutura relacional complexa, podemos trazer à tona camadas de significado que alimentam esse contraste. A conjunção de uma designação étnica ("árabe") com um termo estético ("chorosa") dá a impressão de que Bril está nos informando de seu envolvimento com uma determinada entidade cultural, um gênero musical. O rótulo sugere uma conexão entre "música árabe" e "música chorosa", insinuando, por exemplo, que a "música árabe" normalmente geme e é desagradável nesse sentido, ou que entre as variedades de tipos de música chorosa existe este tipo, "música chorosa árabe", que geme em seu próprio estilo árabe e é esteticamente questionável nesse sentido. Ontologias desse tipo, no entanto, são um reflexo da resistência estética do ouvinte, não da natureza de uma categoria de música tocando no rádio. Observe a simplificação inerente ao rótulo "árabe". É música folclórica, música religiosa, música da corte, música clássica, música popular egípcia, marroquina ou libanesa que está tocando no táxi? A denominação "música árabe" pouco nos diz sobre o som realmente ouvido. A noção de "choramingar", da mesma forma, diz mais sobre a experiência indiferenciada do observador do som e sua aversão por esse som do que sobre a própria música. Não existe uma categoria "música árabe chorosa", exceto a música que um ouvinte, por algum motivo, experimenta como árabe

Capítulo 6 • Um confronto estético

e chorosa, ou como chorosa no que soa como uma forma tipicamente árabe, presumivelmente por causa de seus intervalos microtonais.

A descrição de Bril do som indica que as qualidades específicas da música que ouve não apelam para a compreensão de suas preferências auditivas. Seu vocabulário sugere que a causa disso está no próprio som: sendo "música árabe chorosa", é o tipo de música desagradável que você deseja evitar, se puder. Mas essa construção linguística apaga o papel desempenhado por sua aversão ao som, que ele projeta no objeto de aversão estética. A designação musical de Bril alcança uma legitimação retórica de sua experiência musical indiferenciada. A escolha musical do motorista não exige a compreensão do colunista. Ao atribuir a razão disso à música repreensível e ao juízo estético diminuído do motorista, a terminologia de Bril o isenta de um tipo de trabalho. Sua linguagem implica que ele não precisa realizar o trabalho de compreensão. Não há necessidade real de tal trabalho; o trabalho é fácil, óbvio: alguém ouve, sente e sabe. Caso seja necessário um gasto de trabalho mais sério, não vale a pena o esforço. De qualquer forma, Bril não precisa se esforçar para receber seus desejos estéticos realizados no táxi. É tarefa do motorista satisfazer esses desejos. Ele tem a responsabilidade de fornecer um ambiente estético adequado; na medida em que não o faz, a culpa é dele e de seu comportamento estético, talvez de sua formação cultural.

Tirando Bril de um tipo particular de trabalho estético, sua experiência auditiva inclui uma desfiliação estética dos sons que escuta. Ao ouvir a música, ele é movido a afastá-la. Seu desengajamento auditivo não apenas limita seu encontro com os sons, mas também mantém sob controle os significados e valores codificados nesses sons, e bloqueia os sistemas materiais simbólicos que compreendem as formas sônicas às quais está sendo exposto. Esses elementos falham em reivindicar sua compreensão ou consideração.

Não é que Bril se recuse a trabalhar. No táxi e escrevendo a coluna, ele assume a tarefa de rejeição e patrulhamento de fronteiras. A experiência estética no táxi, como indiquei, realiza parte desse trabalho; a colocação de bom gosto no jornal cumpre outra parte dela. O escritor mostra preferência por um tipo de trabalho em detrimento de outro: o trabalho disciplinar que executa sob a forma de atividade estética justifica que não tenha de trabalhar em outra área de apreensão estética.

A designação musical de Bril não seria capaz de aspirar aos efeitos retóricos que acabei de descrever no caso das músicas europeias ou anglo-americanas convencionais. O juízo negativo refletiria sobre o observador, ao invés do observado. Se o rótulo musical denotasse formas estéticas que gozam de alto nível de reconhecimento social, popularidade ou respeito, o vazio da classificação relevante seria instantaneamente exposto. As limitações do gosto musical de Bril ganhariam destaque. A probabilidade de que o texto pudesse interessar seus leitores, e muito menos se preocupar com o colapso estético simbolizado pelo motorista, seria pequena. O leitor se distanciaria da celebração da intolerância estética do texto; a afirmação melancólica por parte do leitor: "Sim, é assim que as coisas são hoje em dia", seria negada.[9] O amor ou estima por alguma forma de música "árabe" pode impedir uma busca empática da trajetória afetiva traçada pela coluna do jornal. O sucesso estético do artigo exige que o público acompanhe a atitude indiferenciada do autor em relação ao objeto de sua antipatia musical. O texto pressupõe um público pronto para ser engajado por uma perspectiva branca e esteticamente nacionalista.

Distinção estética como uma correção cultural

Os caminhos de endereçamento que a coluna direciona ao leitor e sobre os quais busca guiar seu discurso trazem à luz uma dimensão adicional do tratamento de Bril sobre o impasse estético no qual tropeça no táxi. Em um gesto de infâmia racial – a rejeição racialmente codificada do comportamento supostamente repulsivo do motorista –, a coluna distingue a estética do eu branco e nacional de uma estética conotada pejorativamente como outra. Essa alteridade (o táxi, o motorista e a cidade diferente da norma) toma forma em contraste com os códigos estéticos que caracterizam o *habitus* estilístico holandês preferido. Construindo comportamentos e estados de coisas racialmente marcados e esteticamente condenáveis como externos ao reino da cidadania adequada, e responsabilizando-os por um resumo da cultura, o texto imagina uma zona cultural que deve ser salvaguardada. O artigo convida o leitor a apoiar sua propriedade cultural em defesa de seu senso de pertencimento estético e sua capacidade de se sentir em casa na cidade. A sugestão é de que vale a pena defender essas conquistas históricas.

Capítulo 6 • Um confronto estético

Pode-se contestar que a coluna meramente verbaliza as reações de Bril ao mau comportamento estético e ético do motorista, apresentando-as de maneira neutra ao público para reflexão. No entanto, uma interpretação minimalista desse tipo perde a participação de constelações raciais anteriores na produção de forma e efeito textual. A coluna identifica implicitamente o fracasso da cidade em espelhar uma fantasia de subjetividade monoetnicamente aculturada para o passageiro como uma fonte de alienação da classe alta/média branca. Não é necessário contestar as precondições estéticas e raciais para esse sentimento, ou para reconhecer que esse tipo de forma racial e etnicamente puro de ser cultural não existe de fato. Em vez disso, o artigo narra o desânimo sobre a suposta evacuação da propriedade cultural branca, uma emoção que o texto não se arrisca a controlar ou a impedir de alcançar ressonância empática do leitor. Na era pós-11 de setembro, de aumento do medo racial branco e vigilância cultural aprofundada, esse sentimento, não qualificado pelas tentativas de complicar ou excluir a resposta emocional de eco do leitor, carrega significados culturais expansivos. Estes não podem ser separados do texto por si só, como uma leitura minimalista teria feito. A coluna policia ativamente a propriedade estética da cidade e recruta a participação imaginativa e afetiva do público neste projeto. Espelhando tendências culturais contemporâneas proeminentes e identificando a afirmação de tais tendências no texto, o leitor pode se sentir encorajado a assumir este trabalho de manutenção cultural, ou se sentir fortalecido em sua resolução de empreendê-lo.

O texto de Bril ilustra como uma visão racializada e esteticamente nacionalista pode dar origem a uma interpretação etnocêntrica da cidade natal. Leituras negativamente racializadas de elementos estéticos, representados pela coluna, podem implicitamente autorizar sujeitos a se fecharem para objetos, formas, indivíduos, coletividades e sistemas de significação que são tomados para escapar da concepção favorecida de cultura. Tiranizada por intrusões raciais, a experiência estética pode funcionar como um convite para selar o campo cultural. A coluna do jornal produz o que pode ser chamado de uma figura de "experiência estética danificada", isto é, a metáfora de uma experiência estética desejável que poderia razoavelmente ter ocorrido, mas foi impedida devido à ação destrutiva de alguém (neste caso, o motorista), ou a uma condição nociva que se interpôs (no caso, o caos racial atribuído à cidade multicultural contemporânea). Como esta figura pode alimentar o desejo de reabastecer o florescimento estético ostensivamente banido que anima e deplora, ela pode encorajar um estreitamento da visão cultural de uma pessoa – o retraimento estético já observado, a tendência de buscar abrigo estético em seus próprios limites estilísticos. Provavelmente, a invocação da falta estética é capaz de inspirar uma contração da comunidade estética, seja melancolicamente, seja por meio de uma restauração imaginária, ou em um espírito ativista. Pode alimentar uma diminuição do mundo da vida estética compartilhada, dentro e além dos limites do coletivo.[10]

Minha leitura até agora mostrou que a coluna de Bril apresenta uma posição esteticamente nacionalista branca ao apresentar uma experiência musical racialmente influenciada e ao encenar um episódio em que sua experiência estética e agência estão sujeitas à inibição e à interrupção. Indiquei como as normas estéticas podem reunir sentimentos, desejos e atos de abjeção em apoio aos laços e cisões raciais. As identificações que isso envolve exigem vários tipos de trabalho estético e ação supostamente virtuosa (o trabalho cultural do escritor e do leitor; a autorregulação do motorista de acordo com o suposto padrão de gosto da cidade). As desidentificações concomitantes honram o não trabalho de um certo tipo (a retenção de compreensão do escritor), enquanto também denunciam as dimensões da agência estética que são incorporadas em um tipo de trabalho (o desvio do motorista dos padrões comuns de gosto no processo de realização de seu trabalho). Ocasionando atos de rejeição e afiliação, transmitindo projeções de medo e sublinhando divisões de trabalho e virtude, o gosto estabelece uma forma de disciplina que oferece ameaças estéticas assimétricas e promete a sujeitos diferencialmente racializados e culturalmente posicionados, servindo para coreografar modos de endereçamento e de relacionalidade nos quais também se inicia.

Integracionismo estético: Addison, Baumgarten, Schiller, Hegel

A disciplina estética na coluna de Bril e o encontro no táxi que ela documenta se baseiam em dualidades e integrações que os filósofos historicamente conectaram com o estético. De acordo com teóricos como Joseph Addison, Alexander Baumgarten, Friedrich Schiller e G. W. F. Hegel, a experiência estética ocupa um meio-termo entre dicotomias de mente e corpo e oposições relacionadas.[11] Esses pensadores defenderam visões integracionistas da experiência estética. Combinando razão e afeto, sensação e imaginação, público e privado, geral e particular, e indivíduo e sociedade, o estético, em seus relatos, conjuga polaridades que a filosofia influentemente separou umas das outras. Desse modo, o estético tanto observa quanto resiste aos códigos normativos hierárquicos que os teóricos tradicionalmente têm inscrito nesses binômios. Para evidenciar o papel estrutural que essas forças desempenham no incidente do táxi e no relato de Bril sobre ele, descreverei brevemente uma seleção das operações pertinentes em suas invocações históricas.

Joseph Addison desenvolve uma concepção de experiência estética traçando paralelos e diferenças que tornam esse fenômeno análogo e não análogo às operações dos sentidos e da compreensão. Ele considera a contemplação estética, ou, mais precisamente, os "Prazeres da Imaginação", "não tão grosseiros quanto os do Sentido, nem tão refinados quanto os do Entendimento".[12] Além disso, como nossos prazeres cognitivos e ao contrário de nossos "mais sensuais deleites", os prazeres da imaginação, em sua opinião, não dão origem à negligência, à preguiça e à ociosidade. No entanto, como o prazer sensorial, e ao contrário dos prazeres do entendimento, eles não exigem trabalho ou acarretam dificuldades. Sendo mais condizentes ao trabalho do que os sentidos e menos exigentes do que a compreensão, os prazeres da imaginação têm uma influência favorável sobre a mente, o corpo e o estado de nossas emoções (1945, nº 411, 277-8). No entanto, Addison considera a imaginação não tão complacente quanto a compreensão. Esse defeito, sugere ele, pode não ser devido à alma, que abriga a faculdade do gosto, mas à associação da imaginação com o corpo (nº 420, 304). Simultaneamente valorizando aspectos da incorporação sensorial e desvalorizando tais elementos em contraste com a compreensão, Addison, portanto, mantém paralelos e diferenças entre o estético e os sentidos e a compreensão responsável por vários benefícios e desvantagens que leva para agregar à experiência estética, tanto interrompendo quanto reinstituindo polaridades entre as várias funções.[13]

Alexander Gottlieb Baumgarten define a estética como a ciência da cognição sensorial, com o objetivo de aperfeiçoá-la (1983, § 1, 2-3). Compreendida como uma forma sensorial de cognição, o estético participa tanto da razão quanto da sensação, e parece preencher a divisão que separa essas funções. No entanto, a teoria de Baumgarten replica as distinções tradicionais entre mente e corpo, razão e sensação. Escrevendo na tradição racionalista de Leibniz e Christian Wolff, ele entende a cognição sensorial como uma faculdade cognitiva inferior que deve ser governada pelas faculdades superiores de compreensão e razão (§ 12, 6-9; § 38, 22-5). Ao estreitar, interromper e desalojar a divisão entre sensação e cognição, o relato de Baumgarten do funcionamento estético adequado às faculdades inferiores e superiores, simultaneamente, afirma hierarquias entre mente e corpo, razão e sensação.

Para Schiller, como indicado no Capítulo 5, o estético reconcilia mente e corpo, razão e emoção, imaginação e sensação ou percepção, particular e geral, individual e sociedade, pessoal e político, e privado e público. O chamado impulso lúdico permite o desenvolvimento da racionalidade e da moralidade ao integrar a razão com a sensação e o afeto (1967, 15, 45, 95-9, 103-5, 117). Dessa forma, supera a fragmentação e a especialização com que os humanos tiveram de pagar pelo desenvolvimento da aprendizagem e da civilização (31-43). Na visão de Schiller, o indivíduo moderno habita o Estado como "um engenhoso mecanismo de relógio, no qual, a partir da junção de inúmeras partes sem vida, um tipo mecânico de vida coletiva resultou" (35). A vida concreta dos sentidos se separou das operações abstratas do intelecto (37, 39, 43, 215-17). Isso promete mudar com o florescimento do impulso lúdico. Harmonizando as faculdades sensuais e espirituais do sujeito, o gosto restaura a integridade do indivíduo, bem como da sociedade em geral (21, 215). A beleza confere ao ser humano um caráter social propício à sua convivência harmoniosa. Sob a influência do estético, que "se relaciona com o que é comum a todos", conclui Schiller, a sociedade torna-se "unida" e "real" (215). Ao integrar, ao longo do tempo, um conjunto de polaridades interconectadas, a atividade estética, portanto, é capaz de realizar um caminho progressivo de emancipação social e política.[14]

Mesmo que Schiller conceda ao impulso racional e sensível um papel necessário na evolução do individual e do coletivo, um desenvolvimento

Capítulo 6 • Um confronto estético

que deve culminar no alcance de nossa humanidade plena, em última análise, é por ele classificado como a esfera da razão acima da imaginação, emoção, sensação e matéria. Em sua opinião, a "guerra contra a Matéria" deve ser travada "no próprio território da Matéria".[15] O domínio sensível, para ele, conota capricho e falta de forma (41, 49, 77, 209). Rejeitando uma ênfase exagerada na racionalidade (que exemplifica a "barbárie"), bem como o domínio da sensibilidade ou "Natureza bruta" (que simboliza "selvageria" e o "primitivo"), ele associa este último com estratos iniciais de desenvolvimento, enquanto liga o primeiro com um estágio mais avançado de civilização (21, 63, 209). Fabricantes e observadores de obras de arte e artefatos culturais, e sujeitos de uma cultura em desenvolvimento, devemos distanciar a materialidade atualizando uma estética pura e autônoma.[16] Schiller privilegia o domínio da razão sobre o do sensível.

Apesar das diferenças metafísicas com os teóricos acima mencionados, Hegel compartilha com esses pensadores uma visão da experiência estética que a posiciona entre a racionalidade e a sensação. Em seu relato, a arte constitui a aparência sensível da ideia. Encarregada da tarefa de exibir a realidade mais elevada sensorialmente, a arte deve trazer as verdades mais profundas e abrangentes do espírito.[17] Assim concebidas, as obras de arte constituem um "meio-termo reconciliador" entre o pensamento puro e o sensível (1975, 1:8, 1:38). Além disso, segundo Hegel, as obras de arte visam a alcançar uma unidade entre o espírito e os sentidos e sentimentos. Em outras palavras, o artista deve harmonizar o conteúdo espiritual com a forma sensorial (1:10, 1:70). Ele acredita que a arte clássica, isto é, a arte da época da Grécia Antiga, havia de fato alcançado essa harmonia.

Apesar da importância que Hegel atribui aos sentidos, a superioridade da racionalidade é um princípio proeminente de seu sistema. A preeminência da razão é aparente, entre outras coisas, no lugar relativamente superior que a arte, devido à sua participação no espírito, ocupa na ordem metafísica, em comparação com a mera aparência sensorial das coisas (1:9, 1:29). A preeminência da razão também pode ser testemunhada na subordinação da forma sensível da arte, ou seja, seu aspecto material, que se origina na natureza, à sua dimensão espiritual.[18] Além disso, a supremacia da razão vem à superfície nas restrições que os compromissos sensoriais da arte impõem. Na representação da espiritualidade, que, durante a era romântica, ou seja, o período em que o espírito avança para o seu estágio mais autoconsciente, faz com que a proeminência da arte na expressão dos interesses espirituais mais profundos seja superada pela filosofia.[19] O relato de Hegel, sobre a reconciliação artística da racionalidade com a sensação e o sentimento, claramente preserva uma ordem hierárquica desses elementos.

Enquanto a racionalidade, sensação, incorporação e afeto adquirem diferentes definições em Addison, Baumgarten, Schiller e Hegel, cada filósofo torna oposições e integrações normativamente codificadas entre essas funções centrais para sua compreensão da atividade estética. Para esses quatro teóricos, a experiência estética deriva de capacidades e limitações distintas de sua participação nessas polaridades. Que papel esses alinhamentos desempenham nos encontros estéticos contemporâneos?

Dualidades e integrações como forças disciplinares

Oposições e integrações do tipo que Addison, Baumgarten, Schiller e Hegel localizam no cerne de suas concepções da estética desempenham uma função disciplinar tanto no táxi quanto na coluna do jornal. Essas dualidades e sínteses estão entre os fatores que conferem ao estético um escopo abrangente. Elas ativam inúmeros registros de significado que podemos mobilizar para organizar constelações relacionais. As divisões a seguir trazem à tona procedimentos estruturais que o Iluminismo rompe e articula no alcance abrangente que conferem ao estético no caso do táxi holandês.

Sensação, afeto e corpo físico sentido

A estrutura relacional em "A corrida de táxi" toma forma dentro dos contornos de múltiplos tipos de impressões sensoriais (audição, olfato, tato, visão, termocepção, propriocepção). Ela se materializa em formas afetivas (irritação, repulsa, medo). Esses estados emocionais implicam percepções, imaginações, raciocínios e desejos sobre o período de tempo da viagem e sobre os movimentos do veículo no espaço urbano. Tais sentimentos, além disso, rastreiam uma série de condições corporais, como proximidade sentida, exposição e vulnerabilidade, e mobilidade e estase percebidas – elementos qualificados pela circunstância de que o motorista e o passageiro estão grudados em um volume contido durante a viagem. À medida que o taxista e o colunista rodam juntos na viagem que Bril nos faz imaginar, a sensação, a emoção e o tato do corpo ganham um perfil distinto em colaboração com vários parâmetros adicionais de organização relacional.

Tonalidades tecnológicas do público e privado, generalidade e particularidade, espaço e tempo

No ambiente público, bem como no recinto privado, o táxi põe em vigor as normas gerais que regem o encontro entre estranhos. O local liminar que o táxi cria simultaneamente ativa roteiros individualizados por meio dos quais os participantes do encontro realizam uma troca que permanece de certa forma indiferente às propensões de pessoas concretas. O rádio revela essa duplicidade. Por um lado, o dispositivo é um tipo, uma parte clássica do ambiente e da imagem do táxi, algo padrão para o motorista e o passageiro confrontarem, apreciarem ou ignorarem, conforme o caso. Por outro lado, o rádio constitui um objeto de intensa ligação pessoal – muitas vezes temos fortes sentimentos sobre a música que ouvimos, emoções que são baseadas em sensibilidades e experiências específicas que nos moldam como seres singulares. Em virtude de sua combinação de elementos públicos e privados, e elementos generalizados e particularizados, o táxi abre um espaço onde as pessoas equilibram tensões e alianças entre esses domínios.

Essas convergências e negociações ocorrem também no fórum do jornal. Adotando convenções de gênero autobiográfico, a coluna oferece uma anedota pessoal para recepção dos leitores do jornal em geral. Desse modo, o texto cruza as fronteiras entre o público e o privado, o geral e o particular: ele investe seus dois protagonistas de uma posição exemplar, isto é, de um papel de tipos ou personagens paradigmáticos; correlativamente, o artigo designa o campo de seu encontro como um território de interesse nacional.

Percorrendo os campos da publicidade e também do privado, da generalidade e também do particular, Bril reúne um conjunto amplo e normativamente eficaz de elementos para estabelecer, manter e proteger um modelo de relacionalidade estética que organiza o espaço social e o tempo na cidade e na nação mais ampla, e que aponta o indivíduo para um lugar dentro deste sistema. Os protocolos estéticos orquestram os movimentos das pessoas através do espaço, estruturam a implantação de veículos, rádios e materiais domésticos, como plástico e limpador de banheiro, e governam a relação motorista-passageiro. Delineamentos raciais encontram aplicação em procedimentos estéticos. O monitoramento estético dos intervalos temporais e espaciais caminha em paralelo com a instituição das assimetrias relacionais.

A relacionalidade, no incidente do táxi, incluindo a narrativa de Bril, materializa-se em uma rede prolífica de condições corporais, objetos físicos, papéis sociais, funções psíquicas e estados fenomenais. Como tecnologia da cultura, a estética tem à sua disposição numerosas facetas de objetos, relações corporificadas e encontros para moldar nosso ser-no-mundo. A conjunção do que pareciam ser órbitas separadas de existência confere aos esquemas relacionais um abundante repertório de modalidades significativas.

Mente *versus* corpo; razão *versus* emoção; indivíduo *versus* mundo social

Dualidades iluministas e suas integrações estéticas fornecem estratagemas emaranhados de regulação relacional em "A corrida de táxi". Elas ocasionam efeitos raciais que reproduzem hierarquias tradicionalmente codificadas nessas oposições. Um padrão de divisões, bem como colaborações entre a razão e o reino do afeto, materialidade e incorporação, o público e o privado, e entre o indivíduo e as estruturas sociais, moldam as operações disciplinares da coluna. O texto associa o motorista pouco comunicativo, aparentemente estrangeiro, aos aspectos materiais e afetivos da existência, e o passageiro a um aspecto mais racional. Enquanto o motorista atende a pedidos educados por meio de olhares sujos e ameaças, Bril continua a par de seus sentimentos. O colunista descreve os acontecimentos com calma. Ele chega a interpretações das dimensões sensoriais do encontro, oferecendo inferências, hipóteses e juízos quanto ao ponto das coisas. Ele é uma fonte de avaliações éticas e estéticas sobre o caminho que uma jornada deve seguir. Ele se envolve em deliberações sobre suas próprias ações, reações, desejos e sentimentos, e fornece reflexões sobre o comportamento do motorista. As conclusões são alcançadas.

Enquanto isso, Bril consegue fechar a cara com o motorista. Como observado antes, ele relata como o motorista desafia a sensibilidade estética de seu cliente em vários aspectos. Bril relata como o taxista o leva em alta velocidade em um veículo velho e barulhento, faz com que sente em um plástico, submete-o a temperaturas tropicais, ataca-o com música alta e desagradável e impregna o carro com cheiro de limpador de banheiro. Além disso, ficamos sabendo que o motorista exibe um corpo que, nas palavras de Bril, "parece ruim", mostrando ao passageiro um rosto marcado por "rugas grossas sob os olhos, queixo com barba por fazer, olhos largos, uma boca mascando chiclete".[20] Fortalecido por seu comando sobre as normas estilísticas da vida pública, o sensato holandês de bom gosto, dotado de sua própria coluna no jornal, expõe publicamente o olhar sujo que lança sob a capa de um estado de espírito que "equânime", é igualitário, imparcial e racional.

Além disso, no espírito do razoável, Bril faz um lamento choroso, deplorando nostalgicamente os ferimentos infligidos em seu território natal. No entanto, suas sensibilidades indisciplinadas se dobram perfeitamente em uma exposição equilibrada. Seus sentimentos não afetam a compostura de seu tom.

Enquanto o espaço de uma coluna de jornal permite que a anedota do autor transcenda o evento meramente pessoal e o transponha para o mundo social mais amplo, um espaço ocupado por uma massa de indivíduos, o motorista, que não cumpre as regras da vida pública, permanece situado na esfera privada do corpo e seus adereços materiais. Falando em público, Bril ouve a música como a música "do motorista", impregnada de diferenças étnicas, e testemunha implicitamente aqui o transbordamento racialmente descontrolado da alteridade estética na paisagem urbana. Ao imaginar o motorista como uma ameaça de alteridade opressora, o escritor reconhece a presença do taxista como membro de um campo social mais amplo, além de sua natureza como ator individual. Contudo, é Bril, o autor, que controla os termos com que o motorista faz sua entrada no mundo social; o próprio Bril participa dela em seus próprios termos. Fendas e ligações iluministas, em suas mãos, exercem um modo de disciplina estética.

A sociabilidade de som e estilo

A sociabilidade das preferências musicais consiste em parte no fato de que as afiliações musicais envolvem regularmente uma dimensão de companheirismo imaginado e desejado com um grupo, em certos aspectos, de pessoas esteticamente afins. O tecido resultante de conexões e distâncias não implica algo tão drástico como o fato de que, ao condenar a música de alguém, você necessariamente insulta a personalidade ou o ser social desse indivíduo, mas significa que uma antipatia musical etnicamente codificada não é totalmente independente de uma música codificada por aversão racial. Já descrevi o entrelaçamento desses sentimentos na coluna de Bril. Da mesma forma, a classificação étnica e a resistência estética sinalizada pelo rótulo "música chorosa árabe", juntamente com a alienação expressa por Bril, evocam dimensões sociais racializadas da vida musical, apoiando associações de atrações musicais e antipatias com a participação de pessoas em grupos raciais mutuamente exclusivos. É, pois, em virtude de uma confluência de registros individuais e sociais de significado na experiência e juízo estético que a coluna apresenta um contraste entre a companhia e os laços estéticos árabes e holandeses, sendo que o primeiro laço passa a significar um perigo racial contra o qual o texto adverte seu leitor. A sociabilidade das predileções estéticas individuais subscreve parcialmente a força racializadora da coluna. Sentimentos estéticos individuais, no jornal, captam estruturas sociais racializadas mais amplas. A convergência de facetas de individualidade e socialidade como elementos da experiência musical funciona como uma fonte de poder estético e uma fonte de disciplina relacional.[21]

As várias dimensões de integração e dissociação que identifiquei funcionam juntas. Nas fendas entre racionalidade e corporificação sensível individualidade e socialidade, o privado e o público, e o particular e o geral, a coluna de Bril replica conotações pejorativas tradicionais de materialidade como incivilizado, indisciplinado, bruto, grosseiro, sem forma e restritivo, e reinstitui conotações honoríficas de racionalidade em termos de compreensão, conhecimento, civilização, moralidade e verdade. O motorista e o passageiro vêm personificar essas diferenças. Integrações e dualidades históricas subscrevem procedimentos disciplinares que abrangem o encontro no táxi e a história no jornal. A conjunção de registros assimetricamente disponíveis de publicidade e privacidade, generalidade e particularidade, socialidade e individualidade, racionalidade e afeto ou ser corporificado está subjacente ao funcionamento racial da coluna.

Um atalho racial ressonante

Se o motorista fizer um desvio, o passageiro pega um atalho. A figura da experiência estética danificada oferece ao leitor um objeto para a projeção de angústias e aversões decorrentes de sensibilidades racializantes e nacionalistas. Ele se fecha em emoções e desejos que são capazes de evocar uma postura cultural defensiva do branco sem a necessidade de oferecer uma razão convincente ou de elaborar uma história que justifique uma sensação de perigo. É suficiente mostrar como as disfunções sensoriais sustentadas por uma estética reprovada aparentemente autóctone infringem a conquista da respeitabilidade cultural holandesa cotidiana. As impressões sensoriais descritas na coluna causam um curto-circuito na racionalidade deliberativa e nos detalhes narrativos. Mobilizando ricos significados culturais ao abordar um amplo espectro de funções humanas, os juízos estéticos de Bril catalisam uma rede de ideias, razões, imaginações e sentimentos incipientes. Gosto e desgosto desempenham uma função racializante contra o pano de fundo de uma estética nacionalista racial que molda a experiência do leitor sem ter que ser explicada.

Em virtude da ressonância multidimensional do estético, a figura da experiência estética danificada condensa uma grande quantidade de trabalho evidencial e afetivo.[22] Esse efeito seria disperso por mais detalhes expositivos. Dada a força de encapsulamento da experiência estética, a coluna coloca em marcha um aparato racial desenvolvido ao mesmo tempo que toca o tema da raça apenas rapidamente, tão levemente que a coluna pode nem mesmo parecer tratar de raça. Superficialmente, pode parecer apenas questionar um pequeno incômodo estético. No entanto, ameaças de degenerescência estética derivam seu poder racial, em parte, do escopo abrangente do estético. É em virtude de seu alcance abrangente que o estético é capaz de incorporar hierarquias sociais em uma rede densamente proliferada e de funções culturais entrelaçadas. O escopo amplo e heterogêneo da agência estética e da experiência, em colaboração com tendências estéticas para replicar formas de dominação categoricamente arraigadas, deve ser contado entre os recursos que o estético disponibiliza para projetos disciplinares.

Cognição sensorial

A experiência estética cumpre ainda outro papel disciplinar no caso de Bril. Esta função se baseia na concepção de Baumgarten do estético como uma forma sensorial de conhecimento e na noção de Hegel da incorporação sensorial das ideias. Eu mostrei como o encontro sensorial entre motorista, passageiro e veículo (envolvendo som, toque, visão, cheiro, calor, movimento) exemplifica a erosão percebida da governança estética autóctone sobre o espaço da cidade sob a influência do trabalho imigrante da classe trabalhadora. A coluna nos convida a examinar a interação corporal no táxi como um exemplo do caráter cultural mutante da cidade. Esse encontro produz o conhecimento de uma mudança racial que o texto transmite ao leitor. Seguindo Baumgarten, podemos reconhecer aqui a construção de uma forma sensorial de cognição das relações raciais contemporâneas. Em termos hegelianos, podemos falar de uma incorporação sensorial de ideias pertencentes a eus raciais e aos outros. O conhecimento sensorial ou ideação é fundamental para o funcionamento do estético como um princípio de organização racial no táxi e na coluna. O texto permite ao leitor experimentar a diferença cultural como inadequação estética. Argumentei que essa experiência contém uma dissociação da alteridade racial na forma de aversão estética. O eu esteticamente desejável, portanto, sente-se levado a se afastar do outro esteticamente repulsivo. Por meio da aversão estética, o conhecimento sensorial social e ambiental das relações raciais alinha o afeto com a alteridade racial. A força racial do texto reside parcialmente na produção de uma forma de conhecimento sensorial.

A compreensão sensorial, portanto, funciona não apenas como um conteúdo da experiência, mas também como uma tecnologia para a criação da experiência. Bril implicitamente observa que a produção comum de conhecimento sensorial deu errado no táxi. Ele testemunha uma apropriação indevida inquietante de meios de formação de conhecimento. Sua voz não é páreo para o barulho gerado pelo rádio alto e o barulho do carro. O ruído de choramingar invade a paisagem sonora, banindo canções de táxi familiares e sons da cidade. O carro em si é um

Capítulo 6 • Um confronto estético

Volkswagen Jetta antigo, em vez de um Mercedes novo. Itens domésticos como o cheiro de limpador de banheiro e a aparência e a sensação do plástico no banco de trás erradicam o que poderia ter sido imagens atraentes: olfativas, visuais e táteis. Borrando uma distinção transparente e audível entre o eu e o outro, o holandês praticamente sem sotaque assume um espaço auditivo que, no curso normal das coisas, teria sido preenchido por uma inflexão holandesa autóctone ou, talvez, por um holandês identificável e a linguagem curiosamente sonora.

Estética, dispositivos de comunicação, tecnologia doméstica e linguagem mudam colaborativamente o espaço das configurações familiares da identidade holandesa legível ("sim, eu conheço minha cidade") para o anonimato do que poderia muito bem ser qualquer ambiente metropolitano ocidental. Os modos sensoriais de cognição do passageiro são jogados em desordem. As sensações deixam de incorporar as ideias recebidas com as quais Bril conta (a temperatura e o cheiro são como deveriam ser em um táxi; a sensação que sinto é como é a minha cidade; ao sentir isso, estou sentindo como é a minha cidade, e as coisas estão bem com a cidade), em vez de incorporar outro conjunto de ideias recebidas nas quais ele está investido (essa sensação é uma maneira que minha cidade não deveria me fazer sentir) e que criam dissonância cognitiva (Por que dirigir um carro barulhento? Ao ouvir o que ouço, estou sentindo o que minha cidade está se tornando; eu registro sonoramente que as coisas não estão bem com a cidade. Por que as coisas não estão bem?). Embora possa ser aceitável que em certas cidades tudo possa acontecer, que não se possam distinguir com segurança os significados dos sinais que encontramos, ou que nosso conhecimento cultural seja de aplicabilidade reduzida, isso é um problema se ocorre em nossa própria cidade. No táxi, os modos de produção de conhecimento de Bril não determinam com autoridade como as coisas são ou deveriam ser feitas; seu julgamento estilístico e sua relação especial com a cidade carecem de poder estético prescritivo. Seus meios comuns de tornar a cognição sensorial significativa e de ter prazer na incorporação sensorial das ideias perdem sua confiabilidade.

A coluna adverte contra esse colapso das tecnologias de compreensão estética. A perturbação sensorial e cognitiva culmina em desordem moral. A confiança de Bril foi traída: "Eu protestei. Para ser honesto, esse não é meu forte. Só quero sempre seguir a ideia de que as pessoas têm as melhores intenções para mim. Eu sei que é um ponto de vista idiota, mas ocasionalmente vantagens se apegam a ele, embora não venham à mente agora." As ações do motorista irritaram um quadro de virtude social que não conhece mais sua própria inocência. Uma afronta estética racializada se transformou em desestabilização epistêmica e moral, cuja origem é atribuída ao taxista. A turbulência assumiu a personificação sensorial costumeira das ideias. "Nossos" modos comuns de produção de conhecimento sensorial estão em alvoroço. A coluna diagnostica essa comoção como um problema racial. Abordando cognição e sensação, ele nos permite saber que a rede de relacionalidade estética que nos envolve está em apuros.

Regulando a relacionalidade estética

O funcionamento disciplinar das integrações e dualidades estéticas no cenário dos táxis holandeses tem várias implicações para a noção de relacionalidade estética. Como muitos filósofos e teóricos culturais mostraram, as dicotomias mente-corpo e oposições relacionadas a elas frequentemente carregam conotações sociais.[23] Um polo representa a norma; o outro significa desvio. Assim, as dualidades que subscrevem o campo estético têm historicamente conferido diferenciações hierárquicas aos nossos encontros culturais que incorporam formas de opressão. Na verdade, Naomi Schor relaciona o funcionamento das separações mente-corpo na estética com distinções entre gêneros e classes.[24] Frantz Fanon documenta a participação das divisões mente-corpo em uma dinâmica esteticamente latente de racialização que se desdobra entre negros e brancos.[25] Ainda localizada entre as polaridades que tenham sido entendidas como fundamentalmente separadas, o estético pareceria estar simultaneamente em uma posição única para neutralizar o funcionamento hierárquico e diferenciador das dualidades relevantes. Isso aponta para um efeito contrário, que escritores como Julia Kristeva, Luce Irigaray, Gloria Anzaldúa e Audre Lorde descreveram em relatos de recursos estéticos para crítica e transformação.[26]

O cenário do táxi testemunha o funcionamento recuperador das sínteses e oposições estéticas. Em vez de desafiar as relações de poder encapsuladas nas dualidades iluministas, as integrações que Bril coloca

Capítulo 6 • Um confronto estético

em vigor auxiliam na produção de hierarquias e diferenciações raciais tradicionais, um fenômeno que também reconhecemos em *Queer Eye* e em Hume. Integrações e dissociações estéticas contemporâneas, portanto, não parecem nem ser genericamente opressivas nem transformadoras em seu funcionamento, mas atualizar uma gama de efeitos potenciais em colaboração com histórias tradicionais de oposições e integrações estéticas distribuídas diferencialmente. Atos estéticos de resistência às dualidades iluministas caminham junto a momentos de reimplementação estética. As formas estéticas atuais emergem dentro de redes de dualidades e integrações codificadas normativamente que já existem em situações culturais contingentes. Nossos esforços estéticos participam de constelações concretas de poder estetizado e estetizante que, ao mesmo tempo que exemplificam estruturas estéticas históricas amplas, também envolvem detalhes singulares. Os modos de endereçamento críticos, portanto, devem levar em conta as formas de determinação sistêmicas e coincidentes que convergem em espaços e tempos concretos. Precisamos de estratégias que atravessem níveis variáveis de generalidade e particularidade, e joguem esses registros uns contra os outros, ao longo de linhas esboçadas anteriormente em relação a detalhes e à ignorância. Ao praticar essa abordagem versátil no nível das múltiplas modalidades do estético que surgiram aqui, podemos esperar dissolver e emprestar direções desejáveis aos impulsos fortes e amplamente fundamentados que impulsionam o nacionalismo estético racializado. O caso do táxi exige uma leitura em detalhes que envolva marcadamente sentir, perceber, fazer e trocar em detalhes, em suma, por um endereçamento em detalhes.

Outro aspecto do caso do táxi confirma essa conclusão. A cidade, o encontro no táxi, a coluna do jornal e a leitura da coluna criam redes de experiência. As texturas experienciais resultantes manifestam várias rotas e direções de separação e integração. Como sugere a oscilação bem documentada das distinções entre os polos iluministas, não há dominação unilateral de um registro de atividade por outro, nem há conjunções genéricas ou divisões de elementos. Na verdade, é difícil conceber o que essas opções podem significar, dado que as dicotomias acabam se rompendo e um quadro relacional muito mais multifacetado é necessário. Essa visão entende a mente como um fenômeno corporal. É preciso razão para ser corporificado e sensível; emoção a ser flexionada pela razão; e as dimensões de publicidade e privacidade, do individual e da socialidade para entrelaçarem-se umas com as outras. Numerosos filósofos têm insistido em perspectivas desse tipo ao nos alertar para o funcionamento de uma ampla variedade de forças e orientações relacionais.

O que o caso do táxi então demonstra não são as operações de uma integração estética generalizada dentro de um sistema fundamentalmente binário, mas um padrão de experiência em que conexões e desconexões específicas e disponíveis, diferenciadas entre registros mutuamente implicados de mente e corpo, individualidade e socialidade, generalidade e particularidade, e privacidade e publicidade dão origem a uma série de formas de posicionamento estético e de poder. Dentro dessa rede experiencial, o afeto, a sensação e a percepção permitem e restringem o que está sendo imaginado e pensado, e vice-versa. Bril orquestra modalidades de mente, socialidade e publicidade para exercer controle no reino da incorporação, individualidade e privacidade, mas o efeito racial disciplinar também corre na outra direção: ele é movido a se afastar dos impulsos corporais sofridos dentro do recinto restrito do táxi, como sua experiência da música, para o alcance mais amplo da publicação do jornal, que articula um sentimento de uma comunidade racialmente dividida. Em suma, a disciplina estética assume formas contingentes e complexas que, mesmo que não consigam confirmar certas generalizações integracionistas, ainda assim se baseiam em dualidades e integrações em torno das quais os teóricos da estética historicamente centraram suas concepções do estético. Essas dimensões históricas da agência estética permanecem em jogo nas configurações atuais da relacionalidade estética. Precisamos enfrentá-las com modos de endereçamento que energizem e abram atritos entre determinantes estruturais e instanciações singulares. A indisciplina do gosto, bem como suas rotinas ordenadas, têm efeito no amplo campo de possibilidades materiais das quais participamos diariamente.

O trabalho e o não trabalho das relações estéticas

Os táxis são locais de trabalho. Eles cruzam as fronteiras entre o público e o privado, acolhem encontros casuais entre grupos que, na maioria das vezes, só colocam os olhos um no outro durante uma única viagem. Um

Capítulo 6 • Um confronto estético

deles, frequentemente, é um migrante, trabalhando em um emprego de acesso relativamente baixo. Reunindo pessoas desconhecidas umas das outras, os táxis induzem cenas de reconhecimento e desconhecimento, provocam a imaginação de uma situação local e de cidadania global. Empoleirado no banco de trás, o passageiro geralmente atravessa os limites entre pertencimento e estranheza, normalidade e falta de familiaridade. Uma corrida de táxi reúne ruído e sinal sensorial, consumo e trabalho, estagnação e movimento. Motorista e passageiro navegam em uma troca por meio de gestos corporais, linguagem e experiência sensorial. O estético prova ser um fator de destaque nessas negociações.

No incidente do táxi em Amsterdã, um esquema contemporâneo de coletividade racial e relacionalidade estética recruta construções históricas, dualistas e integracionistas do estético. A experiência musical percorre uma trajetória racializante. O estranhamento de Bril reflete uma reviravolta momentânea das fronteiras culturais pré-fabricadas, como resultado da uma estranheza normalmente excluída e inassimilável que pisca de volta para ele. Um deslize na estética nacional e racial permite que a alienação do motorista se transforme momentaneamente na própria estranheza do passageiro. No entanto, o sujeito cultural normativo conhece seu paradeiro entre os padrões de gosto, que se consolidaram no campo do afeto e da percepção, da imaginação e da razão. Ele domina os circuitos da abjeção estética. Ao ter desorientado o ser cultural, a experiência estética também pode redirecionar linhas de devir. Espalhando-se entre torneios de juízo individual e vistas mais amplas disponibilizadas pela mídia pública, engolindo as ansiedades do grupo através da garganta da sensibilidade privada, as normas estéticas podem nos levar a reparar danos presumivelmente causados pela alteridade indisciplinada em tentativas para acalmar o medo racial. Perturbados por colisões estéticas, podemos restabelecer a propriedade cultural por meio de roteiros estéticos pré-fabricados que devolvem identificações errantes para estabelecer estruturas que exibiram brevemente a fragilidade de seu domínio. No tom melancólico, vulnerável, e em alguns aspectos desmasculinizantes que caracteriza boa parte da escrita de Bril, podem ser detectadas aberturas para cenários alternativos de endereçamento que, podemos imaginar, escoam por seus confrontos com o taxista, rendendo minúsculos fios de interação que contêm sementes de resoluções menos antagônicas, não muito diferentes da tristeza que permeia os confrontos estéticos de Mariah e Lucy no romance de Kincaid. Momentos em que o estilo mais amplo de Bril – mesmo que não explicitamente na coluna atual – sugira hesitação e incerteza, perguntas ou um grau atenuado de convicção, lembrando-nos que o trabalho de patrulhamento de fronteira do estético não instala fronteiras sólidas como rocha, mas impõe demarcações tênues em um tecido de relacionamentos muito mais pesado e elusivo.

Minha discussão de Bril e Addison (e implicitamente de Kincaid) indica que a manutenção disciplinar da agência estética envolve trabalho. Essa disciplina prescreve uma divisão do trabalho e impõe avaliações normativas de tipos de trabalho e trabalhadores. Lembrem-se de que o espectador estético, para Addison, não precisa trabalhar tanto quanto aqueles que se dedicam às labutas da mente, mas, mesmo assim, evita a preguiça daqueles que se entregam à vida dos sentidos. Os comentários de Addison sobre a contemplação estética apareceram no periódico diário dirigido por ele e Richard Steele, *The Spectator*. Com esta revista, pretendia trazer a "Filosofia para fora dos armários e bibliotecas, escolas e faculdades, para habitar nos clubes e assembleias, nas mesas de chá e nos cafés" (1945, n. 10, 32). Aproveitando os prazeres do lazer urbano, quase três séculos após a publicação do relato de Addison sobre o espectador, a prática do juízo estético, em si mesma uma espécie de trabalho, realizada para e pela leitura de jornais, e realizada em táxis, cafés, ruas, trens, parques e residências, entre outras plataformas, desculpa Bril, o comentarista metropolitano contemporâneo, do árduo, mas não necessariamente menos gratificante trabalho de alfabetização multirracial crítica, ao transmitir ao leitor a necessidade de regulação cultural e assimilação étnica em conformidade com as normas culturais. As estruturas de relacionalidade estética se baseiam no trabalho que os modos de endereçamento instanciam, exigem e desculpam, nos níveis do local, da nação e do global, e nas modalidades sociais que se cruzam. Elas residem nos modos pelos quais determinados tipos de trabalho e fugas do trabalho estetizam formas de coletividade.

7
Nacionalismo estético racializado

Como agentes do desejo e da forma estética, representamos nossas relações no território estético. Estruturas de coletividade – laços e distâncias institucionalizados que conectam os humanos uns aos outros e os mantêm separados – devem sua obstinação, coesão, promiscuidade e propensão para mudar, em parte, ao funcionamento do estético. Redes de relações estéticas colocam em jogo modalidades do local, do nacional, do regional e do transnacional, dimensões que funcionam lado a lado com outros registros de diferença, como o de classe social. Como o Capítulo 6 revelou, os padrões relacionais existentes incluem procedimentos do que chamei de nacionalismo estético racializado – uma posição que compreende modos de endereçamento e corporeidade que recrutam formas estéticas, significados e experiências a serviço de concepções e atitudes nacionalistas racializadas e, por sua vez, trazem a marca desses entendimentos. Este capítulo investiga exclusões e apropriações interpretativas e esquemas de apropriação e rejeição que ajudam a moldar posturas desse tipo, e destaca especificamente o papel do nacional nas configurações relacionais resultantes.

O nacionalismo estético racializado surge na história da teoria estética e reaparece como uma estratégia de homogeneização cultural na paisagem social pós-11 de setembro. Como exemplos disso no nível da existência cotidiana, considero meios retóricos de vigilância cultural após o 11 de setembro as imposições do governo para ir às compras e vinhetas de jornal comemorando vítimas individuais dos ataques. Essas formas projetam noções etnocêntricas e homogêneas do que chamo de "pátria estética". Os delineamentos raciais e nacionais de agência e significado estético também prevalecem no mundo da arte. Examinarei as observações dos críticos de arte Rosalind Krauss e Arthur Danto sobre a obra do artista colombiano Fernando Botero, e especialmente a resenha de Danto (2006) sobre a série de pinturas e desenhos com as quais Botero reagiu, de 2004 a 2006, a reportagens e fotos expondo a tortura de prisioneiros iraquianos pelas forças militares dos Estados Unidos em

Abu Ghraib. A estrutura conceitual de Danto importa elementos racializados e esteticamente nacionalistas em sua interpretação da arte de Botero, restringindo a política do corpo crítico do pintor e protegendo as políticas dos Estados Unidos contra a crítica visual que este trabalho impõe ao sistema de justiça e punição instituído pelos Estados Unidos ao Iraque à época, e aos regimes operativos de terrorização espetacularizada. A leitura achatada de Danto cria um senso higienizado de cultura artística e estética que protege uma interpretação racista e nacionalista da pátria estética. Enfrentamos a necessidade de libertar as relações estéticas das tendências em direção ao nacionalismo estético racializado, não apenas no nível do cotidiano ou do artístico, mas também nos lugares fortemente carregados onde esses registros se encontram.

Cultura como propriedade: nacionalismo estético racializado na vida cotidiana

O nacionalismo estético racializado tem raízes profundas na história da teoria e da crítica estética. Trata-se de um privilégio da cultura atribuída a uma dada nação ou grupo étnico sobre as culturas atribuídas a outras nações ou grupos étnicos. Um exemplo é a disposição de buscar qualidades preferidas, como pureza, ordem ou novidade formal em obras de arte de brancos europeus e anglo-americanos, juntamente com a tendência de interpretar características desvalorizadas ou ambivalentemente valorizadas, como ritmos corporificados, paixões sexualizadas e conteúdos fantásticos nas obras de artistas negros diaspóricos, latino-americanos e latinas/os.[1]

Historicamente, o nacionalismo estético racializado produz juízos sobre que tipo de arte, atividades artísticas e artistas deveriam ser incluídos ou excluídos de uma dada cultura nacional. Um proeminente defensor de uma forma explicitamente racializada de nacionalismo estético é, novamente, Hume, que vinculou o fenômeno do gosto estreitamente ao bem-estar social, econômico e político do Estado-nação. Hume alistou elementos estéticos em apoio a posturas nacionalistas racializadas, configurando o gosto e a nação em termos explicitamente etnocêntricos por meio de comparações interculturais (por exemplo, entre o nível de civilização da Grã-Bretanha e da França e de outros países) e contrastando

Capítulo 7 • Nacionalismo estético racializado

o gosto genuíno com um gama de gostos inferiores (de índios, mulheres e negros). A posição racializada e esteticamente nacionalista de Hume é bastante comum. Shaftesbury o precedeu nesse aspecto. As *Observações sobre o sentimento do belo e do sublime* de Kant seguiram o exemplo.[2] O fenômeno, além disso, continua a constituir um registro influente da experiência estética cotidiana até hoje.

O juízo explícito, entretanto, representa apenas a superfície do fenômeno. Estão em questão os estratagemas de interpretação, experiência e endereçamento que fundamentam nossa vida estética cotidiana. O nacionalismo estético racializado é uma questão de existência relacional corporificada. Reside em nossas orientações para com os outros e o mundo material, e na maneira como lemos e experimentamos os seres humanos, ações, coisas, artefatos (e esperamos ser lidos e experimentados por nós mesmos) contra horizontes culturais informados por relações raciais e estéticas e formas, normas e hierarquias nacionais. Esses horizontes normalmente não precisam ser endossados de forma consciente, mas produzem seus efeitos como constituintes de sistemas de relações estéticas. Enquanto modos racializados e esteticamente nacionalistas de endereçamento e corporeidade dependem de modelos interpretativos e experienciais habituais e inconscientes,[3] eles também implementam modalidades estéticas que residem na disciplina vigilante, paixões consumidoras, escolhas cuidadosamente destiladas, manipulações deliberadamente experimentais de materiais e formas, juízos meticulosamente formulados, imaginários valorizados, paladares consumistas nitidamente regulamentados, ícones agressivamente reiterados, padrões de exibição, participação, performance e criação, e atrações por fluxos de imagens, sons e gostos em constante mutação. As estruturas de endereçamento que abrigam esses modos formam texturas desiguais de significação conectando (e desconectando) sujeitos, objetos, ambientes e tradições estéticas. As formações raciais, nacionais e estéticas entrelaçadas resistem à análise em termos de disposições habituais por causa de sua heterogeneidade material, o trabalho contínuo de seu planejamento e manutenção, sua mobilização de formas mutantes e acidentais de coletividade e a vitalidade que derivam de atritos e confluências com estruturas de mercado e política diária. Essa multiplicidade pode congelar em horizontes que condicionam a experiência. No entanto, como uma postura estética, o nacionalismo racializado também deve ser lido nas inscrições fragmentárias, embora sistêmicas, da cultura que não apenas dão a essa posição seus contornos, mas que tentam organizá-la e controlá-la.

No nível da existência cotidiana, uma estética nacionalista racializada envolve frequentemente registros proprietários de experiência. Filtrando objetos de percepção estética por meio da intersecção de categorias de diferença que subscrevem significados que o ser social tem para nós, nossas experiências estéticas frequentemente codificam esses objetos como pertencentes a "nós" ou a "eles", indexando-os por meio de percepções de adequação e significância (ou falta deles) a grupos culturais. Conforme moldado por meio da mediação de categorias de identidade, o mundo da vida estético deriva parcialmente sua organização e substância de suposições sobre capacidades e direitos que atribuímos a indivíduos e populações específicos e culturalmente situados. Essas atribuições, que codificam normas estéticas, raciais e nacionais interligadas em nossas interações estéticas, estão implícitas em nossa compreensão ordinária e incorporada da existência social.

Registros proprietários de experiência constituem uma parte fundamental das práticas estéticas do cotidiano. Encontramos vários graus de sustento na experiência de estar em casa em *nossas* ruas, quarteirões, coletivos, instituições, países e culturas. Por mais ambivalentes que sejam os sentimentos em relação ao lar, raramente eles são indiferentes. Para muitos, a ideia de lar representa estados de confiança e de pertencimento,[4] mesmo que também conote ritmos confiáveis de dor, tristeza e, talvez, agonia.[5] A experiência e a imaginação estética do que é sentido como "lar" alimentam significativamente nossas interações com outras pessoas, dentro e fora dos limites daquele lar, e também são produzidas por meio de tais interações.[6] O nacionalismo estético racializado é uma dimensão, entre outras coisas, do sentimento de estar entre seu próprio povo, em um território que se pode chamar legitimamente de seu. Esse sentido é acoplado à ideia atraente do diferencial, que não é normalmente consciente, de que estar presente em sua própria cultura constitui algo desejável, a que uma boa pessoa tem direito e da qual pode se separar apenas a um custo inevitável – psíquico, epistêmico ou estético.

O nacionalismo estético racializado representa poderosas correntes de desejo e paixão estéticos no coração da vida estética diária dos indivíduos. Conforme observado anteriormente, essa forma de nacionalismo tem uma base sólida na história da estética. Hume e Kant associam insistentemente a posse do bom gosto a formas assimetricamente acessíveis de participação em uma cultura nacional civilizada. Eles entrelaçam profundamente o gosto com a construção da nação. As conexões entre gosto e nação, em suas contas, funcionam em ambos os sentidos, para efeitos mutuamente aprimorados. A estética patrocina um projeto de construção nacional de racialização e formação de classes e gênero. Ao mesmo tempo, processos de racialização e formação de classes e gênero promovem um projeto de estetização de construção nacional. Gosto e nacionalidade racializados reforçam-se mutuamente.

Uma consideração do nacionalismo estético racializado no nível da existência comum nos alerta para seus sintomas até então não reconhecidos na história da estética: uma história que deve ser lida por sua condensação de lógicas de raça e nação. Um caso em questão é a associação de Joseph Addison do estético com um tipo de "propriedade" encontrada no que é visto: "[A contemplação estética] dá [ao homem de uma imaginação educada]... uma espécie de propriedade em tudo o que vê, e faz com que as mais rudes e incultas partes da natureza administrem seus prazeres" (1945, n. 411, 278). A analogia de Addison importa uma concepção de relações sociais, econômicas e políticas para a noção de contemplação estética. Se ver é, em certo sentido, análogo à reivindicação de propriedade, então essa experiência parece merecer proteção e, de forma mais geral, constituir uma base para direitos e titularidades. A ideia de que a contemplação estética destila o prazer de "partes rudes e não cultivadas da natureza" entende a atenção estética como uma forma de controle disciplinar sobre seu objeto. Se a visão implica uma forma de reciprocidade, devido à presença espacial corporificada do espectador entre os objetos de percepção, como observado por Maurice Merleau-Ponty (1968, 138-9), então a noção de visão proprietária de Addison localiza a agência visual principalmente no originador do olhar e, em menor medida, no ambiente percebido. Ao receber e administrar o que chega a ele em um modo de contemplação, o espectador de Addison ocupa uma posição de integridade dentro do campo visual, uma localização centralizada, a partir da qual ele é capaz de regular os impulsos ambientais que o atingem. Esse posicionamento do espectador tem consequências significativas para as construções da personificação estética e artística do cotidiano, nas quais as tradições estéticas, tanto convencionais quanto vanguardistas, capitalizaram acriticamente.[7] O grau de controle implícito do espectador torna improvável a possibilidade de que ele seja envolvido em um mundo corpóreo indisciplinado, perca o rumo sob uma enxurrada de influxo visual ou inicie uma troca suavemente improvisada entre seus próprios movimentos corporais e os conteúdos perceptivos mutáveis ou os movimentos do corpo de outras pessoas. Sublinhando a analogia da propriedade, Addison enfatiza a agência perceptual individualizada em vez de um compartilhamento comunal interativo mais difuso do que é percebido e alcançado de forma colaborativa. Essa abordagem restringe a órbita da relacionalidade estética, do endereçamento e agência.

A analogia econômica inscreve um regime disciplinar no ato de contemplação estética ao lado de hierarquias sociais que permitem e resultam da propriedade individual. O relato de Addison sobre o espectador justapõe polidez (refinamento) com o reino da alteridade rude e inculta, impregnando a contemplação estética com marcadas conotações de classe, gênero, raça e colonialidade. À medida que encontra propriedade sobre o que é visto, o espectador repudia seletivamente o que está no caminho do prazer, renegando o rude e o incivilizado. A obtenção do prazer em ver assim enfaticamente exige também um não ver, um distanciamento daquelas partes do visto que inibem o prazer. Essa abjeção, para Addison, é o correlativo contrário de sensações visuais prazerosas.

Quando vista através de lentes contemporâneas, a noção de um tipo de propriedade que o espectador expropria de *tudo* o que vê articula uma concepção proprietária de cultura visual e, dada a centralidade das tecnologias da imagem hoje, da cultura e da agência corporificada em geral. Essa noção expansiva de propriedade estética necessita de procedimentos de repúdio de longo alcance.

O conceito de uma estética proprietária confronta a controvérsia teórica de longa data sobre o desinteresse com as complicações decorrentes das configurações da identidade racial e nacional. Adotando a terminologia do desinteresse, podemos postular que o nacionalismo estético racializado atribui uma forma de interesse a uma forma (supostamente) desinteressada de contemplação, a saber, o bem que re-

Capítulo 7 • Nacionalismo estético racializado

sulta da sensação de estar em casa no ambiente cultural. Essa postura estética atribui um conjunto de efeitos racializados e racializantes aos interesses que defende, ou seja, aos interesses que encontra na percepção pretensamente desinteressada. A atenção aos elementos sensoriais por si próprios (conforme exigido pelos ideais de desinteresse)[8] pode ser efetivamente restringida, tornada possível, organizada e motivada por uma intenção proprietária abrangente (mesmo que em alguns aspectos distanciada), ou seja, o desejo de habitar um ambiente que é vivido como "nosso" e diferenciado de espaços marcados como racial e etnicamente outros, que são repudiados. Essa consciência proprietária e seus procedimentos de abjeção consequentes são então capazes de emprestar estrutura e dar significado ao mundo sensorial experimentado por sujeitos culturalmente situados. Como um modo de comportamento e endereçamento dirigido a si mesmo, aos outros e ao ambiente material, uma estética nacionalista racializada constitui um rico recurso de experiências proprietárias de cultura. Como uma orientação incorporada que ocorre através dos sentidos e é mediada discursivamente, esta forma de nacionalismo permite que a cultura seja experimentada e produzida como propriedade, colocando a estética a serviço das necessidades e dos desejos afetivos, políticos e socioeconômicos racial e etnicamente codificados. Onde esses interesses parecem ter sido violados, o sentimento de propriedade e a sensação de estar em casa ameaçam desaparecer. Uma interpretação cotidiana racializada e nacionalista da estética, portanto, protege esses interesses. Nessa função, ela confere à vida estética comum um conjunto crucial de promessas diferencialmente disponíveis. Essas promessas dependem de um reinado produtivo no campo das relações estéticas. Assim, as ameaças também surgem.

Nos anos que se seguiram ao 11 de setembro, instituições americanas influentes embarcaram na revitalização de paixões culturais proprietárias. Estratégias de vigilância cultural foram intensificadas e combinadas com uma ênfase renovada em um registro nitidamente circunscrito de cidadania cultural e estética conhecido como "patriotismo". Esta noção foi elaborada, entre outras coisas, em termos de níveis apropriados de consumo, e vigiada, em parte, por meio do *Patriot Act*, que permitia o monitoramento de, por exemplo, empréstimos para bibliotecas. Podemos reconhecer nessa construção cultural de cidadania uma rearticulação do que pode ser chamado de pátria estética, ou seja, a cultura que imaginamos possuir e fomentar por meio de comportamentos estéticos apropriados, como hábitos de leitura adequados e outros padrões de consumo (ou que, correlativamente, ameaçamos minar por meio de conduta estética inadequada, como, digamos, usar uma camiseta antiguerra ao fazer compras em um shopping).[9] Medidas disciplinares restringindo os direitos civis tentaram mobilizar as energias estéticas do cotidiano em apoio a uma cultura que foi entendida no sentido de uma propriedade nacionalista racializada.

Estratégias racializadas e esteticamente nacionalistas de formação de cultura mantêm relações de dívida mútua com figuras retóricas. A frase "um ataque terrorista em solo americano", por exemplo, que tem sido frequentemente usada em relação ao 11 de setembro e suas rememorações nos anos subsequentes, implanta uma metáfora que sustenta uma concepção proprietária da cultura nacional.[10] O termo "solo americano" com sua conotação sensorial, terrena e material sugere a propriedade cultural norte-americana da terra; contrasta uma imaginária cultura americana com uma ameaça terrorista conotada como não americana. A justaposição de "solo americano" e "ataque terrorista" mascara o fato de que "solo americano" é em si um produto do terrorismo que residiu na destruição de povos indígenas, implantação de trabalho escravo, práticas continuadas de subordinação racial e uso extrajudicial da força em conflitos políticos em todo o mundo. Este terrorismo histórico é desmentido sob a reconstrução da terra americana que é provocada pela justaposição acima. Essa violência torna-se invisível; elimina-se do que é considerado a pátria estética dos Estados Unidos. Encontramos aqui uma apropriação retórica da terra como um reino de inocência e direitos brancos. A imagem do solo fresco pronto a dar frutos à nação americana confere a esta construção um atrativo estético distinto. A estética acaba por ser cúmplice de um sentido mutante e intensificado de um direito à propriedade branco, anglo-europeu – em oposição ao indígena, negro, latino/a ou asiático-americano –, além do controle sobre a propriedade cultural "americana", que é, sobre a terra ou nação racializada "americana", experimentada como um modelo de propriedade.

O nacionalismo estético racializado é baseado em padrões estéticos diários de criação de significado e experiência que representamos

Capítulo 7 • Nacionalismo estético racializado

quando conduzimos relacionamentos uns com os outros e com o meio ambiente. Reside em estilos de existência que moldamos por meio de práticas culinárias, etiqueta, vocabulário gestual, expressão corporal, mobilidade física, protética e econômica, organização espacial e temporal do trabalho, lazer e amizade. Os sentimentos nacionalistas têm uma ampla base estética. Telefones celulares, *iPads*, canções infantis, *réveillons*, bibliotecas, bicicletas e trens, todos têm dimensões estéticas que podem ou não contribuir para um sentimento regulador de presença em nosso próprio ambiente ou em outros, em que esse sentimento inclui um senso de nacionalidade.

Um investimento estético proprietário na nação foi ativamente encorajado por estímulos econômicos que Dick Cheney, George W. Bush e Rudolph W. Giuliani expressaram nas semanas imediatamente após os ataques de 11 de setembro. Os americanos foram incentivados a fazer compras e conduzir os negócios normalmente. Cheney, conforme relatado pelo *Los Angeles Times* em 17 de setembro de 2001, promoveu as compras como um dever patriótico, observando que "Espero que o povo americano, com efeito, dê o troco aos terroristas e diga que eles têm grande confiança no país, grande confiança em nossa economia, e não deixe o que está acontecendo aqui, de forma alguma, prejudicar seu nível normal de atividade econômica" (Gosselin e Vieth, 2001, A18). Quase igualando o país à sua economia, o vice-presidente reduziu a distância entre a compra de ações e bens de consumo e o apoio à nação na guerra ao terror. Dirigindo-se a uma sessão conjunta do Congresso sobre o tema do terrorismo em 20 de setembro de 2001, Bush solidificou o apelo aos instintos de compra e venda vitais, mas decadentes, da população: "Peço sua participação e confiança contínuas na economia americana. Terroristas atacaram um símbolo da prosperidade americana. Eles não tocaram em sua fonte. A América é bem-sucedida devido ao trabalho árduo, à criatividade e à iniciativa de nosso povo. Esses eram os verdadeiros pontos fortes de nossa economia antes de 11 de setembro e são nossos pontos fortes hoje" (*New York Times*, 2001). Atribuindo o sucesso dos Estados Unidos aos pontos fortes do povo e igualando-os aos pontos fortes da economia, o pedido do presidente localizou a economia, o povo e o país em uma proximidade estonteante um do outro. Em seu programa de rádio em 21 de setembro, Giuliani, na época prefeito da cidade de Nova York, contribuiu com sua parte para a promulgação econômica da boa cidadania e da nacionalidade pela população, convocando compradores às lojas da cidade.[11]

Em consonância com o reducionismo que caracteriza o neoliberalismo contemporâneo, a consciência ética e estética assumiu aqui a forma da racionalidade de mercado. A imposição que declarou a atividade econômica uma vocação patriótica dirigia-se aos americanos como indivíduos, em abstração de sua posição social e econômica, sua raça, religião e etnia. A ordem de fazer compras e fazer negócios projetou uma unidade enganosa para a nação, que era imaginada como um coletivo de agentes empreendedores e consumidores.[12] Focando na participação individual no mercado, a estratégia retirou a questão ética e estética de como a comunidade poderia responder como um corpo social, uma entidade composta por constituintes com visões e necessidades econômicas divergentes.

A racionalidade do mercado inevitavelmente envolve valores estéticos e a tomada de decisões em suas operações. Os desejos estéticos devem informar as escolhas de consumo e financeiras relevantes. O desejo de comprar em apoio à nação pressupõe um impulso estético para identificar-se com níveis normativos, modos e estilos de consumo. O povo americano em massa – embora como indivíduos – foi convidado a realizar essa identificação estética, ou seja, a sujeitar-se como agentes morais e estéticos aos mercados da nação. Um andaime histórico para o individualismo liberal, o mercado está profundamente imbricado com a estética consumista, uma caixa de ferramentas para a realização da distinção social.[13] No capitalismo tardio, a subjetividade estética consiste substancialmente na agência econômica. As escolhas estéticas consumistas (e produtivas) ajudam a moldar nossas identidades culturais, nacionais e raciais específicas. Para encurtar a história, as recomendações de Bush, Cheney e Giuliani, que foram repetidas por muitos outros, basearam-se em influentes estruturas interligadas de formação do sujeito econômico e estético.[14] Como o imperativo comercial dirigia-se ao povo americano como indivíduos – replicando o gesto que passa pelas realidades institucionais e governamentais como conquistas ou fracassos de agentes econômicos e estéticos individuais[15] –, ele poderia ser mapeado com pouco atrito no projeto econômico da guerra no Iraque, que buscava mobilizar a nação como um coletivo indiviso composto de indivíduos unidos. As táticas nacionalistas estéticas racializadas eram,

Capítulo 7 • Nacionalismo estético racializado

portanto, parte integrante da reescrita neoconservadora e neoliberal da vida civil na era pós-11 de setembro, à medida que o país se movia para relacionar o trabalho com as vidas das classes trabalhadoras e pobres dos Estados Unidos, e da população do Iraque, em projetos que visavam a promover os interesses de uma pequena elite econômica.[16]

Uma visão homogeneizadora semelhante foi alcançada por meio das estruturas estéticas do luto convidadas pelos "Retratos do luto" do *New York Times*, uma série de memoriais idealizados, dedicados às vítimas mortas nos ataques. Destacando a especialidade dos sujeitos retratados citando anedotas distintas de suas vidas e trazendo traços de personalidade únicos, este esforço comemorativo, como o imperativo de compras, permitiu uma passagem rápida de cada indivíduo para suas comunidades maiores e, assim, naturalizou a relação entre indivíduo e nação. Nancy Miller comenta sobre uma vítima, um corretor da Subsidiária Fitzgerald, que, segundo dizem, costumava colocar pasta na escova de dentes de sua esposa quase todas as manhãs antes de sair para o trabalho:

> Se este não for um detalhe "revelador" no universo narrativo dos retratos do *Times*, o que é? Pois conta a história do que funcionou no casamento e, na medida em que os retratos representam algo maior do que um indivíduo – e o fazem – são criados para servir como o microcosmo da vida familiar, de uma valente América que, embora ferida, permanece acima de tudo feliz. O detalhe doméstico da escova de dentes passa a representar a intimidade do lar, e o lar para a vida pública da nação: a frente doméstica contra as incursões do terrorismo. O detalhe como índice de perda pungente – a pasta de dentes na escova de dentes, o minuto e o familiar – incorpora aquilo que prezamos contra o que é estranho e assustador, aquilo que protege contra a guerra, contra o terrorismo. (2003, 122)

Os retratos pedem ao leitor que reimagine a pátria estética no modelo dos laços familiares, oferecendo-lhe uma forma de preservá-la como objeto e fonte de amor. As miniaturas personalizadas reestetizam a "frente doméstica" na forma de uma domesticidade desorganizada, um recinto íntimo destruído pelo terrorismo. Mas, na invocação do luto pelos detalhes, como sugere Miller, e no toque da dor, o leitor também é convidado a experimentar a intimidade amorosa que foi perdida como fonte de sustento afetivo para obter uma capacidade que pode ter de regenerar o indivíduo e a vida pública em face do terror.

No entanto, como os retratos têm a vítima individual representando o país como um todo, sua estrutura narrativa projeta uma visão unificada da pátria que foge da questão de quais vínculos sustentáveis a nação estetizada mantém, ao custo de quais tipos de terrorismo. A intimidade que os retratos localizam no cerne da vida americana é o produto de uma história incontestável de exclusões constitutivas, cujos traços são borrados nas seleções visuais e narrativas exigidas pelos códigos operativos de memorialização amorosa.

Regimes de endereçamento racializados e esteticamente nacionalistas no cenário pós-11 de setembro foram fundamentais para excluir investigações éticas, políticas e estéticas que poderiam ir além das demandas de vitimização e racionalidade de mercado. Estruturas estéticas ajudaram a abreviar processos deliberativos, afetivos e simbólicos que deveriam ter incentivado uma reavaliação democrática das relações da América com a comunidade global, bem como com seus próprios constituintes heterogêneos. Estratagemas estéticos racializados e nacionalistas ajudaram a institucionalizar uma postura proprietária defensiva em relação à cultura, moldando a agência cultural no modelo de gestão e propriedade. Essas forças canalizaram relações estéticas, modos de endereçamento, promessas e ameaças dentro de um âmbito restrito de possibilidades admissíveis. A presença reguladora de concepções proprietárias de cultura nas teorias estéticas e nas práticas cotidianas é espelhada por disposições semelhantes no mundo da arte.

Política corporal disruptiva: nacionalismo estético racializado no mundo da arte

Quando as interpretações críticas das obras de arte implantam concepções racializadas e esteticamente nacionalistas, o resultado é uma construção injustificadamente restrita do mundo da arte. Interpretações desenvolvidas em termos de tais noções limitam o repertório de encontros recíprocos que acontecem entre o mundo da arte e a estética do cotidiano, e abrigam sensibilidades culturais contra desafios estéticos. Essas interpretações vão em conjunto com um senso de possibilidade estética e artística diminuído e proprietário. Eles auxiliam na criação de um padrão de apropriação cultural que restringe o domínio da cultura ao que, em sentido figurado, é "possuível", isto é, a um campo de atividades e significados que sujeitos privilegiados podem possuir de forma adequada e segura. A polêmica sobre a série Abu Ghraib de Fernando Botero apresenta uma leitura desse tipo.

As pinturas e desenhos de Botero sobre a tortura de iraquianos capturados pelas forças militares dos Estados Unidos na prisão de Abu Ghraib foram exibidas em vários países. A Marlborough Gallery em Nova York exibiu uma seleção dessas obras no outono de 2006. Em uma resenha da mostra para o *The Nation*, intitulada "The Body in Pain" (doravante "BP"), Arthur Danto situa a série contra o pano de fundo da obra anterior do artista. Ele considera os novos trabalhos surpreendentes. De seu léxico filosófico, evoca a categoria "obras-primas da arte perturbadora" (23). Com suas representações de tortura, Botero eleva sua arte ao que Danto considera um artifício folclórico brando e repetitivo que, no caso deste pintor, significa níveis de intensidade sem precedentes. Sobre as obras anteriores e principalmente as esculturas, Danto lembra:

> O artista colombiano Fernando Botero é famoso por suas representações de figuras sem graça que beiram o ridículo. Os nova-iorquinos podem se lembrar da exibição ao ar livre das figuras de bronze de Botero, muitas delas nuas, nas ilhas centrais da Park Avenue em 1993. As proporções corporais garantiam que sua nudez despertasse pouca atenção na indignação pública. Elas eram tão *sexys* quanto os balões da Macy's, e sua suavidade aparentemente inflada emprestava-lhes a aparência alegre e benigna que se associa à arte popular de luxo. As esculturas eram um pouco menos insinuantes, um pouco mais perigosas do que uma das criações de Walt Disney, mas de forma alguma sérias o suficiente para exigir um escrutínio crítico. Embora transparentemente moderno, o estilo de Botero é admirado principalmente por quem está fora do mundo da arte. Dentro do mundo da arte, a crítica Rosalind Krauss falou por muitos de nós quando considerou Botero "patético". (23)

O que aos olhos de Danto e Krauss constitui o duvidoso histórico artístico de Botero representa um desafio para o observador de sua obra.[17]

Se podemos acreditar nesses críticos, levar suas pinturas a sério é correr o risco de ultrapassar os limites do mundo da arte. De acordo com Danto e Krauss, o espectador que se deleita com a obra de Botero corteja a contaminação pelos "outros" da arte. Além dos limites do mundo da arte contemporânea, esses teóricos detectam o espectro do produzido em massa, do comercial, do infantil, do forçosamente feliz, do popular, do falso *folk*, do seguramente inofensivo, do calculista de boa índole, do amor-comando, meloso e ridículo. A sugestão é que as peças de Botero ameaçam difundir a orientação do espectador em direção a limites estéticos e morais vitais. Consequentemente, os comentários de Danto e Krauss reinauguram distinções que foram consideradas em perigo de desvendar. Ecoando o veredicto de Krauss de indignidade artística lamentável, um tanto desprezível, Danto junta-se a seu julgamento e, no mesmo gesto, ao de vários outros compatriotas do mundo da arte. A convergência é profunda em comentários de teóricos, críticos e historiadores da arte. Metáforas de mercantilização caricatural aparecem com destaque nos comentários de Krauss e Danto sobre a arte de Botero. O mesmo acontece com o mantra da posição questionável do artista em relação ao mundo da arte.

O contexto para o comentário de Krauss é uma edição de 1998 do programa da CBS, *60 Minutes*, sobre a obra de Botero. Apresentado por Steve Kroft, um repórter da mostra, como um dos muitos detratores do artista no mundo da arte internacional, que considera seu trabalho "absolutamente sem nenhuma consequência para as belas-artes do século XX", afirma Krauss: "No mundo do qual eu venho – que é um mundo de, sabe, universidades, museus, revistas de arte, ninguém fala sobre Botero. Ele é simplesmente uma não figura. Ele é um buraco negro. Não há razão para falar sobre Botero."

Essa linguagem de razões, ao que parece, está intimamente ligada ao conceito de mundo da arte como Danto o concebe. Para ele, as razões unem o mundo da arte: "O mundo da arte é o discurso das razões institucionalizadas, e ser membro do mundo da arte é, portanto, ter aprendido o que significa participar do discurso das razões de alguém da cultura" (1992, 46). Na teoria de Danto, a falta de razão para falar de Botero, ou o fracasso de suas obras em participar do discurso das razões institucionalizadas para o mundo da arte internacional, atesta assim a posição de Botero como um marginal *vis-à-vis** ao mundo global das belas-artes.

---

* N.T.: Em francês no original: "frente a frente".

Capítulo 7 • Nacionalismo estético racializado

Não tenho dúvidas sobre a participação de Botero no tipo relevante de discurso da arte, mas gostaria de me deter brevemente na ideia de Krauss, a fim de verificar que possível argumento contra a participação de Botero no mundo da arte, com base na aparente ausência de razões, pode nos dizer sobre a estrutura deste mundo e a lógica de seus limites, pois este argumento gera um paradoxo instrutivo. Claramente, a acusação é incapaz de selar a exclusão de Botero do mundo da arte, dentro da teoria de Danto, apenas pela razão de que Krauss falou sobre Botero e, de fato, foi de alguma forma atraída para encontrar uma razão para falar sobre ele. Pode ter havido pouca arte ou razão para a razão de Krauss, medida pelos padrões do mundo da arte ou, nesse caso, pelos critérios de "universidades, museus, revistas de arte". Mas, em vez de provar que de fato não havia uma boa razão, isso meramente pressiona certas questões expansivas sobre a natureza das razões em questão nas discussões de Krauss e Danto, tais como: Quais são os tipos certos de razões para falar sobre um artista ou obra? O que significa, para uma razão relevante, pertencer a um discurso e, mais especificamente, a um discurso institucionalizado? E, por fim, quais são as condições para participar de um discurso de razões?

O caso hipotético contra a participação de Botero no mundo da arte traz à tona as instabilidades e incertezas que se prendem ao projeto de circunscrever as fronteiras deste mundo. O argumento ressalta a maleabilidade que as fronteiras do mundo da arte, tal como concebidas por Danto, compartilham com o discurso das razões. Uma razão não necessariamente muito sólida, de natureza bastante extrínseca, dá origem a outra razão, que, antes do advento da primeira, não teria constituído em si uma razão, e certamente não seria convincente ou sedutora, até que, de repente, as razões passem do limite. A razão encontrada por Krauss, talvez até devido à falta inicial de uma razão, agora fornece uma ampla razão para falar sobre Botero e, na verdade, Botero já se lançou a adentrar no mundo da arte graças à discussão de Krauss sobre ele.

Uma dimensão especialmente potente da maleabilidade do mundo da arte reside, então, na responsabilidade do discurso das razões para a ampliação por meio de encontros com materiais e eventos de status incerto do mundo da arte. Isso confere ao mundo da arte uma suscetibilidade a uma forma centrífuga de inflação, uma volumosidade geradora interna que o prepara para sair de seus rolamentos, como um balão da loja de departamentos Macy's voando durante o desfile. O potencial inerentemente generativo do mundo da arte para expansão, quando em contato com fontes externalizadas, constitui não apenas um poder infinitamente fecundo, mas também um risco, uma vulnerabilidade inelutável à infração, em virtude da qual as fronteiras da arte nunca são seguras, irrevogavelmente ambíguas e resistentes ao patrulhamento.[18]

Enquanto o espectador do programa *60 Minutes* vê filmagens de Krauss, a qual folheia livros sobre Botero,[19] a voz do entrevistador explica que, para essa crítica em particular, assim como para muitos outros, o estilo distinto do artista é um artifício, projetado para agradar colecionadores ricos que não conhecem "arte séria". A voz de Krauss interrompe: "As figuras em seu trabalho têm a qualidade de Pillsbury Dough Boys ou Barney, o dinossauro de pelúcia. Isso é patético."

Não obstante a disponibilidade do vocabulário crítico de Krauss para a articulação de uma interpretação da série Abu Ghraib, Danto exerce contenção. Para desenvolver uma leitura das representações da tortura, recorre a uma linguagem mais tradicional do afeto e da moralidade, para a qual se baseia na Contrarreforma religiosa europeia (BP, 25). Na verdade, Danto é responsável pelas peças de abuso na prisão do século XXI em termos de sua representação do sofrimento dos iraquianos capturados. Em sua opinião, a corpulência volumosa dos corpos das vítimas lhes dá uma vulnerabilidade específica à dor. O espectador internaliza essa dor e passa a senti-la como se fosse sua: "A série Abu Ghraib de Botero nos faz imergir na experiência do sofrimento. A dor dos outros raramente foi sentida tão perto ou de maneira tão vergonhosa para seus perpetradores" (26).

Para Danto, portanto, o visitante da exposição de Botero participa dos sentimentos dos prisioneiros iraquianos, experimentando-os religiosamente como se submetesse a eles. No plano ontológico, a categoria de "arte perturbadora" sanciona essa participação imaginativa.[20] A arte desse tipo, na teoria de Danto, é projetada para recriar um contato mágico com uma realidade perturbadora. Ao infringir os limites da vida, este tipo de arte converte o espectador em participante de um ritual para produzir certos efeitos transformadores (AD, 131; 1987 [doravante "RS"], 180).

No caso das esculturas de Richard Serra, por exemplo, a consciência do espectador de sua própria encarnação na carne, um estado de espí-

Capítulo 7 • Nacionalismo estético racializado

rito participativo, permite-lhe tomar consciência de "estruturas e forças latentes" do tipo que, no quadro histórico de Danto, a arte superou (RS, 180). A arte perturbadora remonta a um estágio "primitivo" de desenvolvimento da arte, que é subscrito, da mesma forma, por uma relação "primitiva" entre artista e público (AD, 126). Como um padre conduzindo "um ritual primitivo", o artista perturbador inicia um processo coletivo de transformação (129, 133). A mudança mútua, neste modelo, é facilitada pela posse do artista "de algo estranho" (131). O espectador entra em um espaço compartilhado com o artista e a obra.[21] "Derretendo" a relação entre obra e público, a arte do tipo perturbadora busca estabelecer uma conexão com "impulsos sombrios" que passaram a ser reprimidos no decorrer da história da arte (AD, 122, 126). Como tal, este gênero de arte regride ao que Nietzsche chamou de era dionisíaca, durante a qual a arte se aproximou da magia em sua tentativa de tornar "possibilidades sombrias" reais, invocando "forças estranhas de um espaço diferente daquele que ocupamos" (126). A arte perturbadora exerce magia na medida em que pretende tornar o sujeito da representação presente na própria representação, na esperança de superar o fosso entre imagem e realidade. Trabalhando paradoxalmente contra sua própria condição de arte, o objetivo é romper o distanciamento que a arte normalmente torna possível, a fim de expor tanto o artista quanto o espectador ao perigo de um encontro descuidado com o real. Desta forma, a arte perturbável carrega as realidades perturbadoras que incorpora na vida do artista e dos espectadores. Transgredindo as fronteiras da arte, esse modo de produção artística, nas palavras de Danto, "coloniza, por assim dizer, a margem oeste da vida pela arte" (AD, 119).[22] Neste projeto está em jogo uma reativação de nosso contato com um "constituinte sub-racional" de nossa psique (131). Isso cria um tipo especial de perturbação, a ser distinguido do meramente chocante ou ultrajante:

> É o tipo de perturbação que vem da obscura subpercepção de que uma dimensão de nosso ser está sendo sinalizada em um nível abaixo até mesmo dos níveis mais baixos da civilização. A civilização grega, se Nietzsche estava certo, deveu-se a colocar tudo isso à distância. Não sabemos do que somos capazes, o que podemos fazer em resposta ao aceno do artista perturbador: é aquela sensação de perigo que insinua que

alguém pode ter sentido ao cruzar as fronteiras terríveis do recinto de Dioniso. (132)

A arte perturbadora, para Danto, aborda camadas opacas e irracionais de subjetividade que escapam à influência da civilização. A perturbação inerente à experiência desta arte surge como resultado do confronto do espectador com essas partes desconhecidas de si mesmo. Se esse é o *modus operandi* genérico das artes da perturbação, que dinâmica perturbadora específica Botero colocou em ação em sua série Abu Ghraib, interpretada por Danto?

"The Body in Pain" é vinte anos ou mais posterior às discussões originais do filósofo sobre a perturbação.[23] A recente revisão muda ligeiramente a definição de arte perturbadora para aquelas obras "cuja intenção e propósito [é] tornar vívido e objetivo o nosso pensamento mais assustador" (BP, 23). Assim concebida, a categoria inclui obras de arte cujas formulações anteriores rotularam de "simplesmente" ou "convencionalmente" perturbadoras. A arte do último tipo, que Danto vê, por exemplo, nas pinturas de Leon Golub, representa um assunto perturbador e pode ou não fazer isso de maneira perturbadora (AD, 119-21; RS, 180). A arte perturbadora difere da mera perturbação artística no desafio que representa para os limites que, como indicado antes, são considerados como o que mantém a vida real separada da arte. Mas tentar transpor essa divisão é buscar uma ilusão, na teoria de Danto. Nesse sentido, ele considera a arte perturbadora "patética e fútil" (AD, 133). Isso sinaliza que retornamos a um círculo completo às limitações do estilo geral suspeito de Botero.

Antes disso, no entanto, surge a questão de quais limites precisos, entre as muitas distinções que são consideradas para separar o reino da arte da esfera do real, Danto considera que as pinturas de Abu Ghraib de Botero estão violando. O candidato mais óbvio é a lacuna entre o sofrimento sentido e o representado; em outras palavras, a distância que separa o afeto do observador daquele das figuras representadas. Na verdade, Danto sugere que a chave para uma compreensão do modo particular de perturbação das pinturas é o privilégio de sentir acima e além da percepção: "O mistério da pintura, quase esquecido desde a Contrarreforma, está em seu poder de gerar uma espécie de ilusão que tem menos a ver com a percepção pictórica do que com o sentimento" (BP, 24). Neste ponto, Danto relaciona a série de Botero com representações do martírio de Cristo produzidas durante a época do barroco latino-americano. Dentro deste gênero, as representações "gráficas, mesmo chocantes" do corpo danificado de Cristo servem para provocar a identificação simpática do espectador (ibid.). Assim, o empático visitante da galeria que, por meio do trabalho de Botero, aproxima-se dos temas iraquianos da violência, participa de um ritual afetivo que, para Danto, as peças de Abu Ghraib foram concebidas para iniciar. Fundindo o afeto representado e o sentido e abandonando a distância entre o si e o outro, o espectador que assume o sofrimento das vítimas como se fosse dele permite que as pinturas percebam seus efeitos perturbadores transformadores.

Como a interpretação de Danto da série de Abu Ghraib reflete-se nas pinturas, desenhos e esculturas produzidos ao longo da carreira estendida do artista antes do escândalo de tortura de 2004? Danto observa uma continuidade de estilo entre o trabalho anterior e o novo: "Embora os prisioneiros sejam pintados em seu estilo próprio, seu maneirismo muito difamado intensifica nosso envolvimento com as imagens" (BP, 26). Apesar da alegada inaptidão da iconografia do artista, a abordagem estilística ininterrupta de Botero produz um poderoso efeito artístico nas cenas de tortura, de acordo com Danto. A descoberta dessa reviravolta, se não é por inconsistência, dentro do vocabulário estético supostamente estável de Botero, falha em provocar uma revisão do juízo de Danto da obra anterior. Em vez disso, ele recorre a uma concepção dicotômica do repertório estético de Botero. Essa construção, entretanto, tem um preço.

Danto se abstém de ler a série Abu Ghraib como a acusação política completa das políticas militares dos Estados Unidos, da mesma forma que ele e Krauss se recusam a avaliar a obra anterior do artista por sua crítica visual do poder, sua ironia e senso de humor. Ambos os críticos reproduzem o desgastado vocabulário racializante, feminilizante, influenciado por classe e tornando o outro etnicamente infantil e ingênuo. A linguagem dos balões da Macy's, dos desenhos animados da Disney, dos fantoches de massa e dos dinossauros exprime a ausência de autoria estética individual. Juntamente com essas figuras, o comentário de Krauss sobre a não identidade artística de Botero expressa uma supressão percebida da consciência artística por um imaginário populista incrivelmente aparvalhado, que, transpirando fora do reino do significado artístico, pode, na melhor das hipóteses, atingir o mercado. Emoldurada por imagens que significam um apelo popular, infantil e comercial, a preocupação exuberante de Botero com conteúdo mercantilizado codificado pejorativamente – prosaico, pé no chão, doméstico, produzido em massa, material, sensual, formalmente inconsciente e esteticamente derivado – surge como um vasto território desprezível que invade o mundo da arte. Para Krauss, o "buraco negro" que, no caso de Botero, ameaça engolfar a subjetividade e a relacionalidade artísticas contemporâneas, evoca o "escuro manto da noite" de Hegel (1956, 91) e o "continente negro" de Freud (1959, 212) e suas associações com o extra-histórico, o sem forma e o irrepresentável.

A explicação implícita de Danto sobre o suposto efeito de perturbação de Botero em termos do mágico, do misterioso, do milagroso, do arcaico, do primitivo, do extracivilizacional, do escuro e do desconhecido contorna a elaborada intertextualidade e autoconsciência representacional das linguagens de Botero. Os ícones estéticos que Danto e Krauss extraem do espaço das crianças, do desfile e do mercado, em associação com as figuras de Botero, também contornam as complexidades do tratamento que o artista faz do corpo no espaço tridimensional e no plano da pintura. Em uma linha semelhante, focando principalmente no conteúdo, as descrições de Danto das pinturas de Abu Ghraib minimizam o funcionamento formal das obras. Olhando rapidamente através do nível de representação da dor e da violência retratadas, ele prepara o terreno para uma interpretação centrada nos sentimentos empáticos do observador individual, interpolando o sofrimento retratado em uma economia afetiva que permite ao público americano – mesmo que momentaneamente – afastar-se de sua indiferença estrutural com as vítimas das intervenções dos Estados Unidos no exterior.

As respostas afetivas certamente requerem um lugar na crítica e na interpretação da arte.[24] No entanto, uma ênfase artística no sentimento não justifica uma minimização interpretativa da percepção, e nem a categoria do barroco legitima um favorecimento do afeto sobre a percepção como uma base de evidência para uma leitura. As ambições da série Abu Ghraib não encontram expressão adequada na ideia de que disponibilizam o sofrimento dos prisioneiros iraquianos a um público global de galeria, concretizando uma política estética de resposta emocional. Essa interpretação realiza um apagamento apropriativo de um gesto artístico mais radical. A coleção apresenta uma forma visual específica que, imersa no afeto como ela é – moldando e também moldada

Capítulo 7 • Nacionalismo estético racializado

por sentimentos e disposições emocionais –, articula uma condenação estética da tortura infligida aos prisioneiros. Botero engrena as estratégias estéticas que utiliza na série, ao mesmo tempo perceptivas e afetivas, em direção a um interrogatório das estruturas de poder e regimes visuais que implantam e legitimam tal violência. Um breve olhar sobre sua visão da corporeidade ajuda a elucidar isso.

Os protagonistas humanos de Botero têm sua corpulência em comum entre si e com objetos físicos e configurações espaciais. Esta carnalidade compartilhada indica a presença coletiva das pessoas, como seres ao mesmo tempo sensuais e materiais, em ambientes que ocupam junto com os objetos. A materialidade corporal, assim interpretada, significa um índice de vulnerabilidade corporal, uma fonte de necessidade e desejo físicos, um ponto de investimento emocional e um local de inserção intercorpórea em um mundo físico e social. Sujeitos a danos físicos, humilhação sexual e tortura psicológica, os grandes corpos feminizados iraquianos – o característico inchaço da figura humana de Botero especificamente desmasculiniza o sujeito masculino – expõem o outro lado dos valores de liberdade e democracia, avançados em defesa de uma guerra economicamente motivada, ou seja, com crueldade estrutural e militarizada e com desrespeito pelos seres humanos. A corporeidade, como Botero a modela, põe em primeiro plano as maneiras pelas quais a tortura viola os modos básicos de estar-no-mundo. Os desenhos da série documentam a tortura como uma prática que milita contra a carne humana – como uma rotina que fere uma forma animada e vulnerável de materialidade da qual participamos juntos e com objetos físicos como botas, bares, clubes, chicotes, janelas, pisos. Assim, a coleção emprega sua figuração de personificação para catalisar a consciência política do público sobre as atrocidades de Abu Ghraib, para condenar a injustiça sistêmica que fez com que existisse o abuso na prisão iraquiana e responsabilizar os Estados Unidos por isso. O volumoso corpo criado por Botero não serve simplesmente como um gatilho de afeto ao ser especialmente vulnerável à dor – embora Danto esteja certo de que funciona dessa maneira – mas, mais do que isso, codifica visualmente o comentário, bem como a acusação que o artista enfatiza ao comentar que a série representa "tanto uma *declaração ampla* sobre a crueldade quanto uma *acusação* das políticas dos Estados Unidos".[25] Danto nega o discurso polêmico, analítico e contestatório de longo alcance das críticas visuais que o trabalho de Botero faz em sua própria especificidade estética e evita as demandas éticas que fazem parte integrante deste endereçamento.²⁶

Na verdade, Danto desloca a acusação das obras. Rotulando o estilo de Botero de maneirismo e enfatizando o conteúdo e o efeito no espectador sobre a modelagem visual que o artista faz do corpo no espaço, ele mantém a crítica estética da arte à distância em sua própria leitura da coleção, localizando o desafio da série nas ações e reações, reais e antecipadas, por outros segmentos de público. Para o leitor do *The Nation*, é dito que, quando oferecida a coleção por Botero, vários museus americanos recusaram o presente. A essa rejeição Danto atribui o mesmo motivo pelo qual os visitantes da mostra da Marlborough Gallery eram solicitados a inspecionar suas malas para poder entrar na mostra, prática que, destaca, é incomum em galerias comerciais (BP, 26). Danto, portanto, reconhece indiretamente a ferroada política da série, evidenciada nos impulsos negativos, se não agressivos, que se imagina que o público, incluindo os doadores de museus, experimente em relação às pinturas. Esse reconhecimento implícito do crítico e, se ele estiver certo, também dos conselhos e diretores de galerias de arte e museus, faz com que as obras sejam uma ameaça a uma suposta mentalidade norte-americana. A coleção é reconhecida por ter atingido um ponto sensível do público americano. No entanto, esta vulnerabilidade mútua dos espectadores às pinturas e das pinturas aos espectadores não recebe nenhuma elaboração crítica em termos do funcionamento estético das obras. Eliminar do local de produção de sentido estético a vulnerabilidade recíproca que caracteriza o encontro estético é aplainar a troca e preparar o terreno para uma passagem segura, porém higienizada, pela pátria estética. A leitura de Danto representa uma forma apropriada de contenção política.

A política visual de oposição adquire um papel mais central no caso das famosas fotografias de Abu Ghraib do que nas pinturas. As fotos que Danto considera "essencialmente instantâneos, cartões-postais divertidos de soldados desfrutando de seu poder, como sua mensagem implícita – 'Curtindo um tempo maravilhoso... Queria que você estivesse aqui' – atesta." Transformando uma cena de violência em uma de prazer, essas fotos ganharam a capacidade de gerar responsividade moral ao serem expostas ao redor do globo: "Quando as fotos foram lançadas, a indignação moral do Ocidente se concentrou nos soldados sorridentes, para quem este espetáculo aterrador era uma forma de entretenimento" (BP,

24). Anteriormente declarado fora do escopo das esculturas de Botero, a indignação agora não faz uma aparição surpreendente na Marlborough Gallery.[27] Na verdade, o texto de Danto institui uma divisão acentuada do trabalho estético. Enquanto as pinturas oferecem o sofrimento do corpo vitimado para a apreensão afetiva do espectador, as marcas fotográficas de poder e prazer teatralmente desempenham um trabalho moral.

A revisão, portanto, centra o efeito político nos circuitos da mídia internacional em conjunto com o sistema social e militar dos Estados Unidos. Apresentando a vitimização iraquiana, o artista colombiano fornece recursos emocionais que a "política do mundo real" pode ou não ocupar. As pinturas de Abu Ghraib estão proibidas de serem participantes de pleno direito na produção estética do poder social. É a construção bipartida de Danto do estilo de Botero como geralmente não digna de um escrutínio sério, mas fortemente estimulante no caso desta série em particular, que cria espaço para restringir a importância do trabalho como uma crítica política.

Elementos de tal crítica podem ser encontrados na observação final da revisão, citada anteriormente, no sentido de que "[a] dor dos outros raramente se sentiu tão próxima ou tão vergonhosa para seus perpetradores". A vergonha é uma emoção moral e, como o afeto empático, pode ser um incentivo político. No entanto, ao pedir o fim da tortura de prisioneiros e ao tornar legível a proximidade política de uma cultura com essa violência, as obras vão além de suas implicações para os sentimentos das pessoas, independentemente de essas pessoas serem "meramente" espectadoras, ou ao mesmo tempo, torturadores do tempo, facilitadores invisíveis, cobeneficiários de políticas petrolíferas imperialistas ou coparticipantes em um sistema mundial. Botero considerou de particular importância que o público americano visse as obras "porque aqueles que cometeram as atrocidades eram americanos".[28] Daí, presumivelmente, sua oferta da série a museus americanos, assim como ele havia doado sua coleção anterior sobre a guerra às drogas e as guerrilhas colombianas para museus na Colômbia. Empatia e vergonha, no entanto, ficam drasticamente aquém de uma compreensão esteticamente criteriosa de um imperativo artístico que exige justiça, um apelo, além disso, que visa a uma constelação de violações altamente legível e precisamente denotada. As promessas e ameaças da arte assumem uma forma diferente daquelas dos conteúdos e orientações do afeto que ela estabelece.

A promessa cultural do estético

Entre as características das obras que Danto evita está o desafio que elas representam para as práticas de humilhação e tortura sexual e religiosa encenadas como espetáculo visual. Sua crítica protege o espectador dessa acusação ao observar divisões nítidas entre a transmissão pictórica do sofrimento e a problematização fotográfica do poder; entre a dor da vítima e o pulso sexual do agressor; entre um público de galeria devidamente empático e os cenógrafos na prisão que orquestraram exibições de tortura para consumo deles e de seus amigos; entre os diferentes tipos de público, da pornografia *hardcore* de corpos violentados, oferecidos e fantasiados diariamente na mídia para os filmes da Disney, os desfiles de Macy's e a arte de Botero. A leitura de Danto omite o reconhecimento das conexões que unem essas polaridades. Desse modo, ele fecha aberturas para examinar a cumplicidade potencial do espectador nos cenários sexuais em que os prisioneiros são forçados a posar e, de forma mais ampla, em padrões racistas oficialmente sancionados de sadismo, *voyeurismo* e humilhação sexual.[29] A postura ereta encontra proteção na falta de investigação de como a cena erótica da territorialização espetacularizada se reflete na natureza distinta da dominação racial e étnica exercida historicamente e, até hoje, em nome da nação americana.[30] A série de Botero cria condições para um discurso sobre o assunto, do qual não sabemos precisamente para onde nos pode levar, ou que desejos recusados e irracionais pode trazer à tona. Ao emprestar a esta obra um efeito emocional já compreendido, em vez do status de uma investigação ou um pedido de mudança, a estrutura de interpretação de Danto abriga tanto o complexo militar-industrial-prisional neocolonial americano quanto a pátria estética do observador dos Estados Unidos da crítica artística de Botero. Retirando agressão, sexualidade racializada e risco do confronto estético iniciado pelas obras, Danto lança as bases para uma leitura proprietária. Como em Addison, testemunhamos aqui um processo unilateral de abjeção que prepara a obra para a incorporação como uma mercadoria visual dentro de um território expansível, mas rigorosamente guardado da cultura estética, e estreita a gama de suas implicações relacionais.

Mas se a categoria de arte perturbadora é aplicável às pinturas e desenhos de Abu Ghraib, e se essas obras, como este rótulo sugere, representam perigos desconhecidos para o espectador, é certamente em parte porque, como reencenações estéticas de modos e motivos pornográficos e variações de articulações teatrais e fotográficas já estetizadas de degradação e opressão racializadas, eles desestabilizam a posição do espectador *vis-à-vis* às distinções éticas e estéticas que a leitura de Danto sustenta. As exclusões que permitiram a apropriação das obras dentro da economia da pátria estética dos Estados Unidos se destacam fortemente em um exame mais aprofundado da política corporal de Botero.

Os corpos de Botero são idealizados, mas grotescos. Eles encontram o espectador como presenças desliteralizadas em função de sua beleza deliciosa e anacrônica e por causa de sua resistência hilária às normas corporais observadas por estilos de pintura ao longo da história e das zonas geográficas – normas corporais que sustentam formações culturais de subjetividade e intersubjetividade, produzindo e reproduzindo critérios de legibilidade sensorial, racional, afetiva, estética e artística. Os corpos de figuras masculinas no poder (presidentes, generais, padres, cavaleiros, pistoleiros, barões da droga, membros de gangues, assassinos, torturadores, sequestradores, parceiros, amantes) esvaziam este poder assumido, zombando do investimento das personagens nele. Figuras femininas adornadas ou feminizadas (esposas de presidentes, prostitutas, mulheres lendo livros ou em frente ao espelho, freiras, *drag queens*, parceiras, amantes) nos convidam a perguntar se seus belos corpos, posições sociais, presença subjetiva, gestos instantâneos ou sensualidade lhes permitirá satisfazer seus anseios ou realizar suas aspirações. As atitudes de famílias e casais levantam questões sobre as estruturas de gênero de intimidade, autoridade, sexualidade e dominação, pois oferecem pistas múltiplas, muitas vezes contraditórias, sobre a satisfação dos laços que conectam os indivíduos.

Botero modela a figura humana e o espaço pictórico em diálogo com artistas tão diversos como Giotto, Piero della Francesca, Da Vinci, Dürer, Caravaggio, Rubens, Velázquez, Goya, Picasso, Orozco, Pollock e inúmeros outros. Sua iconografia baseia-se nas formas olmeca, maia, asteca e do barroco latino-americano. Voltando às imagens e aos temas que associa às montanhas colombianas, que intercala com posturas e idiomas inspirados por uma variedade atrevida de vocabulários artísticos e históricos, ele se descreve como um artista colombiano de uma tradição rigorosamente latino-americana e anglo-europeia transculturada. Sua arte encontra normas e distinções estilísticas nacionais racializadas por meio de uma estratégia de mimese disruptiva. Essa técnica resistente, que refrata materiais estéticos já dados para orientá-los para novas expressões e ideias, é instantaneamente reconhecível em composições que citam diretamente imagens canônicas, mas também caracteriza sua obra como um todo, que, em suas palavras, não apresenta uma pincelada "não sancionada pela história da arte" (Escallón 1997, 30). A boa arte, para Botero, cria um mundo que "contém uma verdade que pode ser aceita como alternativa, e que também existe como possibilidade poética" (32). Ele considera que é função do artista exaltar a vida, comunicando sensualidade (33). A mímese perturbadora, localizando o potencial corporal abundante em uma atmosfera de calma pictórica, cria uma política corporal barulhenta em Botero.

Com variedades ironizantes de poder masculinizado, feminizado e, de vez em quando, explicitamente racializado, por meio da comédia física, da manipulação de escala e de inversões sarcásticas, Botero descreve a corporificação como um estado fundamentalmente prazeroso do ser corporal. Longe de evocações realistas ou comemorativas das dobras salientes e curvas pendentes do corpo humano obeso e envelhecido, suas figuras vêm envoltas de forma protetora em gordura macia, nutritiva, deliciosa, geralmente jovem e elástica. A existência corporal, no universo de Botero, é um estado potencialmente alegre de ser criativo, uma prontidão para sensações deliciosas. Angústia e dor, melancolia e medo se interarticulam irresistivelmente com uma modalidade básica de corporeidade feliz que as figuras compartilham com seu entorno. Este também é o caso nas muitas variações sobre o tema da mulher chorando, ou no tratamento de corpos mutilados por Botero. Botero descreve a pele, a carne e os volumes do corpo como órgãos sensoriais – desejantes, necessitados, palpáveis.

Personagens, animais, objetos e ambientes (espaços interiores, as ruas de Medellín, os telhados de vilas nas montanhas) exalam uma aparência de uma amabilidade essencial.[31] O mundo material é animado pela atividade vibrante de detalhes comuns que ultrapassam em muito seu funcionamento prosaico, da mesma maneira que o corpo humano importante (ou às vezes radicalmente diminuído) transgride códigos canônicos de espacialidade e corporeidade normativa. A coincidência de inflação e detalhes questiona ordens de significância e impede o avanço dialético em direção a um estágio projetado de desenvolvimento. Sob os signos da idealização cômica e da beleza tranquila, registros grotescos de abjeção determinam os contornos de uma gama deslumbrante de seres humanos fundamentalmente adoráveis, cuja amabilidade é catalisada pelas capacidades sensoriais que desarticulam suas posições dentro de vetores estabelecidos de poder social.

Botero formula um corpo político crítico que desafia regimes normalizados de troca intercorpórea por meio da expressão dos prazeres, anseios, esforços e decepções encarnados de posturas corporais minuciosamente particularizadas que representam tipos sociais em vez de psicologias individualizadas. Habitando múltiplos registros temporais que excedem os modelos de progressão histórica cotidiana e dimensões entrelaçadas de plenitude e carência, as possibilidades do corpo para a sensualidade e o desejo suspendem certas restrições da sociabilidade normativa contemporânea, pedindo uma ternura, um amor e uma generosidade além das regras comuns, sugerindo isso "como uma possibilidade poética".

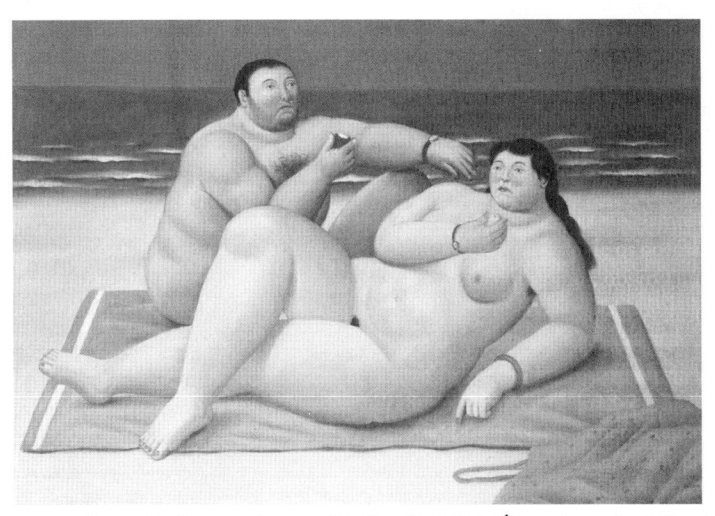

Figura 7.1 Fernando Botero, *A praia* (*The Beach*), 2006. Óleo sobre tela, 131 x 189 cm. © Fernando Botero. Cortesia da Marlborough Gallery, Nova York.

Quando esses corpos são mostrados como feridos ou baleados, atordoados ou humilhados, em medo mortal ou agonia pela perda de outras vidas, como nas séries sobre a violência na Colômbia e em Abu Ghraib, isso desmente sua amabilidade genérica, desafiando o ser básico, sensorial e relacional que constitui a realidade de sua incorporação. Mas este nível de existência corporal e demanda fala de volta à violência. Botero tem seus corpos desejáveis e desejosos militando contra a crueldade infligida a eles, caricaturando tal violência, suas ferramentas e agentes, e os danos que marca no corpo como dissonantes com a vida humana dos personagens na carne. Nessas pinturas, regimes escopofílicos severos, atos de abuso físico, cercas, cordas, cães, sangue, lágrimas, vômito, urina, cacetetes, explosões, balas e os buracos deixados por tiros no corpo assumem uma estranheza esquemática e grotesca, não completamente diferente das cobras e moscas de suas pinturas anteriores.

Figura 7.2 Fernando Botero, *Abu Ghraib 53*, 2005. Óleo sobre tela, 37 x 35 cm.
© Fernando Botero. Cortesia da Marlborough Gallery, Nova York.

O corpo grotesco de Botero nunca é simplesmente suscetível à abjeção; ao mesmo tempo que corteja a expulsão e é intencionalmente vulnerável ao repúdio, investe-se indissociavelmente em atos de normalização e participa da beleza. Mas a beleza, a felicidade, a espacialidade, a ordem, a normalidade e o comum, portanto, também assumem sempre um caráter grotesco na obra de Botero, derramando-se em movimentos compensatórios que atuam nos registros do estranho, do cômico e do carnavalesco.[32] A hostilidade para com o corpo amável, portanto, é um aspecto consistente da resposta solicitada pelo léxico de Botero.[33] Sua obra está não menos próxima de seus espectadores nas modalidades de atração e acessibilidade do que as de descartabilidade e desumanização.

Capítulo 7 • Nacionalismo estético racializado

Mantendo esses registros em tensão, o artista nos captura como atores em rotinas carnavalescas de perpetuação e percepção da agressão.

Brigas barrocas e jorros de sangue provocam a sensação de já termos estado nesta esfera, de já termos visto esse tipo de coisa.[34] Botero imbui essas formas de uma dimensão de humor e sátira em sua transposição dos vocabulários barrocos e em sua alusão a seus tratamentos anteriores de pontas de cigarro, moscas, cobras e gotas d'água. A comédia e a ironia servem, portanto, como portadores de memória cultural e como veículos de contextualização estética. Promovendo uma especulação transcultural crítica da violência, em oposição e ainda assim análoga ao uso acrítico de tecnologias de imagem inerentes à câmera e à internet pelos torturadores, gotas e jatos de sangue nos pedem para ver os rituais de tortura que essas tecnologias exibem contra o pano de fundo de trajetórias históricas mais amplas de violência imperial e resistência crítica, tornando visíveis as ordens de dominação e crítica frequentemente ignoradas nas representações da mídia sobre o episódio de Abu Ghraib.[35]

Como as gotas d'água em cenas anteriores em banheiros, o sangue preserva um aspecto humorístico, mesmo que denote dano. Encontra a dor com uma política de riso. Mais do que isso, ele encontra piadas cruéis (a noção de piada do fotógrafo/soldado) com um senso crítico do que é engraçado. Assim, reorienta o riso: Botero converte o humor sádico que fala dos sorrisos nas fotos de Abu Ghraib em uma modalidade de humor que nos permite ler o jogo de sátira cruel dos comediantes da prisão. Ao modo da caricatura, o espectador é capaz de reconhecer um entretenimento brutal, um divertimento do qual os abusadores da câmera não foram os únicos inventores, mas que ativou modos familiares de representação, contemporâneos e históricos, para convidar jogadores externos a juntarem-se ao desvio. Ao estetizar a peça violenta dos torturadores "brincalhões", Botero direciona o registro cômico contra suas ações. Por meio da caricatura, o sorriso, por assim dizer, muda dos abusadores para o espectador. Ainda assim, torna-se um sorriso decididamente diferente na transferência. O sorriso do observador é um elemento de um modo de resposta que ressoa com a sensibilidade humana fundamental e o modo de ser sexual que as pinturas descrevem como em processo de dano. A dimensão gentil do humor inerente às expressões visuais de Botero permite ao espectador equipar criticamente a sensibilidade representada e a sexualidade da qual ele participa como observador da obra contra as atrocidades que percebe. É como um agente alicerçado em um modo básico e sensato de interconexão corporificada, uma forma de relacionalidade que inclui o humor como elemento de um padrão mais amplo de engajamento estético, que o espectador apreende o jogo cruel estabelecido na prisão. Botero reestetiza criticamente a violência maliciosamente estetizada. Ele faz isso, em parte, absorvendo o espectador em um tipo distinto de humor.

Junto com as gotas de sangue, as cordas, botas, barras e ladrilhos da série mantêm o aspecto cômico rebelde que inevitavelmente caracteriza a iconografia de Botero, assim como os corpos. As configurações espaciais altamente teatralizadas e pronunciadamente encenadas que comumente hospedam as figuras de Botero, no caso particular da série de Abu Ghraib, permitem que ele torne visível, no modo de protesto – a saber, em uma forma de recusa que preserva o poder crítico e amoroso do riso – uma crueldade despreocupada e banal aos torturadores que, podemos supor, estavam prontos para transmitir aos seus amigos e companheiros do Facebook.

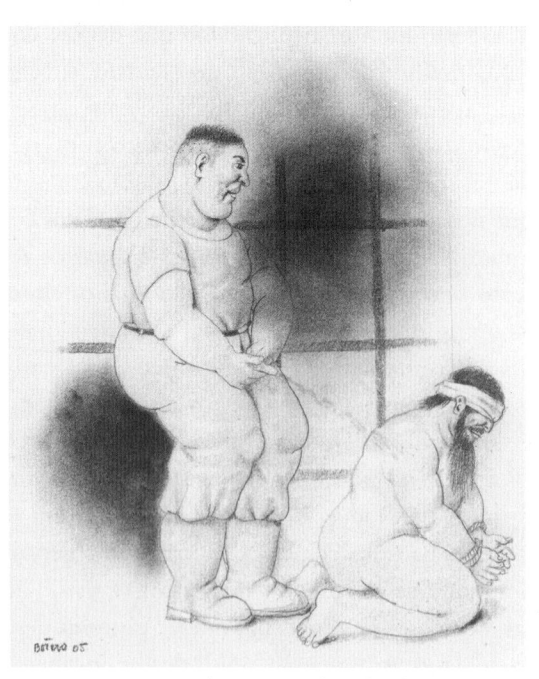

Figura 7.3 Fernando Botero, *Abu Ghraib 77*, 2005.
Lápis sobre papel, 39 x 31 cm. © Fernando Botero. Cortesia, Marlborough Gallery, Nova York.

Capítulo 7 • Nacionalismo estético racializado

Ao empunhar uma dialética de humor, as obras de Botero sobre a violência no Iraque e na Colômbia inscrevem sua figuração estética desses episódios brutais em uma tradição europeia e latino-americana transculturada, marcando indelevelmente o meio da pintura não apenas com a capacidade do corpo sensorial de alienar-se e de protestar contra essas atrocidades, mas também com a robusta capacidade deste corpo de sentir prazer, de desejar, de amar e de rir, com um espírito crítico que denuncia a crueldade. Encontramos aqui uma tática artística intertextual totalmente autoconsciente de mimese cômica perturbadora cruzando fronteiras, formas e técnicas históricas da arte nacionalizadas e racializadas.

São esses níveis de significação que a estrutura conceitual racializada e nacionalista de Danto ignora. Ao vincular o corpo de Botero à vulnerabilidade, à dor e à empatia, ele sem dúvida reconhece características cruciais da série. No entanto, por meio de omissões interpretativas estruturais, sua leitura torna a obra de Abu Ghraib um item adequado para consumo por uma sensibilidade cultural proprietária, racializada e nacionalista, uma mercadoria na qual o habitante benevolente da pátria estética dos Estados Unidos pode com segurança, mesmo se não totalmente confortável, encontrar seu próprio reflexo.

Os anacronismos deliberados de Botero desmentem uma compreensão claramente progressista da arte. Dando origem a um grotesco tranquilo, misturando arte popular e erudita, feminizando o masculinizado,[36] escrevendo vocabulários latino-americanos em tradições europeias e expressões idiomáticas europeias em formas colombianas, a obra de Botero desafia certas oposições de gênero, racializadas, de classe e nacionalistas no coração do mundo da arte, concebido no modelo de um discurso evolutivo das razões. A intenção temerosa de Krauss e Danto, em expelir o estilo de Botero do mundo da arte, coloca de forma transparente, como a origem rejeitada da história da arte, um repertório de distinções culturais familiares e fundamentalmente instáveis, que a arte de Botero ameaça abalar. Isso inclui as oposições que consideramos antes, como aquelas entre o moderno e o arcaico, entre o civilizado e sua obscura pré-história primitiva. Constitucionalmente vinculado a esses binômios, o mundo da arte está para sempre em risco de regressão, desestruturação e descentramento em seus encontros com linguagens que deslocam as hierarquias codificadas nessas dualidades. A linguagem crítica implicitamente racializada de Danto e Krauss engloba o trabalho de Botero sob as já dadas oposições normativas nas quais esses críticos estão investidos como participantes do mundo da arte, oposições cuja força racializadora eles reproduzem sem distância crítica. As dicotomias relevantes estabelecem barreiras analíticas de princípio que impedem a crítica de arte de registrar a força da arte de Botero – sua comédia, sua zombaria do poder, da capacidade de respeito social e da política imperial. Inibindo, ainda, o fluxo recíproco entre o popular, a vanguarda e o erudito na arte, as metodologias de Danto e Krauss dificultam a transmissibilidade simbólica a que aspira Botero, que encontra clara expressão, por exemplo, em seu comentário de que ele é: "Encantado com a ideia de que uma pessoa pobre na Colômbia, sem formação cultural, deva ter reproduções do meu trabalho em casa" (Escallón 1997, 22).

As estruturas conceituais de Danto e Krauss, divergentes como são na linguagem e na filosofia, obscurecem a complexidade estética da obra de Botero. Travando o corpo excessivo de Botero em categorias estéticas pré-fabricadas e suas garantias codificadas de propriedade social diferenciada, ambos os críticos limitam o que pode ser ouvido por meio de discordância estética. Isso equivale a uma diminuição do mundo da arte, bem como da estética do comum.[37] Não obstante as descontinuidades entre as abordagens críticas de Danto e Krauss, seus protocolos de leitura, em cada caso, projetam uma compreensão excessivamente homogênea de vocabulários e significados estéticos e artísticos. Desse modo, Danto e Krauss posicionam-se como herdeiros contemporâneos dos modos de endereçamento esteticamente nacionalistas racializados praticados por Shaftesbury, Addison, Hume, Kant e outros em termos mais abertamente racializados. Seus comentários amortecem as reverberações relacionais do trabalho de Botero, reduzem o escopo de seu discurso e reduzem o alcance da agência estética do artista, da arte e do espectador, bem como das histórias artísticas e populares mobilizadas na obra.

As construções proprietárias da estética fazem seu trabalho no nível da existência cotidiana, nas instituições do mundo da arte e em sua intersecção. Investiguei formas de sedução e vigilância que pressionam obras de arte e práticas estéticas cotidianas em matrizes entrincheiradas de raça e nação. Exploramos estratégias culturais que posicionam o mundo da arte e a coletividade estética cotidiana como pátria etnocentricamente definida. Como o mundo da arte se entrelaça com o cotidiano, o nacionalismo estético racializado nas instituições da arte reverbera nas estruturas da existência cotidiana e vice-versa. Assim, essa postura deve ser contestada em níveis múltiplos e interligados.[38] É então em nome de uma cultura artística e estética vibrante e não atenuada que devemos examinar como as construções proprietárias da estética e seus respectivos regimes de abjeção racial funcionam, como eles podem ser desmantelados e quais formas alternativas de relacionalidade podem ocupar seu lugar. Para a filosofia da arte, isso impõe a tarefa de inspecionar modalidades operacionais de prazer, violência, poder, interpretação, coletividade, historicidade e juízo, a fim de ajustar as estruturas conceituais que permitem que as normas e limites artísticos importem ou reforcem constelações insuportáveis de raça e de nação.

No reino do cotidiano, as formas raciais e nacionalistas de endereçamento estético (como o comando para compras) podem ajudar a encerrar a investigação política que vai além dos impulsos de vitimização e da racionalidade do mercado. Como constituintes das interpretações da arte, esses modos são capazes de enfraquecer o tom político de uma obra que condena os casos de violência perpetrada pelos Estados Unidos. Os casos que considerei não são exclusivos de seu momento histórico particular ou dos artistas, públicos e críticos individuais que discuti; aqui, esbarramos nas pressões de estruturas relacionais difusas e incessantemente mutáveis que manifestam efeitos correspondentes em muitos outros contextos. O nacionalismo estético racializado encurta a existência política e trunca a vida cultural. Ao libertar padrões de relacionalidade estética, endereçamento e agência de seus fardos, podemos valorizar a potência crítica e a vitalidade daqueles lugares comoventes onde o cotidiano e o artístico se encontram.

Fatia temporal

A controvérsia de Botero: história e direções futuras

Este segmento dá uma ideia da penumbra mais ampla de debates em torno da obra de Botero e esboça outras linhas de desenvolvimento que podem surgir dessas discussões. Alusões ao caráter mercantilizado e cartunista da arte de Botero aparecem em muitas críticas a sua obra. Glueck (1996) observa que "quando você viu dois ou três Boteros, viu todos eles". Smith (2006) distingue os "infláveis pneumáticos habituais" de Botero das figuras da série Abu Ghraib, em que considera que o artista tenha modificado seu "estilo maluco" para melhor. Temas semelhantes de pré-fabricação, repetitividade, grandiosidade, fantasia e não contemporaneidade aparecem nas observações de T. J. Clark sobre a série (Clark, Laqueur e Masiello, 2007). Ele acusa Botero de utilizar clichês, caricaturas e cifras. Para ele, o artista retrata degenerados da fantasia e vítimas genéricas, deixando de revelar a particularidade das representações e violações de Abu Ghraib. Clark afirma que as imagens de Botero carecem de engajamento com demandas técnicas e representacionais inegociáveis contemporâneas, provocadas pela falta de forma moderna e pelo excesso de atos banais, em pequena escala, e atos cotidianos que dão forma a elementos como o uso de câmeras Toshiba pelos torturadores, para exemplificar. Nesta interpretação – descrita como provisória – a obra de Botero falha em ser "fiel à sórdida falta de sentido" do registro de Abu Ghraib, reiterando, em vez disso, uma narrativa monumentalizante e universalizante que ofusca a especificidade política das ações dos torturadores.

A linha cética de Botero coexiste com abordagens que revelam poderes críticos de seus idiomas visuais. Faris descreve as dimensões desindividualizantes semelhantes a desenhos animados do estilo hiperbólico de Botero em um relato que liga suas figuras volumosas a uma deflação irônica de poder e vê aqui uma base para sua subversão de um centro inflado da periferia (2001, 342-5, 351). Ela destaca a conjunção da sensualidade alegre com a sátira crítica (346) e interpreta a intertextualidade paródica da obra de Botero como uma estratégia de descolonização (348, 359). Baddeley e Fraser (1989, 64-5), da mesma forma, sublinham o aspecto paródico da arte de Botero.

Masiello (2007) lê a série Abu Ghraib tendo como pano de fundo os discursos latino-americanos mais amplos sobre arte e violência, arte e política, arte e as massas. Para ela, as telas de Botero apresentam o corpo como "uma porta de entrada para o nosso sentido do real" (22), utilizando-o para falar por seres humanos violados e apagados ao longo da longa história cultural que sua obra cita. Assim, Botero, em sua análise, responde "ao urgente e venerável apelo: *habeas corpus*" (ibid.). Laqueur (2007), da mesma forma, enfatiza a demanda ética que as pinturas de Botero estendem por meio de sua mobilização do corpo sensível.

Ao pensar sobre o corpo em Botero, é importante notar que sua corpulência se estende além dos limites da estrutura humana. Paralelos visuais entre corpos humanos e objetos invocam a materialidade animada que Merleau-Ponty explora por meio de sua noção da carne (1968, 135-7, 140-8). Esse modo de corporeidade absorve e promove uma ampla gama de relacionamentos corporais. À luz das estratégias artísticas mais amplas de Botero, podemos detectar na série Abu Ghraib um engajamento bastante direto com facetas de práticas cotidianas historicamente fundamentadas de violência estetizada, isto é, da violência como espetáculo de disseminação, fenômeno a ser colocado em circulação através de modos de produção e distribuição diários amplamente acessíveis. Não surpreendentemente, é em parte a materialidade do corpo em seus ecos da história da arte e reverberações intertextuais que Botero mobiliza para recontextualizar essa rotina representacional. Ao contrário da visão de Clark (2007) de que as pinturas e desenhos em Abu Ghraib ignoram o papel das tecnologias de imagem contemporâneas de abuso, o artista reconceitua criticamente essas técnicas de midiatização por meio de sua implantação de tropos barrocos de sangue. Na terminologia do Capítulo 5, a série oferece uma reestetização crítica da ignorância estetizada. Ao contornar as dimensões do trabalho de Botero que vêm à tona aqui, as leituras de Clark e Danto parecem estetizar uma forma de ignorância.

Minha leitura de Botero sugere pontos de investigação que, espero, guiarão o debate sobre seu trabalho para novas direções. A política corporal de Botero justifica uma discussão mais aprofundada, entre outras coisas, por conta da dinâmica em jogo entre a beleza tranquila, a sensualidade adorável e os registros cômicos e misteriosos do grotesco. Crucial é também a criação de transmissibilidade, espacialidade, anacronismo, intertextualidade ilimitada, caricatura, estereotipagem e detalhe a serviço de modos críticos de transculturação e como elementos da importância política de sua arte. Ainda há muito trabalho urgente a ser feito na obra radicalmente pouco examinada deste artista.

A prontidão um tanto contraditória de Krauss e Danto para interpretar o trabalho de Botero como indigno de interpretação e suas leituras-sem-leitura do artista (pré-Abu Ghraib) como um populista estereotipado que carece de uma posição artística genuína demonstram relutância em se envolverem rigorosamente com sua arte. Essa recusa deve ser vista como uma manifestação de nacionalismo estético racializado apenas porque é altamente improvável que esses críticos experientes tenham desconsiderado a intertextualidade autoconsciente de uma obra tão rapidamente, no caso de um artista branco de ascendência europeia ou anglo-americana. Baddeley e Fraser (1989, 61) registram os padrões étnicos diferenciais subjacentes às distinções críticas entre derivatividade e uma reformulação das ideias dos predecessores. Em vista da caricatura e estereotipagem de Danto e Krauss das figuras de Botero por meio de significantes de tipos estéticos populistas (os balões da Macy's e assim por diante), é importante notar que seus encontros com Botero dramatizam a questão de quem está autorizado a estereotipar em contextos culturais – o crítico ou o artista? (ver Chow [2002, 52-94, especialmente 72, 81]).

As bifurcações étnicas se sustentam em uma conjuntura adicional na discussão de Danto. Ele atribui sua própria compreensão do barroco europeu a Rudolph Wittkower (BP, 24), mas traça a consciência de Botero dos modos e imagens barrocos ao conhecimento do artista do barroco latino-americano (ibid.), apesar do envolvimento elaborado do artista com o barroco europeu. Danto, portanto, projeta as fronteiras nacionais em interações artísticas transculturadas e em camadas muito mais complexas. Ele pronuncia uma concepção racial e nacionalmente dividida do mundo da arte contemporânea, que nega em outros lugares (2004, 206 e [implicitamente] 208).

A intervenção política de Botero se baseia claramente em uma rica variedade de estratagemas formais e temáticos. Embora a empatia desempenhe plausivelmente um papel no funcionamento político da série, a crítica visual de Botero excede esse aspecto afetivo, e sua figuração do corpo humano acaba questionando o poder da empatia para remediar o sofrimento humano. A melancolia permeia sua obra. Botero evita o psicológico – seus protagonistas muitas vezes desviam o olhar do espectador, dois olhos mirando direções diferentes – e sua arte não opera, em primeira instância, por proximidade emocional com o espectador, embora isso realmente surja.

A apreensão do lugar do afeto em sua obra deve reconhecer que suas figuras – mesmo que suas posturas e rostos assumam qualidades expressivas – geralmente exibem distância emocional de outros personagens e do espectador. Deve-se levar em conta a implantação barroca do artista de exagero e artifício metarrepresentacional (Faris, 347-9, 359). O papel complexo e nitidamente delineado que o afeto adquire neste contexto, é claro, não significa que o trabalho não gere empatia, nem que tal empatia seja incapaz de politizar as pessoas, nem que tais reações (e a descrição de Danto delas) sejam impotentes para desafiar o nacionalismo estético racializado. Ao mesmo tempo, relatos em termos de empatia correm o risco de uma propagação, em última instância, autocontida do "eu" para um lugar de alteridade que impede o reconhecimento da alteridade além dos termos do "eu", ou dos processos de diferenciação além dos princípios de diferença já estabelecidos. Muitos associam armadilhas desse tipo a conceitos de empatia, identificação e intimidade sentida. Young (1997) ressalta a impossibilidade de assumir os pontos de vista dos outros para identificar-se com eles de forma imaginativa. Crosby (1992) descreve as limitações e dimensões circulares de identificação e proximidade percebida do "eu" para personagens representados como aspectos de resposta estética e leitura crítica. A arte de Botero incorpora uma política estética mais intrincada do que muitos críticos de arte têm sido capazes de reconhecer.

Embora a controvérsia de Botero aponte vários caminhos para uma exploração mais aprofundada de sua arte, ela também nos encoraja a reconsiderar certas estruturas conceituais que marcam a filosofia da arte. Entre os tópicos que requerem um estudo mais aprofundado estão o funcionamento racial das distinções entre arte e magia, aparência e realidade, realidade e representação que informam o relato de Danto sobre a emergência histórica da arte (1981, 76-83). Outro tópico é o potencial refratário da mimese. O comentário de Botero

Capítulo 7 • Nacionalismo estético racializado

por Danto ecoa os "babados patéticos" que ele encontra na "mimese efeminada do travesti", que, em sua opinião, "não possui nenhum caráter semântico" (68). O supostamente "patético" e "ridículo" em Botero, a suposta falta de sensualidade e a falha em exigir interpretação ressoam, com a negação de Danto, os significados de mimese disruptiva quando praticada como uma dimensão da performance *queer* ou transgênero. Que concepções normativas e normalizadoras de arte seguem da mimese sexualmente saudável e masculinizada e do binarismo de gênero que Danto postula em contraste com o *pathos* transgênero ou *queer*? Como tais concepções impactam as construções de raça e nação no campo estético? Correlativamente, pode a noção de perturbador ser sugestiva de recursos que podemos reunir em uma abordagem decolonial para construções modernas de raça e nação? O debate está claramente apenas começando.

8
Promessas e ameaças estéticas

Nas odes elementares de Pablo Neruda, as atividades estéticas representam a promessa de uma cultura para e pelo povo. A promessa cultural do estético, para Neruda, representa uma forma de existência comunitária que aproxima as pessoas em relações recíprocas florescentes umas com as outras, com as coisas e com seus ambientes. Ao selecionar, originar e provocar modos de endereçamento, as odes ativam esquemas de endereçamento existentes para conceber espaços alterados de possibilidade relacional. Neruda revela um aspecto importante do endereçamento: os modos de endereçamento constituem os músculos e as articulações da relacionalidade estética. Os poemas nos alertam para isso. Ao endereçar assuntos e objetos que foram anteriormente tratados por pessoas e coisas, e que podem estar ou estão atualmente engajados em se dirigir a pessoas e coisas, as odes põem em movimento padrões de relacionamentos que abrigam esses sujeitos e objetos. Estimulando as potencialidades dos modos cotidianos de endereçamento estético e sinalizando formas nas quais as ocupações cotidianas podem reverberar através das esferas para mudar as afiliações materiais e destruir hierarquias sociais, os poemas nos convidam a reunir pessoas, coisas, animais e plantas em quadros de relacionalidade que, como prometem as odes, podem trazer uma cultura igualitária e harmoniosa. No entanto, a rede coletiva de relações produtivas, receptivas, interpretativas e interpretáveis que Neruda abraça e incentiva seu leitor a construir ameaça suprimir as divisões que abolem essas relações, apagando lacunas que precisam de reconhecimento. O que as falhas que detectamos – ou deixamos de detectar – em constelações de relacionalidade estética implicam para a promessa cultural do estético?

As promessas abundam no território estético. Filósofos, artistas e agentes cotidianos infundiram o estético com promessas de cultivo, amor, intimidade, amizade, liberdade, felicidade, virtude, verdade, prazer sensorial, compreensão, sustentação emocional, agilidade perceptiva, comunidade, empatia, consciência crítica, trabalho produtivo, emancipação política, entretenimento, humor, perfeição humana, inefabilidade, distração e sobrevivência. Expressando uma promessa de cultura bem conhecida, John Dewey leva a experiência estética a promover o desenvolvimento da civilização, que, em seu relato, registra, manifesta e celebra sobre a qualidade que se pronuncia (1934, 326). Theodor W. Adorno vê essas promessas sob uma luz mais cética (1997, 136). Enfatizando a cumplicidade da civilização com as formas de barbárie que pretende superar, ele declara que a arte oferece uma promessa de felicidade quebrada, promessa que, ao abrir uma perspectiva para um mundo melhor, rompe essa perspectiva. Além de muitas vezes exibir fissuras, perder terreno ou nunca se encaixar totalmente, as promessas compartilham espaços estéticos com as ameaças. As ameaças estéticas são uma legião de injustiça, mercantilização, subordinação, autoabsorção, abandono, alienação, violência, ideologia, ilusão, ignorância, falsidade, desgosto, desprazer, frivolidade, afetação, desperdício e superficialidade. Observado esse fato, o que podemos fazer com as promessas inerentes à prática estética?

O romance *A hora da estrela*, de Clarice Lispector, examina emaranhados de promessas e ameaças estéticas com esquemas de relacionalidade estética. Lembre-se de que o romance traça os infortúnios de sua protagonista, a pobre Macabéa, uma jovem moradora das favelas do Rio, por meio da narrativa de Rodrigo S. M., um autor de ficção que se imagina ter escrito a história. Macabéa sobrevive de cachorro-quente, café e refrigerantes (1986, 66). Ela nutre sua vida interior por um rádio emprestado – saboreando anúncios, os fatos da "cultura" e os sinais da vinheta ("*ping*") tocando a cada minuto (50). Embora a feiura de Macabéa inspire o amor do autor e entrelace sua posição de escritor, que é impelido a contar sua história e com o destino dela como personagem dele, o entrelaçamento de seus destinos não lhe trará nenhum benefício. Por parte de outras personagens da história, sua simplicidade leva ao abandono; ao contrário, a beleza da amiga Glória abre espaço para a aceitação e a ascensão social. A ficção revela como elementos estéticos saturam a posição subalterna de Macabéa em um mercado de trabalho e mercadorias neocoloniais, e são fundamentais para colocá-la à margem de uma economia afetiva. O romance investiga categorias de raça, classe, gênero, saúde, felicidade e o humano em seu funcionamento estético enquanto examina o funcionamento do estético como uma tecnologia social.

Capítulo 8 • Promessas e ameaças estéticas

Lispector desmonta uma promessa de cultura que o estético veicula. Esta é a promessa, também feita por Neruda, de que as atividades estéticas conectam pessoas, pessoas e objetos, em florescentes vínculos coletivos e materiais. *A hora da estrela* encena o colapso desta e de outras promessas estéticas. O que essa análise nos diz sobre as promessas do estético?

A promessa do estético em *A hora da estrela*

Lispector atravessa uma série de promessas estéticas que entrelaça intimamente umas às outras com esquemas de relacionalidade e endereçamento. Para elucidar o funcionamento dessas promessas (e ameaças concomitantes), inspecionarei camadas agregadoras de promessas nas quais ela envolve o leitor. Um estrato de importância estética emerge no contraste entre atenção interessada e desinteressada. Em torno desse ápice precário, o romance cria costuras multiplicadoras de significado que convidam a serem desfeitas. Vamos desembrulhá-las em busca da promessa cultural do estético como *A hora da estrela* a imagina.

As conexões da beleza com o avanço nacional e de classe tornam casável a colega de Macabéa, Glória, e fazem com que o namorado de curta duração de Macabéa, Olímpico, imagine Glória em sua pretensão para uma carreira na política. Ele troca a namorada sem perspectivas pela namorada promissora. O entrelaçamento resultante de fatores estéticos e socioeconômicos, que se manifestam no mercado global e em condições de desigualdade geopolítica – Macabéa ouve cargueiros passando nas docas –, desafia a pretensão do belo como desinteressado. A noção de atenção desinteressada, segundo a qual a percepção estética distancia o reino prosaico do desejo e da utilidade, parece ser insuficiente como conceituação de beleza porque negligencia os elos que ligam a beleza ao progresso dentro das ordens de classificação social e econômica. Mas o romance não tolera o alinhamento da beleza com a mobilidade ascendente ou a associação paralela entre feiura e marginalidade. Lispector oferece uma crítica moral dos enredos do belo com o sucesso individual e nacional, destacando a violência que essa formação estética, que classifica a feiura como descartável, inflige a Macabéa. Envolvida em uma competição narrativa entre o autor e uma cartomante, dois rivais que tentam absorver a menina nas histórias que contam sobre ela, a jovem chega ao seu fim.

A hora da estrela contrasta o pragmatismo de Glória e Olímpico com momentos de euforia perceptiva e contemplativa de Macabéa. A protagonista se envolve recorrentemente em tais prazeres; o romance parece celebrar a promessa cultural do estético e a promessa de felicidade da beleza. Condenada à feiura física e à atuação grotesca, em outros registros estéticos Macabéa está tão presente para o belo quanto o belo para ela. Ela adora sons – o canto de um galo, os apitos de navios de carga, buzinas de carros tocando. Entre suas atividades favoritas está o hábito de ouvir palavras no rádio, dissociadas de seus significados referenciais, muitas vezes desconhecidos por ela. Ao receber seu salário, costuma ir ao cinema ou de vez em quando compra uma rosa. Viva até os detalhes sensoriais, ela busca o cheiro da carne onde a própria carne é inacessível. As docas da cidade capturam seu desejo. A visão de um arco-íris a deixa feliz, embora evoque um desejo por fogos de artifício. Uma árvore tão grande que ela não consegue abraçar oferece um momento de êxtase. Barrada da produção estética, Macabéa atua abundantemente nas modalidades de consumo e sensibilidade. A contemplação desinteressada parece reafirmar sua promessa.

Os muitos pequenos prazeres que Macabéa encontra em seu ambiente ajudam a reparar as falhas que ela presumivelmente representa no nível do ser corporal e da autoformação estética. O leitor se pergunta que tipo de pobreza é essa, que equivale a tal engenhosidade estética. Descobrindo a propensão de estetizar a condição do subalterno, a felicidade estética de Macabéa a inaugura como a verdadeira, mesmo que não reconhecida, agente da cultura. As sensações estéticas brotam generosamente de sua falta. Elas conferem significado à sua triste existência. Nesse sentido, a promessa de felicidade da beleza é cumprida no caso de Macabéa. O mesmo acontece com a promessa cultural do estético.

Por mais inseparáveis que as percepções estéticas de Macabéa sejam da ausência de propriedade e da impossibilidade de satisfazer suas necessidades corporais, elas também parodiam o estado de observação desinteressada. Onde os filósofos do século XVIII encenam o espectador contemplativo, Lispector instala sua protagonista empobrecida em circunstâncias que a impedem de obter alimento, sexo, coisas ou amor. Essa substituição mostra o que a desapropriação e o desinteresse têm em comum. Ambos pressupõem o interesse e a posse como linha de base;

Capítulo 8 • Promessas e ameaças estéticas

a ausência de desejo e de sua gratificação constitui a exceção à regra. No entanto, Macabéa está livre de desejos proprietários, não porque ela adquira os meios de realizar seus desejos materiais em outro lugar, o que então lhe permitiria deixar o assunto de lado, mas porque tal satisfação não entra no reino de possibilidade. Na ausência da normalidade do interesse como um elemento que é negado e abstraído, o desinteresse se torna uma postura de uma ordem diferente do modo de atenção que o século XVIII se preocupou em designar como o fluxo do caminhar da história do sujeito. Lispector nos faz refletir sobre o que esse outro tipo de desinteresse pode ser. Ela bloqueia a tendência estetizante inevitável por parte do leitor de idealizar a situação de Macabéa. O leitor estetizante corre o risco de ser atraído muito facilmente pela promessa.

Apesar da natureza cômica e amável da alegria de Macabéa, seu prazer permanece indiscutivelmente melancólico. Não temos uma justificativa estética da pobreza. Em vez disso, Lispector nos coloca questões: à qual construção de falta estamos aderindo, que encontra a melhoria no estético, mas não tem perspectiva de melhoria futura? Quão desinteressada pode ser a experiência estética de uma pessoa se sua vida estética estiver saturada de interesse? E se esse cenário estiver ausente, como para Macabéa? Nesse caso, o desinteresse se confundiria com o interesse de uma paixão purificada pela aparência, pelo cheiro, pelo tato, pelo som das coisas, ou seja, por uma ânsia pela aparência pura? Essas questões arrastam a agência estética socialmente estabelecida para o seu campo de investigação. Lispector nos faz considerar os fundamentos econômicos na raiz do contentamento de ler, assistir, ouvir e comer de forma culturalmente confortável. A euforia sensorial e consumista de Macabéa ironiza os prazeres contemplativos que a observação desinteressada confere à propriedade burguesa. O romance satiricamente encurta a idealização que o deleite perceptivo da protagonista inevitavelmente leva ao leitor. Lispector ameaça privar o leitor da promessa.

A hora da estrela se contrapõe à celebração das promessas de felicidade e cultura estendidas pela beleza e pela estética com uma visão cética que registra a solidão, o sofrimento e a marginalidade. Mas a narrativa não testemunha diretamente as inadequações políticas da felicidade e do refinamento estetizados. Nem rejeita incondicionalmente sua promessa.

A promessa cultural do estético

Entre os temas do romance estão as falhas de (inter)subjetividade. A vida de Macabéa é entregue ao vazio; ela passa seus dias em total tédio, distante dos outros. Lispector nos pede para ler esses vazios subjetivos e intersubjetivos como produtos de modos estéticos de exclusão. Somos instados a ver os buracos escancarados na existência de Macabéa como tendo sido causados, em parte, por configurações de beleza e feiura que são fundamentais para proteger os limites da comunidade estetizada. O vazio que permeia sua vida expõe limites vinculados à promessa do estético. A experiência estética fica aquém das aspirações sociais, individuais, éticas, políticas e culturais para as quais aponta. A promessa do estético não se concretiza na ficção. Dito isso, o texto não prova simplesmente que essa promessa é falsa.

Distanciando-se das noções de Rodrigo sobre a plenitude subjetiva e o nada, o romance devolve esses conceitos para ele. Sua declaração de que "também o vazio tem seu valor e de certa forma se assemelha à abundância" (14) evoca uma visão estetizante da privação e da dispensabilidade. No entanto, Lispector zomba da sedução de tais proclamações sóbrias e pomposas.[1] Ela zomba das figurações de subjetividade do autor (e do leitor). A ficção de Lispector retém o endosso das construções de vida subjetiva e intersubjetiva que o autor proporciona em sua narrativa. A situação de Macabéa, portanto, não representa um contraexemplo à promessa. Nem exatamente celebrando nem totalmente desmentindo a promessa da sensibilidade semiótica de Macabéa, a obra, até agora, suspende essa promessa. Um movimento adicional em direção à dissolução da promessa surge como segue.

A promessa de feliz aculturação (ou: felicidade aculturada) oferecida pela estética de Macabéa sofre uma inversão irônica, ainda que não incomum. Essa promessa é esboçada para ela por filmes e musicais em que mulheres são assassinadas – Macabéa é uma entusiasta dessa resolução de enredo – e do presságio da cartomante, que prevê o encontro de Macabéa com o homem dos seus sonhos. O estado de felicidade e de realização subjetiva que essas narrativas prometem à jovem encontra sua realização no cumprimento da profecia de uma morte estetizada, administrada pela autora, cuja história faz com que ela seja assassinada pelo homem por quem anseia.[2] Ironicamente, no momento em que morre, atropelada pelo carro de seu homem, Macabéa recebe a autorrealização que a autora

Capítulo 8 • Promessas e ameaças estéticas

Lispector (como atesta na dedicatória do livro) realizou sob o feitiço da música clássica europeia – em relação à obra de Prokovief, Schoenberg e outros compositores que "tocaram dentro de mim as regiões mais alarmantes e insuspeitadas; [...] que me revelaram a mim mesma e fizeram-me explodir em: eu".[3] Macabéa, conta-nos a autora, transforma-se em si mesma e parece chegar ao seu próprio ser no ponto em que termina a sua vida. Sua morte serve e não serve para manter a promessa de sua estética. Por um lado, sua queda na calçada, ao ser atropelada por uma Mercedes, paradigma da moderna tecnologia ocidental, impede que sua sensibilidade desinteressada se entregue ao enredo da cartomante, o que oferece a Macabéa uma forma convencional de satisfação que minaria seu comportamento desinteressado. Por outro lado, a missão de resgate do autor aniquila sua protagonista. Como imagina, Macabéa alcança e não alcança sua felicidade e sua interpelação subjetivante (81, 84-5). Ele protege a promessa de sua estética semiótica ao pôr fim a essa promessa. Em outras palavras, ele se empenha em defender a possibilidade de realização da promessa por meios que impossibilitem seu cumprimento. Com a eliminação de Macabéa, o autor dissolve a promessa que estava à beira da destruição. Convertendo-a retroativamente em promessa, ou melhor, em ameaça de morte estetizada, que de fato concretiza, ele erradica a visão dele, de Macabéa e do leitor sobre sua feliz cidadania cultural.

Não é apenas a promessa do estético de Macabéa que se desfaz no romance. As promessas de cultura que emanam de vários outros sistemas estéticos entram em colapso. Ao lidar contra as circunstâncias da existência desolada de Macabéa, a promessa moral e política dos modos estéticos preferidos de outras pessoas dá errado: com o desmoronamento da promessa cultural de Olímpico e Glória, as aspirações modernizantes da cultura do consumo revelam sua falência. Despreparada para melhorar a sorte de Macabéa, a poética do autor e de Lispector esbarra em seus limites.

Lispector renuncia à opção de reparar a promessa cultural do estético da promessa de felicidade da beleza elaborando uma nova base estética. Ela não estende uma nova promessa que oferece a perspectiva de corrigir as falhas das promessas que o romance derrubou. Em vez disso, *A hora da estrela* sobrepõe muitos modos estéticos que questionam uns aos outros.

A estética semiótica de Macabéa contrasta com as rotinas realistas de Glória e Olímpico. Ela é paralela à preocupação do autor com os signos por si mesmos, mas desvia sua poética formalista em sua orientação afetiva em direção ao seu entorno imediato. O mercado global abastece Macabéa com filmes e Coca-Cola, mas a exclui como produtora de gosto. Com seu comportamento socialmente normalizado, alcançando apenas ocasionalmente sucesso, muitas vezes dificultando os esforços de consumo e reprodução, sua estética subalterna permanece distinta da do mercado.

Há mais. Uma dor de dente permeia a história. Intercalados na narrativa estão o som de um tambor e a melodia de um violinista. A ladainha da cartomante captura a imaginação de Macabéa. Além de convocar esses registros estéticos, o romance cita efeitos estilísticos em obras de Robert e Clara Schumann, Richard Strauss, Stravinsky e outros, em sua maioria compositores europeus que, segundo "A dedicatória da autora", conforme indicado anteriormente, impulsionaram o pseudônimo de autor-Lispector para se tornar ela mesma. As modalidades estéticas transversais do romance revelam a contingência de cada registro. Vários sistemas estéticos coexistem, mas suas formas e significados associados não ocupam um espaço público comum. Não existe um nível básico de sentimento estético, percepção e desejo que subscreva uma ordem cultural compartilhada em relação à qual cada personagem e local podem ser situados. A normatividade dos diferentes esquemas estéticos é interrompida; Lispector desafia os poderes que investimos neles.

O desmoronamento da promessa cultural do estético em *A hora da estrela* anda de mãos dadas com a contestação do romance de estruturas de relacionalidade estética e endereçamento, sua denúncia das aspirações éticas e políticas do estético e seu desgaste do posicionamento público de formas estéticas, que não podem mais ser imaginadas se reunidas em um único fórum. A obra explora muitos dos temas assumidos pelos teóricos da beleza que discuti no Capítulo 4. Rompendo as construções de liminaridade estética e privilégio postuladas por filósofos como Shaftesbury, Hutcheson e Burke, e problematizando as interconexões entre o valor estético e econômico do tipo endossado por Hume e Smith, entre outros, o romance desafia estruturas conceituais por meio das quais compreendemos a beleza e moldamos sua promessa.

Capítulo 8 • Promessas e ameaças estéticas

A ficção de Lispector também aponta limitações associadas à visão de Wollstonecraft da "beleza da moral amável". Esta forma edificante de beleza, que, fundamentada no espírito e na dignidade, supostamente rejeita as implicações opressivas de gênero presentes em outros tipos de beleza, ofusca simultaneamente as dimensões experienciais e avaliativas da beleza que carregam peso interpessoal, moral e político. O amor de Macabéa pela beleza convencionalmente feminizada, racializada e influenciada por classes (como exemplificado por seu amor pela aparência de Marilyn Monroe e Greta Garbo) e os atos materiais e os prazeres que ela inicia nas margens de paradigmas estéticos socialmente normativos (adornando, por exemplo, seus documentos com erros datilográficos e ouvindo a vinheta da rádio) escapam da grade analítica de Wollstonecraft.[4] As relações de Glória, Olímpico e Macabéa com a beleza e suas relações esteticamente mediadas entre si exigem uma visão da mesma, que, ao contrário de Wollstonecraft, reconhece as maneiras pelas quais nossos desejos e aversões pelas aparências materiais e corporais, bem como as normas embutidas nessas atitudes, participam e resistem aos modelos de disciplina social e consumo.

A hora da estrela eviscera as promessas éticas e políticas feitas por vários sistemas estéticos. Qual é a resposta do romance para a desintegração dessas promessas? Lispector anuncia o triunfo do amoralismo estético? As forças estéticas da sociabilidade normativa exemplificadas por Glória, Olímpico e Rodrigo vencem? Um exame mais aprofundado da noção de cultura hegemônica do romance revela uma perspectiva diferente.

A narrativa desestabiliza o arranjo social que descreve. Este sistema nunca bane com segurança a protagonista pobre do romance. Macabéa, conta Rodrigo, atravessa o tempo de maneira obscura, em câmera lenta (34), ainda que na modalidade auditiva atinja velocidades supersônicas (62). Sem um futuro, sua vida observa escalas estéticas que ultrapassam as medidas de ordem normativamente estetizada. Ela participa dessa ordem, curtindo a passagem do tempo (62) e absorvendo os fatos da cultura que recolhe no rádio (37, 50). Mas seu próprio coração bate em um ritmo diferente – ela é "velha" (30); seu riso pertence ao passado (32); seus sonhos parecem se passar em uma época remota (60).

Incapaz de obter a cidadania cultural, o estado diferenciado de irrealidade e não humanidade de Macabéa não consegue localizá-la de maneira estável fora do cotidiano. Porque a temporalidade normativamente estetizada, diz o autor, não conhece começo (11) e, presumivelmente, também não tem fim – o romance "termina" da mesma forma que "começa", com um "sim" (86). No registro temporal, a obra desconstrói a oposição dentro-fora separando a socialidade normativa da subalternidade. Qualquer senso residual de normalidade exalado pelo comportamento social estetizado das personagens e pela narração literária do autor é ainda mais destruído por sons enigmaticamente recorrentes de um tambor e de um violino. Lispector tanto articula como invalida o abandono de Macabéa do domínio da própria cultura e dos fundamentos simbólicos da sociedade.

O romance contesta dispositivos de organização cultural análogos aos estratagemas por meio dos quais Burke reina na sociabilidade estetizada e normativa (ver p. 146-8 deste livro). Para Burke, o belo e o sublime são instrumentos para mover homens e mulheres brancas das classes alta/média para fundamentar uma ordem social adequada ao casal heterossexual. Burke envolve em silêncio o banimento de uma mulher negra de seu quadro estético proposto. É precisamente em vista dos gestos exclusivistas do tipo evidenciado por Burke que Lispector destaca a fragilidade da construção e expulsão na cultura estética. *A hora da estrela* explora estratégias discursivas e econômicas que patrulham as fronteiras da comunidade estética. O movimento para banir Macabéa falha em marcar os limites de uma cultura estética que este ato de abandono pretende delinear. Reduzindo os parâmetros raciais, de inflexão de classe e de gênero esteticamente sustentados da exclusão de Macabéa, Lispector desestabiliza a fundação de um regime estético que define uma categoria de seres humanos à parte da ordem social. Ela nos leva a um campo de prática cultural no qual nossos rumos estéticos se tornam incertos – desequilibrados por estarem em confronto com uma série de quadros estéticos divergentes. Encontramos aqui não apenas resquícios de promessas dissipadas, mas também um convite para formular novas promessas. O romance convida o leitor a transformar estruturas de relacionalidade estética.

Essa súplica atrai apoio de vários cantos. Nosso encontro inicial com Macabéa no Capítulo 4 ressaltou o desenrolar do romance de um vocabulário de beleza e feiura, e revelou como a ficção lança uma nuvem

Capítulo 8 • Promessas e ameaças estéticas

sobre relacionamentos esteticamente saturados – dois movimentos por meio dos quais a história busca nos desviar dos arranjos relacionais estabelecidos.[5] Um segundo encontro com Macabéa revela o papel desempenhado pela retirada das promessas estéticas de Lispector e pelo desmantelamento da noção de cultura estética. É por meio da confluência dessas estratégias que o romance convoca o leitor a conceber modelos alternativos de relacionalidade estética.

Ao evocar, entrelaçar e distanciar os diversos significados que historicamente foram atribuídos à beleza, o romance denuncia os modos de endereçamento e relacionamento dos quais o belo se serviu para orquestrar uma posição localizada dentro dessas formações. Lispector desaloja internamente essa posição.[6] Ela suspende o domínio que essa perspectiva exerce sobre uma linguagem de beleza e uma forma estética pública. Ela apresenta esse ponto de vista como um local de paradoxo para atores-chave, aos quais concede um lugar ambíguo na estrutura das relações estéticas do romance: para ela mesma, que supostamente escreveu e não escreveu o livro; para o autor, que é controlado por sua personagem e sua narrativa enquanto ele os controla; para o leitor, que fica em dúvida sobre onde começa e termina a ficção criada por quem; e para Macabéa, cujos poderes semióticos operam simultaneamente em velocidades muito lentas e muito rápidas, abaixo e além dos horizontes da cultura. Oscilando entre essas polaridades instáveis e não muito compatíveis, o romance pede configurações alternativas de subjetividade estética, corporeidade e endereçamento, e nos desafia a repensar as relações estéticas.

A hora da estrela retrata o fim das promessas de cultura incorporadas por uma ampla gama de sistemas estéticos. Essa destruição, no entanto, não é o fim do envolvimento do romance com as promessas culturais. Enquanto Lispector evita fornecer uma estética que promete consertar a aflição social explorada pelo texto, ela escreveu um romance, que, presumivelmente, pretendemos ler. Uma crítica literária só pode deixar sua marca se for aceita por um público, algo de que o autor-personagem tem plena consciência. A ficção não ordena simplesmente a leitura de um público ou comanda a politização do leitor, mas promete a públicos potenciais que algo de bom pode advir do processo de engajamento da narrativa. Na ausência de tal promessa, não está claro como um leitor poderia ser levado a examinar a obra. Ao atrair um público para suas páginas, o texto promete implicitamente que nossa leitura se tornará uma atividade valiosa. Ao exalar essa promessa, a ficção conta com promessas estéticas que já estão em vigor em seu gênero – como a ideia de que uma obra literária traça um arco de suspense, inspira prazer textual, disponibiliza inspirações inéditas e nos oferece personagens fictícios, por quem podemos nos apaixonar. Baseando-se nesses tipos de promessas, a obra cria um espaço no qual podemos reescrever as promessas que emanam de certos tipos de arte, estimulados por nosso envolvimento com este romance específico.

Lispector evita colocar a si mesma, o autor ou o leitor na posição do agente moral correto, que mantém a perspectiva correta sobre a política estética da pobreza. Em seu discurso de e para sujeitos culpados e falíveis, *A hora da estrela* delineia um vazio ético que abre um lugar no qual escritores e leitores podem colaborativamente moldar uma promessa cultural para a obra e para o estético de forma mais ampla.

A promessa de que ler a história resultará em uma ocupação valiosa surge como um aspecto dos modos de endereçamento que *A hora da estrela* dirige ao seu público na qualidade do texto como obra literária. Essa promessa fornece um ponto de partida para outros atos da promessa estética. Em cooperação com as promessas literárias já existentes, a ficção inicia um processo durante o qual a promessa de uma leitura valiosa pode se transformar em uma promessa de cultura. A elaboração desta última promessa não é apenas o fazer da obra, mas repousa fundamentalmente na resposta que a narrativa, como um ingrediente de uma cultura estética já existente, mobiliza por parte de um público. A promessa cultural do estético e, mais estritamente, da produção estética particular que é *A hora da estrela*, recruta a agência do leitor para realizar sua emergência, ao lado de um vasto conjunto de condições culturais contingentes de possibilidade.

O autor de Lispector observa um abismo que restringe as bases para a construção de tal promessa. Ele observa: "As classes altas me consideram uma criatura estranha, as classes médias me olham com desconfiança, com medo de que eu possa perturbá-las, enquanto as classes baixas me evitam" (18). Em suma, ele declara seu texto destituído de poder. A mudança social está além de sua esfera de influência; ele considera improvável que as transformações ocorram do lado do leitor da história.

Capítulo 8 • Promessas e ameaças estéticas

Sem tomar este testemunho de alienação ao pé da letra, nas reservas que expressa sobre a ressonância de sua escrita encontramos outra manifestação da promessa cultural do estético, ainda que incipiente e rudimentar. O comentário de Rodrigo nos incita a perguntar: Como podemos romper as restrições sociais que dificultam a aceitação da análise, da crítica e do apelo articulados pela ficção? O que podemos fazer com a promessa do texto supondo que conseguiremos superar esses impedimentos? Em que consiste a promessa do texto e em que medida ela pode ser cumprida, caso não possamos realmente quebrar essas barreiras? Em vista da ruína que a narrativa trouxe para inúmeras promessas estéticas, surge outra questão: que termos alternativos podem estar disponíveis para a formulação de promessas culturais para o estético? O que seria para a ficção de Lispector, para nós e para a estética tornar realidade tais promessas de cultura? O romance nos convida a considerar como são essas possibilidades promissoras e a assumir o projeto moral e político de se empenhar em realizá-las de uma forma ou de outra.

Desmontando a promessa cultural do estético em várias promessas, *A hora da estrela* documenta as promessas e seus fracassos. Ao mesmo tempo, o texto nos incita a construir progressivamente sobre sua promessa nascente de um processo de leitura valioso, a fim de moldar uma nova promessa para a obra e, de forma mais geral, para reunir, nos restos de promessas estéticas descartadas, materiais para a fabricação de novas. Encontramos aqui vários tipos de promessas mais e menos confiáveis, incluindo a promessa de que a produção e o consumo de artefatos culturais de gêneros específicos constituem uma coisa boa, que a beleza dá origem à felicidade, que as práticas estéticas nos envolvem em vínculos intersubjetivos e materiais florescentes, que uma obra de arte ou objeto estético particular e sua experiência trazem uma contribuição cultural. No espaço entre e além dessas promessas, muitas outras promessas podem e devem criar raízes. Inúmeras promessas estéticas infundem nossas vidas. Muitas mais, e outras muito diversas, estão abertas para serem geradas.

Qual é, então, o significado das promessas estéticas e, em particular, das promessas culturais do estético? Essas promessas conectam o comportamento ético, político, social e estético de uma obra de arte com o de outras obras de arte e com a agência do observador. Elas medeiam a importância e a crítica cultural de uma obra. São parte integrante da construção de significado estético. A promessa é capaz de sobreviver às falhas significativas das formações relacionais que permeia. As falhas das relações estéticas não destroem a promessa. Abrindo caminho através de redes de relacionamentos comprometidas e promessas anuladas, podemos encontrar núcleos desconhecidos e técnicas de prometer que nos incitam a fabricar promessas que ainda não foram feitas. Como funcionam essas promessas? Como devemos ler suas atrações ambivalentes?

Lispector entrelaça fortemente as intervenções relacionais da ficção com o endereçamento da promessa. A seguir, volto-me para Adorno, que, como Lispector, denuncia estruturas de relacionalidade estética e olha a promessa para dar uma resposta às dificuldades de tais constelações.

Adorno e a promessa da arte

Ao contestar a suposta legitimação da violência em nome da razão instrumental sob a Modernidade capitalista, Theodor W. Adorno situa a promessa no cerne de uma organização alternativa das relações estéticas. Examinarei primeiro o papel da promessa em sua *Teoria estética* e, em seguida, destacarei o lugar que ele atribui a ela no sistema de relacionalidade estética que concebe. A discussão detalhada de Adorno sobre a promessa ressalta a importância do mecanismo na organização do significado estético. Meu objetivo, ao examinar seu uso do conceito, não é analisar completamente sua visão do assunto, nem especificar exaustivamente o que significa a promessa estética, mas trazer à tona certas operações cruciais e refinadas que podemos atribuir de forma esclarecedora ao fenômeno e mostrar como essas funções podem ser encontradas em funcionamento em várias instâncias artísticas contemporâneas. Assim, tomo medidas para esclarecer a natureza promissora da promessa para a estética.

Levantando o problema de como, diante da injustiça, a arte pode ser crítica da sociedade, direcionar-nos para um mundo melhor e constituir uma fonte de verdade, Adorno forja um meio-termo entre a crença freudiana de que a arte satisfaz uma necessidade de realização de desejos e incorpora conteúdos socialmente reprimidos e o princípio kantiano que deixa de lado o desejo para dar lugar à contemplação desinteressada (1997, 11, 18-19, 131, 133). Na teoria de Adorno, a arte e especialmente seu elemento central, a forma artística, isto é, a forma que carrega a marca da sociedade, é a fonte mais crucial, potente e menos cooptável de crítica social, aspiração e verdade que temos. Esse poder é por ele localizado não no "pronunciamento de teses morais ou na luta por efeitos morais" da arte, mas na dialética de suas formas, que refletem contradições sociais que as obras de arte autênticas mantêm em tensão (6, 232). A relação da arte com a sociedade é de refração (4-5). Com isso, ele quer dizer que a arte absorve elementos sociais e simultaneamente os nega ou os distancia, recusando a integração que é forçada a tais materiais empíricos por um processo reificado de racionalização instrumental progressiva. Para Adorno, é em virtude do duplo caráter da arte – por ser um fato social e uma prática autônoma da sociedade – que a arte pode alcançar um campo de liberdade da ideologia, categorização ossificada e vida administrada que de outra forma seria inatingível (5).

Embora todas as obras de arte, como tudo o mais, sejam socialmente culpáveis (234), elas constituem uma fonte indispensável de esperança, nossa esperança mais importante, segundo Adorno. Ele fala à luz do aparecimento do "afirmativo inefável" (233). A arte promete um mundo possível melhor que ainda não é real e, portanto, o mantém vivo, como prometido: "[A] reivindicação [do não existente] de existência cintila em aparência estética; no entanto, o que não existe, ao aparecer, é prometido. A constelação do existente e do não existente é a figura utópica da arte" (ibid.). O que essa promessa utópica acarreta?

Adorno distingue o comportamento promissor da arte da compreensão dos temas do sujeito. A promessa traz à tona um futuro melhor. No entanto, não faz isso especificando conceitualmente o bem. As obras de arte autênticas evitam oferecer a visão de um estado de coisas moral passível de classificação identificatória. Elas também evitam conjurar o que ainda não existe dentro do alcance corporal, conforme registrado na seguinte passagem: "Embora o não existente surja repentinamente nas obras de arte, elas não o agarram corporalmente como em um passe de uma varinha mágica" (83). Ecoando essa ressalva, Adorno, ao contrário, localiza o comportamento utópico da arte e a reorganização formal dos conteúdos empíricos da obra: "[A abundância inerente às obras] promete o que a realidade nega, mas como um elemento subordinado à lei da forma, não como um tesouro que a obra porta em suas mãos, pronto a ser tomado" (191). De fato, para Adorno, a promessa reside no que ele entende como o objetivo espiritual da obra, ou, em outras palavras, o caráter racional.⁷ Conforme ele a descreve por referência à filosofia da arte de Hegel:

> Só por sua forma, a arte promete o que não é; ela registra objetivamente, embora refratariamente, a afirmação de que, porque o inexistente parece, ele deve de fato ser possível. [...] A estética idealista falha por sua incapacidade de fazer justiça à *promesse du bonheur* da arte. Reduz a obra de arte ao que ela simboliza em termos teóricos e, portanto, transgride o espírito dessa obra de arte. O que o espírito promete, não o prazer sensual dos observadores, é o *locus* do elemento sensual na arte. (82)
> A arte oferece ao sujeito um tipo de sensação mediada formalmente que nos direciona para uma sociedade alternativa, mas não apresenta uma visão dela (14-15, 135).

Por meio da figura da promessa, Adorno reconhece o dinamismo do desejo estético e o distanciamento da arte da realidade. Esse equilíbrio entre as perspectivas freudiana e kantiana surge da maneira que explico a seguir. A promessa se encaixa em nossos desejos, como reconhece Freud: "O desejo incansável diante da beleza, para o qual Platão encontrou palavras frescas em sua primeira experiência, é o desejo de cumprimento do que foi prometido" (82). A promessa de felicidade da beleza inflama intensa e permanentemente os desejos do observador. Nosso anseio é infinito porque a beleza o deixa insatisfeito. Os desejos que a beleza suscita são insatisfatórios. Esse adiamento platônico da gratificação – no curso de nossas vidas encarnadas, nunca seremos capazes de alcançar as Formas do Verdadeiro, do Bom e do Belo – provoca Kant contra Freud: o que é prometido é adiado. Sob o *status quo*, na visão de Adorno, a promessa de felicidade exige um distanciamento ascético da felicidade, ou, como requerido por Kant, um desapego do desejo imediato (10). A razão de Adorno para isso é que a felicidade é inatingível dentro do sistema de troca e trabalho implementado pelo capitalismo tardio e pela racionalidade esclarecida no Norte global. Portanto, a obra de arte deve rejeitar a celebração e o consolo (82). O desejo, *tout court*,*

---

* N.T.: Em francês no original. A expressão pode ser traduzida de diversas maneiras, na passagem: "pura e simplesmente" ou "nada além dele".

reflete de forma descuidada a consciência reificada. Igualmente indefeso, o desejo proibido, que encontra expressão na excitação que brilha através do tabu contra o interesse, desdobra-se no sistema administrado de troca (10-11), uma dificuldade não prevista por Kant: "o desinteresse reproduz imanentemente – e transforma – o interesse" (13). A resposta de Adorno a este problema é dar ao interesse um lugar em relação à sua renúncia por meio da antecipação efetuada pela promessa. A arte genuína renuncia ao "brilho feliz"; ela recusa "jogar junto" (12, 130).

Transformada pela dialética de Adorno, a rejeição da felicidade pela arte é precisamente o que impregna a obra de brilho e permite que ela componha uma imagem alegórica de uma felicidade que não existe (130, 233). A negatividade da arte, então, gesticula antecipadamente em direção a uma possível felicidade que ainda está para ser realizada. Ela inaugura uma forma de desejo que rompe com a fungibilidade da existência mercantilizada: "No mundo falso todo *ἡδονή*⁎ é falso. Por causa da felicidade, a felicidade é renunciada. É assim que o desejo sobrevive na arte" (13). A dialética da arte não só liberta o desejo estético da ordem social administrada, mas também necessita de alterações na noção de interesse transmitida por Kant. O interesse, vinculado ao seu repúdio, no relato de Adorno, envolve uma recusa prática de se conformar com "a regra da autopreservação brutal" e tem como objeto uma práxis social mais digna (12, 228).

Com base na negação, a felicidade para a qual a arte nos guia é sobrenatural. Como observa Adorno, "a *promesse du bonheur* da arte significa não apenas que a práxis até então bloqueou a felicidade, mas que a felicidade está além da práxis" (12). Em virtude de sua orientação antecipatória, a promessa situa a utopia e a felicidade em outro lugar, em uma sociedade vindoura.[8] No entanto, as formas e os materiais da arte genuína são baseados na realidade que transcendem, conforme postulado pela visão de Adorno da dupla natureza da arte, que confere autonomia e heteronomia constitutivas. Afastando-se da sociedade real enquanto incorpora a "*disjecta membra*" da realidade em sua própria organização, a arte apresenta uma "aparência negativa de utopia" (130). Encontramos aqui o inefável afirmativo, já mencionado, "a emergência do não existente como se existisse" (233). As obras de arte designam um

---

⁎ N.T.: Em grego no original: *Hedonê* (transliterado) é traduzido em geral por "prazer".

mundo possível negando os fenômenos reais que internalizam em sua própria forma. O brilho afirmativo da negatividade envolve também a relação da arte com a sensação. Adorno afirma que é "em virtude de sua espiritualização" que as obras de arte "prometem uma sensualidade bloqueada ou negada" (81).

A promessa cumpre papel de destaque como componente da obra de arte, na teoria de Adorno. Condição de possibilidade para o caráter crítico e utópico da arte, ela subscreve a importância ética e política da obra. A promessa realiza essa tarefa não apenas como um elemento da armadura metafísica da arte, mas também incorporando a ética e a política da obra na experiência estética do público. Um aspecto notável e negligenciado da visão de Adorno é que a promessa molda a experiência estética.

Ao comparar a promessa a várias formas e gestos estéticos, Adorno sugere que ela apresenta a obra ao observador e molda a subsequente recepção da obra pelo público.

> Pela sua negatividade, mesmo como negação total, a obra faz uma promessa, assim como o gesto com que as narrativas uma vez começaram ou o som inicial batido na cítara prometiam o que ainda seria ouvido, seria visto, mesmo que fosse o máximo temível; e a capa de todo livro entre os quais o olho se perde no texto está relacionada à promessa da câmera obscura. O paradoxo de toda arte moderna é que ela busca alcançar isso jogando-a fora, assim como a abertura da *Recherche* de Proust engenhosamente desliza para o livro sem o zumbido da câmera obscura, a perspectiva *peepshow* do narrador onisciente, renuncia à magia do ato, realizando-o assim da única maneira possível. (135)

Trazendo o observador e guiando-o através da obra, a promessa da arte reproduz indiretamente a magia e a maravilha evocadas pelas chamadas formas arcaicas de produção cultural. Ela o faz furtivamente, auxiliada pela escuridão da via negativa. Os exemplos da capa do livro e os três momentos iniciais indicam que a promessa abrange todos os elementos da obra de arte, incluindo seu início (se houver), que primeiro emite a promessa para o leitor, ouvinte ou espectador. Adorno cumpre a promessa inerente a toda a gama de detalhes artísticos que compõem o teor de verdade de uma obra, conforme implica a seguinte afirmação: "Não há obra

Capítulo 8 • Promessas e ameaças estéticas

que não prometa que seu teor de verdade, na medida em que aparece na obra como algo existente, realize-se e deixe a obra de arte simplesmente como uma casca" (132). Essa observação torna plausível que a promessa envolve a obra em sua integridade, uma vez que a promessa provavelmente cobre todo o conteúdo da verdade (seja abrigado ou divorciado de sua "casca").[9] Qualidades como "brilho", "radiância" e "iridescência", às quais as obras de arte dão origem por sua negatividade, também apontam para o abraço envolvente com que a promessa envolve a obra (82, 233). A promessa a esse respeito se aproxima da noção de aura de Benjamin.[10]

Vale a pena enfatizar neste ponto que a promessa não pode ser equiparada à atração da bela aparência. Sua lógica é a de uma relação dialética com a beleza, conforme explicitado acima. Essa dialética tem um outro componente que ainda não consideramos: a promessa exibe uma relacionalidade histórica refinada devido à sua base formal, sua imanência no elemento da forma artística. A forma de uma obra de arte, para Adorno, carrega a marca das formas culturais anteriores (5-7, 80-2). A historicidade decorrente também sustenta a promessa. O exemplo de Adorno é a promessa da capa do livro, que, observa, está em relação à da câmera obscura (citado acima). Um caso mais recente é a escultura *La DS*, de Gabriel Orozco, 1993. Este Citroën comprimido, lateralmente reduzido a cerca de dois terços do seu tamanho, e claramente não operacional, incorpora "a promessa de velocidade" de um Citroën intacto e funcional, conforme consta na etiqueta da obra exibida durante uma exposição recente.[11] A escultura transmite essa impressão invocando designs familiares que tornam certas formas arredondadas e fluidas, legíveis e passíveis de experiência em termos de velocidade. Por sua promessa atual e bem-humorada, *La DS* está em dívida com a promessa de um repertório de imagens bem conhecido, embora agora obsoleto – talvez um convite retrô. As obras de arte mobilizam promessas tradicionalmente estabelecidas como materiais a partir dos quais constroem suas próprias promessas. A sequência resultante de promessas que se alimentam mutuamente assegura a base intertextual da promessa e institui uma dimensão da historicidade da arte.

Ameaças também são elos nos circuitos de promessas que se multiplicam rapidamente, para os quais Adorno nos alerta implicitamente. A *Déesse* que Roland Barthes descreve na seção de *Mitologias*, "O novo Citroën", em sua análise articula a promessa de que a mágica união estética do mundo industrializado e comercial equivale à manifestação de uma ordem natural benigna.¹² Ao produzir a promessa de velocidade apesar da dizimação de seu *DS*, Orozco pode estar reforçando essa promessa, que inexplicavelmente parece sobreviver até mesmo à desmontagem do veículo. Uma possibilidade mais estranha é que o Citroën encolhido revele a indestrutibilidade mítica da promessa escavada por Barthes, articulando a ameaça de que a promessa da artefatualidade naturalizada, indiferente à desmontagem, nunca poderá ser destruída com nenhum ato de eliminação. Essa promessa parece nos governar, em vez de permitir que nossa astúcia a manipule.

Figura 8.1 Gabriel Orozco, *La DS*, 1993. Citroën DS modificado. 140,1 x 482,5 x 115,1 cm (55-3 / 16" x 15'9-15 / 16" x 45-5 / 16"). Cortesia da artista, Marian Goodman Gallery, Nova York.

Com um aceno implícito para Barthes, o carro reduzido pode estar nos mostrando que a velha promessa de uma ordem de artefatos sancionada pela natureza escondia, na verdade, uma ameaça – a ameaça da ideologia, como exemplificado pelo momento em que uma construção cultural assume a aparência de um dado natural. Se o *DS* de Orozco expõe essa ameaça ideológica paradigmática ou anuncia a força intratável dessa ameaça, o objetivo pode ser anexar novas promessas à nossa capacidade de finalmente abandonar a promessa do cultivo natural e à perspectiva de evitar a ameaça da ideologia da antiga promessa mascarada.

Capítulo 8 • Promessas e ameaças estéticas

Outras utilizações artísticas de máquinas de corte oferecem esclarecimentos com relação ao emaranhado de promessas e ameaças que encontramos neste ponto. Como já discuti até agora, o procedimento cirúrgico de Orozco é bastante diferente das incisões mais deflacionárias que Gordon Matta-Clark administrou em vários edifícios arquitetônicos, como em sua *Splitting* de 1974 e em seu *Office Baroque* de 1977. Ao contrário de Orozco, Matta-Clark prioriza a ruptura das estruturas existentes ao invés da obtenção de um todo não fragmentado. Suas lacunas e cortes retêm a ameaça de laceração, mesmo que ele nunca descarte totalmente a possibilidade de uma unidade revisada que seja mais fascinante do que a original. Matta-Clark sobrepõe ameaças e promessas em uma organização ampla e heterogênea que irradia beleza ao lado de destruição. Ameaças de cortes estendem promessas de novas formas; outras ameaças podem se enraizar nessas promessas.

Figura 8.2 Gordon Matta-Clark, *Splitting*, 1974. Impressão com lixívia prateada (*Cibachrome*), 75,9 x 101,3 cm (29 7/8 x 39 7/8 "). © The Estate of Gordon Matta--Clark / Artists Rights Society (ARS), Nova York. Cortesia do The Estate of Gordon Matta-Clark and David Zwirner, New York / London.

Figura 8.3 Gordon Matta-Clark, *Office Baroque*, 1977. Foto Florent Bex. Collection Museum of Contemporary Art, Antuérpia. © The Estate of Gordon Matta-Clark / Artists Rights Society (ARS), Nova York / Museu de Arte Contemporânea, Antuérpia.

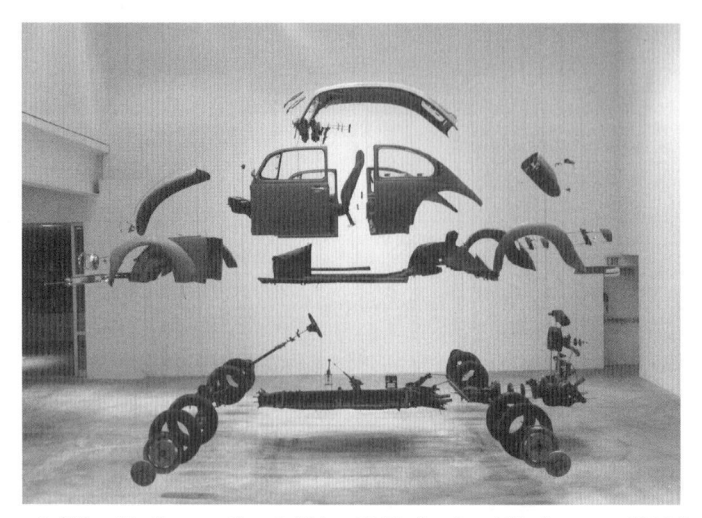

Figura 8.4 Damián Ortega, *Cosmic Thing*, 2002. Aço inoxidável, arame, 1989 Beetle and plexiglass. Dimensões variáveis. © Damián Ortega.

Capítulo 8 • Promessas e ameaças estéticas

O método de Orozco também se distingue do conjunto monumental de componentes do Volkswagen Beetle de 1989 separados, espaçados e suspensos de Damián Ortega, *Cosmic Thing*, 2002. Ao contrário de *La DS*, a instalação de Ortega oferece a promessa nostálgica e arrebatadora de uma remontagem restauradora, mais promissora do que o objeto intacto ou refeito jamais poderia ter sido. Os espaços vazios do Beetle clamam por nossa arte, como um desenho infantil pré-fabricado que podemos esperar materializar por completo depois de conectar os pontos.

A alegre esperança de uma engenharia bem-sucedida estimula a experiência de ver o alinhamento perfeito de cada peça – nada faltando – perfeitamente ajustada umas às outras. *Cosmic Thing* complica a promessa de um design ordenado, alinhando a promessa do objeto reparado com o risco de perdermo-nos ou de sermos engolidos pelas lacunas. Uma profusão de espaços negativos cada vez maiores ameaça assumir o lugar onde poderíamos desejar trazer à existência um objeto integral, perfurando a perspectiva da obra de agência mecânica produtiva. Promessas se transformam em ameaças.

Esses dois golpes e as lacunas deixam mostrar que ainda temos que levar em conta o fato de que Orozco apaga a fratura deixada pela seção transversal amputada e solda as partes descontínuas e cortadas sem perturbações, como se nada tivesse acontecido. A extração desmente promessas de velocidade e montagem natural; ainda assim, essas promessas permanecem. Essa situação dá origem a duas ameaças que já discuti: a da indestrutibilidade mística das promessas e a da ideologia. Outras ameaças surgem também, como as de nossa credulidade, a conversão de promessas confiáveis em não confiáveis e o encobrimento de tais conversões. Essa revelação de ameaças, entretanto, pode ser promissora; a divulgação de nossa falibilidade perigosa pode expor o absurdo das promessas iniciais e nos prometer que teremos sucesso em encontrar uma maneira de nos livrarmos da promessa da artefatualidade naturalizada, o que também implicaria evitar a ameaça acarretada por essa promessa. Orozco confronta diretamente o observador com ameaças que brotam de promessas e com promessas que germinam ameaças. Fundadas em ameaças, as últimas promessas geram, então, outras ameaças, como a de excesso de confiança em nossos poderes de consciência crítica. Muitas permutações adicionais de ameaças e promessas surgem no caso dos três artistas.

Voltando a Adorno, e reunindo o caráter potencialmente artístico integral da promessa, sua fundação em formas culturais anteriores e seu papel como um meio capacitante para a crítica artística e a utopia, podemos dizer que a promessa, para ele, delineia um quadro formal e experiencial dentro do qual os significados éticos e políticos de uma obra de arte podem se desdobrar para o leitor, ouvinte ou espectador. Nessa proposta, a promessa está ligada aos inúmeros detalhes artísticos da obra da qual emana, e aos quais o observador pode se entregar na busca por seus anseios estéticos.

Essa entrega, entretanto, constitui um *acte gratuit** para Adorno. Não está sob o controle da obra de arte fazer a promessa se tornar realidade (1997, 133). Para ele, "nada garante que [a arte] cumpra sua promessa objetiva" (83). Com a garantia do cumprimento ausente, a arte permanece inflexível em face do investimento calculado do sujeito. Isso mergulha o observador em uma situação insolúvel: "Se a promessa é um engano – esse é o enigma" (127). Negando garantia quanto à verdade da promessa, a obra de arte envolve sua anunciada utopia na incerteza. Ao mesmo tempo, a arte circunscreve um espaço reservado a um vínculo, um lugar que, deixado vazio e adiado para o futuro ainda não existente proclamado pela promessa, estende uma forma de autorização ao público. Em termos explicitamente fiduciários, Adorno declara que "[as] obras tiram crédito de uma práxis que ainda não começou e ninguém sabe se há algo que respalde suas cartas de crédito" (83). O sujeito que crê na promessa da arte entra em uma aposta, em vez de um contrato convencionalmente endossado e confiável, um acordo sancionado socialmente que concede previsibilidade de vida, como hipotetizado pelos relatos de promessa de Nietzsche e de Hannah Arendt.[13]

Até agora, Adorno coloca o público da arte nas mãos de uma promessa que pode ser quebrada. No entanto, interrompendo o *habitus* estético do sujeito, talvez de forma mais alarmante, a promessa sempre foi quebrada – ela detona exatamente o mesmo gesto com que é feita. A razão para isso é que a promessa não pode cumprir-se na atual ordem

---

* N.T.: Em francês no original: ato gratuito, um conceito formulado pelo escritor francês André Gide.

mundial. Como Adorno elucida, "porque toda felicidade encontrada no *status quo* é um *ersatz* [substituto] e falsa, a arte deve quebrar sua promessa a fim de permanecer fiel a ela" (311). A veracidade da obra de arte com sua promessa distingue a arte da indústria cultural. Ao contrário da arte genuína, a cultura popular, que "planeja e explora a necessidade de felicidade" que cria nas massas, entrega a promessa de felicidade "em sua forma material imediata" (311). Enganada por esse arranjo e alheia à dialética negativa do utopismo estético, a população em geral armazena seus desejos em promessas falsas. Mas o cotidiano das soluções de pseudofelicidade administrada é precisamente o que a arte sacode, na análise de Adorno. Ao pôr de lado as práticas estéticas que podem diminuir as aspirações mais ambiciosas da arte, ele nos lembra que "a frase de Stendhal da arte como a *promesse du bonheur* implica que a arte faz sua parte pela existência acentuando o que nela prefigura a utopia".[14] Ao inscrever a negatividade na modalidade gestual e no alcance retórico da promessa de felicidade, que afirma para um futuro possível o que nega ao presente, Adorno sela o compromisso que fez entre Kant, Hegel, Platão e Freud: "A experiência estética é a de algo que o espírito não pode encontrar nem no mundo nem em si mesmo; é possibilidade prometida dada sua impossibilidade. A arte é a promessa, sempre quebrada, de felicidade" (135-6).

No entanto, mesmo quebrada, a promessa transmite um apelo e uma promessa. A arte testemunha obliquamente o que aflige o mundo. Ela impressiona o público com uma reivindicação ético-política que decorre da natureza defeituosa normalmente não reconhecida da realidade e da possibilidade de um mundo menos corrupto.[15] A arte transmite essa reivindicação na forma de um apelo: redesenhando "a figura da carência" impressa na realidade, a obra de arte anuncia que "a necessidade convoca sua realização e mudança" (132).[16] A necessidade da qual fala a arte, insiste Adorno, não foi integrada ao edifício social, o que, segundo ele, a tornaria falsa. Na verdade, ela foi reprimida pela ordem reinante (18-19). A obra de arte, portanto, pede-nos para reparar as carências negadas de um mundo imperfeito. Embora a própria arte não esteja equipada para consertar as abominações da sociedade ou para satisfazer os desejos deslegitimados que a existência reificada finge ter resolvido, ela convida seu público a consertar as falhas que descobre no mundo por meio da criação de uma ordem social mais apropriada.[17] A essa súplica, a promessa fornece uma resposta. Ela responde com a resposta enigmática de que a melhor sociedade desejada pela arte e pela realidade pode de fato ser possível, como prenuncia a constelação ainda não decifrada em que a obra situa elementos empíricos deslocados. A condição, portanto, é que essa possibilidade não possa ser realizada durante nossas vidas, isto é, dentro de vidas que são inteligíveis e habitáveis nos termos atuais. À medida que a obra de arte emite essa confissão condicional, a promessa alimenta a esperança de um mundo menos problemático com qualquer garantia que possamos derivar de uma opção potencialmente digna de crédito que careça de garantias.

A figura da promessa quebrada permite que Adorno reconheça a cumplicidade nossa, da arte e do mundo na devastação (234), ao mesmo tempo que reivindica a estatura ética e o significado político da arte. Como processo dialético, a prática artística, em sua visão, estabelece um lugar para a moralidade em meio à violência estrutural desencadeada pela mercantilização capitalista e pelo pensamento iluminista. Ele encontra essa violência resumida na erradicação em massa efetuada sob o regime nacional-socialista, bem como nas repressões e contorções que alinham a existência cotidiana com um sistema taylorizado de trabalho e um cálculo instrumental de troca. As produções culturais participam desses arranjos institucionais conturbados. As esferas da prática que prometeram a liberação na realidade tornaram-se instrumentos de opressão. Repensando as relações da arte com a subjetividade e a sociedade, a metáfora da promessa quebrada permite a Adorno delinear um modo de produção de sentido e experiência que autoriza que a arte fique do lado do bom, mesmo se – e em parte porque – uma ruptura intransigente com o mal permaneça sob alcance.

Adorno confronta a ambivalência da subjetividade estética e da relacionalidade. Ele desafia a cumplicidade das formações culturais na violência social, e identifica formas de prática estética que fogem da atração do antiético, clamando por justiça. Sua teoria enfatiza a importância da relação do sujeito com a obra de arte (13-14) e da relação da arte com a sociedade, relações essas que ele expõe em termos de um entrelaçamento de negatividade e afirmação, distância e desejo. Observando que os modelos estéticos disponíveis desconsideraram ou interpretaram mal essas relações, ele os torna uma peça central de sua concepção do poder crítico da arte e da capacidade da cultura de se libertar da barbárie que, em sua avaliação, marca indelevelmente a vida cultural na era moderna.

Adorno nos oferece uma estrutura em grande escala para compreender o lugar do estético na cultura e seus laços com a ética e a política. Ao mesmo tempo, sua teoria ultrapassa as complexidades incorridas pelas estruturas de relacionalidade estética que circundam as produções culturais nos contextos culturais concretos que estamos dispostos a ativar para elas. Em vez do agente corporificado e socialmente posicionado, Adorno restabelece o tema geral da estética do Iluminismo como o ponto de vista para a mudança social esteticamente produzida no momento em que ele articula uma promessa de cultura para a arte: a arte, em sua convicção, antecipa "a erupção da essência coletiva do sujeito" (131). As etapas artísticas em direção à emancipação social ocorrem em nome de "um sujeito coletivo que ainda não foi realizado" (231). A teoria de Adorno sobre a ética e a política da relacionalidade estética deixa uma lacuna problemática devido à falta crucial que institui entre a realidade utópica adiada, da qual ele tira as práticas artísticas para derivar sua validação ética, e as forças culturais sistêmicas que circunscrevem as formações empíricas da experiência estética e da troca.[18]

Lispector e Adorno usam a promessa de negociar problemas morais e políticos em estruturas de relacionalidade estética. Ambos os escritores recorrem a esse recurso para descrever um movimento da impossibilidade em direção à possibilidade. A trajetória que traçam é um elemento dos percursos dialéticos mais amplos da promessa, em que as promessas estéticas contam, por seu conteúdo e significado, com promessas já existentes (e, podemos acrescentar, futuras). Argumentei que *A hora da estrela* invoca uma série de promessas estéticas institucionalizadas, as quais denuncia. Articulando, além disso, uma promessa própria – a promessa rudimentar de que a leitura da obra valerá a pena – o romance convida-nos a responder ao seu arrasamento de promessas dadas com o projeto de construção de novas promessas. Por esse motivo, a obra sugere uma dialética expansiva de promessas. Isso inclui atos de absorção, assimilação, rejeição, reescrita, substituição. A lista de maneiras pelas quais as promessas podem ser afetadas é interminável.

A hora da estrela e a *Teoria estética* designam a promessa como *locus* da historicidade e da intertextualidade da arte. Sequências de promessas interligadas ligam as obras de arte a outras produções, formas e materiais culturais. A visão que surge aqui coloca nosso envolvimento com as promessas estéticas no centro dos processos de interpretação estética. As promessas constituem pontos de contato entre obras de arte e públicos e entre múltiplos públicos e diversas obras de arte. Direcionando-nos para e por meio de obras de arte e outras produções culturais, como sugeriu minha leitura de Lispector e Adorno, a promessa serve como um instrumento de organização da relacionalidade estética e da experiência. As promessas estéticas permanecem em produção enquanto fazem seus efeitos. Construímos e mudamos promessas estéticas enquanto as colocamos para funcionar.[19] Elas são veículos para moldar a agência estética.

Com o que se parece uma visão do estético que funda a subjetividade e a intersubjetividade estéticas em promessas? Na prática da promessa, Friedrich Nietzsche e Hannah Arendt localizam um nó central em que a individualidade pode ser vista como um fenômeno social e o corpo social emerge na produção do indivíduo. Esses filósofos revelam vínculos que conectam a promessa à variedade de organização subjetiva e cultural, bem como a tipos de liberdade improvisatória ou caótica de controle. Seus relatos desse modo de endereçamento nos permitem mapear certos procedimentos culturais em grande escala que subentendem instâncias mais específicas de promessas estéticas que encontramos em ação neste livro. Mais especificamente, essas visões podem nos ajudar a forjar um quadro para compreender as operações das linhagens de ameaças e promessas que, como agentes estéticos, montamos no curso de nossas atividades estéticas. Com esses objetivos em mente, volto-me para as análises de Nietzsche e Arendt sobre a promessa.

Nietzsche sobre como manter e mudar promessas

Nietzsche associa o ritual da promessa ao estabelecimento da ordem social. No segundo tratado de *Para a genealogia da moral*, ele observa que o prometer pressupõe humanos que se tornaram calculáveis e regulares de um ao outro e entre si (1989, 58). O indivíduo nobre que cumpre sua promessa, nesse ato, exibe um domínio exemplar sobre suas circunstâncias. Essa pessoa demonstra a capacidade de controlar sua vontade, independentemente do que vai acontecer durante o intervalo que separa a realização do cumprimento da promessa. Sua determinação em seguir sua intenção manifesta uma postura forte, livre e segura no centro de seu próprio mundo, um mundo que ele habita como um ser autônomo, emancipado, mesmo que disciplinado. Segundo Nietzsche, a realização de uma vontade inabalável e duradoura testemunha uma orgulhosa autovalorização. Recebendo o privilégio de assumir responsabilidades, o cumpridor de promessas inspira confiança, medo e reverência em outras pessoas. Ele impõe uma espécie de ordem a si mesmo e ao mundo.[20]

A análise genealógica de Nietzsche atribui a origem da capacidade e do direito de fazer promessas à aplicação de acordos contratuais por meio de um sistema padronizado de punição. A legislação de obrigações e direitos surgiu com a necessidade de regular a relação entre credor e devedor de forma a manter a prática de "comprar, vender, trocar, negociar e traficar" (63). Sua faculdade mnemônica o incendiou violentamente como instinto; isto é, munido de uma consciência, o prometedor está agora em condições de "garantir segurança para seu próprio futuro" (58). A leitura historiográfica de Nietzsche considera a promessa simultaneamente uma fonte e um produto de uma forma subjetiva e social de ordem.

Uma ordem cultural totalmente diferente, porém, é antecipada pela perspectiva do próprio indivíduo nobre, o ser humano exemplar do futuro. O nobre, dizem, representa uma grande promessa. Ele incorpora essa promessa ao não se tornar responsável perante os outros – ele não está vinculado por contratos; responsabilidade não é sua competência – mas em virtude de seu poder soberano, sua magnanimidade autossuficiente, sua força vital que transborda livremente (87). A lógica da promessa que ele assim oferece é antitética ao arranjo contratual-comercial exposto pela leitura genealógica de Nietzsche. Está de acordo com a natureza mutável das convenções sociais, que o ensaio descreve da seguinte maneira:

> a causa da origem de uma coisa e sua eventual utilidade, seu emprego real e lugar em um sistema de propósitos, estão em mundos separados; tudo o que existe, tendo de alguma forma surgido, é repetidamente reinterpretado para novos fins, assumido, transformado e redirecionado por algum poder superior a ele; todos os eventos no mundo orgânico são uma subjugação, um tornar-se mestre, e toda subjugação e o tornar-

-se mestre envolvem uma nova interpretação, uma adaptação através da qual qualquer "significado" e "propósito" anterior são necessariamente obscurecidos ou mesmo obliterados... [A] história inteira de uma "coisa", um órgão, um costume, pode assim ser uma cadeia de sinais contínua de ter sempre novas interpretações e adaptações cujas causas nem mesmo têm de estar relacionadas entre si, mas, ao contrário, em alguns casos sucedem-se e alternam-se de maneira puramente casual. (77)

A ordem hipotetizada por essa concepção de práticas sociais é aquela na qual as formas culturais, como diz Nietzsche, são "fluidas" (78), ou, em outras palavras, exemplificam processos do devir. Nessa visão, os significados atrofiam, degeneram, desaparecem, multiplicam-se, incorporam elementos inesperados e são superados por novos significados. Postos em contextos alterados, alinham-se com funções imprevistas. Seus componentes surgem em constelações mutantes. As peças possuem sua proeminência redistribuída ou ficam mais densamente emaranhadas. Impulsionado por atos contínuos de interpretação e reinterpretação, o significado decola em direções imprevisíveis (78-80). Na metafísica do devir de Nietzsche, portanto, o costume de prometer engloba um princípio de autodiferenciação que torna as formas que engendra dependentes da leitura e das circunstâncias.

O mesmo pareceria então valer para a promessa instanciada pela figura do nobre, e para a promessa que este profere quando, projetando sua vontade no futuro, compromete-se a fazer o que declara que fará. Em vez de se constituírem em resultados esperados, tais resoluções parecem estar sujeitas a redeterminações. A nobreza de ação e vontade, para Nietzsche, parece se manifestar não apenas pelo direito de fazer promessas e as realizar independentemente do que aconteça, mas também pela revisão de uma promessa uma vez enunciada, em resposta a uma situação em mudança. Como realizar um ato de vontade e abandoná-lo pode representar formas exemplares de poder, entendo Nietzsche formulando dois tipos de promessas nobres: uma vinculada à mudança de uma promessa, a outra, ao cumprimento dela.

Para Nietzsche, a promessa é então constitutiva de dois modelos de ordem cultural (e suas formas concomitantes de subjetividade nobre): o primeiro baseado na regularização e vinculado à promessa mantida; o segundo fundamentado no devir e instanciado pela promessa descartável. O primeiro tipo de ordem, chamada de regulatória, constitui uma condição habilitadora e produto de uma cadeia ininterrupta de vontade que se estende entre o pronunciamento e a realização de uma promessa. A organização do tipo regulatório deve ser encontrada em uma estrutura comunitária e econômica que permite o início de uma trajetória de eventos que em algum ponto leva a um resultado antecipado. O segundo tipo de ordem, que assume o registro do devir, consiste em um sistema móvel de causas, forças, funções e objetivos em evolução. Tais sistemas implantam formas culturais que continuamente alimentam novas interpretações e mantêm o significado em um estado de transformação. Nesse esquema, que chamarei de improvisação, a promessa falha em sustentar sua pretensão sobre o futuro, representando apenas um entre os incontáveis fatores que influenciam o que vai acontecer em um momento posterior.

O uso de promessas quebradas por Lispector e a implantação de promessas que estão em construção sinalizam que as promessas estéticas participam de ambos os modelos de Nietzsche. Na linha do paradigma regulatório, as promessas estéticas aparecem em cenários de endereçamento que permitem que artistas, públicos e agentes estéticos cotidianos possam contar com os atos discursivos uns dos outros. A beleza, convencionalmente, atrai quem a vê. A feiura a repele. Reiteramos roteiros sociais nos quais a beleza exerce poder promissor e a feiura exerce a força de uma ameaça. A imitação de Marilyn Monroe por Macabéa e a rejeição de Macabéa por Olímpico em favor de Glória seguem um plano desse tipo. O amor de Rodrigo pela feiura de Macabéa contraria esse esquema. Seu amor recusa o pacto platônico segundo o qual a beleza promete verdade, bondade e felicidade.[21] Seu afeto aborda a força e as falhas dos modelos estéticos que observam esse pacto. O desejo de feiura, neste caso, traz inverdades, carências de bondade e deficiências de felicidade associadas à promessa da beleza. Ao descartar um roteiro tradicional de abordagem estética, a paixão de Rodrigo por Macabéa exemplifica o modelo de fluidez de improvisação de Nietzsche. Para complicar as coisas, o desenraizamento do contrato platônico passou a funcionar em roteiros próprios, dando origem a uma convenção amplamente estabelecida de desafiar a promessa da beleza. Esta estratégia artística destaca as falhas éticas, políticas e estéticas da beleza. Ela produziu cenários alterados nos quais passamos a confiar.

A promessa cultural do estético

As promessas concedem aos relacionamentos artista-público uma base tanto para a continuidade quanto para a descontinuidade. Elas estabelecem campos de expectativa no contexto em que os agentes estéticos, ao moldarem seus encontros e não encontros esteticamente mediados, e com formas, objetos, eventos e situações, podem negociar um equilíbrio entre interesse e desinteresse, como sugerido por Adorno. A promessa permeia o desejo estético e o desgosto, ao mesmo tempo que abre espaços de distanciamento dessas atitudes. Capturando anseios e repulsões e introduzindo elementos de distância nas operações desses afetos e sensibilidades, a estética promete caminhos íntimos ao longo dos quais os sujeitos podem moldar esteticamente e navegar em suas paixões em relação a outros sujeitos e ao mundo material. Dessa forma, as promessas também podem trazer à tona necessidades e prazeres culturais desconhecidos ou até então inexistentes. Sendo uma fonte de padronização, a promessa, portanto, constitui simultaneamente uma ferramenta de mudança e inovação estética.

Para abordar o mesmo ponto de um ângulo diferente, ao estabelecer expectativas, a promessa estética inadvertidamente prepara o terreno para frustrar as perspectivas que apresenta. O amor do autor pela feiura de Macabéa deve sua mordacidade crítica às promessas operativas de beleza, que ele rejeita. Como o amor de Rodrigo pela feiura de sua personagem aborda dialeticamente a promessa recebida de beleza, seu afeto tece um trecho de continuidade histórica dentro de um segmento de descontinuidade gerado pelo abandono de uma velha promessa. Alternativamente, ao focar na força contínua da promessa perdida, podemos considerar os sentimentos de Rodrigo para gerar fragmentação dentro de um estrato de constância. De qualquer ângulo que consideremos – e podemos sobrepor ângulo sobre ângulo –, a promessa dá origem a formas interconectadas de estabilidade e instabilidade.

A atitude de Rodrigo também ilustra um emaranhado um tanto diferente de continuidade e descontinuidade. Curiosamente, seu amor pela feiura de Macabéa indica que pode ser precisamente ao destruir uma promessa original que o significado dessa promessa é trazido à tona, e que o peso de sua reivindicação sobre nós é elucidado e aplicado.[22] O esmagamento de Lispector pelas promessas tradicionais da beleza notifica-nos sobre a importância dos problemas que a beleza criou. Ao anular promessas estéticas, ela estende um apelo a nós. Confronta o leitor com a tarefa moral de consertar o que deu errado, isto é, de encontrar uma maneira de tornar verdadeiro o que a beleza uma vez prometeu. Ao desistir de uma promessa existente, uma obra pode destacar a necessidade que move o público a se dirigir ao cumprimento dessa promessa. Assim, a obra cria linhas de continuidade dentro de um padrão descontínuo de promessas.

Um modo alternativo pelo qual fragmentos de continuidade e descontinuidade, controle e improvisação podem ser intercalados ao longo de trajetórias promissoras está a seguir. Uma obra de arte pode falhar em cumprir o que promete, mas ainda assim produzir efeitos (intencionais ou não) que apoiam o significado dessa promessa e ajudam a animá-la e mantê-la viva. De 1956 a 1974, Constant Nieuwenhuys, um ex-membro do grupo COBRA e da Internacional Situacionista, projetou um conjunto de desenhos arquitetônicos, litografias, pinturas, maquetes, fotos modelo, mapas alterados, montagens e manifestos para uma futura cidade, a Nova Babilônia. Ao ser deixado sem execução, o projeto imaginou uma cidade mundial descentralizada composta de setores em rede que permitiriam a todos viver como artistas de sensações cotidianas. Por exemplo, na obra *Symbolische voorstelling van New Babylon* (*Representação simbólica da Nova Babilônia*), de 1969, Constant dá forma a itinerários e nós que surgem entre mapas interconectados em diferentes línguas e de configurações urbanas em vários países. Surgem caminhos também entre os espaços vazios. As múltiplas conexões que emergem exemplificam um padrão de zonas heterogêneas e interligadas, cuja proliferação Constant previu na era anterior à internet. A automação, apoiada por máquinas subterrâneas, permitiria uma vida liberada de desejo, fantasia e diversão para todos. A promessa utópica do projeto nunca foi realizada. Indiscutivelmente limitada – em sua distância da vida real da cidade – por seu fracasso em envolver criticamente o controle dos arranjos culturais existentes, e vulnerável à cooptação capitalista, a Nova Babilônia ofereceu, no entanto, um modelo para imaginários alternativos do meio ambiente.[23] Mark Wigley observa que suas estratégias formais regularmente reaparecem em subsequentes experimentos artísticos, arquitetônicos e urbanos interdisciplinares (1999, 37). Wigley descreve o projeto como "uma abertura cuidadosamente construída". Destacando sua indefinição da distinção entre desenho e modelo, arte e arquitetura, ele identifica a obra com uma "perturbação do design", uma "demolição da hierarquia poderosa entre pensamento e ação, uma abertura perturbadora para a fisicalidade do desejo" (52). O objetivo de Constant com a obra não era oferecer uma imagem da futura cidade global, mas provocar a imaginação daqueles que iriam construí-la e habitá-la, e cujas atividades artísticas seriam então determinantes de como a cidade seria (48-52, 56n. 55). Ao apontar para o enorme volume de desenhos que o artista produziu da Nova Babilônia e o "tremor entre as imagens" que se seguiu convocando a peça anárquica que estava por vir, Wigley observa que o artista "dedicou-se a desenhar uma miragem. As coisas entram em foco momentaneamente apenas para sumir. O maior edifício já concebido vai desaparecendo na névoa" (52). Embora até Constant, ao final, pareça ter criticado sua própria visão da Nova Babilônia (de Zegher 1999, 11), as potencialidades experimentais que ele desencadeou sob a égide da promessa da obra sobrevivem ao seu rompimento.

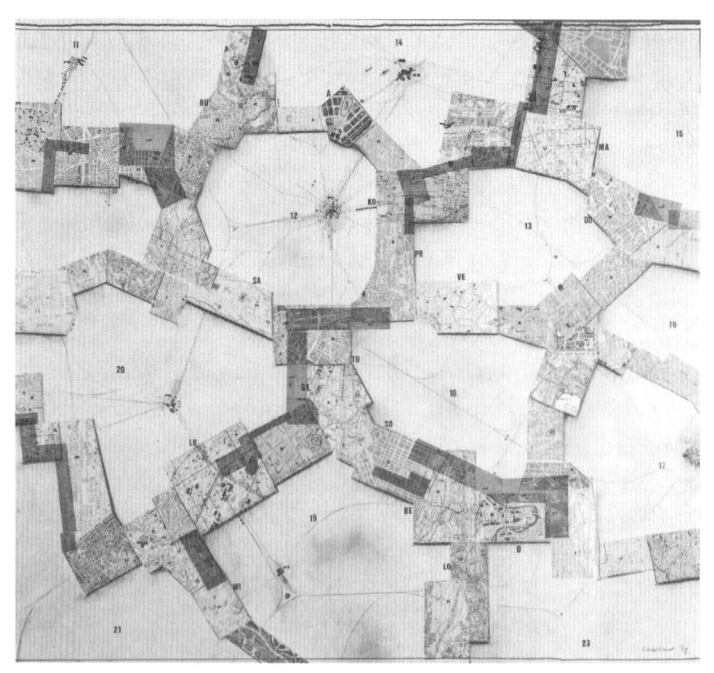

Figura 8.5 Constant Nieuwenhuys, *Symbolische voorstelling van New Babylon (Representação simbólica da Nova Babilônia)*, 1969. Colagem em papel, 122 x 133 cm (48 1/16 x 52 3/8"). © Artists Rights Society (ARS), Nova York / c/o Pictoright Amsterdam. Coleção do Gemeentemuseum Den Haag.

Capítulo 8 • Promessas e ameaças estéticas

O significado da promessa promulgada pelo projeto é afirmado por suas reverberações em outras promessas, passadas, presentes e futuras, e por sua ressonância com efeitos estéticos parcialmente imprevistos e visões incorporadas em designs interdisciplinares subsequentes, que ajudam a dar forma e a animar a promessa às quais as construções de Constant resistem.[24]

Retroativos e antecipatórios em seus efeitos, os cenários de promessa estética têm inúmeras maneiras de trazer estabilidade e desestabilização. Em linha com o modelo improvisado de promessa de Nietzsche, podemos concluir que as promessas estéticas colocam em movimento processos de transformação que nos permitem descartar, substituir e reequipar promessas já feitas. As promessas entrelaçadas vinculam-se em padrões imprevisíveis. Isso não significa que as promessas sejam sempre preparadas para qualquer revisão ou adaptação a novas circunstâncias. As promessas são institucionalizadas em estratégias, formas e gêneros artísticos. Surgem em formas modificadas, em contextos imprevistos. Sua inserção social e material permite e impede a mudança. Dispostas em configurações institucionais, participam e são expostas a múltiplas modalidades de poder contingentes.

Na narrativa genealógica de Nietzsche, a promessa historicamente tomou como condição de possibilidade os requisitos disciplinares de uma ordem comercial. Ele reconhece implicitamente o funcionamento de um estágio inicial de promessa como um elemento de uma estrutura de endereçamento e relacionamento em torno da administração da punição. O espetáculo da tortura, em sua opinião, reunia credor e devedor em cenas de endereçamento próximas, nas quais a dor do último constituía a retribuição do primeiro com prazer. Gradualmente, esse arranjo foi resolvido em um sistema anônimo de equivalentes que separou o devedor do credor e mudou o espetáculo para um teatro interno de culpa e autodegradação dirigido a um público imaginário de deuses. Em ambos os casos, a subversão de uma promessa contratual por uma pessoa rendeu uma recompensa padronizada, regulada por um sistema de troca. A *Genealogia* de Nietzsche, assim, considera a promessa instrumental em um sistema de relacionalidade estética e de endereçamento. Conduzimos nosso tráfego de promessas como agentes sociais incorporados que estão no negócio de criar laços uns com os outros.

A visão da promessa que surge aqui permanece relativamente abstrata e deixa sem respostas importantes questões sobre as formas precisas de continuidade e descontinuidade que postula, bem como sobre as formas exatas de imersão social e alcance proléptico ou retroativo que imagina. Ao mesmo tempo, o relato forja uma estrutura teórica útil para compreender as operações historicamente produtivas, intertextuais, socialmente colocadas e relacionalmente eficazes da promessa estética. Hannah Arendt esboça ainda mais a dimensão relacional da promessa em *A condição humana*. Como Nietzsche, ela entende a promessa como um *locus* de produção constitutiva da subjetividade e do social. Ao colocar em primeiro plano o papel que a promessa desempenha na estruturação da existência individual e da vida pública, sua proposta lança luz sobre a natureza das relações que construímos por meio da promessa estética.

Arendt e a ordem da promessa

Para Arendt, as promessas permitem-nos criar estabilidade em uma realidade caótica. Uma das causas da indisciplina da vida é que os humanos pagam por sua própria liberdade com insegurança existencial: eles são incapazes de "garantir hoje quem serão amanhã" (1998, 245). Outra fonte de desordem reside na pluralidade da comunidade. As consequências das ações de uma pessoa dependem das ações dos outros agentes com quem essa pessoa habita o mundo. Portanto, esses efeitos são imprevisíveis para a própria pessoa. A pluralidade, de acordo com Arendt, impede que sejamos "mestres únicos" do que fazemos. A imprevisibilidade é inevitável.

Porém, com a capacidade de fazer promessas, temos à nossa disposição uma forma de reduzir a incalculabilidade que nos cabe e de diminuir os vastos riscos da ação: "Vincular-se por meio de promessas [...] serve para instalar-se no oceano da incerteza, que o futuro é por definição, ilhas de segurança sem as quais nem a continuidade, muito menos a durabilidade de qualquer espécie, seria possível nas relações entre os homens" (237). Para Arendt, as promessas conferem organização às nossas relações mútuas. Elas dotam o mundo de previsibilidade.

A relacionalidade do promitente é essencial para essa função. De acordo com Arendt, a presença e a agência de outras pessoas são indispensáveis para que a promessa seja significativa. Em sua opinião, não podemos nos sentir limitados por uma promessa que não fazemos a outra pessoa. Quem promete, portanto, depende de um destinatário. Mas esse destinatário não é um destinatário passivo da promessa; ela, por sua vez, se dirige ao promitente. É em virtude do endereçamento do promitente a outros indivíduos e dessas outras pessoas ao promitente que a promessa empresta ao seu criador e mantenedor um tipo subjetivo de ordem, a saber, uma forma de identidade individual. A promessa atualiza essa identidade como um segmento de uma ordem social que a promessa simultaneamente produz. Arendt escreve:

> Sem estarmos vinculados ao cumprimento de promessas, nunca seríamos capazes de manter nossas identidades; seríamos condenados a vagar impotentes e sem direção nas trevas do coração solitário de cada homem, apanhados em suas contradições e equívocos – uma escuridão que só a luz derramada sobre o domínio público pela presença de outros, que confirmam a identidade entre quem promete e aquele que a cumpre, pode dissipar. (237)

A promessa é uma das âncoras de nossa sociabilidade e individualidade. Surgindo dentro de uma estrutura de endereçamento público, ela nos conecta com as pessoas a quem a emitimos e que, ao testemunhar a continuidade de nossa agência, ajudam-nos a construir nossas identidades. A prática de prometer acarreta "eus" que persistem ao longo do tempo e que são fundamentalmente relacionais e, mais especificamente, voltados para os outros por natureza.

Ao fornecer leituras alternativas da relacionalidade da promessa e agência, Arendt segue Nietzsche ao vincular o costume de prometer à moralidade, à política e ao poder. Mantidos juntos por promessas mutuamente vinculativas, os coletivos podem sustentar-se além do momento da real união corporal no espaço. As coalizões de objetivos específicos são então capazes de realizar um tipo limitado de soberania, ou seja, um certo grau de independência da casualidade do mundo, não através da consolidação de uma vontade compartilhada, mas utilizando a validade e força vinculativa da promessa de avançar em direção às finalidades consensualmente estipuladas. Isso permite que um corpo de pessoas "disponha do futuro como se fosse o presente", aumentando muito "a própria dimensão em que o poder pode ser eficaz" (245).

Assim como sua correlata capacidade de perdoar, prometer é uma fonte de moralidade, no relato de Arendt. Junto com o espírito de perdão, a vontade de prometer, ela nos diz, constitui a única base de apoio político à moralidade, entendida como um sistema que vai além do que simplesmente passa a ser um *ethos* recebido. A promessa e o perdão geram um código moral que se origina na "vontade de viver junto com os outros no modo de agir e falar" (237-8, 246). A moralidade e a política representadas pela prática da promessa são fundadas na pluralidade da comunidade, ou seja, na copresença dos humanos em um mundo.

As promessas, como eu as concebo, compartilham o caráter relacional da promessa de Arendt e os aspectos da fundamentação de tal promessa na pluralidade. Elas estão entre os elementos que realizam nossas relações com os outros e com o mundo dos objetos. O que elas não estabelecem com a firmeza postulada por Arendt é a previsibilidade que se destaca em sua descrição da utilidade da forma. Sugeri que o promitente combina registros de confiabilidade e insegurança, estabilidade e impermanência, calculabilidade e liberdade de improvisação. O capricho desse modo de endereçamento não nos impede de teorizar a ordem, porque fatores adicionais podem ser avançados para esse fim. As promessas são unidas em suas ocupações organizacionais por outras fontes sistêmicas de ordem que inibem a incerteza e o caos, ao mesmo tempo que deslocam a incalculabilidade para outras áreas e, portanto, também geram desordem. Entre os fundamentos socialmente eficazes de ordem e desordem que se baseiam fundamentalmente em promessas, mas não ativam tais promessas como entidades inabaláveis, estão estabelecidas rotinas morais, políticas, jurídicas, educacionais, médicas e psíquicas, a organização do local de trabalho, distribuições de classe, raça, gênero, posição nacional e sexual, sistemas de moda, arranjos comerciais e a distribuição de terra, comida e lazer, todos os quais implementam constelações relacionais apresentando formas de endereçamento.

Promessas são modos de endereçamento. Elas desempenham seu papel nas estruturas de relacionalidade e endereçamento. Como outros modos de endereçamento, auxiliam a coreografar redes de relações entre sujeitos e entre sujeitos e objetos. O que isso sugere para a natureza específica das promessas estéticas? Minha discussão sobre Lispector e Adorno revelou maneiras pelas quais as promessas estéticas funcionam

Capítulo 8 • Promessas e ameaças estéticas

como mecanismos de relacionalidade e experiência estéticas. Nietzsche e Arendt apontam para um outro sentido em que as promessas estéticas são dispositivos para orquestrar a vida estética relacional.

Pertinentes a esta luz são a concepção de Nietzsche de prometer como uma fonte de vontade e caráter nobres e a visão de Arendt de prometer como uma base de agência e de individualidade. A promessa, para eles, inaugura um quadro de ser e de devir. Uma lógica semelhante informa a implementação de vertentes da cultura estética. Representamos e damos forma ao nosso comportamento estético, em parte assumindo, fazendo e mudando promessas estéticas. Fazemos isso como produtores, consumidores e trocadores de artefatos e eventos estéticos. A vontade estética, o caráter, a agência e a individualidade de uma pessoa estão apoiados por promessas estéticas, entre outros modos de endereçamento. As promessas estéticas sustentam a subjetividade e a intersubjetividade estéticas. Elas assumem esse papel como elementos de redes de relacionalidade e endereçamento. Nietzsche e Arendt pressupõem a proposta que surge aqui ao situar a promessa nas demandas sociais e simbólicas facilitadoras de, respectivamente, uma ordem comercial e um mundo público pluralista.

Segundo Nietzsche, a promessa vincula os indivíduos ao corpo social e vice-versa. Em seu relato genealógico, o cumprimento das promessas constituía uma dimensão da socialização das pessoas, que envolvia treiná-las para realmente realizar os atos com os quais se comprometeram. Tendo primeiro preparado o assunto para ser submetido à lei, o corpo social então se comprometeu a recompensar seus membros com benefícios, como proteção contra hostilidade, em troca da promessa dos constituintes de obedecer às regras comunitárias. A promessa cumprida, para Nietzsche, era, portanto, um dispositivo que pressupunha e incentivava a socialização. Para Arendt, a promessa, da mesma forma, serve como uma base de coletividade, em sua capacidade de promover os objetivos de grupos políticos específicos e de expandir a duração das coalizões para além do instante de união.

Ao seguir a liderança de Nietzsche e Arendt, proponho considerar as promessas estéticas como bases da formação da comunidade estética. Essas promessas moldam a experiência estética no contexto de modelos institucionalmente incorporados de existência subjetiva e coletiva. A promessa cultural do estético representa um princípio estruturante do campo estético. Ela está no centro das esperanças, necessidades e aspirações que incorporamos em nossas várias práticas estéticas – esforços que são baseados coletivamente e são produtivos na formação da comunidade. Falar da promessa cultural no singular, como foi e às vezes será esclarecedor, é usar uma abreviação para uma infinidade de promessas que os agentes estéticos projetam perpetuamente nas formas de objetos, pessoas, situações, ambientes, críticas, estilos e encontros.

Ao longo das linhas do paradigma extemporâneo de Nietzsche de fazer promessas, as culturas ancoradas em promessas estéticas são formações maleáveis. Enquanto Nietzsche, seguido por Arendt, destaca o peso moral e os poderes sociais da promessa vinculativa, somos alertados, com Lispector, Adorno e Constant, entre muitos outros, para a produtividade ética e política de quebrar, revisar e abrir mão de promessas. Retroativo e voltado para o futuro, esse modo improvisado de prometer nos permite redirecionar as formas estéticas e as paixões à medida que construímos redes de relacionamento entre sujeitos e objetos. Sequências de promessas estéticas em evolução e interconectadas permitem vários níveis de organização cultural. A força, a coesão e o comportamento político possibilitados pela promessa podem se manifestar em um compromisso sólido e inabalável com um estilo, um gênero, um artista, um programa, uma temática, uma consulta, uma identidade, um movimento, um grupo, ou pode admitir uma forma frouxa e aberta de coletividade. Rubricas como estética nacional, pós-colonial, *queer*, negra, feminista, verde ou da classe trabalhadora, o estilo altamente individualizado de uma pessoa, modernismo, surrealismo e estética global permitem graus internos de variação ao longo dessas linhas.

A lista anterior de culturas estéticas e formas de coletividade demonstra que, como parte da promessa, a parte cultural e estética da "promessa cultural do estético" precisa de pluralização. As promessas estéticas, incluindo promessas de cultura, estão no cerne de uma ampla gama de formações culturais esteticamente saturadas que incluem certas culturas nacionais e regionais concebidas por filósofos do século XVIII, mas também vão muito além disso para abranger outros tipos de identificações em nível micro e macro, bem como diferenciações, e suas repercussões e interconexões mútuas. Essas formações convidam a um quadro refinado

Capítulo 8 • Promessas e ameaças estéticas

dos modos de coletividade estética que estão em formação e que não admitem mapeamentos exaustivos ou definidores. A relacionalidade e a flexibilidade da promessa se prestam à teorização de uma rede de sistemas móveis e entrelaçados de afiliação e desfiliação estética, apropriação e rejeição. O entrelaçamento inexoravelmente interseccional de categorias sociais torna visível que as relações entre tais sistemas não podem ser estabilizadas. A noção de mudanças nas promessas cria espaço para reconhecer isso. Ao mesmo tempo, a instalação de promessas em estruturas institucionalizadas de endereçamento e a profundidade potencial de nosso apego a elas nos permitem teorizar sobre a persistência e a tenacidade de segmentos e poderes culturais, que são capazes de se preservar através de novas formas emergentes e permanecerem impassíveis diante das tentativas mais concentradas de mudança.

A promessa cultural do estético, entre outras promessas estéticas, realiza seu trabalho como um elemento na evolução das redes de relacionalidade e endereçamento. Enraizadas em tais constelações, as promessas estéticas são instrumentais na formação de formas de coletividade estética. Como componentes de formações de relacionalidade e endereçamento, realizam procedimentos incessantemente mutantes de diferenciação com base histórica. O resultado é um tecido heterogêneo de laços e fissuras comunais. Deixando para trás o modelo iluminista de fórum público de assuntos gerais, chegamos aqui a uma visão em que a comunidade constitui uma plataforma móvel atolada em estratégias simultaneamente estéticas e políticas que encontram a renovação de fontes imprevistas e em recantos imprevisíveis. Nesse fórum, despachamos promessas de mudança política por caminhos que não sabemos aonde nos levam. Essa proposta, entretanto, não projeta um campo aberto de possibilidades.

Como forma de endereçamento e veículo de coletividade, a promessa reproduz os procedimentos socialmente díspares analisados neste livro. As promessas estéticas criam laços e rupturas assimétricas. Elas não alcançam uma distribuição igualitária de felicidade prefigurada ou de cultura antecipada, nem prometem a mesma coisa a todos, mas se alinham com vetores de poder que regulam o mundo social. A Coca-Cola e o cinema, símbolos da contemporaneidade idealizada do século XX que fornecem a Macabéa um trampolim para o presente, não conseguem transpô-la de seu local e *persona* supostamente arcaicos para o cenário global da Modernidade tecnologicamente avançada. O que é prometido a quem, a que preço e com que resultados reflete desequilíbrios que governam a troca simbólica em geral.[25] Isso significa que as promessas estéticas também implicam ameaças, conforme ilustrado pelo apagamento de formas obstinadas de diferença nos poemas elementares de Neruda, e pelo funcionamento da beleza, da arte, da literatura, substâncias materiais e bens de consumo em *A hora da estrela*.

As odes elementares de Neruda expressam uma promessa de cultura que podemos associar às visões de publicidade estética de Kant e Hume, mesmo que a promessa das odes vá muito além do que esses filósofos realmente tinham em mente. Oferecendo uma alegoria das possibilidades da estética, Neruda envolve o leitor em uma teia de endereçamentos que instancia vínculos interpretativos e materiais entre sujeitos e entre sujeitos e objetos. Os poemas prometem que, ao participar dessa rede de relações e endereçamentos, possamos criar uma comunidade igualitária e harmoniosa, uma cultura do e para o povo. A estrutura de animação amorosa recíproca que a "Ode às coisas" imagina é emblemática de uma dinâmica de desejo e significação que informa uma influente concepção ocidental do estético. Nessa concepção, o endereçamento estético assume uma forma pública, e o domínio estético constitui um fórum público para tal endereçamento. A tradição iluminista na filosofia fundamenta a noção operativa de publicidade em faculdades apreciativas humanas comuns, aprimoradas por certas experiências de condicionamento. Prazer estético, percepção e juízo, nesse modelo, representam um bem coletivo, potencialmente compartilhável por todos. As odes de Neruda exaltam as possibilidades coletivas de leitura, produção e legibilidade que podemos atribuir a essa visão da publicidade estética e, de forma mais geral, ao estético.

Como Neruda, John Dewey articula uma promessa estética que podemos atribuir ao modelo iluminista de publicidade. Ao destacar os poderes de construção de cultura a serem desencadeados por uma pedagogia da estética, isto é, por um processo sustentado de educação estética. Dewey exalta os poderes da experiência estética, em seu desdobramento temporal unificado, em sua composição dinâmica e em multicamadas e sua integração de obras, sendo capaz de representar a cultura "em seu aspecto coletivo" (1934, 333). O trabalho civilizacional da experiência estética, conforme teorizado por Dewey, é outra versão dos projetos públicos que podemos atribuir ao estético. Ambos os autores insistem em recursos cruciais para forjar culturas estéticas democráticas. Projetos desse tipo formam uma legião, ultrapassando as fronteiras culturais. É importante notar que o conceito de relacionalidade tem sido particularmente relevante para empreendimentos contemporâneos ao longo de algumas das linhas enunciadas por Neruda e Dewey. Os artistas Lygia Clark, Hélio Oiticica, Marina Abramović e Rafael Lozano-Hemmer, e o crítico Nicholas Bourriaud, entre outros, inauguraram vocabulários de relacionalidade para promover reconfigurações participativas de corpos, coisas e lugares.[26] De fato, a esfera pública transborda de iniciativas para desencadear mudanças nos itinerários relacionais, de escalas monumentais a microscópicas da cultura. A promessa estética da publicidade ressoa amplamente em vários contextos.

Conceituada em termos de relacionalidade e endereçamento, conforme formulado neste livro, a publicidade estética, entretanto, mostra outro lado. Constelações de endereçamento delineiam padrões de visibilidade e invisibilidade, legibilidade e ilegibilidade, forma e ausência de forma, som e silêncio, gosto e falta de gosto, civilização e arcaísmo, que impõem diferenciações e exclusões injustificadas. A coletividade estética compreende órbitas desigualmente habitáveis, historicamente desdobradas, socialmente situadas de interação e não interação simbólicas desigualmente habitáveis, que se desdobram historicamente e que germinam dentro de parâmetros institucionalizados de relacionalidade. As promessas e ameaças culturais projetadas por objetos estéticos e pedagogias culturais adquirem seu desejo, credibilidade e acessibilidade dentro das restrições de constelações de relacionalidade e endereçamento. As distribuições desiguais de bem e mal que tais promessas e ameaças apresentam refletem estruturas mais amplas de relacionamento e endereçamento, não apenas com respeito ao conteúdo dos tipos relevantes de felicidade ou sofrimento, mas também com respeito aos modos operacionais de construir, implementar e articular prazer e dor.

Apesar de seus limites sociais e falhas morais, a noção iluminista de vida estética pública prevê uma orientação voltada para o futuro que postula como seu *telos* a atualização das possibilidades coletivas e de construção de cultura inerentes aos fenômenos de interpretação, construção e interpretabilidade. Ao amalgamar confiabilidade e falta de confiança, a promessa incorpora um movimento antecipatório voltado para esse fim. Como podemos derrubar promessas, remodelá-las e substituí-las por promessas mais promissoras, o ritual da promessa estética permanece promissor em face das configurações de publicidade estética e comunidade, repúdio e desfiliação que tracei neste livro.

A promessa participa de um padrão de necessidade, desejo e amor no cerne do estético que também gera aniquilação violenta. A promessas e ameaças que as envolvem dependem, para suas formas e atrativos, de estruturas de relacionalidade estética e dos endereçamentos que ajudam a coreografar. Vulneráveis aos compromissos de públicos e produtores, bem como aos significados mutantes das formas culturais, as promessas estéticas permanecem despreparadas para projetar conclusivamente uma estética global trans-histórica. Isso se aplica também ao presente estudo, que, absorvendo as promessas culturais existentes e ameaças do estético, incorpora as suas próprias.

Uma visão que localiza o estético de maneira central nas constelações em evolução de relacionalidade, endereçamento e promessa nos permite entender as conquistas e as falhas do estético como duas dobras no mesmo tecido. A existência estética é fundamentalmente polivalente. Extinguir a infinidade de ameaças que ela representa implica eclipsar suas promessas. Isso não quer dizer que não possamos ou não devamos tornar as coisas melhores. O fato de que a desordem do estético provavelmente não será fixada em uma ordem estética, moral, política, social e econômica alternativa que seja facilmente imaginável para nós não desmente a importância e a sedução da promessa cultural do esforço e da prática estética de tentar transformar nossos mundos estéticos em direções desejáveis. Essa promessa cultural permanece. No entanto, ela é simultaneamente uma promessa de novas promessas e uma ameaça de novas ameaças.[27]

Posfácio

Promessas de cultura surgem em lugares imprevistos, convidando à nossa cooperação para realizá-las. Essas colaborações também envolvem lidar com ameaças estéticas. Assim, as promessas culturais nos enredam em atritos permeados por fios de poder estético e sentido. Ao envolver essas tensões, promulgamos formas de agência política que excedem os limites existentes entre a arte e o cotidiano. Sujeitos da experiência estética, participamos de modos de endereçamento e relacionamento que devem substancialmente sua organização a sistemas estéticos historicamente implantados. Isso significa que nos encontramos posicionados dentro de uma infinidade de forças culturais que nos puxam em direções divergentes. Sentimo-nos movidos a seguir um curso. As promessas nos atraem; as ameaças também nos mantêm cativados. Aspectos louváveis e problemáticos dos fenômenos estéticos unem-se na medida em que avançamos ao longo das trajetórias estéticas. Os detalhes estéticos – e as práticas de produção e leitura que os produzem, visto que conduzimos nossas vidas diárias mais ou menos artísticas de vários graus de perifericidade e impulso – trazem à tona locais e maneiras inesperadas nos quais podemos ver a promessa do estético em busca de realizar transformações políticas. Prazeres e dores estéticos imprevistos surgem em conjunturas nas quais a paixão, a percepção, a racionalidade e a imaginação convergem e seguem caminhos separados. O desejo estético e o desgosto caracterizam a vida cotidiana de maneira surpreendente. Nossas atividades estéticas tecem significados complexos na existência cultural.

Os teóricos exaltaram o estético como fonte de liberação, resistência e crítica. Eles o condenaram por seus efeitos opressivos e ideológicos. O funcionamento cultural refinado dos fenômenos estéticos revela que o estético não pode ser subordinado a orientações morais ou políticas unidirecionais. Suas operações sociais testemunham um quadro misto e desordenado. As vidas cotidianas exibem a polivalência do estético – seus impulsos para o bem e o mal; suas operações de exclusão e inclusão;

A promessa cultural do estético

suas dimensões de desejo e aversão; sua rapidez e insistência; sua aliança com tipos sustentáveis de amor, bem como com formas inescapáveis de conflito e de antagonismo. Em uma visão que considera a agência estética e a experiência imanente nas redes de relacionamentos e endereçamentos, uma insaciável insensibilidade ética e política está por trás das promessas e ameaças culturais que o estético nos oferece.

Evitando uma linguagem de crise e de celebração, e contornando a noção de uma ruptura nítida com um quadro histórico que, abalado por algumas décadas, então retorna, preparado para renovação e reinvenção, o presente livro reconhece o significado estrutural de que as configurações estéticas, apesar de sua desordem, não cessaram e continuarão a se manter em diversos níveis de organização social. Exaltar o estético significa abraçar um fenômeno profundamente problemático. Não podemos pedir de maneira clara, direta, coerente ou sem ambiguidade uma renovação ou uma virada para o estético porque, como participantes incorporados em várias culturas, estamos profundamente investidos nos modos em que exercemos as capacidades estéticas há muito tempo. As voltas e reviravoltas do estético foram nossas: nós as acompanhamos; nossa existência já absorveu seus meandros barrocos; habitamos formações estéticas em muitos níveis de nossos compromissos corporais e institucionalizados uns com os outros e com o mundo material. Certamente, criamos inúmeras reorientações dentro e além dos quadros estabelecidos de significado e interpretação e, inquestionavelmente, devemos continuar forjando tais mudanças de direção, mas o que não fizemos foi enviar o estético para uma enxurrada pura de gestos anti-, não, a-, pré- ou pós-estéticos, e não podemos razoavelmente esperar fazer isso em qualquer momento de nossa vida. O que nos manteve ocupados, no entanto, por muitos séculos, foi a tentativa de moldar o estético de forma que ele e nós pudéssemos cumprir as várias promessas que ele nos faz.

Visões proeminentes do estético como um pilar da ordem moral, uma prática de animação amorosa ou uma disposição para trazer integração para um mundo de divisão enfatizam os lados recomendáveis da vida estética sobre os aspectos questionáveis. As últimas dimensões, portanto, ganham normalmente um reconhecimento implícito por negação, como elementos que retrocedem em segundo plano. Ao compreender o amor, a integração e a boa ordem como funções fundamentais, os teóricos regularmente atribuem à brutalidade, que também caracteriza a existência estética, um território anárquico primordial que, na grande maioria, é abandonado à medida que avançamos nas trajetórias de cultivo e nos projetos de educação estética. Os conceitos de relacionalidade, endereçamento, promessas e ameaças nos permitem afirmar as facetas contraditórias do estético em sua forma frequentemente equívoca e impenetrável e em suas densas misturas que podem tornar o detalhe pelo qual somos tocados algo particularmente relevante.

Os sistemas de relacionalidade e endereçamento abrigam as tendências e ambivalências morais e políticas conflitantes que caracterizam muitos empreendimentos estéticos. Integração e boa ordem combinam com desordem. Episódios de indiferença e desconexão acompanham as negociações de amor animado e de destrutividade. A assimilação e a expulsão dão lugar uma à outra. O deleite compartilha um campo de jogo com a crueldade e o desdém. A repulsa abriga atrações; anseios alimentam aversões. Essa visão não desmente a realidade de momentos de alegria ou de dor estética irrestrita, também não descarta a bondade e o fracasso, ou a verdade e a falsidade nos domínios da arte e da cultura. Em vez disso, situa os agentes estéticos em um plano de possibilidade relacional que afeta e é afetado por outros sujeitos estéticos; suas ações e produções pelas quais e para as quais esses agentes guardam vínculos assimétricos complexos, que se desdobram historicamente.

O endereçamento é um fenômeno social generalizado e um portador de significado. Adotando modos de endereçamento, incluindo aqueles envolvidos na criação de promessas e ameaças, representamos nossos relacionamentos contínuos com pessoas, coisas e ambientes. Este é o campo no qual o estético está em casa. É esse plano que ativamos como fonte de crítica e âncora da vida cotidiana.

As relações estéticas estão sempre em movimento, agitadas por circunvoluções mercuriais de detalhes diários, bem como por órbitas parcialmente enigmáticas atravessadas por formas culturais mais grandiosas. Elas se materializam em todos os registros do ser que habitamos – político, econômico, social, tecnológico, linguístico, corporal, institucional. A abertura das estruturas de relacionalidade e endereçamento à mudança – dentro dos limites e possibilidades delineados pelas constelações existentes – implica que a questão de sua desejabilidade moral, política e estética sempre surgirá de novo, e não é passível de fechamento. A natureza mutável das relações estéticas destrói a possibilidade de se chegar a uma concepção estável do estético que seria isolada das vicissitudes da relacionalidade e do endereçamento estético. Componentes cruciais da prática estética e da experiência resistem à especificação: não há como selecionar no abstrato uma coleção de modos normativos de endereçamento estético, uma compilação de promessas estéticas aceitáveis, um conjunto de condições para apreensão adequada, um fórum abrangente para troca pública, um projeto de participação ou colaboração, um repertório de valores estéticos, um cânone de documentos e artefatos fundadores. Esses elementos estão em formação na medida em que estamos enredados em relacionamentos estéticos em evolução.

Que o estético, apesar de todos os seus problemas, não se reduza à imposição de um repertório sensorial cansado, de um escopo reduzido de ideias artísticas, de um regime corporal sufocante, de um estágio atenuado de personalidade moral, de um paradigma regressivo de agência social, de um modelo ecologicamente ruído ao narcisismo humano, de uma agenda imperialista global, de uma fantasia histórica grandiosa ou de uma visão política diminuída, e isso devemos à ausência de um fim externo ou ponto de vista vantajoso que pudesse encerrar processos contínuos de transformação e de endereçamento. Impelidos por formas e paixões estéticas, esses processos também são capazes de gerar impulsos estéticos novamente, remodelando irrevogavelmente as práticas e teorias que constituem o estético.

Notas

Introdução

1 Junto a outros desenvolvimentos culturais, os *Readymades* de Marcel Duchamp e o movimento dadaísta inauguraram inúmeras abordagens críticas nas artes e na teoria, desafiando configurações estéticas cotidianas, esquemas teóricos e estruturas artísticas de significado. A antologia de Hal Foster (1983) sobre projetos e programas antiestéticos pós-modernistas contesta de forma proeminente os princípios influentes da tradição estética ocidental. Ao questionar "a própria noção de estética, sua rede de ideias" (xv), esse *locus classicus* da antiestética emprega perspectivas marxistas, estruturalistas, psicanalíticas, decoloniais, desconstrutivas e feministas, entre outras, para desenvolver métodos críticos de análise cultural e prática.

2 Os proponentes da chamada virada estética que atribuem pouco crédito teórico às críticas do século XX em relação aos modelos estéticos incluem Hickey (1993) e Scarry (1999). Anunciando o ressurgimento da beleza, um relatório muito citado sobre essa mudança esboça um campo de contrastes ostensivamente transparentes (como aqueles entre política e prazer ou bondade artística; análise cultural e avaliação estética; estudos literários e históricos; especificidade cultural e comunhão [Heller, 1998]). O enquadramento do artigo ofusca dimensões conceituais, artísticas e políticas, conectando, bem como dividindo, as posições sob as quais o texto avança ao favorecer e ao se opor à beleza.

3 Muitos teóricos reconhecem as limitações das estruturas estéticas históricas, ao mesmo tempo que valorizam os elementos conceituais, experienciais, práticos e retóricos que tais perspectivas tornam acessíveis. Para uma lista drasticamente abreviada de tais obras que apareceram no final do último século, consultar hooks (1990); Benjamin e Osborne (1991); Buck-Morss (1992); Beverley (1993); Yúdice (1993); Bhabha (1994); Lowe (1996, 156-8, 176); Jameson (1998); Johnson (1998). Perspectivas que afirmam, contestam e revisam seletivamente as dimensões das estruturas estéticas informam também um amplo escopo de relatos do século XXI. Uma breve amostra inclui Rancière (2004); Redfield (2003); Bérubé (2005); Mignolo (2007); Halsall, Jansen e O'Connor (2009); Kelly (2012); Spivak (2012). Vários teóricos propõem repensar as polaridades entre o estético e o antiestético. Veja, entre outros, Kester (1997); Meyer e Ross (2004). Deslocamentos desse tipo também permeiam a escrita de Gloria Anzaldúa. Ela reúne as concepções, imagens, metáforas, histórias, práticas performáticas e outras formas artísticas astecas, nauatle e chicanas com críticas a certos procedimentos estéticos ocidentais (1987). Desse modo, ela encena modos de transculturação que realizam uma condição por ela descrita como consciência mestiça, ou um estado fronteiriço de transição contínua. Mobilizando gêneros consagrados (como as línguas inglesa e espanhola, a poesia, a teoria, a autobiografia) no processo de transformá-los, ela entrelaça modos estéticos e antiestéticos. Em Roelofs (2014), argumento que as estratégias antiestéticas, conforme representadas em Foster (1983), invocadas por outros teóricos, incluindo Arthur Danto e Gayatri Spivak, ou, por exemplo, El Anatsui e Teresa Margolles, entrelaçam-se significativamente com as formações estéticas que criticam.

A promessa cultural do estético

Capítulo 1

1 Hume (1998i [doravante "ST"], 147); Kant (1951, §§ 19-22, 40). Evito diferenças e complexidades em suas teorias. Hume indexa o gosto padronizado a um consenso entre os críticos ideais. As qualificações, em sua opinião, também ligam-se ao papel de duas fontes admissíveis de variabilidade, a saber: (1) temperamentos e disposições pessoalmente específicos "que são naturais para nós", que ocasionam predileções por tipos particulares de obras de arte e artefatos, e (2) maneiras culturalmente específicas, opiniões e costumes que são moralmente inocentes e evitam o fanatismo e a superstição (ST, 149-154). Kant limita a validade universal dos juízos estéticos aos puros juízos de gosto, enquanto os juízos de arte e outros objetos culturais, ao contrário disso, envolvem juízos dependentes e apreensão das chamadas ideias estéticas (1951, § 49).

2 Hume (1998g [doravante "RA"], 168, 170-1, 174-5; 1998a [doravante "OC"], 160-3). A noção de artes de Hume é consideravelmente mais ampla do que o conceito contemporâneo de belas-artes.

3 Tais críticas incluem as de Korsmeyer (1998, 148-52, 158-9) e de Shusterman (1993).

4 O domínio do público, devido a fatores como a organização da *polis* grega antiga, sofreu mudanças formativas no século XVIII e evoluiu de forma persistente. Isso confere aos vocabulários da publicidade um caráter mutável, composto por contrastes variáveis que separam o público das dimensões da intimidade, do familiar, do mercado e de outras modalidades compreendidas sob o título não menos maleável do privado. Os relatos de Hume e Kant sobre os laços entre o estético e o público exibem, assim, uma plasticidade lexical marcada. No entanto, a publicidade estética, como teorizada por Hume e Kant, fornece uma série de promessas. Tais promessas se ligam, entre outras coisas, a concepções operativas de compartilhamento, de capacidades produtivas, receptivas e colaborativas, de experiência, juízo e valor. Promessas de cultura, como a promessa de laços coletivos e materiais ricos e valiosos, embutidos em atividades estéticas, são uma variedade de uma classe mais ampla de promessas estéticas.

5 Outra versão pode ser encontrada nos escritos de Walter Benjamin, que vislumbram um amplo repertório de promessas estéticas impessoais e publicamente fundamentadas. Sobre promessas de felicidade, coletividade, intersubjetividade e reciprocidade em seu trabalho, ver Hansen (1987, 182, 193, 211, 214, 217).

6 Ver Neruda (1999a, 1999b, 1999c).

7 Neruda (1999d). Como indicam as notas editoriais de Hernán Loyola (1999, 1373), a descrição de Neruda deste volume como seu quarto livro de odes elementares aparece abaixo da lista de direitos autorais na primeira edição do texto.

8 Excertos de "Oda al libro I" e "Oda al pan" (de *Odas elementales* [Neruda, 1999a]); de "Oda a la caja de té", "Oda a la cuchara", "Oda a la manzana", "Oda a la naranja" e "Oda a las tijeras" (do *Tercer libro de las odas* [1999c]); e de "Oda a las cosas", "Oda a la mesa" e "Oda a la silla" (de *Navegaciones y regresos* [1999d]) © 2013 Fundación Pablo Neruda. Por permissão.

9 Enquanto Neruda (1999d) escreve "Oh" em vez de "O" (traduzido ao inglês como "O" [Neruda, 1994] e como "Oh" [Neruda, 2013]), essas expressões são regularmente

Notas

usadas de forma intercambiável, e a frase como um todo adota uma forma vocativa, encenando um endereçamento direto do falante aos objetos. Assim, o "Oh" de Neruda sugere uma rendição parcial do falante às coisas – incorporando a interconexão que o poema celebra – enquanto também, no modo vocativo, destaca o alcance ativo do falante para as coisas. Sobre as conexões entre apóstrofo e animação, ver Johnson (1987a), ao qual minha leitura é devedora.

10 As noções de objetos e coisas, neste livro, designam elementos que não podem ser diretamente opostos a sujeitos, eventos e ambientes, com os quais estão entrelaçados.

11 Essa distância, que impele o desejo de superá-la, certamente nunca pode ser totalmente anulada, pois é uma pré-condição para o projeto de diminuí-la.

12 A intimidade com os sujeitos e objetos, para o narrador, funciona assim como condição de interpretabilidade.

13 Estabelecendo um precedente para tais ligações em uma famosa discussão do "Spleen II" de Baudelaire que conecta o discurso à ode (1985, 61, 70-2), Paul de Man localiza uma promessa de sublimação estética e uma relação dialógica sujeito-objeto em um endereçamento apostrófico de um sujeito falante para uma entidade material. Esse objeto ganha consciência da qual é cortado, o que faz com que a promessa estética operativa se dissolva no "jogo imprevisível da letra literária" (72).

14 Refletindo sobre o "*elemental*" espanhol, Margaret Sayers Peden rejeita as conotações pejorativas do "*elementary*" inglês e observa que as odes "são e não são elementares/*elementary*" (1990, 1). Registrando uma tensão irônica devido ao fato de os poemas evitarem o tom tradicionalmente elevado da ode e seu "contrassimplismo", observa que eles "elogiam assuntos fundamentais e essenciais" (1990, 1). Preservando as ambiguidades decorrentes do "*elemental*", entendo o promissor, o endereçamento e a relacionalidade como aspectos elementares do estético.

15 Stendhal (1927, 5-45, 359-71); Barthes (1978 [doravante "LD"], 18-21, 31-2, 34-5). Para Freud, essa visão é parte integrante da teoria de que relacionamentos libidinais anteriores, mas em constante evolução, moldam os relacionamentos atuais entre pessoas e coisas (1957).

16 Franco (2002, 79-80; ver também 82).

17 Normas de endereçamento são padrões de adequação que se aplicam a formas de endereçamento, as quais adotamos quando nos envolvemos uns com os outros e com objetos em cenas, roteiros e estruturas de endereçamento. Festas de aniversário e shows, por exemplo, compreendem estruturas de endereçamento que organizam nosso comportamento corporal de acordo com normas de endereçamento (como a regra de que as pessoas devem dançar, devem se cumprimentar e dar presentes umas às outras, ou devem comprar um ingresso). Tais normas regem cenas de endereçamento (o caso de se mover em conjunto ao som de uma música ou de beijar, abraçar ou falar com uma pessoa, de entregar dinheiro ou presentes a alguém), roteiros de endereçamento (cenários segundo os quais certos gestos devem dar origem a outros gestos), estruturas de endereçamento (constelações mais amplas de interação simbólica abrangendo cenas e roteiros de endereçamento junto com vários modos de endereçamento, todos sujeitos a normas de endereçamento). Esclareço ainda mais essas noções no manuscrito no meu livro *Arts of Adress (Artes de Endereçamento)*. Sobre estruturas de endereçamento, ver Johnson (1987d).

18 Para Franco, as odes elementares marcam uma transição na obra de Neruda. Detectando uma mudança de *persona* artística nos poemas da década de 1950, ela observa que essas obras "celebram uma mudança de poeta público para o bardo da vida cotidiana", acompanhando o recuo do autor para a domesticidade e o privado (2002, 72, 79, 84). A "poesia pública" dá lugar a poemas de amor e textos que saboreiam prazeres sensoriais diários (72). É certo que as odes mantêm a política institucional imediata à distância. No entanto, numa noção mais ampla do público e do político, que reconheça as contracorrentes que atravessam a política (estética) dos partidos, organizações estatais e organismos transnacionais, bem como campos de amor, desejo, prazer e sensação – um tipo de visão que Franco adota em outro lugar (1992) – as odes investigam dimensões políticas de nosso comportamento doméstico e modalidades privadas de nosso funcionamento público. Em seu esforço para unir domínios muitas vezes separados – um empreendimento que deve ser lido pelas políticas e configurações específicas de publicidade que ele incorpora – as odes de Neruda exemplificam uma variedade do que, nos Capítulos 5 e 6, chamo de "integracionismo estético", uma abordagem que tem raízes profundas na história da estética.

19 Franco (2002, 78) menciona a noção de trabalho de Neruda como atividade masculina. Notavelmente, na "Oda al traje", o narrador encontra suas roupas para o dia prontas para ele em uma cadeira pela manhã, aparentemente tendo chegado do nada.

20 Ahmed (2000) descreve essa dinâmica de formação do grupo.

21 Sobre a imposição colonial de sistemas binários de gênero nas sociedades latino-americanas, ver Lugones (2007).

22 Tomando como exemplo as saias de poodle, Lugones cita o papel de uma história cotidiana compartilhada na viabilização de significados compartilhados e no estabelecimento de conexões interpessoais a partir de tais significados. Ela enfatiza as desconexões que podem ocorrer para pessoas de fora dessa história (2003, 90-1).

23 Sobre as formas de poder colonial sustentadas pelas relações entre as línguas imperialista e ameríndia, ver Mignolo (2000, 223-9, 247-9).

24 Para críticas à forma universalizante de endereçamento, ver Warner (1993) e Rooney (2002).

25 Neruda escreve: *"y no pude enseñar a nadie nada / sino lo que he vivido, / cuanto tuve en común con otros hombres, / cuanto luché con ellos: / cuanto expresé de todos en mi canto."* ("Oda ao libro I"). A frase *"cuanto expresé de todos"* contém um genitivo subjetivo e objetivo, implicando tanto "dito por todos" quanto "dito de todos" (ou seja, *sobre* todos). Lido no primeiro sentido, o orador observa que não pode ensinar mais do que as próprias coisas que as pessoas disseram; interpretado no segundo sentido, ele indica que tudo o que ele pode ensinar é o que diz respeito a todos eles. O espanhol une os dois significados. Negociando esse deslize, o orador não só declara que o conteúdo de sua fala se limita ao que aprendeu com o povo e ao que aprendeu sobre ele convivendo com ele, mas também anuncia o quanto ele leva o povo a falar através dele, e o quanto ele fala por eles – em solidariedade.

26 Ou, no caso em que as massas não têm voz, oferecer a sua própria voz como forma de lhes dar voz, ou como forma de assumir a sua voz. Sobre a adoção de Neruda da voz popular em *Canto geral*, ver Franco (2002, 73). Citando o final da seção "As alturas de Machu Picchu" de *Canto geral*, na qual Neruda anuncia sua intenção de falar pela/através das bocas das pessoas mortas e convida os mortos a falarem por/através de suas

Notas

próprias palavras e sangue, John Beverley argumenta que o já extinto "modelo vertical de representação" de Neruda apresenta a voz do poeta como o meio necessário para redimir as vozes dos mortos (1993, 16-18).

27 Franco (2002, 82-3) discute a falta de curiosidade de Neruda sobre as pessoas entre as quais viveu durante sua residência como cônsul em Yangon, Sri Lanka e Cingapura.

28 Lugones e Spelman (1983) discutem problemas de falar sobre e em nome de outros e investigam condições discursivas que podem tornar isso desejável.

29 Franco (2002, 73) menciona o ventriloquismo de Neruda em seu *Canto geral*.

30 Alexander Nehamas enfatiza produtivamente as incertezas que permeiam nosso compromisso com a promessa de felicidade que ele atribui à beleza, mesmo que ele ignore as ameaças que acompanham essa promessa (2007, 130-1). Para uma discussão crítica, ver Roelofs (2008).

31 Segundo Aristóteles (1984, livro III, 1411b23-12a35), o orador deve usar metáforas que dão "vida às coisas sem vida", representando as coisas em estado de atividade. Quintiliano (1921, livro IX, 2:375, 2:393, 2:395) exalta o poder das figuras de linguagem como modos indiretos de endereçamento que dão voz a coisas inanimadas ("vocês, colinas e bosques"; "[oh]... leis"). Tais figuras de linguagem, assim, também animam a própria linguagem, oferecendo "vida e vigor à oratória; sem elas, ela fica entorpecida como um corpo sem fôlego para mexer seus membros" (277). Encontramos aqui a animação recíproca à qual, como indica Johnson, aspiram Baudelaire e Shelley: ao dar vida ao inanimado, a fala se anima.

32 É claro que as promessas apessoais não surgem na ausência total de humanos que as reconheçam, e dependem parcialmente da recepção e do reconhecimento dos agentes. Não pretendo defender uma diferença estrita entre os dois tipos de promessas, mas criar espaço adequado para ambos.

33 Para mais discussão e exemplos disso em várias tradições culturais, ver Roelofs (2014).

34 Rancière (2004, 2009) ilumina o funcionamento simultaneamente estético e político de registros desse tipo, que ele situa na base de promessas estéticas de emancipação. No entanto, ao compreender a estética como regime de identificação das artes (2004, 10, 45) e postular um público de arte indiferenciado (2009, 9-10, 13), minimiza o funcionamento das formações históricas de endereçamento no contexto das quais constelações estéticas emergem. Ele subestima as operações interseccionais de categorias sociais e modos de diferenciação, que moldam sistemicamente e assimetricamente as habilidades da arte e de outros artefatos culturais para efetuar as chamadas partilhas do sensível (2004, 12-14, 42-5). Esses modos e categorias moldam facetas da produção, recepção e teoria dos artefatos culturais, bem como fronteiras hierárquicas (ainda que permeáveis) entre campos da alta arte, da cultura popular e da existência cotidiana, e entre tradições ocidentais e não ocidentais – dimensões que em aspectos significativos escapam da rede da análise de Rancière. Ele desassocia parcialmente epistemes estéticas, obras, modelos e experiências de configurações de endereçamento, relacionalidade e promessas que sustentam suas funções, força e significados. Surgindo no processo de seu esclarecimento implícito e explícito sobre endereçamento, relacionalidade e promessa, essa descontextualização aponta lacunas teóricas. Colocar em primeiro plano minha tríade conceitual avançará nossa compreensão dos laços entre estética e política, na medida em que essas ligações evoluíram e continuam a evoluir.

A promessa cultural do estético

Capítulo 2

1 Esses efeitos também vão em outra direção: uma ampla gama de categorias sociais e subjetivas põem em jogo dimensões estetizadas e estetizantes da branquitude e da negritude. Ver Spelman (1988) sobre as conexões analíticas e o funcionamento interdependente de raça, classe, gênero e outras categorias de identidade e interação social. Sobre a negritude estetizada, ver Morrison (1992, 90). Essed (1991) e Alcoff (2006, 183-94) enfatizam o funcionamento de raça e de racismo em níveis macro e micro da existência. Os relatos fenomenológicos desses aspectos incluem também Fanon (BSWM, 12, 169) e Gordon (1997, 5, 85; 2000). As concepções de raça são dependentes do contexto (Alcoff 2006, 181-6). Categorias de negritude, branquitude e outras identidades raciais e étnicas (assim como as noções de gênero, classe e sexualidade com as quais essas classificações se cruzam) significam coisas diferentes em Hume e Kant. Como seus conteúdos e implicações variam entre os contextos culturais contemporâneos, não há um léxico unívoco, aplicável de modo geral ou atual, no qual essas denominações possam ser traduzidas. Meu objetivo, portanto, não será apontar a exata importância da terminologia racial de Hume e de Kant, mas investigar o funcionamento estrutural das estratégias de diferenciação racial em suas teorias, com foco em fundamentos estéticos e reverberações desses modos.

2 Hume (ST, 146-7; 1998b [doravante "DTP"], 11-12). Hume nomeia a razão, na forma específica em que o gosto é basicamente considerado como um "sentido" ou como "bom" ou como sentido "forte" (ST, 146-7). A razão, como ingrediente do gosto, inclui, entre outras coisas, "pensamento capaz" e "entendimento sadio" (ST, 146-7). É responsável pelas virtudes racionais como clareza de concepção, exatidão de distinção e vivacidade de apreensão. Hume apela à razão para verificar a influência do preconceito, compreender as diferentes partes de uma obra de arte, comparar essas partes umas com as outras e avaliar a adequação dos meios de uma obra aos seus fins. A razão, portanto, é crucial para a capacidade de juízo de um crítico e, em particular, para a capacidade de "discernir as belezas do planejar e do raciocínio, que são as mais elevadas e excelentes" (147).

3 Para as opiniões de Hume sobre a inferioridade intelectual negra, ver 1998f (doravante "NC"), 360n. 120. Para seus comentários sobre as mentes degradadas das classes pobres e trabalhadoras, ver NC, 114. Sobre a inferioridade mental das mulheres, ver 1998e (doravante "IM"), 327; 1965b (doravante "SH"), 96; 1998h (doravante "RP"), 73-4; e 1998d (doravante "EW"), em que um grupo de indivíduos rotulados como "sociáveis", que se inclinam para "reflexões óbvias sobre assuntos humanos" (1) e têm uma "bússola de conhecimento" limitada (3), são em geral e implicitamente do sexo feminino. A masculinização do intelecto em Hume também é evidente em sua insistência em que o sentido de um escritor respeitável (veja nota anterior) seja "forte e masculino" (1965a [doravante "SR"], 43).

4 Presumivelmente, as mulheres, neste grupo fortemente restrito, têm uma quantidade necessária de sentido "forte", que, sob condições específicas, permite o gosto (ST, 147).

5 Não obstante as opiniões de Hume no sentido de que a razão segue e deve seguir a paixão (2001 [doravante "THN"], 2.3.3), ele sustenta que as paixões devem ser ensinadas pelo gosto. Sua posição, portanto, não é afirmar que a razão deve controlar a paixão. Em vez disso, ele insiste na importância de uma educação estética das paixões.

6 Hume torna isso explícito no caso do segundo e quinto efeitos. Como os outros três efeitos contribuem para o segundo e o quinto, o refinamento e a "socialização" das paixões, fica claro que esses três efeitos também são fatores civilizadores.

7 Hume (DTP, 12; ver também RP, 72).

8 Assim, o gosto torna as paixões e os laços sociais do indivíduo esteticamente mais agradáveis, como indica a "elegância" da paixão na última frase desta citação.

9 Hume (RP, 67). As ligações estreitas entre as belas-artes, o refinamento, a delicadeza e o luxo também são aparentes em Hume (RA; OC, 157, 161-3).

10 Hume (RA, 169). Não obstante as deficiências intelectuais das mulheres, o escopo limitado de seu gosto e a suscetibilidade particular de seu gosto à corrupção, as trocas entre certas classes de homens e mulheres acabam tendo efeitos civilizacionais benéficos, de acordo com Hume.

11 Hume (RA, 169). Além de interações produtivas entre as artes, esse espírito também promove o surgimento de gênios individuais (RP, 58-9).

12 Hume (RP, 74-5). Assim, a estética vincula-se à propagação da "raça branca" por meio de suas contribuições com os laços heterossexuais entre homens brancos e mulheres brancas.

13 A conversa com mulheres brancas permite que homens brancos desenvolvam civilidade e deferência (Hume, RP, 69, 72-5). Permite aos intelectuais brancos do sexo masculino desenvolver "liberdade e facilidade de pensamento" e disponibiliza-lhes experiências que podem "consultar" em seus raciocínios. Sem a força civilizadora das mulheres brancas, os intelectuais brancos do sexo masculino carecem de "gosto pela vida ou boas maneiras" (EW, 2); seus escritos permanecem bárbaros; seus corações, frios (3).

14 É tarefa dos homens brancos resgatar a fala das mulheres da trivialidade (Hume, EW, 1, 4-5). Homens instruídos são chamados a corrigir o falso gosto feminino (4-5) e a oferecer às mulheres afeição sincera, ou "a substância", onde outros podem fornecer apenas "complacência", ou, em outras palavras, "a sombra" (5). Os homens brancos devem conhecer as mulheres brancas com bravura, uma paixão que o refinamento promove em homens e mulheres e que simultaneamente afirma a autoridade masculina branca (RP, 73-4). Hume liga fortemente a galanteria ao gosto, observando que ela é "refinada" pela arte (72) e que, por sua vez, é indispensável ao refinamento nas artes (75).

15 Hume postula uma organização mutuamente edificante de relacionamentos entre homens e mulheres brancas. O "esforço *mútuo* para agradar dos homens e das mulheres deve polir insensivelmente a mente" (RP, 74, grifo meu). Ele considera o amor heterossexual bem administrado a fonte de toda polidez e refinamento (NC, 125). Mais do que isso, esse amor é fundamento natural para o "mais doce e melhor gozo" de ambos os sexos (RP, 74). O cultivo que o gosto alcança é, em ambos os casos, masculinizado e feminizado de maneiras distintas e racializadas e é racializado de acordo com o gênero.

16 Além disso, dados o colonialismo e a escravidão, espera-se implicitamente que os negros apareçam, ao lado de mulheres brancas e homens de classe baixa, como defensores materiais de vínculos estéticos entre homens brancos de classe média e entre homens brancos e mulheres brancas de classe média, realizando o trabalho (econômico, epistêmico e/ou afetivo por natureza) necessário para proteger o lazer e a produtividade intelectual de homens brancos eruditos (ver Hume [RP, 67; EW, 1-3]). Além disso, a

negritude, como indicado anteriormente, funciona como uma categoria limite contra a qual esses laços brancos se articulam, ou seja, como um ponto zero da razão, portanto, do gosto e, consequentemente, da humanidade e da sociedade refinada.

17 Uma vez que as dispensas de Kant das faculdades intelectuais dos negros são globais e inespecíficas, identificar precisamente como sua teoria invalida os juízos e gostos estéticos dos negros requer extrapolação. A referida deficiência intelectual dos negros presumivelmente dificulta sua capacidade de formular juízos da chamada beleza aderente e de apreender ideias estéticas, ambas as quais a teoria de Kant torna cruciais para o juízo estético do que hoje são considerados obras de arte. A alegada deficiência intelectual provavelmente dificulta os juízos do belo e do sublime ao dificultar o alcance e o registro das relações entre as faculdades cognitivas que subscrevem esses juízos. Veja também nota 19 sobre a visão de Kant a respeito do conhecimento e do sentimento moral como pré-condições para o gosto.

18 Kant (1960, 108-12). A última sugestão parece aplicar-se em particular aos indígenas caribenhos e sul-americanos.

19 Kant (1960, 114) comenta as formas variáveis que o gosto assume historicamente. Kant (1951, § 60) considera "uma cultura das faculdades mentais por meio daqueles elementos de conhecimento chamados *humaniora*" e "o desenvolvimento das ideias morais e a cultura do sentimento moral" como condições preparatórias para o surgimento do gosto. Conexões adicionais entre cultura e gosto surgem em sua visão do gosto genuíno como um meio-termo entre a "mente grande", o "refinamento" e a "cultura superior" das classes "cultas" e a "simplicidade e originalidade naturais" das classes "incultas" (1951, § 60).

20 A presença de variedade transcultural, trans-histórica, racializada, de gênero e classificada nas formas e qualidades do gosto sugere fortemente que o fenômeno do gosto tem relações complexas com as condições culturais, como os fatores suposta e esteticamente relevantes que Kant usa para diferenciar "o árabe" do "alemão". Essas relações devem ser contabilizadas. No entanto, Kant evita as complexidades que ele abriu ao admitir a variedade culturalmente fundamentada no gosto.

21 Para uma crítica dos efeitos da naturalização dos juízos de gosto em Kant, que liga tal naturalização a um processo de racialização estética (e estetização racializada), ver Armstrong (1996, 213-15, 221-7, 230). Ela especificamente indica a ameaça e a promessa oferecidas por "visões de corpos estranhos" nas *Observações* de Kant (227).

22 Uma abordagem recente dos juízos de valor estéticos em termos de faculdades cognitivas comuns que emprega o termo "público" nesse sentido é feita por Railton (1998, ver esp. 90). A extensa literatura que critica tais noções de publicidade inclui Fraser (1987); Young (1987); Warner (1993); Yúdice (1993); Fleming (1995); Landes (1995).

23 Para o lado menos alegre dos narcisos que é vívido para Lucy, mas não para Mariah, ver também Kincaid (1991, 29-30).

24 Wordsworth (1983, 207-8, 330-3). Enquanto o narrador de Wordsworth gosta de ser revisitado por imagens dos narcisos e encontra reabastecimento em sua "riqueza" visual, Lucy deseja o apagamento.

25 Mariah espera compartilhar, por exemplo, experiências do céu e do clima da primavera (Kincaid, 1991, 19-20), narcisos reais (29), um campo arado (33) e um peixe que ela pescou (37).

26 Kincaid (1991, 18-19). Ao estender a mão para esfregar a bochecha de Lucy, Mariah cria uma reaproximação, mas muda o terreno do engajamento da experiência estética para a "história" de Lucy.

27 Uma exceção é o amor de Mariah por café com leite quente, que ela aprendeu a fazer na França, um gosto que Lucy recebe dela. Este, no entanto, é um exemplo de Lucy abrindo seu mundo estético para Mariah (e, simultaneamente, para a França?). O inverso ocorre apenas durante um momento de grande prazer compartilhado e proximidade inspirado pelo perfume de peônias (60).

28 Kincaid (1991, 9). Ver também 31.

29 Kincaid (1991, 30). Ver também 41.

30 Portuges (2001) chama a atenção para a inexorabilidade e a irreversibilidade do envelhecimento no filme.

31 Consulte o Capítulo 3, p. 106-7. O romance de Kincaid, da mesma forma, fala desse fenômeno. Poderosas analogias conectam concepções da estética como aparte e como detalhe. Notavelmente, um exemplo de gosto por parte de Lucy (o gosto de peixe cozido ao invés de frito ou assado na história de Cristo e os pescadores) é figurado como um "pequeno detalhe", um detalhe que significa muito para ela (1991, 38-9), e isso representa um ponto de diferença estética entre ela e Mariah. Detalhes estéticos singulares e não generalizáveis ocasionam barreiras de comunicação e compreensão que Mariah ignora, mas Lucy experimenta de forma comovente (131-2). Lucy, por sua vez, uma pessoa que confere significado estético a (certos) detalhes, às vezes é tratada como um detalhe insignificante (58).

32 O uso de forma e endereçamento por Varda (para o espectador, para outras obras de arte e, especialmente no segundo vídeo, para objetos e relacionamentos estéticos) complicam seu tratamento da coleta e do estético do modo como minha leitura o contorna. O mesmo vale para as correspondências que ela cria entre coleta e desinteresse estético, ambos em tensão com formas de utilidade.

33 Isso não significa negar que os ensaios cinematográficos de Varda ao mesmo tempo contrariem o papel não marcado que o estético desempenha como dimensão das relações entre sujeitos, e entre sujeitos e objetos, subscrevendo a existência cotidiana. No entanto, a celebração da vida estética de Varda é limitada de forma racializada. As restrições racializadas que surgem são concomitantes com um tratamento amoroso e sedutor das interações colaborativas e ostensivamente incidentais dos agentes estéticos com o mundo dos objetos – aspectos da vida estética mundana cujas possibilidades os vídeos de Varda enfatizam poderosamente.

34 Fanon (BSWM, 111-12, 188). Outra maneira pela qual essas formas ajudam a sustentar as identidades brancas é oferecendo-lhes saídas para a agressão coletiva (145-6).

35 Fanon (WoE, 72, 77, 82-4, 114, 135, 196; ver também 142 e 147).

36 Fanon (WoE, 40, 93, 236-8). Fanon qualifica este ponto em relação ao campo. Além de sua rebelião contra a exploração, os camponeses, em sua opinião, preservam estaticamente suas tradições inalteradas (111-12, 127).

37 Sobre a era da independência, Fanon aponta que o nacionalismo deve ser aprofundado o quanto antes, transformando-se em consciência das necessidades sociais e políticas (WoE, 204; ver também 175).

A promessa cultural do estético

38 Ele também vincula o estético a uma noção excessivamente restritiva de identidade racial. Reconhecendo implicitamente, mas rejeitando abertamente a sexualidade das mulheres negras e protegendo-se contra a força ameaçadora da miscigenação feminina (Chow, 1998), Fanon superestima a homogeneidade racial das comunidades negras pós-coloniais.

39 Fanon escreve que "toda cultura é antes de tudo nacional" e aponta para trajetórias de desenvolvimento "realistas" que devem tornar a cultura "frutífera, homogênea e consistente" (WoE, 216-17; ver também 222-4).

40 É claro que as qualidades estéticas da escrita de Fanon acompanham, parcialmente sustentam e instanciam o impulso político de seu trabalho. Assim, essas características não desmentem, a rigor, a ideia de que não há elementos externos ao projeto decolonial que sejam capazes de alimentar novos pontos de partida culturais. Dito isso, porém, as potencialidades estéticas que minhas leituras trouxeram ultrapassam as oposições que Fanon inscreve na política de resistência anticolonial. Juntamente com os muitos elementos estéticos que ele discute, as dimensões retóricas de sua obra intimam possibilidades estéticas minimizadas por algumas (embora não todas) de suas convicções abertas. Gordon observa a beleza, a ousadia, a ironia e o *pathos* da prosa de Fanon, que ele considera "uma obra de arte" (1997, 39, 230).

41 Comparando a poética dessas artistas com a de Flannery O'Connor e Joseph Conrad, Marshall também situa as falas das mulheres em relação aos cânones literários brancos. Ela cita as conversas das amigas como as principais influências em seu próprio trabalho, seguidas pela escrita de autores negros, incluindo Paul Laurence Dunbar (1983, 10-12).

42 Davis registra especificamente o entrelaçamento entre música e fala nas histórias da África Ocidental (1998, 174, 54).

43 Davis menciona que a opressão de gênero não foi contestada na tradição cultural popular dominante, abrangendo as letras que Holiday transformou por meio de seu emprego de estratégias simbólicas afro-americanas (164). Ela destaca as transformações que Holiday efetuou na tradição cultural negra que a cantora reuniu, expandindo as linguagens do jazz moderno (165, 172) e abrindo caminhos para a politização estética na cultura popular negra (196-7). Além disso, Davis documenta tensões entre formas negras e brancas canalizadas na arte da cantora (175). Como Marshall, Davis relata processos estéticos de transculturação. Sobre estratégias sincréticas comparáveis e mais recentes, ver os relatos de West (1990) e Mercer (1990) de bricolagem improvisional e crítica.

44 A visão de Davis sobre as afiliações translocais que ela descreve e os significados além-fronteiras que elas implicam tanto se afasta quanto guarda analogias com as noções iluministas do público em geral. Os três pontos cruciais de diferença são os seguintes: 1) as forças de transculturação que Davis identifica são altamente específicas, evitando a aplicabilidade geral (ver 1998, 183); 2) diferentemente de Kant e Hume, Davis reconhece o papel de categorias de diferença, como raça, classe e gênero, em possibilitar e constranger laços culturais, sem também, em outro nível, negar o papel de tais elementos; 3) ao contrário de seus predecessores, Davis se abstém de endossar muitas das hierarquias classicamente codificadas nessas categorias.

45 Davis (1998, xiii-xx, 24, 65, 142-4, 159, 162-3, 173). Davis também descreve o envolvimento de Holiday com dilemas enfrentados pela crescente classe média negra (171).

46 Sobre interpretações erradas da música, ver Davis, 1998, 92-101, 142, 163, 184-7.

47 Ver Davis, 1998, 54-5, 164, 168, 171, 173, 175.

48 Os desvios dos paradigmas iluministas são, portanto, concomitantes com os paralelos.

49 O branqueamento do estético, em suas teorias, também se caracteriza por tal especificidade e interseccionalidade.

Capítulo 3

1 Os documentários de Agnès Varda sobre coleta examinam essa lógica do aparte (ver Capítulo 2, p. 59-8).

2 Budd (1995, 22-3) indica a conexão de Hume entre delicadeza de gosto e detalhes.

3 A delicadeza do gosto, segundo Hume, permite que uma obra de arte mova "as emoções mais sutis da mente", que são de "natureza muito terna e delicada" (ST, 138-9). Os movimentos dessas "pequenas molas" são facilmente "perturbados" pelo "menor obstáculo exterior" ou "pelo menos desordem interna" (139). Esse material altamente sensível precisa ser sentido por uma faculdade fina e exata, uma propensão que é sensível a "emoções mais sutis" (140), isto é, ao detalhe. Hume apoia essa visão do gosto ao apontar que uma pessoa com febre não pode julgar os sabores com autoridade, e que alguém afetado pela icterícia não pode avaliar com precisão as cores. Uma capacidade apreensiva profundamente sintonizada é necessária para realmente perceber essas qualidades "reais" (140).

4 Constelações relacionadas a detalhes são meu foco neste capítulo. Outros lançam uma rede analítica mais ampla. Sobre estruturas de gênero em múltiplas áreas da filosofia de Hume e suas implicações em sua noção de padrão de gosto, ver Korsmeyer (1995).

5 Hume formula esse ponto sobre a imaginação também no início de THN, 2.2.2.20-1, no qual suas operações exibem inflexões por classe e império, além de (e presumivelmente cruzando-se com) gênero. Ver também Korsmeyer (1995, 57).

6 Segundo Irigaray (1985), a diferença sexual ainda está por ser formada, em parte, pelo desenvolvimento de um imaginário feminino, uma vez que a filosofia ocidental instituiu um aparato de *logos* masculino, racionalidade e linguagem simbólica que constrói a materialidade e a corporeidade femininas como terrenos irrepresentáveis de significação, posicionando a natureza, marcada como feminina, constitutivamente fora dos quadros metafísicos e epistemológicos legíveis. Lloyd (1993b; 1993a, 76, 82) explora os efeitos estruturais de gênero das distinções históricas entre a razão e seus opostos, incluindo a natureza.

7 Embora sistêmicas, essas associações não são estáveis nem unívocas. As complicações se ligam, por exemplo, à compreensão de Hume da razão como uma capacidade natural. Baier enfatiza sua noção cambiante de razão e sublinha a natureza equívoca de suas ideias sobre as capacidades das mulheres (1993, 47; 1989, 50). Lloyd (2000) observa que Hume evita antigas distinções polarizadas entre imaginação, paixão e razão ao reunir essas operações, efetuando uma naturalização da razão. Enquanto Hume regularmente feminiza a natureza, ele tipicamente masculiniza a natureza *humana*. Korsmeyer

(1995) identifica os efeitos de gênero presentes na fundamentação do gosto de Hume na natureza humana, conforme compreendido em um modelo de masculinidade ideal. Smuts (2000) examina as metáforas de gênero em mudança que informam as visões de Hume sobre razão e natureza. Esses comentaristas reconhecem tensões, mudanças, equívocos e inconsistências nas visões de Hume sobre razão, natureza e gênero. O detalhe, em sua teoria, confirma esse padrão.

8 Schor esboça uma longa tradição que feminiza os laços do detalhe com a natureza, sentimento e percepção, dissocia o detalhe da cultura e considera-o responsável por ameaças à bondade estética e ao gosto (1987, 16-17, 19-20). Sobre o significado da razão para o gosto, veja as páginas 43-4 deste livro e a nota 2 do Capítulo 2).

9 A discussão de Hume sobre os benefícios e as desvantagens relativos de ultrapassar ou cair abaixo dos níveis adequados de detalhe e sensibilidade ao detalhe indica que as dimensões generificadas do detalhe não se reduzem a uma construção genérica por parte de Hume de um meio suposto como masculino, e de qualquer coisa além ou aquém disso como feminino (SR, 46-7). Evidência adicional disso reside nos papéis distintamente de gênero que homens e mulheres cumprem no processo de refinamento de seu gosto.

10 Temple (2000, 269-70) argumenta que Hume se baseia em detalhes feminizados triviais do tipo que ele denuncia (em Hume [SH e 1850]) a fim de estabelecer o que a escrita da história propriamente masculina significa e de forjar uma imagem da nação inglesa como paradigma de ordem. Enfatizando a comparação de Hume das mulheres com a natureza, traz à tona seu alinhamento da feminilidade, como exemplificado em detalhes depreciados, com excesso, irregularidade, superfluidez, multiplicidade e ruptura (266-8, 275). A própria elisão de detalhes transgressivos de Hume (1850) e sua evocação dos tipos de detalhes privilegiados pelo gênero romance, em seu relato (273-4), colaboram para projetar na figura de um corpo feminino sexualmente transgressor, doente, formas de desordem rejeitadas por concepções idealizadas de nacionalidade.

11 Ver Schor (1987, 4, 15-22, 25, 29, 35, 43-5, 59).

12 Carroll (1984, 190) afirma que um crítico humeano exibe a posse de delicadeza de gosto ao descrever "finos matizes em tons, cores e significados". Ele argumenta que esse atributo crítico, para Hume, envolve uma sensibilidade para "belezas" e "manchas", que torna circular a definição de Hume dessa característica apreciativa (189-90, 194n. 34); além disso, Carroll desafia persuasivamente a tentativa de Peter Kivy de resgatar a noção de delicadeza do gosto de Hume das acusações de circularidade e regressão infinita (189-91).

13 Como argumenta Carroll, a noção de delicadeza do gosto de Hume é circular. Existem maneiras de contornar as acusações de circularidade. Formulando um relato humeano, Levinson (2000) define beleza ou bondade artística como a capacidade dos objetos de darem prazer estético quando adequadamente apreendidos. Ele propõe identificar os críticos ideais com base em sua capacidade de apreciar um cânone do que Hume chama de obras-primas, ou seja, um conjunto de obras exemplares que demonstraram resistir ao teste do tempo, exibindo amplo apelo através das barreiras culturais. A aprovação de uma obra nesse teste, para Levinson, constitui evidência *prima facie* de sua bondade estética. Essa visão evita certos problemas de circularidade (230-3, 237n. 20). No entanto, a delimitação dos cânones se vale notoriamente de formações sistêmicas e historicamente produzidas de poder, conhecimento, desejo e prazer. Isso frustra uma

confiança plausível em corpos de obras-primas como indicadores confiáveis de perspicácia crítica, discernimento e potencial para fornecer experiência estética quando devidamente apreciados. A passagem nos testes do tempo fornece uma evidência *prima facie* considerável de que uma obra de arte apoia as formações existentes de poder, conhecimento e prazer, abstém-se de violar sensibilidades estéticas profundamente arraigadas e, percebida em seu contexto histórico, é instrumental para sustentar privilégios estabelecidos, em vez da capacidade de uma obra de fornecer experiência intrinsecamente valiosa para os observadores apropriados. Dado que a racialização, a formação de classes e o gênero estetizados e estetizantes resistiram a muitos testes de tempo, a sustentabilidade da abordagem de Levinson, seja por definição (como uma análise da bondade estética) ou epistemicamente (como uma medida de tal bondade), é limitada. É necessário um aparato crítico que desafie essas forças estéticas.

14 Carroll argumenta que é impossível fundamentar uma sensibilidade crítica em uma mera sensibilidade perceptiva (1984, 189-90, 194n. 34; ver também 186).

15 Falo aqui de "estruturas estéticas" para reconhecer o dinamismo dos desejos e filiações estéticas, que adquirem força e significados no contexto de redes de relacionalidade e endereçamento estéticos.

16 Assim, o esquema recém-instituído influencia simultaneamente essa tradição antecedente à medida que prossegue.

17 Hume frequentemente refere-se a elementos pequenos e minuciosos na obra de arte ou artefato (ST, 141-2). Os rótulos "pequeno" e "diminuto", que, para ouvidos contemporâneos, soam mais objetivos do que "fino" e "grosseiro", sem dúvida, funcionam como predicados estéticos em vez de noções esteticamente neutras. Isso sugere que a própria noção de detalhe constitui um conceito estético em Hume, tanto em sistemas estéticos pré-padronizados quanto padronizados.

18 Hume endossa uma visão qualificada dos limites epistêmicos que abre espaço para seu tratamento ambivalente do gosto feminino pré-padronizado. Reconhecendo a inevitabilidade de perspectivas limitadas, ele também as vê como impedimentos aos quais devemos resistir e valoriza a capacidade de extrapolar pontos de vista tão restritos (1998c, 141-2).

19 Cohen (1994, 150-1), em sua leitura, descreve uma regra semelhante, mas um tanto diferente: que a descoberta da chave e do chaveiro de couro revela ser aplicável no caso de degustação de vinhos de Hume.

20 Sverdlik (1986, 72) levanta a possibilidade de que os gostos detectados pelos parentes sejam interessantes ou melhores.

21 Hume contribui com este ponto para o conto em *Dom Quixote* (Cervantes, 2003, segunda pt., cap. XIII, 537-8). Observe também que a diferença de juízo entre os dois provadores não o leva a se preocupar com a adequação de suas percepções. Ele pode conceder ao verdadeiro crítico a liberdade de perder alguns detalhes.

22 Esse movimento por parte de Hume reflete substancialmente o papel teórico que seu modelo de gosto confere a obras-primas reconhecidas (ver, por exemplo, Levinson [2002]). O vinho supostamente bom no experimento funciona de maneira que Hume toma as obras canônicas para guiar um processo de educação estética, servindo como um dos "excelentes modelos" ou "exemplos" que o observador pode usar para dimensionar qualidades de outras obras (ganhando prática em juízo estético comparativo ao

testar um objeto contra o pano de fundo de objetos louváveis), avaliando características de supostos juízes e a aplicabilidade ou adequação de princípios de gosto, tais como regularidades correlacionando aditivos alcóolicos de ferro e couro com sabores (desagradáveis) transmitidos por esses materiais, quando apreendidos como elementos de uma *gestalt* geral do vinho categoricamente fundamentada (ST, 141-3). Minha leitura do papel do vinho, portanto, obedece a contornos mais amplos da teoria de Hume.

23 Gosto, para Hume, aplica-se à área da inteligência. A delicadeza é exigida nesta esfera (ST, 143).

24 Sobre a masculinização do crítico, ver Korsmeyer (1995). Sobre sua posição de classe, ver Shusterman (1993).

25 Isso é contrário à situação da obra de Cervantes, na qual Sancho primeiro demonstra sua capacidade de identificar pelo gosto a origem do vinho que lhe dão para beber antes de discutir a ocasião de degustação em que Hume improvisa (Cervantes, 2003, 537).

26 Hume (ST, 145-6). Este requisito interpretativo pode até ser impossível de satisfazer plenamente. Veja a crítica de Young (1997) à ideia de que os agentes podem suspender sua posicionalidade de modo a identificar-se imaginativamente com os pontos de vista de outros. As fontes de variabilidade crítica de Hume também intimam tais limites (ST, 149-53; ver Capítulo 1 deste livro, nota 1).

27 Estas permitem que a delicadeza da imaginação funcione corretamente, ou seja, em consonância com a relação que a natureza estabeleceu entre o objeto e o observador.

28 Como argumenta Korsmeyer (1995). Shusterman (1993) identifica exclusões de classe decorrentes de condições de prática e experiência comparativa, que exigem lazer.

29 Hume (EW, 3-4). Entre as reservas de Hume sobre os juízos femininos desses livros encontra-se que as mulheres "parecem mais encantadas com o *calor* do que com a justiça da paixão" (4, grifo meu).

30 Com Schor (1987, 15, 23, 34) compartilho um foco no detalhe como uma "categoria estética".

31 ... ou um homem para casar, o que era uma parte típica da vida de uma criada na Holanda do século XVII. Ver Nevitt Jr. (2001, 102).

32 O cabelo e a parte superior do corpo da criada desaparecem em segundo plano, e sua saia azul brilhante combina até certo ponto com a toalha de mesa azul. Isso ancora a criada no cenário doméstico e intensifica a posição exposta da senhora. Documentando ligações entre toalhas de mesa e saias femininas em várias pinturas de Vermeer, Gowing (1952, 44-5) lê tais toalhas como extensões impessoais de personagens que funcionam como suportes ou pedestais para escritores de cartas e também como marcadores de fertilidade.

33 Por exemplo, essa senhora parece muito menos presente ativamente em seu corpo do que a dama mais idealizada em *Lady Writing a Letter with Her Maid* (c. 1670-1, Dublin, National Gallery of Ireland) ou a dama em *A Lady Writing* (c. 1665, Washington, DC, National Gallery of Art).

34 Ver Barthes (LD, 20, 72, 191); Schor (1987, 95).

35 A virada da mão direita da criada sugere um alongamento do intervalo de tempo em que a carta é estendida para visualização da senhora, adiando, junto com sua mão esquerda, o momento em que a carta será entregue a ela.

Notas

36 Tanto a mão direita da senhora quanto a da criada, que, como observa Wheelock (1995, 147), espelham-se, são modeladas em detalhes mais nítidos do que a mão esquerda levantada da senhora.

37 Hegel (1975, 2:800-1), por exemplo, descreve a animação espiritual pelo artista de elementos sensoriais em pinturas. Entre o grande grupo de teóricos que opõem a formação do sentido estético à morte estão Barthes (1981 [doravante "CL"], 73, 110, 117); Fanon (WoE); Deleuze (1989) e Kristeva (1989). Sobre as tensões de gênero inerentes às formas de animação dirigidas a entidades sem vida, ver Johnson (1987a).

38 Ver Barthes (LD, 19, 191; CL, 118-19).

39 Ver Barthes (CL, 27, 45, 94, 98, 109).

40 O testemunho de Hume sobre sua frieza é condizente com sua visão de que a delicadeza do gosto "excita emoções suaves e ternas" no crítico, produz uma "agradável melancolia... adequada ao amor e à amizade" e "leva mais longe" as "afeições" sentidas por uns poucos selecionados, ao mesmo tempo que cria indiferença para com os outros (DTP, 12-13; ver também o Capítulo 2 deste livro, p. 46-7). Paralelamente, ao sair de um estado doloroso de melancolia e delírio, Hume encontra em ação os "sentimentos da natureza" particularizados que a reflexão filosófica abstrata pode reprimir (SH, 98-9; citado na p. 90).

41 Estase e imobilidade estão no centro da formação melancólica que ele esboça.

42 Schor (1987, 97; 1995, 32-7). Isso não obstante o papel do neutro na obra de Barthes.

43 Nem o toque autoerótico da senhora nem o seu alcance da pérola, que em alguns aspectos confirmam o poder masculinista, têm o efeito de masculinizar sua mão esquerda.

44 Para Hume, a relação do sujeito com o mundo dos objetos culturais e o público é mediada pela construção do "homem em geral": "[Q]uando qualquer obra é dirigida ao público... Eu devo... [considerar-me] como um homem em geral, [e] esquecer, se possível, meu ser individual e minhas circunstâncias peculiares" (ST, 145).

45 Sobre as ligações entre uma lógica de cultivo e construções de feminilidade na obra de Vermeer, ver Vergara (2001, 235-49). A trajetória que Hume leva do detalhe sensorial feminizado à cultura é paralela à ideia do século XVII de que as pinturas de mulheres bonitas são capazes de exemplificar o cultivo que consiste na astúcia e no status civil do artista, na posição social do público, na qualidade de vida cultural na Holanda e na dignidade da pintura como arte. Ver Sluijter (1998, 271-4); Vergara (1998). Vergara argumenta especificamente que, ao representar a feminilidade como composta, digna, íntima e grandiosa, privada e pública, Vermeer é capaz de articular sua visão particular da Modernidade. A plausibilidade da lógica cultural relevante em Hume e Vermeer repousa na condição de que as pinturas da beleza feminina e as constelações de detalhes que são consideradas exemplares da cultura observem relações apropriadas de classe, raça, sexo e gênero.

46 Os documentários de Varda sobre a coleta exibem elementos dessa interação móvel entre generalidade e particularidade (ver Capítulo 2, p. 59-61).

47 Braidotti (1994, 134-5) explora o posicionamento paradoxal e crítico dentro das configurações de gênero que isso acarreta. De Lauretis (1987, 1-30 e 127-48) descreve uma dinâmica relacionada entre positividade e negatividade.

Capítulo 4

1 Lispector (1986 [1977], 68); Amaral (1985); ver, entre outros escritos, Cixous (1991). N.T.: Edição original em português: Lispector (1998, 73).

2 Ver Franco (1992, 75-6).

3 Lispector (1986, 53). O termo "semiótico" refere-se aqui ao gozo de Macabéa diante da materialidade dos signos à distância de certos significados referenciais (como quando ela se delicia com o cheiro da carne sem ter como comprar a carne mesma [1986, 53]). Ver também Kristeva (1984, 21-89).

4 Ver Lispector (1986, 14, 38, 47, 51, 71, 73, 80). N.T.: Referências da edição em inglês.

5 Sigo Alexander Broadie, entre outros, ao ver o Iluminismo escocês como abrangendo aproximadamente o século XVIII (2003, 1, 6).

6 De acordo com Shaftesbury ([Anthony Ashley Cooper], 1964), a mente, que tem "uma ideia ou senso de ordem e proporção" (2:63) percebe e desfruta racionalmente da beleza em si mesma, que coincide com a bondade e a verdade (1:91, 1:94, 2:126-8, 2:144). A beleza depende da simetria e da ordem (1:92, 2:177, 2:267-9, 2:276), que percebemos sem conhecer totalmente essa ordem (1:214, 2:65). A proporcionalidade que produz a beleza produz utilidade, conveniência e vantagem, mas a beleza não depende disso. Em vez disso, depende da "fonte de toda beleza", que forma as mentes que, por sua vez, formam coisas belas (2:126, 2:131-3). Da mesma forma, Shaftesbury argumenta que o interesse próprio e a virtude coincidem (2:243-4, 2:274, 2:281-2), embora a virtude não seja baseada no interesse (1:66), mas desinteressada (1:67, 1:69, 1:77-8). Hutcheson (2004) ecoa a ideia de Shaftesbury de que o senso de beleza proporciona um prazer desinteressado na ordem e na justa proporção de elementos dentro do todo maior do qual esses elementos fazem parte (2004, 8-9, 45, 86, 112). Esse prazer é imediato e anterior à utilidade ou compreensão racional (9, 25, 35, 100). Ao mesmo tempo, é compatível com o interesse próprio (186). Mais do que isso, o interesse próprio é, na verdade, moralmente necessário (122).

7 Barrell (1989) analisa as exigências de gênero, sexuais, artísticas e espetaculares impostas pela tarefa moral e política da arte em Shaftesbury.

8 A designação "*emollit mores*", denotando um amolecimento das normas, aponta para o perigo da feminização. Veja a ligação entre suavização e "efeminação" no conjunto anterior de citações, bem como em Shaftesbury (1914, 104). Aqui a frase ocorre em conexão com uma preocupação com o enfraquecimento que pode resultar do polimento e do refinamento, e que em Shaftesbury resulta em efeminação.

9 Esses registros de diferença se cruzam. Ver Spelman (1988).

10 Mandeville (1924, 42, 323-5, 331). Seguindo Mandeville, Howard Caygill elabora sobre a necessidade de violência, trabalho forçado e regulação política em Shaftesbury e Hutcheson (1989, 43-5, 51-3, 57-62).

11 Mandeville (1924, 68-9, 76-80, 124-65, 231-5, 331).

12 Ao lado de críticas mais amplas como Benjamin (2003); Oeste (1982) e Wynter (1992), ver especificamente Caygill (1989, 43-62) e Barrel (1989, 102-3).

Notas

13 Exemplos são Spelman (1988, 9-13, 19-36, 126-8) e Lloyd (1993b).

14 Ver Kristeva (1987; 1984, 25-30, 45-51, 68-71); Irigaray (1985, 86-118, 186-9; 1993, 20-33; "The Female Gender", em 1993b, 109, 113-15).

15 Recordemos a subjugação inicialmente violenta do desejo sexual pela razão no *Fedro*, como exemplificado pela analogia da parelha alada, através da qual Sócrates ilustra o processo pelo qual a razão ganha controle sobre certos tipos de paixão corporal ao realizar uma vida nobre, pacífica e uma feliz forma de amor (Platão, 1961, 246a-248c, 253c-256e). Para uma discussão sobre a somatofobia em Platão e a politização das distinções entre as partes racionais e apetitivas da alma, ver Spelman (1988). Sobre as conotações de gênero e raciais das figurações do corpo e as ligações entre as visões de corpo e beleza de Platão, ver especialmente 23-31 e 127.

16 Ver, por exemplo, Buck-Morss (1992).

17 Hume evita assim a autonegação violenta que, argumenta Mandeville contra Shaftesbury, é imposta às classes trabalhadoras por políticos e pensadores que perpetuam equações hipócritas de bem público e privado, e de virtude e interesse próprio (Mandeville, 1924, 42, 323-4, 331). Veja também nota 22.

18 Hume (RA, 169-70). Assim, o gosto, para Hume, exemplifica o que Guillory vê como seu papel na filosofia moral do século XVIII em geral, a saber, o de regular o consumo sem limitar "o comércio e a indústria dos quais a nação dependia" (1993, 307).

19 De acordo com Smith, o filho do homem pobre, que, ansioso por alcançar um feliz estado de repouso, dedica sua vida à obtenção de riqueza e grandeza, tolamente sacrifica o verdadeiro contentamento e tranquilidade que estavam disponíveis para ele, por uma invenção de sua imaginação, inspirado nas atrações de incontáveis "invenções artificiais e elegantes" (2000, 259-62). Smith também observa que ao mendigo não falta felicidade real, em comparação com o homem rico (265). Assim, por um lado, Smith limita drasticamente o grau de enobrecimento e embelezamento das promessas de beleza. Por outro lado, a promessa da beleza contribui vitalmente para a realização de um bem moral e político crucial como a justiça: ao estimular a produtividade humana e ao investir objetos de significado estético, a imaginação de riqueza e grandeza permite que os trabalhadores participem das necessidades da vida que as próprias inclinações do proprietário para a humanidade ou a justiça não lhes teriam concedido (264). A ambivalência moral e política da beleza se destaca claramente no relato de Smith.

20 Ver, por exemplo, Gagnier (2000) e Poovey (1994).

21 Mattick (1995) e Armstrong (1996), entre outros, fazem este caso a respeito de gênero e raça em Burke.

22 Burke, como Shaftesbury, mantém os assuntos em linha por meio de regulamentos sem recorrer ao "banimento total" ou à "proibição" (Shaftesbury, 1964, 1:218-19; 1914, 104).

23 Esta é uma possibilidade que os comentaristas de fato assumiram como verdadeira. Ver, por exemplo, Armstrong (1996). A suposição é razoável, dado que a sublimidade é o assunto da discussão de Burke.

24 Além disso, o horrível ou terrível não é necessariamente sublime. Este último estado honorífico envolve uma medida de distância do perigo e da dor que, "com certas

modificações", permite o deleite (Burke, 1990, 36-7; ver também 47). Possivelmente, ele toma a distância e os ajustes necessários para faltar no caso da percepção do menino branco sobre a mulher negra. Burke associa um alto grau de sublimidade também ao espanto, e reconhece elementos de admiração, reverência e respeito como ingredientes de experiências do sublime (53).

25 Ao assumir que a percepção dela como horrível constitui implicitamente um julgamento estético, aquele que desdobra o horrível como um conceito estético, sugiro que ela não seja irremediavelmente expulsa do âmbito estético, embora seja banida do sistema de relacionalidade normativamente estetizada que foi proposto por Burke. Armstrong argumenta que Burke lança a mulher negra para fora dos limites que ele estabeleceu para o belo e o sublime (1996, 215, 220-1).

26 A natureza estética específica e os poderes da branquitude e da negritude dependem do código racial que carregam no sistema de Burke; ao mesmo tempo, seus significados raciais encontram elaboração em seus efeitos estéticos. A racialização da branquitude e da negritude, portanto, deve ser entendida, em parte, como um artefato estético, e a estetização desses conceitos (junto às experiências que eles informam) deve ser vista, em parte, como uma construção racial. Em outras palavras, sua racialização e estetização estão emaranhadas.

27 Wollstonecraft (1992, 144-7, 162). O argumento pode não se aplicar ao prazer estético dos homens (ou de outros indivíduos não femininos). Pois não está claro que Wollstonecraft perceba um problema com "seres equívocos" que oferecem aos homens "algo mais suave que as mulheres" (254; ver também 161).

28 Wollstonecraft (1992, 156, 170, 150, 144). Wollstonecraft escreve: "Do respeito prestado à propriedade flui, como de uma fonte envenenada, a maioria dos males e vícios que tornam este mundo uma cena tão triste para a mente contemplativa" antes de insistir nas maneiras pelas quais "o respeito prestado à riqueza e aos meros encantos pessoais" é destrutivo da virtude das mulheres (257-8). Assim, ela discute explicitamente a questão da beleza da mulher (fonte de seus encantos pessoais) no contexto do mercado. Ver Poovey sobre as conexões com os debates do século XVIII sobre a relação entre virtude e comércio (1994, 91-8).

29 Sobre essa autoridade discriminatória, ver também Armstrong (1996, 217, 220).

30 Isso não significa negar sua distância da fundamentação de Shaftesbury sobre o processo civilizatório artístico na beleza feminina (ver Barrell, 1989).

31 Enquanto Wollstonecraft apresenta às mulheres de classe média e alta o paradigma virtuoso de mulheres da classe trabalhadora que realizam o trabalho necessário para cumprir suas responsabilidades (174), ela acaba privilegiando a primeira. Cole (1991, 125-35) critica a hierarquia de classes de Wollstonecraft.

32 Esses tipos de atos corporais estão impregnados da disposição inquisitiva e da imaginação de Macabéa. Ver, por exemplo, Lispector (1986, 26, 32, 49-50).

33 Esse ponto se aplica também às associações da beleza com a capacidade física e sua desconexão convencionalmente assumida dos corpos envelhecidos e dos deficientes físicos, e à sua cumplicidade na destruição ambiental. Veja Pratas (2000) e Saito (2002).

34 Irigaray, entre outros, alerta-nos para essa tarefa no contexto das problemáticas constelações de gênero. Para uma abordagem esclarecedora da ambivalência da beleza

e seu entrelaçamento com raça, gênero e outras dinâmicas de subjetividade, ver Cheng (2000). Tanto Cheng quanto Johnson (1998, 79-87) reconhecem tal ambivalência nos romances de Toni Morrison.

35 Em meu livro *Arts of Adress (Artes de Endereçamento)*, bem como no Capítulo 8 deste livro, indico como prazeres desse tipo implicam criticamente o leitor em consequência das formas de endereçamento do romance. Em nossa escrita conjunta da obra em andamento *Aesthetics and Anachronism in Latin America (Estética e anacronismo na América Latina)*, Norman S. Holland e eu examinamos as estratégias estéticas do romance com mais detalhes.

Capítulo 5

1 Exemplos proeminentes de um *je-ne-sais-quoi* podem ser encontrados em Platão, Boileau e Hutcheson.

2 Pressionando ainda mais a linha cética, pode-se naturalmente perguntar qual é o estatuto epistêmico desse tipo de afirmação.

3 Leibniz, Baumgarten, Herder e Schopenhauer, entre outros, podem ser considerados proponentes dessa abordagem. Ver Barnouw (1993, 1995) e Schopenhauer (1958).

4 Uma perspectiva nesse sentido pode estar associada a uma posição que leva a sério tanto o esquecimento, o desconhecimento e a irracionalidade da interpretação estética (ver Barthes [CL, PT]) quanto sua capacidade de transmitir conhecimento (como sugerem Nelson Goodman, Hilary Putnam e outros teóricos que defendem a importância cognitiva e moral da arte em face de impedimentos epistêmicos *prima facie*).

5 Para diferentes formulações dessa ideia, ver Althusser (1997); De Man (1979, 1983); a visão de Merleau-Ponty (1968) sobre o entrelaçamento do visível e do invisível; os escritos de Derrida (1981, 1998) sobre desconstrução, suplementaridade e disseminação; e Johnson (1987c).

6 Os defensores desta abordagem incluem Derrida (1981, 1987, 1998) e Le Doeuff (1989).

7 Sobre a noção de intercorporeidade ver Merleau-Ponty (1968, 141 e 143) e Weiss (1999).

8 Esses estados ética e politicamente eficazes participam da reprodução e da transformação das condições sociais, exigindo um lugar nas análises e práticas dos feminismos críticos de raça e nos debates sobre a ignorância que ocorrem atualmente em todas as disciplinas. Ver, por exemplo, Sullivan e Tuana (2006, 2007); Proctor e Schiebinger (2008).

9 Depois de três temporadas, o programa foi renomeado para *Queer Eye*.

10 Mais precisamente, o tranquilizante pretende tornar seus benefícios atraentes, enquanto no máximo consegue isso parcialmente. No entanto, o poema envolve o leitor e o escritor no desejo de ignorância, em vez de colocá-los acima dela ou deixá-los intocados por ela.

11 Diferentemente da ignorância, entendida como falta de conhecimento, ignorar normalmente envolve a consciência do que é ignorado. O estético muitas vezes poupa o trabalho de ignorar ao fazer o trabalho de permitir a não consciência.

A promessa cultural do estético

12 Ver "Aviso" e "Somos extremamente afortunados", em Szymborska (1995).

13 Kaplan (1988, 169-70) menciona a correspondência visual da obra com uma representação alquímica do século XVII de um labirinto centrado em torno da pedra filosofal.

14 Os comentaristas que reconhecem uma jornada rumo à iluminação na obra incluem Kaplan (1988) e Loranzo (2000). Sobre este tema na obra mais ampla de Varo, ver também Chadwick (1985, 195, 215-18). Na leitura de Kaplan, a obra representa uma viagem espiritual (1988, 169). Loranzo descreve a pintura como uma "síntese de uma série de buscas furtivas" (2000, 45).

15 Kaplan observa que os barcos se assemelham a embarcações em que os alquimistas supõem que a transformação ocorra (1988, 169). Chadwick, da mesma maneira, lê a forma de ovo como central para a transformação alquímica (1985, 211-212) e reconhece em Varo e outras surrealistas uma "identificação alquímica do ovo com os poderes criativos das mulheres" (166).

16 Essa ave é mais emblemática e menos individualizada do que muitas outras aves da obra de Varo, que tendem a ser livres, curiosas, cheias de intenção, vigilantes e ativamente engajadas, como em *Les murés (Os emparedados)* (1958), *El encuentro (O encontro)* (1962) e *Caza nocturna (Caça noturna)* (1958).

17 Embora o pássaro na torre represente um estado que os viajantes estão se esforçando para atingir, sua localização estática e simbólica sugere que ele denota o conceito de um objetivo, em vez de um objetivo que a pintura afirma que os humanos devem buscar. Invocando possivelmente uma estampa alquímica (ver nota 13), a posição central e elevada da ave pode aludir à pedra filosofal ou ao ouro, significando o objetivo da transformação alquímica. Isso evita a necessidade de colocar um fim, além da indexação de um conceito, como sugere Hillman (1993). Eu agradeço a Stan Marlan por esta referência.

18 Kaplan argumenta que o uso de técnicas surrealistas por Varo, como a decalcomania e de imagens de artesanato doméstico feminizado, como bordado, culinária e tricô, subverte métodos artísticos surrealistas e delineia posições alternativas para mulheres sob o surrealismo (1998, 31-40).

19 Sobre a *Khôra* feminizada, ver a leitura de Kristeva do *Timeu* de Platão (1984, 25-30, 68-71) e Irigaray (1985, 94, 101-2; 1993a, 34-55, 83-94).

20 Schiller tem uma visão desse tipo, mesmo que ele, estritamente falando e não evitando o paradoxo, resista à linguagem da ponte. Veja o Capítulo 6, notas 2 e 11.

21 Ver Schiller (1967, 5, 13-15, 18, 27-9, 43, 141, 161-71, 179).

22 Ver Dewey (1934, 20-2, 25, 27, 29, 33, 48-9, 54, 247, 249-50, 287-8, 297, 333-4, 336).

23 Ver Kristeva (1996, 167-249); Irigaray (2000, 7, 61, 88); Lorde (1984) e Anzaldúa (2002, 192).

24 Numerosos escritores documentam os efeitos excludentes de tais distinções. A lista a seguir é radicalmente abreviada. Para uma leitura das hierarquias e diferenciações produzidas pela dicotomia mente-corpo e suas oposições concomitantes, ver Spelman (1988). Sobre o cisma razão-emoção, ver Jaggar (1992) e Spelman (1992). Para a bifurcação do individual e do social, ver Lugones (2003). Sobre a divisão público-privado,

Notas

ver Fraser (1987); Young (1987) e Fleming (1995). Para a distinção razão-imaginação/sensação, ver Le Doeuff (1989) e Braidotti (2002). Sobre a cisão entre particularidade e generalidade, ver Schor (1987).

25 Teóricos como Bourdieu (1995), Schor (1987), West (1982), Wynter (1992) e Korsmeyer (1998) registram a cumplicidade dos protocolos estéticos na institucionalização das diferenças de gênero, classe, etnia e raça.

26 Embora Hume permita alguma variabilidade em relação às respostas emocionais dos observadores às obras de arte (ST, 149-51), isso confirma que ele simultaneamente endossa critérios de adequação que as governam, como fica evidente, por exemplo, em sua discussão sobre as reações afetivas das mulheres aos "livros de bravura e devoção" (EW, 4).

27 Hume (ST, 140, 142, 149). A visão de Hume de que "toda a humanidade" concorda que o verdadeiro crítico é um personagem "valioso e estimável" (148) também confirma a copresença de critérios morais e epistêmicos no reino do gosto.

28 Muitos exemplos de tal orientação surgem nas visões de Hume. Ele defende um equilíbrio entre simplicidade e refinamento para não cansar a mente do leitor e enchê-lo de desgosto, a fim de manter a "justiça de representação" (SR, 44) e de evitar a "degeneração" do gosto (47). Dimensões morais e epistêmicas convergem nessa terminologia, que pretende regular o funcionamento do afeto, da percepção, da sensação e da imaginação. Este extenso papel disciplinar das dimensões morais e epistêmicas do gosto emerge também na influência refinadora do gosto sobre nossos afetos (DTP), no impacto cultivante que o refinamento nas artes tem em nossos apetites, temperamentos, prazer e humor, e na repressão do excesso pelo refinamento (RA, 167-71).

29 O gosto o ajuda a depender de si mesmo para a felicidade que ele coloca em objetos externos, incluindo a companhia de outros (Hume, DTP, 11; RA, 174). Ao mesmo tempo, fomenta o amor, a amizade e a sociabilidade (DTP, 12; RA, 169) e proporciona prazer em objetos materiais e sensações (RA; OC; RP).

30 Nem todos os episódios seguem o esquema que identifico a seguir. Meu foco será no quadro de base do programa, que deu origem a variações em muitos pontos, mudanças que claramente ocasionaram adaptações nesse modelo, mas não diminuem a utilidade de uma análise relativamente abstrata das estruturas estéticas postuladas em vários episódios.

31 Note-se que, ao contrário da visão de Hume, na estética da equipagem do programa (ver p. 45 e 94), não há necessidade de o sujeito do programa agir por gosto.

32 Ao mesmo tempo que estende a noção operativa de masculinidade branca, proprietária, heterossexual, o programa também a solidifica novamente ao incorporá-la ao cuidado amoroso de uma rede de apoio gay que preenche a lacuna das interpretações dominantes do romance heterossexual. Assim, o programa confirma o arranjo estético homossocial tradicional, porém heterossexual, teorizado por Hume e Kant.

33 Hume e *Queer Eye* compartilham elementos de uma pedagogia ética e estética. No entanto, vale a pena notar que Hume, um dos teóricos do Iluminismo do século XVIII empenhado em conciliar a virtude com um mundo comercial expandido, teme que homens comercialmente atentos possam não ser trabalhadores virtuosos ou cidadãos de espírito público. Ele então identifica no gosto e no refinamento motivos para assegurar e melhorar a virtude (DP; OA; RP). Tal inquietação ética não está entre as preocupações

de *Queer Eye*. Ela é dissipada pelo status econômico aparentemente seguro dos protagonistas. Isso permite que a série limite seu compasso moral ao florescimento individual do sujeito e suas relações com seu ambiente social e familiar imediato.

34 Vários itens da conhecida lista de privilégios brancos de Peggy McIntosh envolvem oportunidades estéticas diretas, como a disponibilidade de "alimentos básicos que se encaixam nas tradições culturais [de alguém]" no supermercado, a vantagem de conhecer alguém que pode cortar o seu cabelo ao entrar em um cabeleireiro ou de encontrar pessoas de sua raça "amplamente representadas" na mídia (1997, 293).

35 Sobre esses fatores, ver, entre outros, Dyer (1997, 14, 28, 38-40, 70-1, 75-81).

36 Sobre o poder das narrativas mestras que governam as representações de afro-americanos no cinema de Hollywood, ver Lubiano (1995).

37 A ignorância estetizada, portanto, é parte integrante das práticas que os teóricos filosofaram sob as rubricas da ideologia, da indústria cultural e, recentemente, das epistemologias da ignorância, da política de localização e da ética da corporeidade. A ignorância estetizada auxilia na reprodução ideológica das relações sociais. Compreende um aspecto do que Althusser (1971) chamou de ideologia e do que Rancière (2004) denomina partilha do sensível. Constitui uma dimensão do horizonte social encarnado e interpretativo que as epistemólogas feministas teorizam em termos de posicionalidade e localização (ver, por exemplo, Alcoff, 2006, 94-102, 144-52). Ela permeia formas de ignorância que os filósofos encontram em ação na dominação, como o comportamento que Lugones (2003, 18, 23, 132) rotula de "ignorância agressiva". Ele inspira a epistemologia institucionalizada da ignorância que Mills atribui ao privilégio branco (1997, 18, 93, 97).

38 De Man (1979, 1983); Althusser (1997) e Derrida (1981, 1998). Althusser fala de "um descuido" que é "uma forma de visão" (21). Para Merleau-Ponty (1968), o visível se entrelaça reciprocamente com o invisível. De Man (1983, 106, 136) considera a cegueira um correlativo da intuição. Segundo Derrida (1981, 1998), que rejeita a suposição de que estamos no controle de nossos termos, conhecimento equivale a ignorância e vice-versa; a linguagem desconstrutiva coloca ambas as posições sob apagamento.

39 O argumento de Spivak (1988) de que o subalterno não pode falar identifica seções de ignorância irreversível fabricadas historicamente pelo colonialismo, cujo apagamento apoia acriticamente posições ideológicas brancas e eurocêntricas. Butler (2005) argumenta que a ignorância sobre o eu é inevitável, pois o eu é entregue a outros em relações de endereçamento e deriva as condições para sua existência das normas sociais que excedem o controle do sujeito. O reconhecimento da opacidade essencial do eu, em sua opinião, pode apoiar o reconhecimento de nossa própria incognoscibilidade e de outros, tornando possíveis modos de não violência e responsabilidade ética (19-22, 40-9, 64-5, 84, 111, 136).

40 Trazendo uma consciência socrática da capacidade do conhecimento de obstruir o saber para as políticas de etnicidade, raça, gênero e textualidade, Irigaray, Johnson (1987b, 15-16), Ofelia Schutte e Doris Sommer enfatizam a centralidade da ignorância na navegação das interações simbólicas através da diferença sexual e cultural. Irigaray enfatiza a importância de reconhecer silêncio, distância, segredos, lacunas, opacidade, mistério e transcendência entre os sujeitos (2000, 47, 62-4, 92, 103, 111). Ela atribui

uma forma fundamental de ignorância à impossibilidade de representar a feminilidade dentro dos modelos linguísticos existentes (1985, 98-102, 106-18, 187-91). Sua estratégia mimética pretende engajar esse desconhecimento de forma construtiva, interpretando a diferença de maneira diferente. Johnson (1987b, 76) ressalta a conveniência pedagógica da ignorância. Schutte (1998, 61) argumenta que a comunicação entre culturas envolve incomensurabilidades de significados e temporalidades entre múltiplas vozes. Em sua opinião, as negociações transnacionais de agendas feministas devem responder a "esses elementos de diferença cultural [que] não podem ser totalmente apreendidos em seu significado intracultural 'interno' por pessoas de fora". Segundo Sommer (1999), os leitores de textos minoritários nas Américas que marcam diferenças culturais ao erguer barreiras à compreensão devem evitar ultrapassar os limites operativos da compreensibilidade.

41 Desfazendo oposições entre imanência e transcendência, Irigaray procura catalisar possibilidades para realizar constelações alternativas de subjetividade inerentes às formações atuais da diferença sexual (1993a, 27, 32-3, 82, 129). As figuras de fluidez de Irigaray, o transcendental sensível e o anjo dão expressão a modos materiais de transcendência inerentes à existência relacional incorporada (1993a; "The 'Mechanics' of Fluids", em 1985; "Belief Itself", em 1993b). Braidotti descreve um paradoxo de gênero no qual ela propõe que nos demoremos, envolvendo contradições inerentes à elaboração de figurações tradicionais de "Mulher" (1994, 134-5; 2002, 25-8, 39-42, 59). De Lauretis postula uma tensão não resolvida entre os programas políticos positivos e negativos do feminismo (1987, 26, 127-8, 145-6; ver também 18, 24 sobre "des-reconstrução"). Lugones foca em uma noção de subjetividade ativa e intencionalidade atenuada em torno de encontros e tensões entre opressão e resistência. Sua visão dispensa a suposição comum de que a oposição crítica exige intenções completas por parte de agentes individuais (2003, 217, 220, 226, 233n. 8).

Capítulo 6

1 Além de espaços liminares, os táxis são heterotopias, ou seja, formas culturais que implementam uma organização espacial alternativa dos corpos em relação a outros espaços que os sujeitos habitam coletivamente (Foucault, 1986). Ver Roelofs (2013) sobre aspectos heterotópicos do táxi.

2 Schiller observa que as polaridades entre a razão e os sentidos ou o sentimento não podem ser transpostas, e que a experiência estética, como percebida pela pulsão lúdica, retém as oposições entre essas funções, mas mesmo assim usa a linguagem de uma posição intermediária (1967, 123, 131, 141, 161). Veja também nota 11.

3 Bril (2004). As traduções [do holandês para o inglês] são minhas. Bril é um escritor extremamente popular, autor de mais de 40 livros. Suas colunas normalmente são escritas em primeira pessoa, em tom autobiográfico. Sua morte prematura, em abril de 2009, foi amplamente lamentada na Holanda.

4 Uma análise inicial do nacionalismo estético racializado em "A corrida de táxi" apareceu em Roelofs (2006).

5 Para a noção de estranheza estranha e a distinção entre estranheza assimilável e inassimilável, ver Ahmed (2000, 97, 106-7, 113). Sobre concepções de integridade e assimilação cultural que podem ser vistas como informando implicitamente a experiência de estranheza estética no caso do táxi holandês, ver também Alcoff (2006, 272-3).

6 Uso aspas para indicar que, apesar das assimetrias inerentes ao termo "étnico", sujeitos normativamente racializados, autóctones, não são menos étnicos que sujeitos alóctones. A desregulamentação do setor de táxi em 2000, que permitiu a qualquer portador de carteira de motorista e de uma declaração de boa conduta obter uma licença de táxi, foi amplamente vista como tendo precipitado um aumento na oferta e no preço das corridas de táxi em Amsterdã, uma diminuição na qualidade dos motoristas e na condição de seus veículos, e uma falta de clareza sobre os cálculos das tarifas (Van der Bij e Brandsen 2003). Desde 2004, vários esforços de regulamentação foram realizados para apoiar a qualidade e a escolha do consumidor (ver OCDE, 2008, 159-64), culminando na lei de táxi de 2010, que várias cidades estão implementando em 2013-14.

7 Os comportamentos culturalmente estrangeiros em questão aqui são aqueles que recebem status de classe baixa. A classe é uma dimensão da racialização na coluna. O gênero também: Bril se envolve em um processo masculinizado de competição com o motorista. Cada uma dessas categorias sociais qualifica o funcionamento das outras categorias.

8 O resultado é um ciclo estético de medo autolegitimado. Para um relato dos efeitos de um ciclo de projeções e percepções legitimadoras do medo, ver Butler (1993).

9 Observei essa reação no caso de vários cidadãos brancos, autóctones e estrangeiros de Amsterdã.

10 As dimensões melancólicas e ativistas da construção da cultura estética não são mutuamente exclusivas. Outra história de táxi que apresenta a metáfora da experiência estética danificada é o premiado documentário de Alex Gibney, *Taxi to the Dark Side* (2007).

11 Como observado previamente (nota 2), essa formulação, no caso de Schiller, exige qualificação. Ele afirma que a polaridade da razão e dos sentidos ou sentimentos não pode ser superada, e se opõe à noção de um meio-termo ou estado intermediário entre eles. Enfatiza que a experiência estética, realizada pela pulsão lúdica, preserva as oposições existentes entre esses binários (1967, 131, 123). Ao mesmo tempo, emprega a terminologia de uma posição intermediária (141, 161). Sem fugir do paradoxo, cuja questão da resolubilidade final deixo aqui de lado, ele sustenta que razão e sensação, cultivadas através da pulsão lúdica, coexistem independentemente (181), mas agem reciprocamente e em unidade (95, 111, 125).

12 Addison (1945, n° 411, 277). De acordo com Addison, a beleza inspira os prazeres da imaginação no homem de bom gosto, enquanto a imperfeição provoca aversão (271).

13 A analogia de Addison entre a faculdade mental do gosto refinado e o gosto do sentido do paladar (1945, n° 409, 270) e as conexões que ele reconhece implícita ou explicitamente entre os prazeres da imaginação e as atividades do entendimento (n° 413, 282-3; n° 416, 293; n° 418, 297) também confirmam esse quadro de cruzamentos parciais de cismas persistentes.

14 Schiller considera que isso leva mais de um século (1967, 47).

Notas

15 Schiller (1967, 169). Da mesma forma, ele considera que vale a pena criar forma em atividades que são ordinariamente da alçada do impulso físico e do desejo. Ele afirma que a lei moral e a liberdade racional devem se manifestar na "esfera indiferente da vida física" (167). Em virtude da ação da pulsão lúdica, o estado estético conduz ao estado moral, estágio mais avançado de desenvolvimento em que prevalecem a moral e a racionalidade (171).

16 Schiller afirma que "a aparência estética deve ser desprovida de realidade" (1967, 199). A verdadeira aparência é insubstancial e pura (197); ela responde à "pura aparência" que as obras de arte e os corpos humanos alcançam "puramente em virtude de sua existência como ideia" (199).

17 Hegel (1975, 1:7-8). Distinguindo o domínio distinto da filosofia – o espírito – do funcionamento mais primitivo do corpo, afeto e sentidos, sua estrutura idealista observa um binarismo de mente e corpo.

18 Veja Hegel (1975, 1:12-13, 1:38-9, 1:49, 1:71, 1:75-81).

19 Hegel (1975, 1:9-11). Segundo Hegel, no período cristão, que dá origem à arte romântica, o espírito se desenvolve até o estágio da interioridade, sua unificação artística com a forma sensível restringe sua expressão (1:79).

20 Bril (2004). Em holandês, "*zag er slecht uit*" ("aparência ruim") refere-se à aparência de uma pessoa que não está saudável ou que está doente, mas também pode sugerir uma falha dessa pessoa ao se preocupar pouco com sua aparência.

21 Comparar a sociabilidade musical em "A corrida de táxi" com a de "Hilton" (Bril, 2001). Na coluna de 2001, Bril pega dois táxis. Durante a primeira viagem, a caminho do hotel onde o cantor de rock holandês Herman Brood havia se suicidado mais cedo naquele dia, a banda de Brood, Wild Romance, está tocando. Isso não só agrada ao gosto de Bril, mas também ao final comemorativo de sua viagem: ele está prestes a se juntar à família e amigos do cantor em uma homenagem ao músico. Surgem as perguntas: Quão alto a música estava tocando? Quão rápido o taxista dirigiu? Como estava o veículo? O motorista parecia alegre e bem descansado? Ele tomou o caminho mais direto? Isso importa para Bril? No táxi da volta, Bril e o motorista conversam sobre Brood, e Bril volta a ouvir a voz do cantor no rádio. A atmosfera e a troca são sociáveis.

22 A fragilidade da sensação de estar em casa na cidade de Bril deve nos fazer pensar. Por que esse conhecedor da cidade entrega tão prontamente o sentimento de pertencimento? A escalada de emoções sobre um confronto em um táxi em emoções direcionadas à cidade indica que a troca depende de seu significado em ansiedades raciais mais amplas. No entanto, a Holanda oferece um tremendo reconhecimento aos modos brancos holandeses de ser que podem ser considerados autóctones. Permanece a questão de por que um país próspero, estável, bem-educado e relativamente seguro, com uma esfera pública fundada em leis e tradições nacionais centenárias, não consegue gerar um senso mais estável de segurança estética em um país esteticamente ocupado e empoderado, artisticamente viável, cidadão. Dado que a riqueza holandesa foi construída em um sistema de opressão colonial, e a Holanda continua a se beneficiar da exploração global estrutural, uma sensação de segurança associada ao privilégio branco holandês pode parecer exigir manutenção à luz dos sinais onipresentes de desigualdade e injustiça contínuas. O surgimento de ameaças

de morte, discursos intensificados de fundamentalismo crescente e intensas pressões internacionais para participar de uma guerra contra o terrorismo podem gerar fontes adicionais de apreensão nos anos pós-11 de setembro. No entanto, não é como se os equilíbrios de poder globais sofressem mudanças sociais em larga escala que estivessem prestes a derrubar a cultura holandesa. A ausência de um sentido mais constante de controle estético é notável. Quão longe uma negação da opressão racial persistente caminha em direção a uma explicação? Especulativamente, podemos reconhecer as repercussões afetivas e imaginativas das figuras da experiência estética danificada como elementos de uma ampla mistura de fatores conducentes a uma sensação de precariedade estética.

23 Ver, entre outros, Fanon (BSWM); Irigaray (1985); Spelman (1988) e Alcoff (2006, 273-5). Ver também p. 170 e nota 24 do Capítulo 5.

24 Ver Schor (1987, 6-17, 21). Terry Eagleton descreve a estética em Baumgarten como um "subtrabalhador cognitivo" protético e feminizado para a razão superior (1990, 16-17). Mais amplamente, Eagleton liga a ascendência da estética à emancipação da burguesia alemã (14, 19-28).

25 Fanon ("The Facts of Blackness", cap. 5 em BSWM; ver também BSWM, 156-70).

26 Ver Kristeva (1996, 167-249); Irigaray (2000, 7, 61, 88); Lorde (1984) e Anzaldúa (2002, 192).

Capítulo 7

1 Ver, entre outros, Fanon (BSWM); Dyer (1997) e Ramírez (1992).

2 Sobre raça, nação e etnicidade em Shaftesbury, Hume, Kant e outros, ver Capítulos 2 e 4. A expansividade do nacionalismo estético racializado é, em parte, uma função das formas como as identidades étnicas e culturais significam raça e vice-versa (ver Alcoff, 2006, 241-3).

3 Sobre hábitos perceptivos que condicionam a experiência racializante, ver Alcoff (2006, 187-94).

4 Enfatizando nossa intimidade com a casa, Bachelard (1964, 14) argumenta que a casa está "fisicamente inscrita em nós".

5 Jamaica Kincaid explora essa ambivalência ao longo de sua obra (ver, por exemplo, 1991, 6-8). A leitura de Bachelard, de muitas maneiras, desencarnada, masculinizada, branca, de classe média, europeia, sobre as conexões entre a casa e as construções poéticas da intimidade reconhece projeções de angústia na casa pela criança infeliz (1964, 72), mas minimiza a economia estética estrutural (simbólica, afetiva, imaginativa, sensorial, física) da domesticidade diferenciada e hierarquicamente organizada, mesmo quando implicitamente gesticulando em direção a ela (15).

6 Ahmed (2000) investiga os vínculos entre a formação do lar e da comunidade e o encontro com outros que são entendidos como mais ou menos estranhos. Sobre o papel das orientações nisso, ver Ahmed (2006). Sobre a espacialidade das comunidades e os processos de formação de comunidades/coalizões, ver também Lugones (2003, 183-237).

Notas

7 Um exemplo dessa tendência é Stolnitz (1961). Desafios às concepções de agência estética do tipo que estou provocando no comentário de Addison permeiam os estudos ambientais e sobre o século XVIII da estética. Ver, entre outros, Foster (1998) sobre dimensões "ambientais" de valor estético; a visão de Saito (2001) da ausência de moldura, singularidade e impermanência das experiências corporais centrais à estética cotidiana; e a distinção de Barrell (1993) entre uma vista panorâmica e uma vista ocluída.

8 Ver Stolnitz (1961).

9 Ver Stolnitz (1961).

10 Para citar um exemplo da frase que foi repetida por muitos anos e convida à extrapolação contínua, o jornal *The Washington Post* (2013) apresentou um conjunto de relatórios especiais lembrando a data de 11 de setembro como "11 de setembro de 2001: pós-cobertura do pior ataque terrorista em solo americano". A manchete é ilustrada com uma fotografia das Torres Gêmeas em chamas, com o Empire State Building centralizado maciçamente na frente. Após a foto, o jornal *The Washington Post* oferece citações da época de um artigo de 12 de setembro de 2001 descrevendo os ataques, links para séries como *Oito anos depois* e *Cinco anos depois* e para vários outros recursos, praticamente todos datados do dia após os ataques. Com o tempo, a manchete incluiu diferentes datas (incluindo a primeira e a segunda). Em 2011, um arquivo particularmente vasto cerca o décimo ano do atentado, envolvendo reportagens e apresentações de imagens, incluindo "Nove vidas, 10 anos depois" e uma seção "Memoriais do 11 de setembro".

11 Ver Eaton e Fried (2001).

12 Na linha do que Wendy Brown chama de "uma cidadania neoliberal plenamente realizada" (2005, 43).

13 Ver Bourdieu (1984) e Gagnier (2000).

14 Sheldon S. Wolin (2002) argumenta que a exortação de Bush para "unir, gastar e voar" confirma a equação do poder americano com o poder corporativo e a da cidadania com o consumismo politicamente dissociado e a audiência midiática. Ambos os lados dessas equações implicam registros estéticos de identificação e desejo, incluindo um sentido da pátria estética com a qual os cidadãos com a qual os cidadãos *efetivamente têm* laços políticos e na qual *efetivamente são* cúmplices e se reconhecem.

15 Sobre a proeminência das narrativas de individualismo econômico na Inglaterra e nos Estados Unidos na década de 1980, ver Gagnier (2000, 186-196).

16 Isso não é para contestar que há uma lógica econômica para a imposição de ir às compras, dada a enorme parcela do Produto Interno Bruto (PIB) representada pelas compras do consumidor. Por exemplo, no segundo trimestre de 2012, "gastos de consumo pessoal" representaram 71% do PIB total – 24% dos quais envolveram bens duráveis (7,7%) e não duráveis (16,3%) e 47% de serviços (Swann, 2012). A questão é: a quem esses gastos servem? A presença de uma lógica econômica para a compra não implica que os compradores sejam beneficiários dos lucros gerados pelo seu consumo. Na ausência de uma distribuição justa de ganhos, seguir os conselhos dos políticos é um tiro que sai pela culatra. A centralização dos benefícios econômicos no grupo comumente chamado de 1% mobilizou o recente movimento Occupy Wall Street e protestos relacionados nos Estados Unidos.

17 Krauss discute Botero na rádio CBS Broadcasting (1998).

A promessa cultural do estético

18 A noção de razões de Danto, embora pertencendo principalmente às explicações da história da arte (1992, 33-53), não é tão precisamente delineada a ponto de impedir esse inchaço discursivo fundamentalmente imparável, mas contingente, do reino das razões, que mina qualquer esforço para estabilizar as fronteiras do mundo da arte, concebido como uma atmosfera de razões ou teoria (1964, 580).

19 Enquanto reconstruo a cena a partir da transcrição do programa (CBS Broadcasting, 1998).

20 Danto usa os termos "perturbável" e "perturbador" como equivalentes (1986 [doravante "AD"], 131-3). Isso demonstra que, para ele, a chamada série perturbadora de Botero exibe a lógica especial do perturbável.

21 Como sugerem Serra e Vito Acconci em relação ao seu trabalho. Ver Danto (RS, 181).

22 Deixo de lado, aqui, a questão das implicações raciais e políticas dessa metáfora.

23 Danto (AD; RS [RS foi publicado originalmente em abril de 1986]).

24 Danto considera como tarefa da crítica de arte, e, de fato, como sua própria tarefa na condição de crítico, dar conta dos significados ou das ideias expressas pelas obras de arte e explicar, identificando razões, o modo de sua incorporação. Ver, por exemplo, Danto (1994, 14).

25 Ebony (2006, 12, grifo meu). Forero (2005) relata Botero indicando que "ele se irritou porque esperava mais do governo americano" e que "sua indignação com a guerra e a brutalidade pode aparecer cada vez mais em seu trabalho". Botero alinha a coleção Abu Ghraib com sua série anterior sobre as guerrilhas e a violência relacionada às drogas na Colômbia, cuja missão era mostrar "o absurdo da violência" (Forero, 2004, E1). Conectando as duas séries em um comentário sobre as obras de Abu Ghraib, ele afirma: "Repensei minha ideia do que pintar e isso me permitiu trabalhar com o tema da guerra na Colômbia, e agora tem mais isso" (Forero, 2005).

26 Um tratamento recente da ideia de que as obras de arte fazem exigências aparece em Kelly (2012). Ver também Masiello (2007) e Laqueur (2007).

27 Isso apesar do fato de que as obras, como disse Botero, "são resultado da indignação que as violações no Iraque produziram em mim e no resto do mundo", e não obstante o fato de que Botero leva essa indignação para ser incorporada na obra (Forero, 2005; ver nota 25).

28 Ebony (2006, 12); ver também Forero (2005).

29 Carby (2004) situa as fotografias de Abu Ghraib no contexto dos cartões-postais de linchamentos, do vídeo de Rodney King e de outros espetáculos de tortura que destacam a dependência central das fantasias americanas de liberdade na violência (sexualizada) e na intimidação infligida a corpos pardos e negros ao longo da história do colonialismo, da escravidão, da implantação de esquadrões da morte treinados pelos Estados Unidos na América Latina e das práticas de encarceramento dos Estados Unidos. Na leitura de Žižek (2004, 31), as fotografias de Abu Ghraib trazem à tona o lado obsceno que sustenta a "cultura popular dos Estados Unidos" e, mais genericamente, "o modo de vida americano". Sontag (2004) reconhece crimes de política e liderança expostos pelas fotografias, que ela também vincula a imagens pornográficas e de linchamento, embora sem reconhecer todas as implicações da continuidade da fotografia com espetáculos de violência racista (Carby, 2004).

30 Mesmo que seja, principalmente, por uma questão de gestão de imagem e uma preocupação geral com a pornografia, Danto (2004, 209) aborda essa questão em relação às fotografias, às quais ele confere um status paradigmático como artefatos políticos, em relação aos quais a eficácia da política da arte contemporânea deve ser medida.

31 Essa amabilidade é de uma ordem diferente daquela de Barney, o dinossauro, e também do Pillsbury Dough Boy e do paradigmático balão da Macy's ou personagem da Disney.

32 Para uma leitura das conexões do grotesco com a normalização, o abjeto, o estranho, o cômico e o carnavalesco, ver Russo (1994, esp. 7-14).

33 O repetido "recuo" de Clark da série Abu Ghraib e sua associação da coleção com imagens clichês sadomasoquistas podem falar dessa dimensão (Clark, Laqueur e Masiello, 2007).

34 As observações de Danto sobre o vocabulário barroco de Botero são sugestivas desse aspecto, assim como as observações de Clark sobre a universalização (2007, veja a "Fatia temporal" neste capítulo).

35 Masiello registra esse poder historicizante da citacionalidade (2007, 21). As referências de Danto ao barroco também fazem alusão a essa historicização, mas cortam-na, colocando em primeiro plano o sentimento.

36 Possivelmente, mas em menor grau, também masculinizam os feminizados, como nas pinturas que representam mulheres ampliadas na companhia de homens miniaturizados.

37 As observações de Danto e Krauss sobre Botero minimizam não apenas a riqueza artística de sua obra, mas também a amplitude de outras obras de arte e cultura. Essas leituras racialmente sobredeterminadas de Botero, na própria filosofia da arte de Danto, privam outras obras dos novos predicados artisticamente relevantes que a obra de Botero introduz no mundo da arte (que tais obras exemplificam ou não). Para Danto (1964, 582-4), cada predicado artisticamente relevante iniciado por uma determinada obra torna todas as outras obras deste mundo "mais complexas" e aumenta as possibilidades experienciais dessas obras para os espectadores familiarizados com esses predicados. Aplicando essa abordagem à produção de Botero como um todo, Danto poderia ter revisado sua visão do corpo da obra anterior de Botero à luz do que a série subsequente de Abu Ghraib, por seu próprio raciocínio, poderia nos dizer sobre essa obra anterior, conectando assim a suposta cisão na obra do artista.

38 Ela deve ser contestada em bases morais, políticas e estéticas entrelaçadas. Isso não implica que uma estética racial e nacionalmente neutra seja possível ou desejável. Sobre a inaceitabilidade de posturas neutras e daltônicas em relação a raça, e a importância para as agendas antirracistas de alterar as práticas sensoriais, ver Alcoff (2006, 179-204 e 215). As transformações estéticas, em vários níveis de incorporação e ação estética, devem ser incluídas entre as disposições perceptivas mutáveis que devem iniciar e sustentar novos modos de percepção.

Capítulo 8

1 As observações de Rodrigo permanecem distantes das práticas budistas que as colocariam sob uma luz diferente.

A promessa cultural do estético

2 Lispector (1986, 58). Sempre que vê soldados, Macabéa também se pergunta animadamente se eles vão matá-la (35). A promessa de morte é mediada pela adivinhação da cartomante, que ressoa com a previsão do autor (ostensivamente) não sabendo muito sobre o destino de sua protagonista (12-13, 17, 28, 32, 83). O autor faz Macabéa morrer, em parte, porque ela abre mão de sua estética semiótica ao se apaixonar pelo enredo concorrente da cartomante (29), mas a distinção entre a narrativa dele e a da cartomante escapa. Norman S. Holland e eu exploramos as implicações estéticas disso de forma mais completa em nosso livro em andamento *Aesthetics and Anachronism in Latin America (Estética e anacronismo na América Latina)*.. Ver também Franco (1992, 76).

3 Lispector (1986, 8, 81, 85). A distinção entre Lispector e o autor é borrada na dedicatória.

4 Conforme observado no Capítulo 4, a concepção de Wollstonecraft de "beleza da amabilidade moral" não consegue capturar a fisicalidade oposicional com a qual Macabéa resiste à disciplina estética exigida por seu chefe, sua colega de trabalho e seu namorado temporário.

5 Em meu livro *Arts of Adress (Artes de Endereçamento)*, descrevo o papel. que o endereçamento desempenha em persuadir o leitor de Lispector a se afastar das constelações de relacionalidade estética organizadas por meio de beleza e feiura.

6 Isso não implica que o romance suponha um "dentro" que possa ser definitivamente separado de um "fora". Em vez disso, minha afirmação é que a perspectiva da obra é imanente, ao invés de transcendente, em relação ao campo da relacionalidade e do endereçamento que ela investiga.

7 Sobre a noção de espírito de Adorno, ver Paddison (1993, 114-16).

8 Adorno descreve esse aspecto antecipatório também em termos de lembrança e rememoração (135).

9 Paddison (1993, 132). Não vejo razão para que a restrição ao que aparece como existente imponha limites a partes do conteúdo de verdade que (neste contexto) qualificam significativamente esse ponto.

10 Sobre a aura em Benjamin, ver Hansen (2008).

11 A obra foi exibida em 2009 e 2010 no MoMA (NY), como parte da retrospectiva de meio de carreira de Orozco.

12 Barthes escreve: "Há na SD o início de uma nova fenomenologia da montagem, como se progredisse de um mundo onde os elementos são forjados para um mundo no qual estão justapostos e mantidos juntos apenas em virtude de sua forma maravilhosa, que naturalmente destina-se a preparar a pessoa para a ideia de uma natureza mais benigna" (1972, 88-9).

13 Nietzsche (1989, segundo ensaio) e Arendt (1998). O ensaio de Nietzsche propõe duas visões de promessa, uma das quais a associa à previsibilidade.

14 Adorno (1997, 311). O movimento de Adorno da visão de Stendhal para longe das cristalizações que cercam a experiência subjetiva da beleza no reino da arte apoia sua canalização da promessa da arte em direção ao utópico e longe do *status quo*.

15 Sobre a alegação do inexistente, ver Adorno (1997, 233, citado na p. 271).

Notas

16 Nessas passagens, Adorno está falando da chamada outra ou segunda natureza da realidade.

17 Adorno deixa claro que a filosofia e a interpretação da arte são indispensáveis a esse projeto (1997, 128-31).

18 O lugar dessa lacuna no relato de Adorno precisa de uma investigação mais aprofundada à luz de seus *Problemas de filosofia moral*, que exige nosso compromisso crítico com a tensão entre o particular e o geral. Conjugando os dois relatos (1997 e 2000) podemos levar Adorno a reconhecer um apelo moral que pede um interminável engajamento crítico com outra lacuna: a que separa a beleza do cumprimento de sua promessa. Essa lacuna é um local de nossos "desejos inabaláveis" por todas as coisas possíveis que a arte pode nos prometer. Minha visão das promessas estéticas afirma essa parte crucial da teoria de Adorno, ao mesmo tempo que complica sua noção de subjetividade e coletividade corporificadas por meio dos conceitos de relacionalidade e endereçamento.

19 Embora uma obra de arte ou artefato cultural possa não cumprir as promessas que oferece, isso por si só não implica que, como Max Horkheimer e Adorno advertem aqueles que caem no que esses teóricos consideram as falsas promessas da indústria cultural, "o restaurante deve estar satisfeito com o cardápio" (1998, 139). Supondo, como a cena do restaurante nos convida – e contrariando os decretos de promessas estéticas de longa data, que nos imploram para deixar de lado nossa comida para deixar espaço para uma refeição ainda melhor – que tais promessas podem realmente nos levar a esperar qualquer prato, também podem nos direcionar para substâncias não anunciadas, omitidas do menu. Promessas estéticas do tipo que podemos atribuir, por exemplo, às noções de comércio e publicidade de Hume sugerem que há sempre cardápios mais cativantes a serem concebidos do que o oferecido atualmente, outras perspectivas desejáveis a contemplar, talvez uma porta adiante, outros anseios a tomar forma, se apenas seguirmos outra pista que descobrirmos indicada pelas promessas em questão. Em outras palavras, as promessas estéticas têm uma certa extensão. Elas nos dão coisas para seguir, mesmo que não seja isso que sinalizaram que iriam nos fornecer. Adiadas, revogadas, dispensadas, elas transformam-se em promessas diferentes. Manter esse processo de renovação é uma premissa fundamental da maquinaria capitalista, bem como da lógica de animar o amor. A isenção de responsabilidade, como veremos, reside no fato de que as promessas são limitadas e habilitadas por estruturas de endereçamento e, como tal, projetam condições variáveis de disponibilidade e realização para sujeitos em posições desiguais. As visões da relacionalidade estética de Neruda, Hume, Burke e Lispector revelam isso implicitamente. Para uma discussão recente e explícita de condições assimétricas impostas por promessas de felicidade, ver Ahmed (2010, 13, 50-8).

20 Nesse aspecto, ele é um artista. Ver Nietzsche (1989, 86-7).

21 Sobre a dialética inerente à violação parcial da beleza, a afirmação parcial pelas vanguardas do século XX e o poder contínuo e convincente da promessa não cumprida da beleza de felicidade na arte, ver Horowitz (2005).

22 Como sugerido, por exemplo, pela discussão de Horowitz (2005) sobre a resistência repetitiva e vanguardista contra a beleza.

23 McDonough (1999, 99-102) descreve essas limitações na visão de Constant. De Zegher (1999, 11) menciona o papel do projeto como um recurso imaginativo.

24 As discussões de Martha Rosler, Elizabeth Diller, Bernard Tschumi e Wigley em *The Activist Drawing* são sugestivas de tais linhagens de promessas (de Zegher e Wigley, 1999, 122-49). Os textos de Diller e Tschumi, em particular, sugerem extensões de cadeias operativas de promessa em formas digitais. Rosler aponta para sua reiteração em aeroportos e outras zonas de trânsito, localizadas longe da desordem do cotidiano (128), e Wigley observa ecos na teoria crítica contemporânea (140).

25 Como atesta, por exemplo, a disponibilidade nitidamente diferencial da promessa de modernidade e modernismo no filme *A caixa de Pandora*, de G. W. Pabst. Ver Doane (1991, 162).

26 Por exemplo, *Nostalgia do corpo*, de Lygia Clark, inclui a obra *Objetos relacionais* (1968). Com Hélio Oiticica, ela iniciou relações estéticas do "não objeto" e "transobjeto" entre os participantes nas décadas de 1950 e 1960. Marina Abramović e Ulay (*Uwe Laysiepen*) criaram numerosos *Relation Works* entre 1976 e 1979. Rafael Lozano-Hemmer defende uma "arquitetura relacional" decolonial (1999; Adriaansens e Brouwer, 2002). Bourriaud (2002) formula uma visão influente da estética relacional.

27 O que ainda não é falar da ameaça de promessas adicionais e da promessa de novas ameaças.

Bibliografia

A HORA da estrela. Direção de Suzana Amaral. São Paulo: Raiz Produções, Embrafilme, 1985. 1 DVD (96 min).
ADDISON, Joseph. *The Spectator*. Ed. Gregory Smith. Vol. 3 (with Richard Steele and others). London: J. M. Dent, 1945.
ADORNO, Theodor W. *Aesthetic Theory*. Trad. Robert Hulot-Kentor. Minneapolis: University of Minnesota Press, 1997.
____. *Problems of Moral Philosophy*. Ed. Thomas Schröder. Trad. Rodney Livingstone. Stanford, CA: Stanford University Press, 2000.
ADRIAANSENS, Alex; BROUWER, Joke. "Alien Relationships with Public Space." Interview with Rafael Lozano-Hemmer. In: *TransUrbanism*. Rotterdam: V2_Publishing/NAI Publishers, pp. 138-58, 2002.
AHMED, Sara. *Strange Encounters: Embodied Others in Post-Coloniality*. New Nork: Routledge, 2000.
____. *Queer Phenomenology: Orientations, Objects, Others*. Durham, NC: Duke University Press, 2006.
____. *The Promise of Happiness*. Durham, NC: Duke University Press, 2010.
ALCOFF, Linda Martín. *Visible Identities: Race, Gender, and the Self*. Oxford: Oxford University Press, 2006.
ALTHUSSER, Louis. "Ideology and Ideological State Apparatuses (Notes Toward an Investigation)." In: *Lenin and Philosophy*. New York: Monthly Review Press, 1971.
____. "From Capital to Marx's Philosophy." In: ALTHUSSER, Louis; BALIBAR, Étienne (eds). *Reading Capital*. Trad. Ben Brewster. London: Verso, pp. 13-34, 1997.
ANTONY, Louise M.; WITT, Charlotte (eds.). *A Mind of One's Own: Feminist Essays on Reason and Objectivity*. Boulder, CO: Westview, 1993.
ANZALDÚA, Gloria. *Borderlands/La Frontera: The New Mestiza*. San Francisco: Spinsters/Aunt Lute, 1987.
____. "Speaking in Tongues: A Letter to Third World Women Writers." In: ANZALDÚA, Gloria; MORAGA, Cherríe L. (eds.). *This Bridge Called My Back: Writings by Radical Women of Color*. Expanded and rev. 3rd edition. Berkeley, CA: Third Woman Press, pp. 183-93, 2002.
ARENDT, Hannah. *The Human Condition*. 2nd edition. Chicago: University of Chicago Press, 1998.

ARISTÓTELES [ARISTOTLE] "Rhetoric." In: *The Complete Works of Aristotle*. Vol. 1. Ed. Jonathan Barnes. Princeton, NJ: Princeton University Press, 1984.

ARMSTRONG, Meg. "'The Effects of Blackness': Gender, Race, and the Sublime in Aesthetic Theories of Burke and Kant". *Journal of Aesthetics and Art Criticism*, vol. 54, no. 3, pp. 213-36, 1996.

BACHELARD, Gaston. *The Poetics of Space*. Trad. Maria Jolas. Boston: Beacon Press, 1964.

BADDELEY, Oriana; FRASER, Valerie. *Drawing the Line: Art and Cultural Identity in Contemporary Latin America*. London: Verso, 1989.

BAIER, Annette C. "Hume on Women's Complexion." In: JONES, Peter (ed.). *The "Science of Man" in the Scottish Enlightenment: Hume, Reid and Their Contemporaries*. Edinburgh: Edinburgh University Press, pp. 33-53, 1989.

____. "Hume: The Reflective Women's Epistemologist." In: ANTONY, Louise M.; WITT, Charlotte. *A Mind of One's Own: Feminist Essays on Reason and Objectivity*. Boulder, CO: Westview, pp. 39-48, 1993.

BARNARD, Suzanne. "Tongues of Angels: Feminine Structure and Other Jouissance." In: BARNARD, Suzanne; FINK, Bruce (eds.). *Reading Seminar XX: Lacan's Major Work on Love, Knowledge, and Feminine Sexuality*. Albany, NY: State University of New York Press, pp. 171-86, 2002.

BARNOUW, Jeffrey. "The Beginnings of 'Aesthetics' and the Leibnizian Conception of Sensation." In: MATTICK Jr., Paul (ed.). *Eighteenth-Century Aesthetics and the Reconstruction of Art*. Cambridge: Cambridge University Press, pp. 52-95, 1993.

____. "The Cognitive Value of Confusion and Obscurity in the German Enlightenment: Leibniz, Baumgarten, and Herder." In: HAY, Carla H.; CONGER, Syndy M. (eds.). *Studies in Eighteenth-Century Culture*. Vol. 24. Baltimore: Johns Hopkins University Press, pp. 29-50, 1995.

BARRELL, John. "'The Dangerous Goddess': Masculinity, Prestige and the Aesthetic in Early Eighteenth-Century Britain." *Cultural Critique*, vol. 12, pp. 101-32, 1989.

____. "The Public Prospect and the Private View." In: KEMAL, Salim; GASKELL, Ivan (eds.). *Landscape, Natural Beauty and the Arts*. Cambridge: Cambridge University Press, pp. 81-102, 1993.

BARTHES, Roland. *Mythologies*. Trad. Annette Lavers. New York: Hill and Wang, 1972.

____. (PT). *The Pleasure of the Text*. Trad. Richard Miller. New York: Hill and Wang, 1975.

____. (LD). *A Lover's Discourse: Fragments*. Trad. Richard Howard. New York: Hill and Wang, 1978.

____. (CL). *Camera Lucida: Reflections on Photography*. Trad. Richard Howard. New York: Hill and Wang, 1981.

BAUMGARTEN, Alexander Gottlieb. *Theoretische Ästhetik: Die Grundlegenden Abschnitte aus der "Aesthetica"* (1750/58). Ed. e trad. Hans Rudolf Schweizer. Hamburg: Felix Meiner Verlag, 1983.

BENHABIB, Seyla; CORNELL, Drucilla (eds.). *Feminism as Critique*. Minneapolis: University of Minnesota Press, 1987.

BENJAMIN, Andrew; OSBORNE, Peter. *Thinking Art*: Beyond Traditional Aesthetics. London: ICA, 1991.

BENJAMIN, Walter. "The Work of Art in the Age of Its Technological Reproducibility." In: EILAND, Howard; JENNINGS, Michael W. (eds.). *Selected Writings*. Third Version. Vol. 4. Trad. Edmund Jephcott et al. Cambridge, MA: Harvard University Press, 2003.

BÉRUBÉ, Michael. *The Aesthetics of Cultural Studies*. Malden, MA: Blackwell, 2005.

BEVERLEY, John. *Against Literature*. Minneapolis: University of Minnesota Press, 1993.

BHABHA, Homi K. *The Location of Culture*. New York: Routledge, 1993.

BOTERO. Episode of *60 Minutes* [TV Show]. CBS Broadcasting, 8 Nov. 1998.

BOURDIEU, Pierre. *Distinction: A Social Critique of the Judgement of Taste*. Trad. Richard Nice. Cambridge, MA: Harvard University Press, 1984.

____. "Historical Genesis of the Pure Aesthetic." In: *The Rules of Art: Genesis and Structure of the Literary Field*. Trad. Susan Emanual. Stanford, CA: Stanford University Press, pp. 285-312, 1995.

BOURRIAUD, Nicolas. *Relational Aesthetics*. Trad. Simon Pleasance; Fronza Woods; Mathieu Copeland. Dijon: Les presses du reel, 2002.

BRAIDOTTI, Rosi. "Of Bugs and Women: Irigaray and Deleuze on the Becoming Woman." In: BURKE, Carolyn; SCHOR, Naomi; WHITFORD, Margaret (eds.). *Engaging with Irigaray: Feminist Philosophy and Modern European Thought*. New York: Columbia University Press, pp. 111-37, 1994.

____. *Metamorphoses: Towards a Materialist Theory of Becoming*. Cambridge, UK: Polity, 2002.

BRAND, Peggy Zeglin; KORSMEYER, Carolyn (eds.). *Feminism and Tradition in Aesthetics*. University Park: Pennsylvania State University Press, 1995.

BRIL, Martin. "Hilton." *Het Parool*, 12 July 2001.
_____. "Taxirit." (Taxi Ride) *De Volkskrant*, pp. V1, 20 Dec. 2003.
BROADIE, Alexander. *Introduction to The Cambridge Companion to the Scottish Enlightenment.* Ed. Alexander Broadie. Cambridge: Cambridge University Press, pp. 1-7, 2003.
BROWN, Wendy. "Neoliberalism and the End of Liberal Democracy." In: *Edgework: Critical Essays on Knowledge and Politics.* Princeton, NJ: Princeton University Press, 2005.
BUCK-MORSS, Susan. "Aesthetics and Anaesthetics: Walter Benjamin's Artwork Essay Reconsidered." *October*, vol. 62 (Autumn), pp. 3-41, 1992.
BUDD, Malcolm. *Values of Art: Pictures, Poetry and Music.* London: Penguin, 1995.
BULLINS, Ed. *The Drama Review*, vol. 12, no. 4, *Black Theatre* (Summer), 1968.
BURKE, Edmund. *A Philosophical Enquiry into the Origin of Our Ideas of the Sublime and the Beautiful.* Ed. Adam Phillips. Oxford: Oxford University Press, 1990.
BUTLER, Judith. "Endangered/Endangering: Schematic Racism and White Paranoia." In: GOODING-WILLIAMS, Robert (ed.). *Reading Rodney King/Reading Urban Uprising.* New York: Routledge, pp. 15-22, 1993.
_____. *Giving an Account of Oneself.* New York: Fordham University Press, 2005.
CABRAL, Amilcar. "National Liberation and Culture." In: Africa Information Service (ed.). *Return to the Source: Selected Speeches of Amilcar Cabral.* New York: Monthly Review Press, 1973.
CARBY, Hazel V. "Woman's Era: Rethinking Black Feminist Theory." In *Reconstructing Womanhood: The Emergence of the Afro-American Woman Novelist.* Oxford: Oxford University Press, 1987.
_____. "A Strange and Bitter Crop: The Spectacle of Torture." In: *openDemocracy.* 10 Out. 2004. Disponível em: <http://www.opendemocracy.net/mediaabu_ghraib/article_2149.jsp>. Acesso em: 1º set. 2013.
CARROLL, Noël. "Hume's Standard of Taste." *Journal of Aesthetics and Art Criticism*, vol. 43, no. 2, pp. 181-94, 1984.
CAYGILL, Howard. *Art of Judgement.* New York: Basil Blackwell, 1989.
CERVANTES, Miguel de. *Don Quixote.* Trad. Edith Grossman. New York: HarperCollins, 2003.
CHADWICK, Whitney. *Women Artists and the Surrealist Movement.* Boston: Little, Brown, 1985.

CHENG, Anne Anlin. *The Melancholy of Race: Psychoanalysis, Assimilation, and Hidden Grief.* Oxford: Oxford University Press, 2000a.

____. "Wounded Beauty: An Exploratory Essay on Race, Feminism, and the Aesthetic Question." *Tulsa Studies in Women's Literature*, vol. 19, no. 2 (Autumn), pp. 191-217, 2000b.

CHOW, Rey. "The Politics of Admittance: Female Sexual Agency, Miscegenation, and the Formation of Community in Frantz Fanon." In: *Ethics After Idealism: Theory Culture-Ethnicity-Reading.* Bloomington: Indiana University Press, 1998.

____. *The Protestant Ethnic and the Spirit of Capitalism.* New York: Columbia University Press, 2002.

CHRISTIAN, Barbara. "But What Do We Think We're Doing Anyway: The State of Black Feminist Criticism(s) or My Version of a Little Bit of History." In: WALL, Cheryl A. (ed.). *Changing Our Own Words: Essays on Criticism, Theory, and Writing by Black Women.* New Brunswick, NJ: Rutgers University Press, pp. 58-74, 1989.

CIXOUS, Hélène. "The Author in Truth." Trad. Deborah Jenson. In: JENSON, Deborah (ed.). *Coming to Writing" and Other Essays.* Cambridge, MA: Harvard University Press, 1991.

CLARK, T. J.; LAQUEUR, Thomas W.; MASIELLO, Francine. "Art and Violence." Panel at the Center for Latin American Studies (Webcast), University of California, Berkeley, 31 Jan. 2007. Disponível em <http://www.youtube.com/>. Acesso em: 1º set. 2013.

COHEN, Ted. "Partial Enchantments of the Quixote Story in Hume's Essay on Taste." In: YANAL, R. (ed.). *Institutions of Art: Reconsiderations of George Dickie's Philosophy.* University Park: Pennsylvania State University Press, pp. 146-56, 1994.

COLE, Lucinda. "(Anti) Feminist Sympathies: The Politics of Relationship in Smith, Wollstonecraft, and More." *English Literary History*, vol. 58, pp. 107-40, 1991.

COOPER, Anthony Ashley. Ver SHAFTESBURY, Earl of.

CROSBY, Christina. "Dealing with Differences." In: BUTLER, Judith; SCOTT, Joan W. (eds.). *Feminists Theorize the Political* New York: Routledge, pp. 130-43, 1992.

DANTICAT, Edwidge. *Breath, Eyes, Memory.* New York: Random House, 1994.

DANTO, Arthur C. "The Artworld." *Journal of Philosophy*, vol. 61, no. 19, pp. 571-84, 1964.

_____. *The Transfiguration of the Commonplace: A Philosophy of Art*. Cambridge, MA: Harvard University Press, 1981.

_____. (AD). "Art and Disturbation." *The Philosophical Disenfranchisement of Art*. New York: Columbia University Press, 1986.

_____. (RS). "Richard Serra." *The State of the Art*. New York: Prentice Hall, pp. 561-5, 1987. Originalmente publicado em *The Nation*, April 19, 1986.

_____. "The Art World Revisited: Comedies of Similarity." In: *Beyond the Brillo Box: The Visual Arts in Post-Historical Perspective*. New York: Farrar, Straus and Giroux, 1992.

_____. *Embodied Meanings: Critical Essays and Aesthetic Meditations*. New York: Farrar, Straus and Giroux, 1994.

_____. "American Self-Consciousness in Politics and Art." *Artforum International*, vol. 43 (September), pp. 206-9, 2004.

_____. (BP). "The Body in Pain." *The Nation*, vol. 27, pp. 23-6, 2006.

DAVIS, Angela Y. *Blues Legacies and Black Feminism: Gertrude "Ma" Rainey, Bessie Smith, and Billy Holiday*. New York: Random House, 1998.

DE MAN, Paul. *Allegories of Reading: Figural Language in Rousseau, Nietzsche, Rilke, and Proust*. New Haven, CT: Yale University Press, 1979.

_____. *Blindness and Insight: Essays in the Rhetoric of Contemporary Criticism*. 2nd edition. Minneapolis: University of Minnesota Press, 1983.

_____. "Lyrical Voice in Contemporary Theory: Riffaterre and Jauss." In: HOŠEK, Chaviva; PARKER, Patricia. Ithaca (eds.). *Lyric Poetry Beyond New Criticism*. NY: Cornell University Press, pp. 55-72, 1985.

DE LAURETIS, Teresa. *Technologies of Gender: Essays on Theory, Film, and Fiction*. Bloomington: Indiana University Press, 1987.

DE ZEGHER, Catherine. *Introduction*. In: DE ZEGHER, Catherine; WIGLEY, Mark (eds.). *The Activist Drawing: Retracing Situationist Architectures from Constant's New Babylon to Beyond*. Cambridge, MA: MIT Press, pp. 9-13, 1999.

DE ZEGHER, Catherine; WIGLEY, Mark (eds.). *The Activist Drawing: Retracing Situationist Architectures from Constant's New Babylon to Beyond*. Cambridge, MA: MIT Press, 1999.

DELEUZE, Gilles. *Cinema 2: The Time-Image*. Trad. Hugh Tomlinson e Robert Galeta. Minneapolis: University of Minnesota Press, 1989.

DERRIDA, Jacques. *Dissemination*. Trad. Barbara Johnson. Chicago: University of Chicago Press, 1981.

_____. *The Truth in Painting*. Trad. Geoff Bennington e Ian McLeod. Chicago: University of Chicago Press, 1987.

____. *Of Grammatology*. Corrected edition. Trad. Gayatri Chakravorty Spivak. Baltimore: Johns Hopkins University Press, 1998.

DEWEY, John. *Art as Experience*. New York: G.P. Putnam, 1934.

DOANE, Mary Ann. *Femmes Fatales: Feminism, Film Theory, Psychoanalysis*. New York: Routledge, 1991.

DUCILLE, Ann. "Toy Theory, Black Barbie and the Deep Play of Difference." In: *Skin Trade*. Cambridge, MA: Harvard University Press, 1996.

DYER, Richard. *White*. New York: Routledge, 1997.

EAGLETON, Terry. *The Ideology of the Aesthetic*. Oxford: Blackwell, 1990.

EATON, Leslie; FRIED, Joseph P. "Already, Grim Statistics for New York Consumer Sales." *New York Times*, New York, B9, 22 Sep. 2001.

EBONY, David. "Botero Abu Ghraib." In: BOTERO, Fernando. *Botero Abu Ghraib*. New York: Prestel, pp. 5-19, 2006.

ESCALLÓN, Ana María. "From the Inside Out: An Interview with Fernando Botero." In: BOTERO, Fernando. *Botero: New Works on Canvas*. Trad. Asa Zatz. New York: Rizzoli, pp. 7-57, 1997.

ESSED, Philomena. *Understanding Everyday Racism: An Interdisciplinary Theory*. Newbury Park, CA: Sage, 1991.

FANON, Frantz. (WoE). *The Wretched of the Earth*. Trad. Constance Farrington. New York: Grove, 1963.

____. (BSWM). *Black Skin, White Masks*. Trad. Charles Lam Markmann. New York: Grove, 1967.

FARIS, Wendy B. "Larger than Life: The Hyperbolic Realities of Gabriel García Márquez and Fernando Botero." *Word and Image*, vol. 17, no. 4, pp. 339-59, 2001.

FERGUSON, Russell; GEVER, Martha; MINH-HA, Trinh T; WEST, Cornel (eds.). *Out There: Marginalization and Contemporary Cultures*. New York and Cambridge, MA: The New Museum of Contemporary Art and MIT Press, 1990.

FLEMING, Mary. "Women and the Public Use of Reason." In: MEEHAN, Johanna (ed.). *Feminists Read Habermas: Gendering the Subject of Discourse*. New York: Routledge, pp. 117-37, 1995.

FORERO, Juan. "Turning an Eye from Whimsy to War: The Colombian Artist Fernando Botero Captures the Agony and Absurdity of a Drug-Fueled Conflict." *New York Times*, New York, E1, E4, 3 May 2004.

____. "'Great Crime' at Abu Ghraib Enrages and Inspires an Artist." *New York Times*, New York, sec. 1, p. 10, 8 May 2005.

FOSTER, Cheryl. "The Narrative and the Ambient in Environmental Aesthetics." *Journal of Aesthetics and Art Criticism*, vol. 56, no. 2, pp. 127-37, 1998.
FOSTER, Hal. *The Anti-Aesthetic: Essays on Postmodern Culture*. Port Townsend, WA: Bay Press, 1983.
FOUCAULT, Michel. "Of Other Spaces." *Diacritics,* vol. 16, no. 1 (Spring), pp. 22-7, 1986.
FRANCO, Jean. "Going Public: Reinhabiting the Private." In: YÚDICE, George; FLORES, Juan; FRANCO, Jean (eds.). *On Edge: The Crisis of Contemporary Latin American Culture*. Minneapolis: University of Minnesota Press, pp. 65-83, 1992.
_____. *The Decline and Fall of the Lettered City*. Cambridge, MA: Harvard University Press, 2002.
FRANITS, Wayne E. *The Cambridge Companion to Vermeer*. Cambridge: Cambridge University Press, 2001.
FRASER, Nancy. "What's Critical About Critical Theory? The Case of Habermas and Gender." In: BENHABIB, Seyla; CORNELL, Drucilla (eds.). *Feminism as Critique*. Minneapolis: University of Minnesota Press, pp. 31-56, 1987.
FREUD, Sigmund. "A Special Type of Choice of Object Made by Men" (1910); "On the Universal Tendency to Debasement in the Sphere of Love" (1912); "The Taboo of Virginity" (1918), ("Contributions to the Psychology of Love I, II, III"). In: *The Standard Edition of the Complete Psychological Works of Sigmund Freud*. Vol. 11. Ed. e trad. James Strachey. London: Hogarth Press, 1957.
_____. "The Question of Lay Analysis: Conversation with an Impartial Person" (1926). In: STRACHEY, James (ed.). *The Standard Edition of the Complete Psychological Works of Sigmund Freud*. Vol. 20. London: Hogarth Press, 1959.
GAGNIER, Regenia. *The Insatiability of Human Wants: Economics and Aesthetics in Market Society*. Chicago: University of Chicago Press, 2000.
GARRY, Ann; PEARSALL, Marilyn (eds.). *Women, Knowledge, and Reality: Explorations in Feminist Philosophy*. New York: Routledge, 1992.
GASKELL, Ivan; JONKER, Michiel (eds.). *Vermeer Studies. Studies in the History of Art* 55. Washington, DC and New Haven, CT: National Gallery of Art and Yale University Press, 1998.
GATES Jr, Henry Louis. *The Signifying Monkey: A Theory of African-American Literary Criticism*. Oxford: Oxford University Press, 1988.

GLUECK, Grace. "Art in Review: Fernando Botero." *New York Times*, New York, C23, 8 Nov. 1996.

GORDON, Lewis R. *Her Majesty's Other Children: Sketches of Racism from a Neocolonial Age*. Lanham, MD: Rowman and Littlefield, 1997.

____. "What Does It Mean to Be a Problem? W. E. G. Du Bois on the Study of Black Folk." In: *Existentia Africana: Understanding Africana Existential Thought*. New York: Routledge, 2000.

GOSSELIN, Peter G.; VIETH, Warren. "As Markets Reopen, U.S. Seeks to Prop Up Economy." *Los Angeles Times*, Los Angeles, A1, A18, 17 Sep. 2001.

GOWING, Lawrence. *Vermeer*. New York: Harper and Row Publishers, 1952.

GUILLORY, John. *Cultural Capital: The Problem of Literary Canon Formation*. Chicago: University of Chicago Press, 1993.

HALSALL, Francis, JANSEN, Julia; O'CONNOR, Tony (eds.). *Rediscovering Aesthetics*. Stanford, CA: Stanford University Press, 2009.

HANSEN, Miriam. "Benjamin, Cinema and Experience: 'The Blue Flower in the Land of Technology.'" *New German Critique*, vol. 40, pp. 179-224, 1987.

____. "Benjamin's Aura: The Resurrection of a Concept." *Critical Inquiry*, vol. 34, no. 2 (Winter), pp. 336-75, 2008.

HARRIS, Cheryl I. "Whiteness as Property." In: CRENSHAW, Kimberlé; GOTANDA, Neil; PELLER, Gary; THOMAS, Kendall (eds.). *Critical Race Theory: The Key Writings that Formed the Movement*. New York: New Press, pp. 276-91, 1995.

HEGEL, G. W. F. *The Philosophy of History*. Trad. J. Sibree. New York: Dover, 1956.

____. *Aesthetics: Lectures on Fine Art*. 2 vols. Trad. T. M. Knox. Oxford: Oxford University Press, 1975.

HELLER, Scott. "Wearying of Cultural Studies, Some Scholars Rediscover Beauty." *Chronicle of Higher Education*, vol. 45, no. 15, December 4, A15-A16, 1998.

HICKEY, Dave. *The Invisible Dragon: Four Essays on Beauty*. Los Angeles: Art Issues. Press, 1993.

HILLMAN, James. "Concerning the Stone: Alchemical Images of the Stone." *Sphinx: A Journal for Archetypal Psychology and the Arts* 5, pp. 234-65, 1993.

hooks, bell. *Yearning: Race, Gender, and Cultural Politics*. Boston: South End Press, 1990.

HORKHEIMER, Max; ADORNO, Theodor W. "The Culture Industry: Enlightenment as Mass Deception." In: *Dialectic of Enlightenment*. Trad. John Cumming. New York: Continuum, 1998.

HOROWITZ, Gregg M. "'I Sat Food on My Knees': The Promise of Beauty in Arthur C. Danto's The Abuse of Beauty." *Inquiry*, vol. 48, no. 2 (April), pp. 155-71, 2005.

HU, Winnie. "A Message of Peace on 2 Shirts Touches Off Hostilities at a Mall." *New York Times*, New York, B1, B6, 6 Mar. 2003.

HUME, David. *The History of England from the Invasion of Julius Caesar to the Abdication of James the Second*, Vol. 2. New York: Harper, 1850.

____. "A Dissertation on the Passions." In: *The Philosophical Works of David Hume*. Vol. 4. Boston: Little, Brown, 1854.

____. *Of the Standard of Taste and Other Essays*. LENZ, John W. (ed.). New York: Library of the Liberal Arts, 1965.

____. (SR). "Of Simplicity and Refinement in Writing." In: HUME, David. *Of the Standard of Taste and Other Essays*. LENZ, John W. (ed.). New York: Library of the Liberal Arts, 1965a.

____. (SH). "Of the Study of History." In: HUME, David. *Of the Standard of Taste and Other Essays*. LENZ, John W. (ed.). New York: Library of the Liberal Arts, 1965b.

____. *Selected Essays*. COPLEY, S.; EDGAR, A (eds.). Oxford: Oxford University Press, 1998.

____. (OC). "Of Commerce." In: HUME, David, *Selected Essays*. COPLEY, S.; EDGAR, A (eds.). Oxford: Oxford University Press, 1998a.

____. (DTP). "Of the Delicacy of Taste and Passion." In: HUME, David. *Selected Essays*. COPLEY, S.; EDGAR, A (eds.). Oxford: Oxford University Press, 1998b.

____. "Of the Dignity or Meanness of Human Nature." In: HUME, David. *Selected Essays*. COPLEY, S.; EDGAR, A (eds.). Oxford: Oxford University Press, 1998c.

____. (EW). "Of Essay Writing." In: HUME, David. *Selected Essays*. COPLEY, S.; EDGAR, A (eds.). Oxford: Oxford University Press, 1998d.

____. (IM). "On the Immortality of the Soul." In: HUME, David. *Selected Essays*. COPLEY, S.; EDGAR, A (eds.). Oxford: Oxford University Press, 1998e.

____. (NC). "Of National Characters." In: HUME, David. *Selected Essays*. COPLEY, S.; EDGAR, A (eds.). Oxford: Oxford University Press, 1998f.

____. (RA). "Of Refinement in the Arts." In: HUME, David. *Selected Essays*. COPLEY, S.; EDGAR, A (eds.). Oxford: Oxford University Press, 1998g.

____. (RP). "Of the Rise and Progress of the Arts and Sciences." In: HUME, David. *Selected Essays*. COPLEY, S.; EDGAR, A (eds.). Oxford: Oxford University Press, 1998h.

____. (ST). "Of the Standard of Taste." In: HUME David. *Selected Essays*. COPLEY, S.; EDGAR, A (eds.). Oxford: Oxford University Press, 1998i.

____. (THN). *A Treatise of Human Nature*. NORTON, David Fate; NORTON, Mary J. Oxford: Oxford University Press, 2001.

HUTCHESON, Francis. *An Inquiry into the Original of Our Ideas of Beauty and Virtue in Two Treatises*. LEIDHOLD, Wolfgang (ed.). Indianapolis: Liberty Fund, 2004.

IRIGARAY, Luce. *This Sex Which Is Not One*. Trad. Catherine Porter. Ithaca, NY: Cornell University Press, 1985.

____. *An Ethics of Sexual Difference*. Trad. Carolyn Burke e Gillian C. Gill. Ithaca, NY: Cornell University Press, 1993a.

____. *Sexes and Genealogies*. Trad. Gillian C. Gill. New York: Columbia University Press, 1993b.

____. *To Be Two*. Trad. Monique M. Rhodes e Marco F. Cocito-Monoc. New York: Routledge, 2000.

JACOBSON, Anne Jaap (ed.). *Feminist Interpretations of David Hume*. University Park: Pennsylvania State University Press, 2000.

JAGGAR, Alison M. "Love and Knowledge: Emotion in Feminist Epistemology." In: GARRY, Ann; PEARSALL, Marilyn (eds.). *Women, Knowledge, and Reality: Explorations in Feminist Philosophy*. New York: Routledge, pp. 129-55, 1992.

JAMESON, Fredric. *The Cultural Turn: Selected Writings on the Postmodern*. London: Verso, pp. 1983-1998, 1998.

JOHNSON, Barbara. *A World of Difference*. Baltimore: Johns Hopkins University Press, 1987.

____. "Apostrophe, Animation, and Abortion." In: JOHNSON, Barbara. *A World of Difference*. Baltimore: Johns Hopkins University Press, 1987a.

____. "Nothing Fails Like Success." In: JOHNSON, Barbara. *A World of Difference*. Baltimore: Johns Hopkins University Press, 1987b.

____. "Teaching Ignorance: L'École des Femmes." In: JOHNSON, Barbara. *A World of Difference*. Baltimore: Johns Hopkins University Press, 1987c.

____. "Thresholds of Difference: Structures of Address in Zora Neale Hurston." In: JOHNSON, Barbara. *A World of Difference*. Baltimore: Johns Hopkins University Press, 1987d.

____. *The Feminist Difference: Literature, Psychoanalysis, Race, and Gender*. Cambridge, MA: Harvard University Press, 1998.

KANT, Immanuel. *Critique of Judgment.* Trad. J. H. Bernard. New York: Macmillan, 1951.

____. *Observations on the Feeling of the Beautiful and Sublime.* Trad. John T. Goldthwait. Berkeley: University of California Press, 1960.

KAPLAN, Janet A. *Unexpected Journeys: The Art and Life of Remedios Varo.* New York: Abbeville Press, 1988.

____. "Domestic Incantations: Subversion in the Kitchen." In: *Remedios Varo: Catálogo razonado.* segunda edición, corregida y augmentada. Ed. Ricardo Ovalle, Walter Gruen, Alberto Blanco, Teresa del Conde, Salomon Grimberg, and Janet A. Kaplan. Mexico City: Ediciones Era, 1998.

KELLY, Michael. *A Hunger for Aesthetics: Enacting the Demands of Art.* New York: Columbia University Press, 2012.

KESTER, Grant H. "Learning from Aesthetics: Old Masters and New Lessons." *Art Journal* vol. 56, no. 1 (Spring), pp. 20-5, 1997.

KINCAID, Jamaica. *Lucy.* New York: Penguin, 1991.

KORSMEYER, Carolyn. "Gendered Concepts and Hume's Standard of Taste." In: BRAND, Peggy Zeglin; KORSMEYER, Carolyn (eds.). *Feminism and Tradition in Aesthetics.* University Park: Pennsylvania State University Press, pp. 49-65, 1995.

____. "Perceptions, Pleasures, Arts: Considering Aesthetics." In: KOURANY, Janet A. (ed.). *Philosophy in a Feminist Voice: Critiques and Reconstructions.* Princeton, NJ: Princeton University Press, pp. 145-72, 1998.

KRISTEVA, Julia. *Revolution in Poetic Language.* Trad. Margaret Waller. New York: Columbia University Press, 1984.

____. "Manic Eros, Sublime Eros: On Male Sexuality." In: *Tales of Love.* Trad. Leon S. Roudiez. New York: Columbia University Press, 1987.

____. *Black Sun: Depression and Melancholia.* Trad. Leon S. Roudiez. New York: Columbia University Press, 1989.

____. *Time and Sense: Proust and the Experience of Literature.* Trad. Ross Guberman. New York: Columbia University Press, 1996.

LANDES, Joan B. "The Public and the Private Sphere: A Feminist Reconsideration." In: MEEHAN, Johanna (ed.). *Feminists Read Habermas: Gendering the Subject of Discourse.* New York: Routledge, pp. 91-116, 1995.

LAQUEUR, Thomas W. "Fernando Botero and the Art History of Suffering." Talk delivered at "Art and Violence" panel (Clark, Laqueur, and Masiello, 2007). Também em "Art and Violence," Working Paper no. 18, pp. 1-10. Disponível em: <http://clas.berkeley.edu/research/working-and-policy-papers>. Acesso em: 1º set. 2013.

LE DOEUFF, Michèle. *The Philosophical Imaginary*. Trad. Colin Gordon. Stanford, CA: Stanford University Press, 1989.

LEVINSON, Jerrold. "Hume's Standard of Taste: The Real Problem." *Journal of Aesthetics and Art Criticism* vol. 60, no. 3, pp. 227-38, 2002.

LISPECTOR, Clarice. *The Hour of the Star* [1977]. Trad. Giovanni Pontiero. Manchester, UK: Carcanet Press, 1986.

LLOYD, Genevieve. "Maleness, Metaphor, and the 'Crisis' of Reason." In: ANTONY, Louise M.; WITT, Charlotte. *A Mind of One's Own: Feminist Essays on Reason and Objectivity*. Boulder, CO: Westview, pp. 69-83, 1993a.

_____. *The Man of Reason: "Male" and "Female" in Western Philosophy*. 2nd edition. Minneapolis: University of Minnesota Press, 1993b.

_____. "Hume on the Passion for Truth." In: JACOBSON, Anne Jaap (ed.). *Feminist Interpretations of David Hume*. University Park: Pennsylvania State University Press, pp. 39-59, 2000.

LORANZO, Luis-Martín. *The Magic of Remedios Varo*. Trad. Elizabeth Goldson; Liliana Valenzuela. Washington, DC: National Museum of Women in the Arts, 2000.

LORDE, Audre. "Poetry Is Not a Luxury." In: *Sister Outsider: Essays and Speeches*. Freedom, CA: Crossing Press, 1984.

LOWE, Lisa. *Immigrant Acts: On Asian-American Cultural Politics*. Durham, NC: Duke University Press, 1996.

LOZANO-Hemmer, Rafael. "Utterance 4: Relational Architecture." *Performance Research* vol. 4, no. 2, pp. 52-8, 1999.

LUBIANO, Wahneema. "Don't Talk with Your Eyes Closed: Caught in the Hollywood Gun Sights." In: HENDERSON, Mae G. (ed.). *Borders, Boundaries, and Frames: Essays in Cultural Criticism and Cultural Studies*. New York: Routledge, pp. 185-201, 1995.

LUGONES, María. *Pilgrimages/Peregrinajes: Theorizing Coalition Against Multiple Oppressions*. Lanham, MD: Rowman and Littlefield, 2003.

_____. "Heterosexualism and the Colonial/Modern Gender System." *Hypatia* 22.1 (Winter), pp. 186-209, 2007.

LUGONES, María; SPELMAN, Elizabeth V. "Have We Got a Theory for You! Feminist Theory, Cultural Imperialism, and the Demand for 'The Woman's Voice.'" *Women's Studies International Forum,* vol. 6, no. 6, pp. 573-81, 1983.

MANDEVILLE, Bernard. *The Fable of the Bees: Or, Private Vices, Publick Benefits*. KAYE, F. B. (ed.). Vol. 1. Oxford: Clarendon Press, 1924.

MARSHALL, Paule. "The Making of a Writer: From the Poets in the Kitchen." In: *Reena and Other Stories*. New York: Feminist Press at the City University of New York, 1983.
MASIELLO, Francine. "Art and Violence: Notes on Botero." Talk delivered at "Art and Violence" panel (Clark, Laqueur, and Masiello 2007). Também em "Art and Violence," Working Paper no. 18, 11-23, 2007. Disponível em: <http://clas.berkeley.edu/research/working-and-policy-papers>. Acesso em: 1º set. 2013.
MATTICK Jr., Paul (ed.). *Eighteenth-Century Aesthetics and the Reconstruction of Art*. Cambridge: Cambridge University Press, 1993.
MATTICK Jr., Paul. "Beautiful and Sublime: 'Gender Totemism' in the Constitution of Art." In: BRAND, Peggy Zeglin; KORSMEYER, Carolyn (eds.). *Feminism and Tradition in Aesthetics*. University Park: Pennsylvania State University Press, pp. 27-48, 1995.
MCCLARY, Susan. "Temporality and Ideology: Qualities of Motion in SeventeenthCentury French Music." Echo: A Music-Centered Journal 2, no. 2 (Fall), 2000. Disponível em: <http://www.echo.ucla.edu/Volume2-Issue2/mcclary/mcclary.html>. Acesso em: 1º set. 2013.
MCDONOUGH, Thomas. "Fluid Spaces: Constant and the Situationist Critique of Architecture." In: DE ZEGHER, Catherine; WIGLEY, Mark (eds.). *The Activist Drawing: Retracing Situationist Architectures from Constant's New Babylon to Beyond*. Cambridge, MA: MIT Press, pp. 93-104, 1999.
MCDOWELL, Deborah E. *The Changing Same: Black Women's Literature, Criticism, and Theory*. Bloomington: Indiana University Press, 1995.
MCINTOSH, Peggy. "White Privilege and Male Privilege: A Personal Account of Coming to See Correspondences through Work in Women's Studies." In: DELGADO, Richard; STEFANIC, Jean (eds.). *Critical White Studies: Looking Behind the Mirror*. Philadelphia: Temple University Press, pp. 291-9, 1997.
MEEHAN, Johanna (ed.). *Feminists Read Habermas: Gendering the Subject of Discourse*. New York: Routledge, 1995.
MERCER, Kobena. "Black Hair/Style Politics." In: FERGUSON, Russell et al. (eds). *Out There: Marginalization and Contemporary Cultures*. New York and Cambridge, MA: The New Museum of Contemporary Art and MIT Press, pp. 247-64, 1990.
MERLEAU-Ponty, Maurice. *The Visible and the Invisible*. Trad. Alphonso Lingis. Evanston, IL: Northwestern University Press, 1968.

MEYER, James; ROSS, Toni. "Aesthetic/Anti-Aesthetic: An Introduction." *Art Journal*, vol. 63, no. 2 (Summer), pp. 20-3, 2004.

MIGNOLO, Walter D. *Local Histories, Global Designs: Coloniality, Subaltern Knowledges, and Border Thinking*. Princeton, NJ: Princeton University Press, 2000.

MIGNOLO, Walter D. (ed.). *With the collaboration of Arturo Escobar, Globalization and De-Colonial Thinking*. Special issue of Cultural Studies 21, no. 2-3 (March/May), 2007.

MILLER, Nancy K. "'Portraits of Grief': Telling Details and the Testimony of Trauma." *Differences*, vol. 14, no. 3, pp. 112-35, 2003.

MILLS, Charles. *The Racial Contract*. Ithaca, NY: Cornell University Press, 1997.

MORRISON, Toni. *Playing in the Dark: Whiteness and the Literary Imagination*. Cambridge, MA: Harvard University Press, 1992.

NEHAMAS, Alexander. *Only a Promise of Happiness: The Place of Beauty in a World of Art*. Princeton, NJ: Princeton University Press, 2007.

NERUDA, Pablo. *Odes to Common Things. Selected and illustrated by Ferris Cook*. Trad. Ken Krabbenhoft. Boston: Little, Brown, 1994.

____. *Obras completas*. Vol. 2. Eds. Hernán Loyola; Saúl Yurkievich. Barcelona: Galaxia Gutenberg and Círculo de Lectores, 1999.

____. *Odas elementales*. In: NERUDA, Pablo. *Obras completas*. Vol. 2. Eds. Hernán Loyola; Saúl Yurkievich. Barcelona: Galaxia Gutenberg and Círculo de Lectores, 1999a.

____. *Nuevas odas elementales*. In: NERUDA, Pablo. *Obras completas*. Vol. 2. Eds. Hernán Loyola; Saúl Yurkievich. Barcelona: Galaxia Gutenberg and Círculo de Lectores, 1999b.

____. *Tercer libro de las odas*. In: NERUDA, Pablo. *Obras completas*. Vol. 2. Eds. Hernán Loyola; Saúl Yurkievich. Barcelona: Galaxia Gutenberg and Círculo de Lectores, 1999c.

____. *Navegaciones y regresos*. In: NERUDA, Pablo. *Obras completas*. Vol. 2. Eds. Hernán Loyola; Saúl Yurkievich. Barcelona: Galaxia Gutenberg and Círculo de Lectores, 1999d.

____. *All the Odes: A Bilingual Edition*. Ed. Ilan Stavans. New York: Farrar, Straus and Giroux, 2013.

NEVITT Jr, H. Rodney. "Vermeer on the Question of Love." In: FRANITS, Wayne E. *The Cambridge Companion to Vermeer*. Cambridge: Cambridge University Press, pp. 89-110, 2001.

NEW YORK TIMES. "President Bush's Address on Terrorism Before a Joint Meeting of Congress". *New York Times*, New York, B4, 21 Sep. 2001.

____. *Portraits: 9/11/01: The Collected "Portraits of Grief."* New York: *New York Times*, 2002.

NIETZSCHE, Friedrich. *On the Genealogy of Morals*. In: *On the Genealogy of Morals and Ecce Homo*. Ed. Walter Kaufmann. Trad. Walter Kaufmann; R. J. Hollingdale. New York: Vintage, 1989.

OECD (Organisation for Economic Co-operation and Development). "Taxi Services Regulation and Competition." DAF/COMP (2007) 42, 11 Sep. 2008.

ORTEGA, Mariana. "Othering the Other: The Spectacle of Katrina for Our Racial Entertainment Pleasure." In: ROELOFS, Monique (ed.). "Aesthetics and Race: New Philosophical Perspectives." *Special Volume 2 of Contemporary Aesthetics*, 2009.

PADDISON, Max. *Adorno's Aesthetics of Music*. Cambridge: Cambridge University Press, 1993.

PLATÃO [PLATO]. "Phaedrus". In: *The Collected Dialogues of Plato*. Eds. Edith Hamilton; Huntington Cairns. Trad. R. Hackforth. Princeton, NJ: Princeton University Press, 1961.

____. *Symposium*. Trad. Alexander Nehamas; Paul Woodruff. Indianapolis: Hackett, 1989.

POOVEY, Mary. "Aesthetics and Political Economy in the Eighteenth Century: The Place of Gender in the Social Constitution of Knowledge." In: LEVINE, George (ed.). *Aesthetics and Ideology*. New Brunswick, NJ: Rutgers University Press, pp. 79-105, 1994.

PORTUGES, Catherine. Review of The Gleaners and I ("Les glaneurs et la glaneuse") by Agnès Varda. *The American History Review*, vol. 106, no. 1, pp. 305-6, 2001.

PROCTOR, Robert N.; SCHIEBINGER, Londa (eds.). *Agnotology: The Making and Unmaking of Ignorance*. Stanford, CA: Stanford University Press, 2008.

QUEER eye for the straight guy (Queer Eye) [Seriado TV]. Bravo, NBC, 2003-7.

QUINTILIAN, Marcus Fabius. *Institutio Oratoria*. Vol. 3. Trad. H. E. Butler. New York: Putnam, 1921.

RAILTON, Peter. "Aesthetic Value, Moral Value, and the Ambitions of Naturalism." *Aesthetics and Ethics: Essays at the Intersection*. Ed. Jerrold Levinson. Cambridge: Cambridge University Press, pp. 59-105, 1998.

RAMÍREZ, Mari Carmen. "Beyond 'the Fantastic': Framing Identity in U.S. Exhibitions of Latin American Art." *Art Journal*, vol. 51, no. 4, pp. 60-8, 1992.

RANCIÈRE, Jacques. *The Politics of Aesthetics*. Trad. Gabriel Rockhill. New York: Continuum, 2004.

____. *Aesthetics and Its Discontents*. Trad. Steven Corcoran. Malden, MA: Polity, 2009.

REDFIELD, Marc. *The Politics of Aesthetics: Nationalism, Gender, Romanticism*. Stanford, CA: Stanford University Press, 2003.

ROBBINS, Bruce (ed.). *The Phantom Public Sphere*. Minneapolis: University of Minnesota Press, 1993.

ROELOFS, Monique. "Plastic, Toileteend en een Omweg: Esthetisch Nationalisme en het Verlangen naar een Monoculturele Orde." In: LEYSSEN, S.; VANDENABEELE, B.; VANDEPUTTE K.; VERMEIR K. (eds.). *Jaarboek voor Esthetica 2005: De Nieuwe Politieke Dimensie van de Kunsten*. Budel, The Netherlands: Damon, pp. 93-109, 2006. Ver também: *Esthetica: Tijdschrift voor Kunst en Filosofie*. Disponível em: <http://www.estheticatijdschrift.nl/2005>. Acesso em: set. 2013.

____. Review of Only a Promise of Happiness: The Place of Beauty in a World of Art, by Alexander Nehamas. *Journal of Aesthetics and Art Criticism*, vol. 66, no. 4, pp. 339-401, 2008.

____. "Cruising through Race." In: LUGO, Mary Bloodsworth; FLORY, Dan (eds.). *Race, Philosophy, and Film*. New York: Routledge, pp. 84-100, 2013.

____. "Anti-Aesthetic." *Encyclopedia of Aesthetics*. 2nd. rev. edition. Ed. Michael Kelly. Oxford: Oxford University Press, pp. 101-5, 2014.

____. *Arts of Address. Being Alive to Language and the World*. New York, Chichister, West Sussex, Columbia University Press, 2020.

ROELOFS, Monique (ed.). "Aesthetics and Race: New Philosophical Perspectives." *Special Volume 2 of Contemporary Aesthetics*, 2009. Disponível em: <http://contempaesthetics.org/.> Acesso em: 31 ago. 2013.

ROONEY, Ellen F. "A Semiprivate Room." *Differences*, vol. 13, no. 1, pp. 128-56, 2002.

RUSSO, Mary. *The Female Grotesque: Risk, Excess and Modernity*. New York: Routledge, 1994.

SAITO, Yuriko. "Everyday Aesthetics." *Philosophy and Literature*, vol. 25, pp. 87-95, 2001.

____. "Ecological Design: Promises and Challenges." *Environmental Ethics*, vol. 24, no. 3, pp. 243-61, 2002.

SALOMON, Nanette. "From Sexuality to Civility: Vermeer's Women." In: GASKELL, Ivan; JONKER, Michiel (eds.). *Vermeer Studies. Studies in the*

History of Art 55. Washington, DC and New Haven, CT: National Gallery of Art and Yale University Press, pp. 309-25, 1998.

SAYERS Peden, Margaret. Introduction to Pablo Neruda, *Selected Odes of Pablo Neruda*. Trad. Margaret Sayers Peden. Berkeley: University of California Press, pp. 1-4, 1990.

SCARRY, Elaine. *On Beauty and Being Just*. Princeton, NJ: Princeton University Press, 1999.

SCHILLER, Friedrich. *On the Aesthetic Education of Man: In a Series of Letters*. Trad. Elizabeth M. Wilkinson; L. A. Willoughby. Oxford: Oxford University Press, 1967.

SCHOPENHAUER, Arthur. *The World as Will and Representation*. 2 vols. Trad. E. F. J. Payne. New York: Dover, 1958.

SCHOR, Naomi. *Reading in Detail: Aesthetics and the Feminine*. New York: Methuen, 1987.

____. "Dreaming Dissymmetry: Barthes, Foucault, and Sexual Difference." *Bad Objects: Essays Popular and Unpopular*. Durham, NC: Duke University Press, 1995.

SCHUTTE, Ofelia. "Cultural Alterity: Cross-Cultural Communication and Feminist Theory in North-South Contexts." *Hypatia*, vol. 13, no. 2, pp. 53-72, 1998.

SESHADRI-Crooks, Kalpana. *Desiring Whiteness: A Lacanian Analysis of Race*. New York: Routledge, 2000.

SHAFTESBURY, Earl of. *Second Characters or the Language of Forms*. Ed. Benjamin Rand. London: Cambridge University Press, 1914.

____. *Characteristics of Men, Manners, Opinions, Times*. 2 vols. Ed. John M. Robertson. New York: Bobbs-Merrill, 1964.

SHUSTERMAN, Richard. "Of the Scandal of Taste: Social Privilege as Nature in the Aesthetic Theories of Hume and Kant." In: MATTICK Jr., Paul (ed.). *Eighteenth-Century Aesthetics and the Reconstruction of Art*. Cambridge: Cambridge University Press, pp. 96-119, 1993.

SILVERS, Anita. "From the Crooked Timber of Humanity, Beautiful Things Can Be Made." In: BRAND, Peg Zeglin (ed.). *Beauty Matters*. Bloomington: Indiana University Press, pp. 197-221, 2000.

SLUIJTER, Eric Jan. "Vermeer, Fame, and Female Beauty: The Art of Painting." In: GASKELL, Ivan; JONKER, Michiel (eds.). *Vermeer Studies. Studies in the History of Art* 55. Washington, DC and New Haven, CT: National Gallery of Art and Yale University Press, pp. 265-83, 1998.

SMITH, Adam. *The Theory of Moral Sentiments*. Amherst, NY: Prometheus, 2000.

SMITH, Barbara. "Toward a Black Feminist Criticism." In: *The Truth That Never Hurts: Writings on Race, Gender, and Freedom*. New Brunswick, NJ: Rutgers University Press, 1998.

SMITH, Roberta. "Botero Restores the Dignity of Prisoners at Abu Ghraib." *New York Times*, New York, E5, 15 Nov. 2006.

SMUTS, Aaron A. "The Metaphorics of Hume's Gendered Skepticism." In: JACOBSON, Anne Jaap (ed.). *Feminist Interpretations of David Hume*. University Park: Pennsylvania State University Press, pp. 85-106, 2000.

SOMMER, Doris. *Introduction to Proceed with Caution, When Engaged by Minority Writing in the Americas*. Cambridge, MA: Harvard University Press, 1999.

SONTAG, Susan. "Regarding the Torture of Others." *New York Times Magazine*, New York, pp. 24-29, 42, 23 May 2004.

SPELMAN, Elizabeth V. *Inessential Woman: Problems of Exclusion in Feminist Thought*. Boston: Beacon, 1988.

____. "Anger and Insubordination." In: GARRY, Ann; PEARSALL, Marilyn (eds.). *Women, Knowledge, and Reality: Explorations in Feminist Philosophy*. New York: Routledge, pp. 263-73, 1992.

SPILLERS, Hortense J. "Afterword. Cross-Currents, Discontinuities: Black Women's Fiction." In: PRYSE, Marjorie; SPILLERS, Hortense J. (eds.). *Conjuring: Black Women Fiction and Literary Tradition*. Bloomington: Indiana University Press, pp. 249-61, 1985.

SPIVAK, Gayatri Chakravorti. "Can the Subaltern Speak?" In: NELSON, Cary; GROSSBERG, Lawrence (eds.). *Marxism and the Interpretation of Culture*. Urbana: University of Illinois Press, pp. 271-313, 1988.

____. *An Aesthetic Education in the Era of Globalization*. Cambridge, MA: Harvard University Press, 2012.

STENDHAL. *On Love*. Trad. Vyvyan Beresford Holland; C. K. Scott-Moncrieff. New York: Da Capo Press, 1927.

STOLNITZ, Jerome. "On the Origins of 'Aesthetic Disinterestedness.'" *Journal of Aesthetics and Art Criticism*, vol. 20, no. 2, pp. 131-43, 1961.

SULLIVAN, Shannon; TUANNA, Nancy (eds.). "Feminist Epistemologies of Ignorance." Special Issue, *Hypatia*, vol. 21, no. 3, 2006.

____. *Race and Epistemologies of Ignorance*. Albany: State University of New York Press, 2007.

SVERDLIK, Steven. "Hume's Key and Aesthetic Rationality." *Journal of Aesthetics and Art Criticism*, vol. 45, no. 1, 69-76, 1986.

SWANN, Christopher. "GDP and the Economy: Second Estimates for the Second Quarter of 2012." In: *Survey of Current Business*, vol. 92, no. 9 (Sep.), pp. 1-10, 2012.

SZYMBORSKA, Wisława. *View with a Grain of Sand: Selected Poems*. Trad. Stanisław Barańczak; Clare Cavanagh. San Diego: Harcourt, Brace, 1995.

____. *Poemas – Wisława Szymborska*. Trad. Regina Przybycien. São Paulo: Companhia das Letras, 2011.

____. *Para o meu coração num domingo*. Trad. Regina Przybycien e Gabriel Borowski. São Paulo: Companhia das Letras, 2020.

TAXI to the Dark Side. Direção de Alex Gibney. USA: *Thinkfilm*, 2007.

TAYLOR, Paul C. "Malcolm's Conk and Danto's Colors; or, Four Logical Petitions Concerning Race, Beauty, and Aesthetics." *Journal of Aesthetics and Art Criticism*, vol. 57, no. 1, pp. 16-20, 1999.

THE Gleaners and I (Les glaneurs et la glaneuse). Direção de Agnés Varda. Paris, France: Ciné-Tamaris, 2000.

THE Gleaners and I: Two Years Later (Les glaneurs et la glaneuse . . . deux ans après). Direção de Agnés Varda. Paris, France: Ciné-Tamaris, 2002.

TEMPLE, Kathryn. "'Manly Composition': Hume and the History of England." In: JACOBSON, Anne Jaap (ed.). *Feminist Interpretations of David Hume*. University Park: Pennsylvania State University Press, pp. 263-82, 2000.

VAN DER BIJ, J.; BRANDSEN, T. "Te Kort door de Bocht? De Deregulering van de Taximarkt." *Bestuurskunde*, vol. 12, no. 5, pp. 203-11, 2003.

VERGARA, Lisa. "Antiek en Modern in Vermeer's Lady Writing a Letter with Her Maid." In: GASKELL, Ivan; JONKER, Michiel (eds.). *Vermeer Studies. Studies in the History of Art* 55. Washington, DC and New Haven, CT: National Gallery of Art and Yale University Press, pp. 235-55, 1998.

____. "Perspectives on Women in the Art of Vermeer." In: FRANITS, Wayne E. (ed.). *The Cambridge Companion to Vermeer*. Cambridge: Cambridge University Press, pp. 54-72, 2001.

WALKER, Alice. "In Search of Our Mothers' Gardens." In: *In Search of Our Mothers' Gardens: Womanist Prose by Alice Walker*. San Diego: Harcourt Brace Jovanovich, 1983.

WARNER, Michael. "The Mass Public and the Mass Subject." In: ROBBINS, Bruce (ed). *The Phantom Public Sphere*. Minneapolis: University of Minnesota Press, pp. 234-56, 1993.

WASHINGTON, Mary Helen. Introduction: "'The Darkened Eye Restored': Notes Toward a Literary History of Black Women." In: WASHINGTON, Mary Helen (ed.). *Invented Lives: Narratives of Black Women 1860-1960*. xv-xxxi. New York: Doubleday, 1987.

WASHINGTON Post. "September 11, 2001: Post Coverage of the Worst Terrorist Attack on American Soil." Disponível em: <http://thedatasphere.blogspot.com/2009/09/setembro-11-2001-post-coverage-of.html>. Acesso em: 31 ago. 2013.

WEISS, Gail. *Body Images: Embodiment as Intercorporeality*. New York: Routledge, 1999.

WEST, Cornel. "A Genealogy of Modern Racism." In: *Prophesy Deliverance! Towards an Afro-American Revolutionary Christianity*. Philadelphia: Westminster Press, 1982.

____. "The New Cultural Politics of Difference." In: FERGUSON, Russell et al. (eds.). *Out There: Marginalization and Contemporary Cultures*. New York and Cambridge, MA: The New Museum of Contemporary Art and MIT Press, pp. 19-36, 1990.

WHEELOCK Jr, Arthur K. *Vermeer and the Art of Painting*. New Haven, CT: Yale University Press, 1995.

WIGLEY, Mark. "Paper, Scissors, Blur." In: DE ZEGHER, Catherine; WIGLEY, Mark (eds.). *The Activist Drawing: Retracing Situationist Architectures from Constant's New Babylon to Beyond*. Cambridge, MA: MIT Press, pp. 27-56, 1999.

WOLIN, Sheldon S. "Brave New World." *Theory and Event*, vol. 5, no. 4, 2002. Disponível em: <http://muse.jhu.edu/journals/theory_and_Event/>. Acesso em: 31 ago. 2013.

WOLLSTONECRAFT, Mary. A *Vindication of the Rights of Woman: With Strictures on Moral and Political Subjects*. Rev. edition. Ed. Miriam Brody. London: Penguin, 1992.

WORDSWORTH, William. *Poems, in Two Volumes, and Other Poems, 1800-1807*. Ed. Jared Curtis. Ithaca, NY: Cornell University Press, 1983.

WYNTER, Sylvia. "Rethinking 'Aesthetics': Notes Towards a Deciphering Practice." In: CHAM, Mbye (ed.). *Ex-Iles: Essays on Caribbean Cinema*. Trenton, NJ: Africa World Press, pp. 237-79, 1992.

YOUNG, Iris Marion. "Impartiality and the Civic Public: Some Implications of Feminist Critiques of Moral and Political Theory." In: BENHABIB, Seyla; CORNELL, Drucilla (eds.). *Feminism as Critique*. Minneapolis: University of Minnesota Press, pp. 77-95, 1987.

____. "Asymmetrical Reciprocity: On Moral Respect, Wonder and Enlarged Thought." In: *Intersecting Voices: Dilemmas of Gender, Political Philosophy and Politics*. Princeton, NJ: Princeton University Press, 1997.

YÚDICE, George. "For a Practical Aesthetics." In: ROBBINS, Bruce (ed.). *The Phantom Public Sphere*. Minneapolis: University of Minnesota Press, pp. 209-33, 1993.

ŽIŽEK, Slavoj. "The Lamella of David Lynch." In: FELDSTEIN, Richard; FINK, Bruce; JAANUS, Maire (eds.). *Reading Seminar XI: Lacan's Four Fundamental Concepts of Psychoanalysis*. Albany, NY: State University of New York Press, pp. 205-22, 1995.

____. "What Rumsfeld Doesn't Know That He Knows About Abu Ghraib." In: *These Times*, pp. back cover and 31, 21 Jun. 2004.

Índice geral

Prefácio	VII
Denise Ferreira da Silva	
Lista de figuras	XIII
Agradecimentos	XV
Introdução	1
Fatia temporal	4
1. O estético, o público e a promessa cultural	5
A promessa estética de uma cultura harmoniosa e igualitária	6
Falhas na promessa	12
Criando a promessa	16
A promessa é uma ameaça?	21
A natureza confiável, não confiável, orientada para o futuro e colaborativa das promessas	31
Promessas, ameaças, relacionalidade e endereçamento	34
2. Branquitude e negritude como produções estéticas	41
Ordens iluministas de branquitude e negritude	42
Raça e gosto na filosofia da cultura de Hume	43
Raça e gosto na filosofia da cultura de Kant	52
Colaborações contemporâneas entre estética e raça	54
Um impasse estético	54
O estético à margem	59
Violência racial como controle estético	63
Em direção a uma estética cotidiana da raça	69
Aumentando as apostas do estético	77
Fatia temporal. A contemporaneidade de Hume: a cultura como um sistema de relações estéticas	80

3. O detalhe estético generificado	83
O detalhe sensorial como fundamento do gosto	86
Mas o detalhe estético é um detalhe?	104
Os prazeres e perigos de uma pérola	107
A interpretação regenerifica o detalhe	114
Generificar a estética novamente	119
Fatia temporal. Um pouco mais de detalhes sobre os detalhes	123
4. O trabalho moral, político e econômico da beleza	131
Beleza e feiura em *A hora da estrela*	132
Beleza e ordem moral: Platão, Shaftesbury e Hutcheson	136
Beleza e economia: Hume e Smith	143
Beleza, amor e corpo: Burke e Wollstonecraft	146
Reestetizando a beleza	151
5. A estética da ignorância	155
Estetizando e reestetizando a ignorância	157
Estados de mistura de conhecimento e ignorância	161
Histórias de ignorância estetizada	169
A ignorância do estético	179
6. Um confronto estético	187
Coletividade estética e o patrulhamento das fronteiras raciais	187
O gosto e os limites da cultura	190
Recuperando o território estético	194
Barreiras de som	196
Distinção estética como uma correção cultural	198
Integracionismo estético: Addison, Baumgarten, Schiller, Hegel	200
Dualidades e integrações como forças disciplinares	204
Sensação, afeto e corpo físico sentido	204
Tonalidades tecnológicas do público e privado, generalidade e particularidade, espaço e tempo	205
Mente *versus* corpo; razão *versus* emoção; indivíduo *versus* mundo social	206
A sociabilidade de som e estilo	208

Índice geral

Um atalho racial ressonante	209
Cognição sensorial	210
Regulando a relacionalidade estética	212
O trabalho e o não trabalho das relações estéticas	214
7. Nacionalismo estético racializado	217
Cultura como propriedade: nacionalismo estético racializado na vida cotidiana	218
Política corporal disruptiva: nacionalismo estético racializado no mundo da arte	228
Fatia temporal. A controvérsia de Botero: história e direções futuras	250
8. Promessas e ameaças estéticas	257
A promessa do estético em *A hora da estrela*	259
Adorno e a promessa da arte	270
Nietzsche sobre como manter e mudar promessas	284
Arendt e a ordem da promessa	292
Posfácio	301
Notas	305
Bibliografia	337
Índice geral	359

1ª edição [2023]
Esta obra foi composta em Adobe
Garamond Pro sobre papel
Pólen Natural 80g para Relicário Edições
e Editora PUC-Rio.